GESELLSCHAFT FÜR DIE RECHTE
ZUKÜNFTIGER GENERATIONEN (HRSG.)

IHR HABT DIESES LAND NUR VON UNS GEBORGT

RASCH UND RÖHRING VERLAG

Die Deutsche Bibliothek – CIP-Einheitsaufnahme

Ihr habt dieses Land nur von uns geborgt / Hrsg.
Gesellschaft für die Rechte zukünftiger Generationen. –
Hamburg: Rasch und Röhring, 1997
ISBN 3-89136–642–6

Großer Burstah 42, 20457 Hamburg, Fax 040 - 37 13 89
Einbandgestaltung: Peter Albers
Satzherstellung: KCS GmbH, Buchholz/Hamburg
Druck- und Bindearbeiten: Ebner Ulm
Printed in Germany

Inhalt

Liebe Leserin, lieber Leser,

wenn Sie uns nach der Lektüre dieses Buches schreiben wollen, dann nur zu! Wir kennen dieses Bedürfnis und ärgern uns jedesmal, wenn der Autor seine Adresse nicht angegeben hat. Da uns Ihre Meinung zu diesem Buch wirklich interessiert, wollen wir es besser machen. Ihre Anmerkungen, Kritik oder Vorschläge können Sie richten an die

Gesellschaft für die Rechte zukünftiger Generationen
Postfach 5115
61422 Oberursel

Die Autoren

Jens Augner, 26 Jahre, (Grün-Alternatives Jugendbündnis), war 1994, 1995 und 1997 Bundesvorstandssprecher des Grün-Alternativen Jugendbündnisses, das dem Bündnis 90/Die Grünen nahesteht, und gehörte zum Vorstand der überparteilichen Jugendinitiative zur Förderung der Kandidatur von Jens Reich für das Amt des Bundespräsidenten. Er lebt in Berlin und studiert Sozialkunde und Latein mit dem Ziel, Lehrer zu werden.

Thorsten Becker, 23 Jahre, (Junge Union), ist Stipendiat der Konrad-Adenauer-Stiftung und langjähriges Mitglied der Jungen Union, der Jugendorganisation der CDU. Thorsten studierte Betriebswirtschaftslehre und Politologie in Frankfurt/Main und Limerick (Irland) und setzt sein Studium mit dem Schwerpunkt Unternehmensführung an der Handelshochschule Leipzig fort.

Benjamin Kiesewetter, 17 Jahre, (Kinderrechtler), ist Mitbegründer der KinderRÄchTsZÄnker (K.R.Ä.T.Z.Ä., gegründet 1992), die sich für die Gleichberechtigung von Menschen unter 18 Jahren einsetzen. Er klagte 1995 vor dem Bundesverfassungsgericht wegen Vorenthaltung des Wahlrechts, um die Abschaffung der Altersgrenze zu erreichen. Benjamin, der sich mit Schul- und Erziehungskritik beschäftigt, geht noch zur Schule in Berlin.

Johannes Lindner, 23 Jahre, (JungsozialistInnen), studiert VWL und Politikwissenschaft an der Universität zu Köln. Aktiv in der SPD-Jugendorganisation auf hochschulpolitischer Ebene, beschäftigt er sich hauptsächlich mit den Themen Europa-, Bildungs-, und Sozialpolitik.

Maja Schmidt, 21 Jahre, (Junge Liberale), ist das jüngste Mitglied des F.D.P.-Bundesvorstandes und leitet bei den Jungen Liberalen den Arbeitskreis Bildung. In ihrer Freizeit studiert sie Jura in Bonn.

Jörg Tremmel, 26 Jahre, (Gründer der »Gesellschaft für die Rechte zukünftiger Generationen«), studierte BWL an der European Business School in Oestrich-Winkel – mit Auslandssemestern in La Rochelle (F) und Harrisonburg (Virginia, USA) – und Politologie in Frankfurt/Main. Er promoviert derzeit über ein ethisches Thema. In mehreren Büchern setzte er sich für die Belange junger Menschen ein (Sweet Little Sixteen, 1994; Der Generationsbetrug, 1996).

Geleitwort von Ernst Ulrich von Weizsäcker

Vier große UNO-Konferenzen endeten mit einem vorwärtsgerichteten Aktionsprogramm oder Schlußdokument: Rio de Janeiro 1992, Kairo 1994, Beijing 1995 und Istanbul 1996. Doch die letzte der Serie, New York 1997, endete mit einem Fiasko. Man wollte fünf Jahre nach Rio de Janeiro den Fortschritt beim Abarbeiten der Agenda 21 begutachten und stärken. Nichts kam heraus als die Erkenntnis, daß die Staatengemeinschaft nicht in der Lage ist, sich auf ein Programm für die »Nachhaltige Entwicklung« zu einigen. Im Klartext: Die jetzige Generation hat nicht vor, sich um die zukünftigen Generationen zu kümmern. Es ist ein Skandal. Der darf nicht beschönigt werden!

Auch Deutschland spielt längst keine sonderlich positive Rolle mehr, wenn es um unsere ökologische Zukunft geht. Die mit großem Werbeaufwand verbreitete Rede des Bundespräsidenten Professor Roman Herzog im April 1997 zu den Zukunftsfragen unserer Gesellschaft enthielt viel Aufrüttelndes, erwähnte aber den ökologischen Niedergang und Anstrengungen, diesem entgegenzuwirken, mit keinem Wort. Und während sich in Skandinavien, Großbritannien und den Beneluxländern die ökologische Steuerreform längst durchgesetzt hat, blockiert Deutschland immer noch mit der fadenscheinigen Behauptung, man könne doch keinen nationalen Alleingang machen.

In dieser antiökologischen Großwetterlage ist es erfrischend, junge Autoren aus ganz verschiedenen politischen Lagern zu sehen, die entschlossen auf das Recht der zukünftigen Generationen pochen. Die Staatsverschuldung gefällt ihnen ebenso wenig wie die ökologischen Lebenslügen der heute dominierenden Marktwirtschaft und die Prioritätensetzung des technischen Fortschritts, welche im wesentlichen auf das Wegrationalisieren der menschlichen Arbeit ausgerichtet ist.

Dreierlei wünsche ich mir:

- daß das Buch weite Verbreitung findet und gelesen wird;
- daß sich die Vorstellungen der jungen Autoren gegen die heutige Politik der Alten durchsetzen;
- daß die Autoren, wenn sie einmal alt sind, immer noch die Rechte zukünftiger Generationen vertreten.

Vorwort von Jürgen Borchert

»Früher war die Zukunft auch besser!«
Karl Valentin

Vor uns die Sintflut. Sachlich, kompetent, diskussionsbereit, aber mit dem ausgeprägten Willen zur Veränderung meldet sich hier eine neue Generation zu Wort. Sie hat Erich Fried verstanden. *Wer will, daß die Welt so bleibt, wie sie ist, der will nicht, daß sie bleibt.* Und spätestens seit der Französischen Revolution wissen wir, daß keine Generation das Recht hat, künftige Generationen ihren Gesetzen zu unterwerfen. Wenn die jungen Autoren in diesem Buch also an die Tabus ihrer Vorgängergeneration rühren, so tun sie dies ebenso mit Fug und Recht, wie sie deren scheinbare Selbstverständlichkeiten in Frage stellen. Jenen merkwürdigen »Generationenvertrag« in der Rentenversicherung zum Beispiel, der ohne sie zustandegekommen ist und immer mehr seine Geschäftsgrundlage verliert. Einen »sittenwidrigen Vertrag zu Lasten Dritter« nannte ihn schon der frühere Präsident des Bundesverfassungsgerichts Wolfgang Zeidler; vor unser aller Augen habe sich »das Recht der sozialen Sicherungssysteme zu einer Mandarin-Kultur entwickelt, in der seine altgewordenen professionellen Priester immer noch die geistigen Heiligtümer des vorigen Jahrhunderts verwalten.«

Jörg Tremmel hat mit seiner brillanten Analyse in diesem Buch deshalb völlig recht, und sein überzeugender Vorschlag, die Alterssicherung nach dem Prinzip der Generationengerechtigkeit zu reformieren, enthält und meint genau das, was mit unserer »dynamischen« Rente ursprünglich eigentlich beabsichtigt war: nämlich die Alten im Einklang mit der Lebenshaltung der Jungen zu versorgen. Daß sich aus diesem ethisch fundierten Konzept in vierzig Jahren auf allen sozialen und ökologischen Ebenen ein Kettenbriefspiel zu Lasten der Nachwuchsgenerationen entwickelt hat, ist nun aber kein Zufall oder böser Wille. Es ist vielmehr das folgerichtige Ergebnis unserer partikularistisch organisierten Demokratie, denn in dieser setzen sich zwangsläufig stets die stärksten Interessengruppen durch. Systematisch werden so die Interessen der Jugend übergangen, denn sie hat keine Stimme bei den Wahlen, die Seniorenschaft hingegen viele. *Benjamin Kiesewetters* fulminantes Plädoyer für die Abschaffung der Altersgrenzen beim Wahlrecht trifft hier exakt ins Schwarze. Hat ein so organisiertes politisches System erst einmal Schlagseite, dann bewegt es sich auch nicht etwa irgendwann wieder selbststeuernd in Richtung eines Gleichgewichts zwischen den Kräften, sondern es entfernt sich immer weiter davon. Augenfällig wird das in dem kreativ-nachdenklichen Beitrag von *Maja Schmidt* zur Bildungskrise. Das weitere Beispiel der exorbitant wachsenden Staatsverschuldung in all ihren Facetten hat *Thorsten Becker* kompakt und präzise auf den Punkt gebracht; selten dürfte ein so komplexes, schwieriges Thema so verständlich dargestellt worden sein.

In einem solchen System werden ebenso zwangsläufig auch ausgerechnet die allgemeinsten, grundlegendsten Interessen der Gesellschaft als ganzer nie ihre Durchsetzung finden, weil nämlich die einfache Regel gilt, daß sich um so mehr Sonderinteressen in den Weg stellen, je allgemeiner die zu lösenden Fragen sind. Hier kann deshalb nur ein unabhängiges »Gleichgewichtsorgan« wie das Bundesverfassungsgericht auf der Grundlage einer allgemein akzeptierten Weltordnung Abhilfe schaffen. Völlig recht haben die Autoren deshalb auch mit ihrem Ziel einer Ergänzung des Grundgesetzes, um die Rechte späterer Generationen zu schützen. Wie lebensgefährlich und selbstzerstörerisch das System sonst funktioniert, beweist zum einen die politische Lähmung im Umweltbereich. Hierfür liefert *Jens Augner* so viele atemraubende Fakten, daß einem schlecht werden kann. Die dazu korrespondierende Innenweltzerstörung zum anderen behandelt *Johannes Lindner* in seinem vielschichtigen Beitrag zur Krise der Arbeitsgesellschaft. Denn auch der Konflikt auf dem Arbeitsmarkt ist ein Generationenkonflikt, der die Fundamente unseres Gemeinwesens erschüttert. Letztlich offenbart sich damit bei der Umwelt- wie der Sozialzerstörung gleichermaßen die selbstgerechte Verblendung einer vergreisenden Gesellschaft, die meint, ihre zukünftige Sicherheit allein aus früheren Verdiensten ableiten zu können, statt ihre existentielle und unabänderliche Abhängigkeit von der Nachwuchsgeneration und deren aktuellen Lebensbedingungen zu begreifen.

Kein Zweifel: Das Buch wird Furore machen. Denn alle politische Aktion beginnt nun einmal »in dem Ansprechen der Tatsachen. Alle politische Kleingeisterei dagegen besteht aus dem Verschweigen und Bemänteln dessen, was ist« (Ferdinand Lassalle). Worauf sich die Autoren deshalb einstellen müssen, ist leicht vorauszusehen. Die Verantwortlichen werden vermutlich versuchen, aus den Opfern die Täter zu machen. Das hat ja Tradition. Wie das geht, hat uns der Bundessozialminister bereits gezeigt, als er vor kurzem kritische junge Menschen allein deshalb als undankbare, egoistische »Randalierer im gemachten Bett« abkanzelte, weil sie es wagten, öffentlich die Fairneß des ihnen aufoktroyierten »Generationenvertrags« zu bezweifeln. Womit der Minister zugleich jedoch dokumentierte, daß ihm die Realitäten der modernen Wirtschaft offenbar nicht mehr ganz vertraut sind. Denn von dem gemütlich gemachten Bett früherer Generationen können die Jungen von heute nur noch träumen. Die Wirtschaftskreisläufe haben nämlich inzwischen ein so irres Tempo erreicht, daß beispielsweise das High-Tech-Herz unserer Wirtschaft bereits nach vier Jahren komplett abgeschrieben und ersetzt werden muß. Mindestens zehn Jahre im Durchschnitt ruhen sich die Senioren somit auf den Lorbeeren aus, welche allein die Nachwuchsgeneration Jahr für Jahr aufs neue verdienen muß.

Die jungen Leute, die sich hier als Wortfinder ihrer Generation melden, sind jedenfalls alles andere als Randalierer, und sie wissen auch sehr behutsam und sorgfältig zwischen den Alten, ihren Funktionären und verantwortlichen Politikern zu unterscheiden. Ihre Bilanz der ökosozialen Zechprellerei, deren Opfer sie sind, ist bemerkenswert nüchtern und unverkrampft, der Nenner ihrer Vorschläge auf Dialog angelegt. Interdisziplinär und zugleich kompakt zusammengefaßt, bietet das Buch selbst Fachleuten viele neue Blickwinkel.

Wo Unheil droht, wächst das Rettende auch. Besonders bemerkenswert ist deshalb die Tatsache, daß es sich hier um eine überparteiliche Initiative junger Mitbürger handelt, von denen mehrere selbst in unterschiedlichen Parteien engagiert sind. Denn nur so kann man den ökosozialen Strukturproblemen auf demokratische Weise radikal beikommen. Es ist deshalb sicher kein Zufall, daß auch andernorts auf unseren Globus ähnliche Bewegungen entstehen.

Wer die »Titanic« umsteuern helfen will, statt weiter im Liegestuhl auf dem Oberdeck nur zuzuschauen, der kann in diesem Buch jedenfalls den Mut zu träumen finden, der die Kraft zu kämpfen gibt.

Gemeinsame Einleitung aller Autoren

Erstmals in der Geschichte der Menschheit ist das Recht zukünftiger Generationen, ihr Leben auf einem ökologisch intakten, biologisch gesunden und vielfältigen Planeten zu verbringen, gefährdet. Erstmals in der Geschichte der Bundesrepublik Deutschland schickt sich die herrschende Politikergeneration an, ihren Nachkommen einen gigantischen Schuldenberg zu hinterlassen. Gleichzeitig bietet sie ihnen nicht genügend Arbeitsplätze, kürzt die Gelder für das Bildungswesen und verweigert ihnen politische Mitbestimmungsrechte. Erstmals in der deutschen Nachkriegsgeschichte stehen die Sozialversicherungssysteme vor dem Kollaps. Eine sichere Rente gibt es für unsere Generation nicht mehr. Wenn Politiker wie Norbert Blüm oder Rudolf Dreßler gebetsmühlenartig wiederholen: »Die Renten sind sicher!«, so können sie damit nur noch ihre eigene Altersversorgung meinen.

Man sagt der heutigen Jugend in Deutschland, ihr gehe es doch gut. Was aber nützt der hohe materielle Wohlstand – vor allem im Vergleich mit dem Rest der Welt –, wenn die Zukunft mehr als unsicher ist? Die Angst vor der Zukunft ist unter Jugendlichen weitverbreitet: Nach einer Forsa-Umfrage vom Frühjahr 1997 machen sich 80 Prozent der 14- bis 18jährigen Sorgen um ihre Zukunft – Mädchen mehr als Jungen, Jugendliche in den neuen Bundesländern mehr als in den alten*. Ganz oben auf der Sorgenliste steht die Angst vor Arbeitslosigkeit, sehr hoch rangieren auch die Themen »Umweltschutz« und »Frieden«.

* Klaus Hurrelmann: Die Sorgen-Kinder, in: Greenpeace-Magazin 3/1997, S.24 f. Eine emnid-Studie im Auftrag des Bundesforschungsministeriums kommt bei den für Jugendliche wichtigen Themen zur selben Reihenfolge, siehe Frankfurter Rundschau vom 18.1.97; siehe dazu auch die 12. Shell-Jugendstudie 1997.

Heute ist eine Lage eingetreten, die zwingend erfordert, daß Jugendliche aus allen politischen Richtungen ihre Differenzen zurückstellen und gemeinsam für die Rechte ihrer Generation kämpfen. Aus dieser Situation heraus trafen sich im September 1996 in Oberursel im Taunus einige Jugendliche und gründeten die »Gesellschaft für die Rechte zukünftiger Generationen«. Wir, die Urheber dieser in Deutschland bisher einzigartigen Initiative, gehören entweder einer politischen Jugendorganisation an (wie der Jungen Union, den Jusos, den Julis oder dem Grün-Alternativen Jugendbündnis) oder haben uns in anderer Weise besonders für die Interessen unserer Generation eingesetzt, wie Benjamin Kiesewetter oder Jörg Tremmel. Keiner von uns ist älter als 26 Jahre. Als Schirmherren gewannen wir den Biologen und Präsidenten des Wuppertal-Instituts für Klima, Umwelt und Energie, Prof. Dr. Ernst Ulrich von Weizsäcker, und den Sozialrichter und Rentenexperten Dr. Jürgen Borchert. Die Umwandlung in eine Stiftung für die Rechte zukünftiger Generationen ist in vollem Gange und wird hoffentlich bis Ende 1997 abgeschlossen sein*.

Die von uns gegründete Initiative tritt für Generationengerechtigkeit ein – sowohl im ökologischen als auch im wirtschaftlichen Bereich. Sie will bewußt machen, daß das Handeln heutiger Generationen nicht wie bisher zu Lasten zukünftiger Generationen gehen darf. Die Aufgabe der geplanten Stiftung ist es, immer dann tätig zu werden, wenn durch heutige Handlungen der Politiker die Zukunftschancen nachfolgender Generationen verringert werden. In diesem Sinne wird sie sich u. a. für ökologische Nachhaltigkeit, eine grundgesetzliche Begrenzung der Staatsverschuldung, eine Reform der Sozialversicherungssysteme und Bildungsreformen einsetzen. Durch ihre Aktionen – z. B. Pressemitteilungen, Unterschriftensammlungen, Mailings an Abgeordnete, Anzeigen, Verfassungsbeschwerden u. ä. – fördert unsere Initiative einen gesellschaftlichen Umdenkungsprozeß. Damit macht sie Lobbyarbeit für diejenigen, die keine Lobby haben und ständig um ihre Rechte betrogen werden.

* Ausführliche Informationen über die Gesellschaft für die Rechte zukünftiger Generationen sowie die geplante Stiftung am Ende des Buches.

In Frankreich existiert bereits eine vergleichbare Einrichtung, »Le conseil pour les droits des générations futures«, gegründet von dem Meeresbiologen Jacques-Yves Cousteau. Das erfolgreiche Wirken dieser Institution in der französischen Öffentlichkeit hat sie zu einer moralischen Instanz mit beträchtlichem Einfluß gemacht.

Diesem Erfolg will die GRzG nacheifern, indem sie als »Anwalt zukünftiger Generationen« auftritt.

Nach ihrer sehr spontanen Gründung hat die »Gesellschaft für die Rechte zukünftiger Generationen« Zuspruch aus allen Teilen der Gesellschaft erfahren. Viele Schüler und Studenten riefen an und wollten mitmachen, aber auch ältere Menschen waren von dem Ziel der Generationengerechtigkeit begeistert und stiegen bei uns ein. Auch zahlreiche Fachleute und Experten erklärten uns ihre Unterstützung. Dem wissenschaftlichen Beirat der geplanten Stiftung, der den jungen Vorstand und die Mitglieder bei ihrer Arbeit beraten soll, gehören u. a. an: Prof. Dr. Ernst Ulrich von Weizsäcker, Mitglied des Club of Rome und Leiter des Wuppertal-Instituts; Prof. Dr. Ortwin Renn, Akademie für Technikfolgenabschätzung in Stuttgart; der Wirtschaftsethiker Prof. Dr. Kreikebaum; der katholische Theologe Prof. Dr. Hans Kessler; der Philosoph Prof. Dr. Vittorio Hösle; Prof. Dipl.-Des. Hans F. Krebs; der Finanzwissenschaftler Prof. Dr. Bernd Raffelhüschen; der Politologe Prof. Dr. Karl-Otto Hondrich, Johann-Wolfgang-Goethe-Universität Frankfurt; Prof. Dr. Peter Grottian, Freie Universität Berlin; Dr. Jürgen Borchert; Dr. med. Heidi Schüller und der Kinderrechtler Ekkehard von Braunmühl.

Die mittlerweile mehr als fünfzig Mitglieder der Gesellschaft kommen aus allen politischen Richtungen. Manche von ihnen gehören den Jugendorganisationen der Parteien, den kirchlichen oder gewerkschaftlichen Jugendorganisationen an oder sind zusätzlich bei einer Umweltschutzorganisation tätig. Das jüngste Mitglied ist 15, das älteste 86. Der ehemalige Bundesminister Dr. Schwarz-Schilling (CDU) ist ebenso Mitglied geworden wie zahlreiche SPD-Mitglieder. Die Forderung nach Nachhaltigkeit ist weder eine linke noch eine rechte Position. Der

Wunsch nach Gerechtigkeit zwischen den Generationen ist die gemeinsame Idee, die alle Mitglieder – obwohl aus verschiedenen politischen Richtungen und verschiedenen Altersklassen – vereint.

Die Idee der Generationengerechtigkeit

Bei der Gründung der unabhängigen und überparteilichen Gesellschaft für die Rechte zukünftiger Generationen haben wir uns von folgenden Überlegungen leiten lassen:

Genauso, wie die Freiheit des einzelnen dort endet, wo die Freiheit des Nächsten beginnt, so wird auch die Freiheit jeder Generation durch die Freiheit zukünftiger Generationen eingeschränkt. Ein von dem Philosophen Hans Jonas formulierter ethischer Imperativ besagt, daß das Handeln der Menschen heute den nachfolgenden Generationen soviel Freiheit lassen muß, daß auch sie zum Handeln noch fähig sind.

Die Demokratie ist von allen Staatsformen bekanntlich die am wenigsten schlechte, sie bringt aber zwangsläufig relativ kurze Wahlperioden mit sich. Dadurch stellt sich das Problem, daß die politisch Verantwortlichen tendenziell nur in Zeiträumen von wenigen Jahren, nicht aber für die kommenden Jahrzehnte oder gar Jahrhunderte denken und planen. In aller Regel sind ihre Handlungen rein gegenwartsbezogen, d. h. an den Wünschen und Bedürfnissen der lebenden Bürger – der Wähler (!) – orientiert. Die Interessen zukünftiger Generationen bleiben oft unberücksichtigt.

Nach uns die Sintflut ...

Unsere heutige Gesellschaft will in der Gegenwart kurzfristige Gewinne und unmittelbare Vorteile erzielen, die Kosten dafür werden aber in die Zukunft verlagert. Zu beobachten ist dies besonders bei Entscheidungen im ökologischen Bereich – z. B. bei Problemen wie Treibhauseffekt, Ozonloch, Atommüll, Artensterben, Verödung der Böden, Abholzung der Wälder, Plünderung von Wasserreserven oder Überfischung der Meere.

Als exemplarisches Beispiel für ein nicht-nachhaltiges, nur an der Gegenwart orientiertes Handeln im Umweltbereich soll der Treibhauseffekt herausgegriffen werden:

Unsere heutige Form der Energiegewinnung mit dem Schwerpunkt auf fossilen Energieträgern ermöglicht zwar zur Zeit in den Industrieländern einen nie dagewesenen hohen Lebensstandard, dafür werden aber gravierende Nachteile für die mittelfristige Zukunft in zwanzig bis dreißig Jahren in Kauf genommen. Nach heutigem Wissensstand kommt es durch die Energiepolitik der herrschenden Politikergeneration zu einer Kohlendioxidanreicherung in der Atmosphäre, wodurch der natürliche Treibhauseffekt verstärkt wird und die Temperaturen weltweit ansteigen. Überschwemmungen, Flüchtlingsströme und neue Konflikte sind – wie wir heute schon wissen – die in absehbarer Zukunft eintretenden, schlimmen Folgen dieser kurzsichtigen Politik.

Es ist eine trostlose und zornigstimmende Tatsache, daß die heute herrschende Generation ihre Nachkommen auf ihr eigenes gesellschaftliches Modell festlegt wie noch keine andere Generation zuvor.

Wir werden die Tier- und Pflanzenarten nicht mehr lebendig machen können, die durch euer Handeln ausgerottet werden – ja: ihr seid gemeint, die ihr das zu verantworten habt! Dafür werden wir aber auf eure radioaktiven Müllhalden aufpassen müssen.

Der Generationsforscher Reimer Gronemeyer vermutet, daß die Schüler und Studenten, die sich heute vor den Castor-Transporten auf die Schienen werfen, »ökologische Kriegsverbrecherprozesse« gegen die politisch Verantwortlichen aus ihrer Elterngeneration anstrengen werden, sobald sie erwachsen sind.

Das Ziel der GRzG ist deshalb eine Grundgesetz-Ergänzung, um die Rechte späterer Generationen zu schützen. Das Grundgesetz schützt nur die Rechte der bereits Geborenen, also der heute lebenden Generation. Wie jeder Jurist weiß, sind zukünftige Generationen keine eigenständigen Rechtssubjekte, folglich haben sie auch keine Grundrechte. Es kann jedoch nicht gerecht sein, wenn die heute lebende Generation sämtliche Schätze des Planeten aufbraucht und für spätere Generationen nichts mehr übrigbleibt.

»Erst wenn das Nachhaltigkeitsprinzip ins Grundgesetz aufgenommen ist, wird ein Leben auf Kosten unserer Kinder nicht mehr möglich sein. Wir müssen festschreiben, daß die Verschmutzung von Luft, Wasser und Boden die Regenerationsfähigkeit der natürlichen Ressourcen nicht überschreiten darf. Außerdem dürfen nicht mehr erneuerbare Ressourcen verbraucht werden, als wieder nachwachsen«, erklärte Schirmherr Ernst Ulrich von Weizsäcker.

Die GRzG hat eine »Erklärung der Rechte zukünftiger Generationen« ausgearbeitet, die das Zusammenleben von Jung und Alt auf eine neue, faire Grundlage stellen sollen (siehe Seite 359).

Darin wird auch der Ausstieg aus der »friedlichen Nutzung« der Atomenergie gefordert. Es kann keinen Frieden zwischen den Generationen geben, wenn der jüngeren eine äußerst gefährliche Erbschaft hinterlassen wird, für die es keinen sicheren Lagerplatz gibt. Jeder deutsche Reaktor produziert jährlich etwa 100 Kilogramm Plutonium, einen Stoff, von dem schon ein Millionstel Gramm genügt, um beim Menschen Krebs auszulösen. Da Plutonium eine Halbwertszeit von 24 400 Jahren hat, dauert es eine halbe Million Jahre, bis auch nur ein Gramm (!) für den Menschen ungefährlich geworden ist. Jeder Tag, den die AKWs weiterlaufen, werden zukünftige Generationen stärker mit der Erbschaft der heute Herrschenden belastet.

Die heute Jungen können als erste durch die Umweltzerstörung geschädigte Generation angesehen werden; weil sie ihr gesamtes Leben noch vor sich haben, kann man sie auch als erste »nachrückende Generation« bezeichnen. Es macht beim Thema »Rechte zukünftiger Generationen« prinzipiell keinen Unterschied, ob wir über gerade geborene oder in wenigen Wochen zur Welt kommende Babys reden. Je jünger ein Mensch heute ist, desto stärker wird er von dem Generationsbetrug betroffen sein. Es ist sein gutes Recht, sich darüber zu beklagen. Mit Undankbarkeit gegenüber den Eltern hat dies nichts zu tun. Es ist nun mal eine Tatsache, daß die »Futurisierung« ökologischer Probleme für die heute junge Generation eine existentielle Gefahr bedeutet. Das Glück heutiger Generationen wird mit dem Unglück zukünftiger Generationen erkauft.

Und da die noch Ungeborenen nicht für sich selbst sprechen können, wollen wir Jugendlichen in diesem Buch auf ihre Interessen aufmerksam machen*.

Wirtschaften auf Kosten späterer Generationen

Nicht nur durch ihre Umweltzerstörung, auch in anderen Bereichen scheinen die älteren Generationen nach der Maxime: »Nach uns die Sintflut ...« zu leben. Auch im wirtschaftlichen Bereich ist eine Gegenwartspräferenz der Politiker zu beobachten.

Die Staatsverschuldung hat in den letzten Jahren immer neue Höchstmarken erreicht. Längst lebt die verantwortliche Generation nicht mehr im Rahmen ihrer Mittel, sondern bürdet die Kosten für ihren Konsum nachfolgenden Generationen auf. Mit Wahlgeschenken versuchen sich Politiker ihre Wiederwahl zu erkaufen, ohne an die nächste Generation auch nur zu denken. Dieser Mißstand muß unverzüglich gestoppt werden. Es sollte Konsens darüber bestehen, daß keine Generation über ihre Verhältnisse leben darf.

Die GRzG fordert deshalb, auch finanzielle Nachhaltigkeit (Schranken für die Staatsverschuldung) im Grundgesetz festzuschreiben.

Manchmal wird gegen diese Forderung vorgebracht, der Abbau der Staatsverschuldung führt zu sozialen Härten. Gefordert ist aber eben nicht nur eine Solidarität innerhalb einer Generation, sondern auch zwischen den Generationen. Hilfe für die Schwachen ist immer nur dann sozial, wenn sie aus den Taschen der helfenden Generation kommt. Wer den Schwachen gibt, was er den noch Schwächeren – nämlich den noch gar nicht Geborenen – durch Schuldenmachen wegnimmt, der macht nicht Sozialpolitik, sondern eine kurzsichtige und egoistische Politik. Aber selbstver-

* Das Thema Abtreibung, an das man in diesem Zusammenhang auch denken könnte, ist hier nicht gemeint. In die heftigen gesellschaftlichen Auseinandersetzungen über dieses Thema möchte sich die GRzG nicht einmischen. Was wir als unseren Aufgabenbereich verstehen, sind die Rechte der künftigen Bürger, die geboren werden. Und hier gibt es mehr als genug zu tun.

ständlich gilt: Wenn gespart wird, so soll möglichst gerecht und sozialverträglich gespart werden.

Rien ne va Blüm oder »Die Renten der Alten sind sicher!«

Unsere sozialen Sicherungssysteme, besonders die Rentenversicherung, stecken in der Krise. Angesichts von Arbeitslosigkeit und demographischem Wandel droht dem System langfristig der Zusammenbruch. Die Sozialbeiträge werden erhöht, ohne daß die heute Jüngeren aus der Sozialversicherung eine Rente in heutigem Umfang erwarten können, wenn sie selbst alt sind. Dadurch findet eine Lastenverschiebung von Alt zu Jung statt, die jedem Gerechtigkeitsempfinden widerspricht. Anstatt die Lasten, die durch den demographischen Übergang entstehen, solidarisch zwischen Jüngeren und Älteren aufzuteilen, werden in der Rentenversicherung allein der jüngeren Generation über steigende Beiträge Mehrbelastungen zugemutet, während den heutigen Rentnern ihre Besitzstände garantiert bleiben*. Die Benachteiligung der nachwachsenden Generation im Vergleich zu den über 60jährigen birgt sozialen Sprengstoff, deshalb muß dieser Konflikt möglichst rasch beigelegt werden. Das System muß unter dem Aspekt der Generationengerechtigkeit – keine Generation soll bevorzugt oder benachteiligt werden – reformiert werden.

Grundsätzlich fordern wir von den Älteren Solidarität und Bereitschaft zum Teilen. Seit dem 1. Januar 1997 erhalten gesetzlich Krankenversicherte keinen Zuschuß zu den Kosten des Zahnersatzes mehr – sofern sie 1979 oder später geboren sind. Was haben die Jugendlichen eigentlich verbrochen, daß man sie schlechter stellt als alle Älteren? Wer heute ins Berufsleben einsteigt, bekommt häufig keine Betriebsrente mehr zugesichert, die Betriebsrentenansprüche der älteren Mitarbeiter aber bleiben bestehen. Wenn die Älteren bereit wären zu einer Senkung ihrer

* Normalerweise nennt man die unter 30jährigen die junge Generation, die 30- bis 60jährigen die mittlere und die über 60jährigen die ältere. In der Rentendebatte hat es aber nur Sinn, die Beitragszahler als jüngere Generation und die Rentenempfänger als ältere Generation zu bezeichnen.

Betriebsrenten(ansprüche), so könnte auch den Jüngeren noch eine kleine Betriebsrente in Aussicht gestellt werden. Leider ist zu beobachten, daß viele Ältere ihre Besitzstände absichern, z. B. bei der Zulassung zum Kassenarzt, die heute Studierenden nicht mehr oder nur noch sehr schwer gewährt wird. Ein junger Anwalt darf nicht Notar werden, weil die Posten schon vergeben sind, ein fähiger Handwerker darf sich nicht selbständig machen, ohne die Meisterprüfung abgelegt zu haben. Eigentlich sollte es doch so sein, daß niemand wegen seines Alters benachteiligt wird.

Arbeitslosigkeit – Alltag für viele Jugendliche

Die Arbeitslosenquote hat in Deutschland ihren Nachkriegshöchststand erreicht. Der Arbeitsgesellschaft geht die Arbeit aus. Lehrstellen und Arbeitsplätze fehlen. Ein wachsender Teil der Jugendlichen erfährt Arbeitslosigkeit als tägliche Normalität. Dabei ist gerade für Jugendliche der erste, sichere Arbeitsplatz ein ganz wichtiger Schritt zur eigenen Identität innerhalb der Gesellschaft. Die ältere Generation erkennt die Notwendigkeit zu Reformen nicht. Sie versucht ihre eigenen Arbeitsplätze zu sichern und schiebt die Arbeitslosigkeit als Problem der Arbeitslosen beiseite. Die Lösung kann nur ein neuer Generationenvertrag zwischen Jung und Alt bieten. Dieser soll durch Zeitarbeitsplätze und Weiterbildungsmöglichkeiten, Umlagefinanzierung und Berufseinstiegserleichterungen Jugendlichen auf dem Arbeitsmarkt wieder eine Perspektive eröffnen.

Bildungschancen sind Zukunftschancen

Die Zukunftsfähigkeit einer Gesellschaft hängt maßgeblich von der Mündigkeit und den Fähigkeiten ihrer Bürgerinnen und Bürger ab. Gerade in Deutschland sind die Köpfe der Menschen, ihre Begabungen und Talente die wichtigsten Zukunftsressourcen. Um jungen Menschen Chancen auf Arbeit und gesellschaftliches Engagement, auf Mündigkeit und verantwortungsbewußtes Handeln zu geben, ist eine wesentliche Aufgabe des Staates, ein modernes und leistungsfähiges Bildungssystem bereitzustellen und für alle Menschen freien Zugang zu ermöglichen. Bildung ist eine Zukunftsinvestition, die nicht nur der jeweiligen Jugend zugute kommt, sondern der gesamten Gesellschaft.

Gebt uns eine Zukunft – oder wenigstens die Möglichkeit, sie uns zu holen!

Um all diese Fehlentwicklungen zu ändern, müssen Jugendliche mehr politische Mitspracherechte und -möglichkeiten bekommen. Nur wenn die Jugend im Kalkül der Politiker zu einer relevanten Einflußgröße wird, besteht eine Chance auf Änderung der herrschenden Verhältnisse. Das Wahlrecht darf jungen Menschen nicht mehr wegen ihres Alters vorenthalten bleiben. Auch in anderen Bereichen muß dafür gesorgt werden, daß Menschen unter 18 Jahren als gleichberechtigt anerkannt werden.

In wenigen Jahrzehnten wird Generationengerechtigkeit selbstverständlich sein ...

Das Prinzip der Generationengerechtigkeit (intergenerationelle Gerechtigkeit) ist eine neue Interpretation von Gerechtigkeit, die heute noch nicht allgemein anerkannt ist. Wie bei vielen großen Ideen wird sie ihre Zeit brauchen, bis sie sich durchsetzt. Anfangs hat sie es schwer, Fuß zu fassen, dann lassen sich mehr und mehr dafür begeistern, und schließlich ist dieses Prinzip allgemeiner Konsens, dem nur noch wenige Uneinsichtige fernstehen. Daß sich die Idee der Generationengerechtigkeit durchsetzen wird, daran haben wir keinen Zweifel. Zu einleuchtend und klar ist es, daß man nicht auf Kosten zukünftiger Generationen leben darf. In wenigen Jahrzehnten, da sind sich die Autoren dieses Buches sicher, werden wir einen Ausschuß im Bundestag und Ausschüsse in den Länderparlamenten haben, die jede Entscheidung auf ihre Auswirkungen für spätere Generationen überprüfen. Die zentrale Forderung der Stiftung für die Rechte zukünftiger Generationen, die Festschreibung des Nachhaltigkeitsprinzips im Grundgesetz, wird erfüllt sein, nicht nur in Deutschland, sondern auch in zahlreichen anderen Ländern.

Jugend muß handeln!

Gerechtigkeit zwischen den Generationen wird es nur geben, wenn die heutige Jugend sie auch erkämpft. Mit diesem Buch wollen wir unsere Altersgenossen aufrütteln, damit sie nicht länger danebenstehen, während ihre Zukunft verfrühstückt wird. Die junge Generation gilt als angepaßt und unpolitisch. Zu viele konzentrieren sich nur auf sich selbst und ihren resignierten Individualismus, in der Hoffnung, irgendwie durchzukommen. Sie schwimmen mit und überlassen die Politik den »Entscheidungsträgern«. Schon in dem Wort »Entscheidungsträger« schwingt mit, daß politische Entscheidungen von der Jugend nicht mitbeeinflußt werden können. Wir, die Autoren, halten es für wichtig, diese resignative Einstellung zu durchbrechen. Eine Jugend, die sich nicht wehrt, wird zu einem einfachen Etatposten, der gestrichen werden kann.

Die Angst um die eigene Zukunft ist weitverbreitet, aber diffus. Es fehlt an einer Kanalisierung des Jugendprotests. Nur allmählich scheint unsere Generation sich stärker kritisch einzumischen, diesen Prozeß wollen wir mit unserer »Gesellschaft« und mit diesem Buch beschleunigen. Die gesellschaftlichen Veränderungen können nur von unten, von der Jugend kommen. So war es 1968, so war es auch zu allen Zeiten in der Geschichte. Neue Ideen, provokativ vorgetragen, gesellschaftliche Anstöße, Veränderungen wurden noch nie von der alten Generation eingeleitet. Sie wurden immer von der Jugend gegen die Alten durchgesetzt, deshalb kam es auch immer wieder zu Generationenkonflikten. Von den herrschenden, etablierten, gesättigten Gruppen in unserem Land ist keine Veränderungsbereitschaft zu erwarten. Zu sehr scheint das Altbewährte auch für die Zukunft gut zu sein.

Das Durchschnittsalter der Bundestagsabgeordneten ist Mitte 50, da verwundert es nicht, daß die Politik heute so altenorientiert ist. Von der herrschenden Politikergeneration fühlen sich die meisten Jugendlichen nicht mehr vertreten, wie Politikverdrossenheit und Wahlmüdigkeit beweisen. Nur die Jugend kann eine neue APO, eine außerparlamentarische Opposition, bilden und unsere Gesellschaft verändern. Viele Ältere haben nichts Besseres zu tun, als ihre Besitzstände zu wahren. Wir haben noch keine Besitzstände, wollen aber auch teilhaben an den gesellschaftlichen Chancen. Wir haben das Recht auf Zukunftschancen! Nach vielen Diskussionen mit anderen Jugendlichen vermuten wir, daß sich die untergründige Unzufriedenheit der heute Jungen mit den herrschenden gesellschaftlichen Verhältnissen schon bald Bahn brechen wird. Es liegt was in der Luft, erstmals seit 68 wieder ...

Schon die Tatsache, daß dieses Buch zustande kam, ist ein Hinweis darauf. Es gibt bereite eine Reihe anderer Publikationen, die die Benachteiligung der Jugend anprangerten: Reimer Gronemeyers »Entfernung vom Wolfsrudel«, Heidi Schüllers »Die Alterslüge«, Ekkehard von Braunmühls »Antipädagogik« oder auch »Der Generationsbetrug« von Jörg Tremmel. Aber noch nie haben sich Jugendliche aus den unterschiedlichsten politischen Richtungen zusammengefunden, um gemeinsam ihre Interessen gegenüber den anderen Generationen in einem Buch zu vertreten. Wir wollen damit auch unsere Altersgenossen animieren, den Aufstand zu proben. Unruhe ist erste Bürgerpflicht. Nur gemeinsam sind wir stark und können den älteren Generationen unsere Rechte abtrotzen!

Wir brauchen neue Generationenverträge

Seit einiger Zeit mehren sich die Stimmen, die neue Generationenverträge fordern. Der Bielefelder Generationenforscher Prof. Dr. Hurrelmann sieht die Notwendigkeit zu Neuverhandlungen zwischen Alt und Jung ebenso wie zahlreiche junge Bundestagsabgeordnete aus allen Parteien. Auch bei der älteren Generation – und dies ist neu – wächst die Einsicht, daß die heutige Jugend es im Vergleich zu ihr schwerer haben wird. So schreibt Hurrelmann: »Den Alten geht es in unserer Gesellschaft gegenwärtig sehr gut, aber sie leben auf Kosten der Jungen, weil sie strukturell sowohl die Umweltressourcen verwalten als auch die sozialen Sicherungsressourcen für sich beanspruchen. Die ältere Bevölkerung kann sich heute auf der Basis ihrer Rente und ihres Vermögens einen vergleichsweise guten Lebensabend gestalten, eine wachsende Minderheit der jungen Bevölkerung aber lebt in schlechten Verhältnissen. Die alte Generation hat eine meist gute Lebensbilanz und eine befriedigende Lebensperspektive. Die junge Generation aber ist teilweise ohne eine berechenbare Berufs- und Zukunftsperspektive. Schon etwa 15 Prozent einer Altersgruppe muß mit struktureller Arbeitslosigkeit rechnen. Die öffentlichen Investitionen in Kindergärten, Schulen und Hochschulen sind jahrelang nicht mehr gestiegen, die öffentlichen Bildungseinrichtungen fangen an, zu verwahrlosen, auch die Universitäten.«

Weil der alte Generationenvertrag nicht mehr trägt, brauchen wir einen neuen. Dabei es geht nicht nur um die Rente, sondern auch um die Bereiche Ökologie, Bildung, Arbeitsmarkt, Staatsfinanzen und Gleichberechtigung von Jugendlichen. Jung und Alt werden erst in einen echten Dialog eintreten können, wenn die Jüngeren ihre politischen Forderungen präsentiert haben. Die Gesellschaft für die Rechte zukünftiger Generationen möchte der jungen Generation eine Plattform bieten, um in diesen sechs Bereichen jeweils ein »Vertragsdokument« zu formulieren. Deshalb organisiert sie am 7. und 8. November 1997 einen großen Jugendkongreß, auf dem Hunderte von Jugendlichen gemeinsam solche Verträge ausformulieren können. Unser Ziel ist es, auf diesem Jugendkongreß einen ausgewogenen Querschnitt der jüngeren Generation zusammenzubringen, so daß von einer echten Repräsentanz der Jugend gesprochen werden kann. Eingeladen werden daher alle maßgebenden Jugendverbände (z. B. die politischen Jugendorganisationen, die Gewerkschaftsjugend, die Studienstiftungen, die Jugendorganisationen der Umweltschutzverbände, die Pfadfinder, die kirchlichen Jugendverbände, der Deutsche Bundesjugendring, die Jungen Europäischen Föderalisten, die Beamtenjugend usw.). Außerdem werden sämtliche Schüler- und Jugendzeitungen Deutschlands informiert*. Zur Seite stehen den Teilnehmern dabei hochkarätige Experten wie Prof. Dr. Ernst Ulrich von Weizsäcker und Prof. Dr. Ortwin Renn (Umwelt), Prof. Dr. Norbert Walter und Prof. Dr. Bernd Raffel-

* Informationen über den geplanten Jugendkongreß Seite 367

hüschen (Staatsfinanzen), Prof. Dr. Ruland (Rentenversicherung) und Prof. Dr. Peter Grottian (Arbeitsgesellschaft).

An diesen Generationenverträgen werden die Politiker dann hoffentlich nicht mehr vorbeikommen.

Dialog oder Konfrontation?

Die Beziehungen zwischen Alt und Jung werden eines der beherrschenden gesellschaftspolitischen Themen in den nächsten Jahren, ja Jahrzehnten sein. Nach der mittleren Schätzung des Bundesinnenministeriums wird bis zum Jahr 2030 der Anteil der über 60jährigen an der Gesamtbevölkerung von heute 20,7 Prozent auf 35,5 Prozent ansteigen. Dies bedeutet in absoluten Zahlen: Die Zahl der Alten wird von heute 17 auf 27 Millionen steigen, die Zahl der unter 20jährigen wird von heute 20 auf 15 Millionen sinken.

Es besteht die Gefahr, daß die Alten ein starkes Generationenbewußtsein aufbauen und eine zahlenmäßig unschlagbare Lobby bilden, gegen die jüngere Teile der Gesellschaft nichts mehr durchsetzen können.

Dies wäre dann tatsächlich eine Diktatur der Alten, die wir aber nicht heraufziehen sehen, weil auch die meisten Älteren dies nicht wollen. Klar, durch den demographischen Wandel werden sich Probleme ergeben, und die müssen auf den Tisch und ausdiskutiert werden. Den Autoren dieses Buches geht es jedoch nicht um Konfrontation zwischen Jung und Alt, sondern zunächst um einen konstruktiven Dialog und dann um eine neue Partnerschaft (wenn auch auf einer anderen Basis)*.

Auch den Medien kommt eine besondere Verantwortung zu, damit der Generationenkonflikt sachlich ausgetragen wird und es

* Trotzdem wirft ein verfestigter Interessengegensatz zwischen Jungen und Alten schwierige demokratietheoretische Fragen auf. So zeigen etwa Umfragen, daß die Jüngeren mehrheitlich z. B. für den Ausstieg aus der Atomenergie oder die Einführung des Euro sind, die Älteren aber dagegen. Wenn die Senioren sich in diesen Fragen durchsetzen sollten, so treffen sie damit Entscheidungen, von denen die Jüngeren erheblich länger betroffen sind als sie selbst. Anders als die noch nicht geborenen zukünftigen Generationen, die logischerweise noch keine Stimme bei heutigen Wahlen haben, hat die jün-

nicht zu einem Generationenkrieg kommt. Das Thema Generationskonflikt ist ein gefundenes Fressen für die Medien. Es weckt Emotionen auf allen Seiten. Je provokanter die Berichterstattung darüber, desto höher verspricht die Einschaltquote oder die Auflage zu werden. In Talkshows werden schon heute Junge und Alte gegeneinander gehetzt, um den Zuschauern zu zeigen, wie weit es schon gekommen ist in den Beziehungen zwischen den Generationen.

Die Gesellschaft für die Rechte zukünftiger Generationen verurteilt ein solches Verhalten und wird sich in keinem Fall instrumentalisieren lassen, damit bestimmte Medien ihre Auflagen steigern können. Das Thema Generationskonflikt ist hochsensibel und muß sachlich diskutiert werden. Das bedeutet nicht, daß auch lauter und provokativer Protest ungerechtfertigt wäre. Ziviler Ungehorsam muß sich aber gegen Ungerechtigkeiten wenden und nicht gegen »die Alten«.

Entscheidend ist aus unserer Sicht, ob jemand an die Zukunft denkt oder nicht. Zwar tun dies vor allem jüngere Menschen, weil sie noch längere Zeit auf diesem Planeten leben werden und daher logischerweise weiter vorausplanen, aber auch Ältere sind dazu durchaus in der Lage. Nicht jemand mit vielen Lebensjahren ist veraltet, sondern jemand, der sich nicht mehr für die Zukunft einsetzt*. Aus dieser Überzeugung heraus gilt das Angebot zur Mitarbeit in der Gesellschaft für die Rechte zukünftiger Generationen ausdrücklich auch für ältere Menschen.

Wir erkennen an, daß auch die über 60jährigen, die die Kriegszeiten und ihre Folgen miterlebt und erlitten haben, eine »betrogene Generation« waren. Denn für ihr schweres Schicksal war die vorangegangene Generation verantwortlich. Eine Kindheit in der Nazizeit mit ideologischer Verblendung und – in den Kriegsjah-

gere Generation eine Stimme, aber oft nicht die Mehrheit (was auch daran liegt, daß unter 18jährige kein Wahlrecht haben). Ist es aber legitim, wenn sie deshalb bei Interessenskonflikten verlieren? Es ist, als ob die Mehrzahl der älteren Schüler dafür stimmt, die Zahl der Abiturprüfungsfächer von 4 auf 6 zu erhöhen – und dann die Schule verläßt, bevor sie selbst davon betroffen ist.

* In diesem Sinne sind auch manche jüngere Politikerinnen und Politiker schon ganz schön »alt«.

ren – körperlicher Unterversorgung war sicher auch kein Zuckerschlecken.

Um es noch einmal ganz deutlich zu sagen: Die Gesellschaft für die Rechte zukünftiger Generationen wendet sich keineswegs gegen die Älteren, sondern gegen veraltete und verkrustete Denkstrukturen und gegen eine falsche Politik, die nur an das Jetzt und Heute denkt und Lasten in die Zukunft verschiebt. Uns ist bewußt, daß viele Ältere am Wohlergehen ihrer Kinder und Enkel interessiert sind, sie finanziell unterstützen oder ihnen anderweitig helfen. Begriffe wie «Altenberg« oder »Vergreisung der Gesellschaft« wird man in unseren Schriften nie finden. »Rentnerschwemme« ist zu Recht zum Unwort des Jahres gewählt worden. Wir fordern lediglich die Einhaltung des Prinzips der Gerechtigkeit zwischen den Generationen. Auch viele Ältere finden es nicht gerecht, daß

- die Rendite ihrer Generation aus der gesetzlichen Rentenversicherung doppelt so hoch ist wie die der jüngeren Generation;
- Jugendliche keine Arbeitsplätze finden;
- die Staatsverschuldung jede Sekunde um 3171 Mark steigt;
- die Umwelt immer weiter kaputtgeht, in Deutschland und weltweit.

Den jungen Autoren dieses Buches ist bewußt, daß auch sie einmal alt sein werden. Die neuen Generationsverträge, die wir in diesem Buch vorschlagen, werden auch uns gegenüber unseren Kindern binden, wenn wir einmal zu den Alten gehören. Da wir uns dessen bewußt sind, verbietet es sich von selbst, überzogene oder unrealistische Forderungen aufzustellen. Wenn irgendwelche Verrückten fordern, die Alten wie angeblich bei den Eskimos »aufs Eis zu schicken«, so vergessen sie, daß auch sie einmal alt sein werden.

Der amerikanische Ethiker Daniels weist darauf hin, daß es niemals eine Altenfeindlichkeit geben kann, die etwa vergleichbar wäre mit Fremdenfeindlichkeit oder Frauenfeindlichkeit. Dies liegt daran, daß man sein Geschlecht oder seine ethnische Herkunft ein Leben lang behält, seine Generationszugehörigkeit aber wechselt. Einige positive Erfahrungen in Altenheimen lassen uns sogar hoffen, daß wir mit unseren Forderungen auch bei manchen Älteren auf Zustimmung stoßen werden. Man kann auch als Rentner für die Chancengleichheit der heutigen Jugend eintreten.

Allerdings darf man auch nicht so tun, als gäbe es keinen Generationskonflikt. Das Bundesministerium für Familie, Senioren, Frauen und Jugend (man beachte die Reihenfolge) tut immer noch so, als wäre alles Friede, Freude, Eierkuchen zwischen Jung und Alt. So ist es nicht. Das Ministerium täte besser daran, einen kritischen Dialog zwischen den Generationen zu fördern, anstatt die Probleme zuzudecken, in der Hoffnung, die Konflikte dadurch ersticken zu können.

Es sind nun mal die älteren Generationen, die die Entscheidungen in diesem Lande treffen, und es ist die Jugend, die unter den Folgen dieser Entscheidungen leben muß, wenn die heutigen Politiker längst im Ruhestand sind. Wir werden die Folgen dieser mißglückten Politik auszubaden haben.

Natürlich kann man nicht alle Angehörigen der herrschenden Generation haftbar machen für das Handeln eben dieser Generation. Aber vielleicht wird man in 25 Jahren die heutige Erwachsenengeneration in drei Gruppen einteilen. Die erste Gruppe wären jene, die sich aktiv bemüht haben, Schaden von späteren Generationen abzuwenden. Denen gilt unsere Hochachtung. Dann gibt es eine Gruppe, denen die Lebensbedingungen ihrer Kinder und Kindeskinder – mit Verlaub – scheißegal waren. Und schließlich die zahlenmäßig größte Gruppe der Mitläufer, die einfach keine große Lust haben, sich für irgendetwas zu engagieren. Diese letzte Gruppe wollen wir für unsere Sache gewinnen. Wir wollen diesen Beiseitestehenden klarmachen, daß man nicht nur für das verantwortlich ist, was man tut, sondern auch für das, was man unterläßt.

Die Vorwürfe, die wir in diesem Buch erheben, richten sich in erster Linie an die Mächtigen in diesem Land. Die Bundestagsabgeordneten, die Großindustriellen, die Professoren, die Journalisten und alle anderen, die gesellschaftliche Verantwortung übernommen haben, müssen sich weit mehr als der Normalbürger fragen lassen, warum sie so schlecht damit umgehen.

Auch wenn der einzelne die Welt nicht verändern kann, so bleibt doch zu fragen, was jeder und jede dazu tun kann, damit unsere Gesellschaft nicht weiter auf Kosten ihrer Kinder lebt. Die meisten Leute wollen zwar, daß es ihren Kindern einmal besser geht, aber zwischen Denken und Tun klafft ein riesiges Loch. De facto wird es unsere Generation in vieler Hinsicht schlechter haben als die »Wirtschaftswundergeneration« der fünfziger und sechziger Jahre oder die darauffolgende »68er-Generation«.

Zu guter Letzt

Es gibt bei allen Autoren dieses Buches über die Parteigrenzen hinweg große Zukunftsbesorgnis, die sie in der gemeinsam geschriebenen Einleitung zum Ausdruck bringen wollten*. Trotzdem bestehen natürlich zwischen einem Grünen, einem Mitglied der Jungen Union, einem Jungsozialisten und einer Jungliberalen unterschiedliche Auffassungen, wie an bestimmte Sachfragen herangegangen werden sollte. Der Leser kann sich vorstellen, wie heftig diese Standpunkte beim ersten Treffen aufeinander prallten. In langen und sehr konstruktiven Diskussionen haben wir die Standpunkte einander angenähert, dennoch wurde das ursprünglich gesetzte Ziel, daß jedes Mitglied des GRzG-Vorstands alle Texte voll mittragen kann, nicht erreicht. Letztlich geben die Beiträge dieses Buches also die Meinung des jeweiligen Autors wieder, nicht unbedingt die Ansichten aller anderen. Es besteht zwar ein Grundkonsens über die Problembereiche, aber die Strategien zur Lösung der Probleme unterscheiden sich je nach politischem Hintergrund. Dennoch hat jeder Autor versucht, in seinem Beitrag auch die Standpunkte der anderen Autoren unterzubringen, so daß sich der Leser selbst sein Urteil bilden kann. Wir haben auch weiterhin vor, uns auf gemeinsame Positionspapiere zu einigen, die dann unter der anfangs angegebenen Adresse angefordert werden können.

* Noch ein Wort zur deutschen Sprache: Im Gegensatz zum PEN-Club und einigen betagten Schriftstellern, die ihre beste Zeit schon hinter sich haben, sprechen sich die Autoren dieses Buches mit großer Mehrheit für eine Rechtschreibreform aus.

Bleibt noch eine grundsätzliche Klarstellung: Die Mitglieder der einzelnen Jugendorganisationen sind nicht als offizielle Vertreter von ihren jeweiligen Verbänden in die GRzG geschickt worden. Genauso wie sie nicht beanspruchen, für ihre Organisationen zu sprechen, so beansprucht die GRzG nicht, alle jungen Leute in Deutschland zu repräsentieren. Die Jugend von heute spricht mit vielen Stimmen. Die Gesellschaft für die Rechte zukünftiger Generationen ist eine davon.

Last, but not least eine Danksagung: Wir danken Raphael Mankau von den Jungen Ökologen für seine Mitwirkung an der Entstehung dieses Buches. Als kooptiertes Mitglied der GRzG war er nicht nur auf allen gemeinsamen Besprechungen von uns anwesend, er hat auch alle Manuskripte mit konstruktiven Anmerkungen versehen und uns durch seine engagierte Kritik eine Vielzahl von Hinweisen gegeben, wie wir unsere Beiträge noch verbessern könnten.

Berlin / Köln / Leipzig / Oberursel, im Frühsommer 1997

Jens Augner
Thorsten Becker
Benjamin Kiesewetter
Johannes Lindner
Maja Schmidt
Jörg Tremmel

Jens Augner

»Erst wenn der letzte Baum gerodet ...«

Die Zukunft der Umwelt

Dies ist inzwischen leider ein weitgehend abgenutzter Spruch, der viel von seinem Glanz und seiner Bedeutung im öffentlichen Bewußtsein verloren hat. Zu sehr sind die ökologischen Probleme und die Einsicht in die Notwendigkeit, diese zu lösen, von den sozialen und wirtschaftlichen Problemen in den Hintergrund gedrängt worden. Blieb die Umweltzerstörung für viele immer abstrakt und scheinbar ein Thema für Schönwetterpolitik, so fühlen sich vom Sozialabbau und der zunehmenden Verteilungsungerechtigkeit gesellschaftlichen Reichtums viel mehr Menschen sehr direkt betroffen. Dabei sind es gerade die ökologischen Probleme, die zuallererst gelöst werden müßten, wenn nicht die Lebensgrundlagen zukünftiger Generationen unwiderruflich geschädigt oder gar völlig zerstört werden sollen.

Es scheint dringend geboten, die Zusammenhänge zwischen ökologischen Problemen und deren Folgekosten (externe Kosten) sowie die zu Allgemeingut gewordenen Legenden des Widerspruchs von Ökologie und Ökonomie aufzudecken. Deutlich muß werden, daß eine Lösung der vordringlichen Zukunftsprobleme und -aufgaben – also Umweltschutz, Demokratisierung, soziale Fragen und wirtschaftliche Probleme – nur vernetzt denkbar ist, daß die vermeintliche Lösung eines einzigen Problems zumeist nur durch eine Zunahme anderer Probleme möglich ist.

Ziel dieses Beitrages ist es nicht etwa, neue Fakten, Daten, Zahlen, aufzutischen. Es geht vielmehr darum, daß jemand, der sich durch die schleichende Umweltzerstörung in seinen Überlebenschancen bedroht sieht, der Gefahr läuft, seinen Enkeln* zahllose

* Um das Lesen zu erleichtern, steht hier – wie in allen Beiträgen – nur eine Pluralform, gemeint sind jeweils beide Geschlechter.

Tiere und Pflanzen nur noch im Lexikon zeigen und ihnen von der Zeit erzählen zu können, als es noch möglich war, barhäuptig und ohne Luftschutzmaske herumzulaufen, die Probleme, aber auch die Problemlösungsmöglichkeiten aus seiner Sicht und für alle verständlich darlegt. Fachleuten mag die Darstellung bisweilen etwas grob erscheinen. Es geht jedoch vorwiegend darum, einen knappen Überblick zu ermöglichen. In der Hoffnung, daß sich der gigantischen Umweltzerstörung doch noch entgegensteuern läßt, sollen alle Leserinnen und Leser zum Nachdenken und zu umweltgerechtem Verhalten angehalten werden. Dabei wird die Skizzierung eines neuen Verständnisses der Verknüpfung von Ökonomie und Ökologie, von Wohlstand und globaler Verantwortung einen wesentlichen Schwerpunkt bilden. Die Prämisse all dieser Überlegungen ist, das Überleben der Erde zu gewährleisten und die zukünftigen Generationen nicht mit noch weiteren Zukunftsrisiken zu belasten.

I. Globale, regionale und lokale Umweltzerstörung[1]

Der Treibhauseffekt

Heute gehört es zum Allgemeinwissen, daß es einen anthropogenen, d. h. durch menschliche Aktivitäten hervorgerufenen Treibhauseffekt[2] gibt; nur wenige Forscher bezweifeln eine globale Erwärmung der Erde. Selbst die vorsichtigsten und zurückhaltendsten Studien gehen von massiven Auswirkungen auf die Ökosysteme der Welt aus – so z. B. vom Anstieg des Meeresspiegels, von der Zunahme stärkerer Stürme und von Ausfällen in der Nahrungsmittelproduktion. So drohen beispielsweise Teile Bangladeschs und der Niederlande (vor allem die in Küstennähe liegenden Großstädte) sowie kleine Inselstaaten im Pazifik gänzlich überschwemmt und bestimmte Ökosysteme – wie die Tundra in Sibirien und Kanada – durch einen Temperaturanstieg und eine Ausdehnung des Vegetationsgürtels zerstört zu werden. Mittelfristig wird eine Verringerung der Ernteerträge (im Westen der USA bis zu einem Drittel), die Versalzung von Trinkwasservorräten und eine Ausbreitung der Wüsten prognostiziert. Eine Erwärmung der Meere würde die maritimen Ökosysteme empfindlich stören oder gar vernichten. Korallenriffe, Lebensraum unzähliger Meerestiere, könnten zerstört und somit auch ihre natürliche Schutzfunktion zunichte gemacht werden. In den letzten Jahren ist trotz des verstärkten Problembewußtseins der Kohlendioxidausstoß zum Teil erheblich – besonders in den Industrieländern – gestiegen.

Das Ozonloch

Als ein weiteres gravierendes globales Umweltproblem ist das Ozonloch[3] bekannt. Die potentiellen oder inzwischen zum Teil realen Folgen verstärkter UV-Strahlung sind die Zunahme von Hautkrebserkrankungen, Schäden des menschlichen Immunsystems, landwirtschaftliche Probleme wie der Rückgang von Ernteerträgen und voraussichtlich Störungen diverser Ökosysteme sowie der maritimen Nahrungskette. Das seit Mitte der siebziger Jahre bekannte Problem wurde zunächst vernachlässigt, aber seit Mitte der achtziger Jahre durch internationale Abkommen, vor allem durch die Montrealer Konferenz 1987 und deren Nachfolgekonferenzen, angegangen. Doch selbst nach der völligen Einstellung der Produktion und des Verbrauchs von FCKW wird das Problem noch jahrzehntelang virulent bleiben, da die »Aufstiegs- und Verweildauer« in der Stratosphäre einige Dutzend Jahre beträgt. Das Ozonloch wird also eine Zukunftshypothek für die nächsten Generationen bleiben.

Das Artensterben

Ausdruck von Umweltzerstörung ist auch die rapide schrumpfende Zahl von Tier- und Pflanzenarten. Nur in den seltensten Fällen wird das Artensterben wahrgenommen, meist nur in Zusammenhang mit sogenannten Umweltkatastrophen[4]. Bei Unfällen von Öltankern rücken einzelne Tierarten (Vögel, Fische,

Robben) – meist nur kurzzeitig – ins Bewußtsein, wie z. B. die verendenden Seehunde während der Algenpest in der Nordsee. Die meisten Tier- und Pflanzenarten sterben jedoch heimlich, still und leise aus.

Schätzungsweise 100 (!) Tier- und 50 Pflanzenarten sterben *jeden Tag* aus. Zwei Drittel aller Vogelarten auf der Erde sind gefährdet, etwa jede zehnte Art ist vom Aussterben bedroht.

Das Ausmaß bedrohter Tier- und Pflanzenarten wird gravierend unterschätzt, da vermutlich nur etwa die Hälfte aller Säugetiere und 20 Prozent aller Reptilien regelmäßig beobachtet werden. Dem Menschen unattraktiv erscheinende Arten werden kaum beachtet. So dürfte es unzähligen Fisch- und Insektenarten ergehen.

Aufgrund der sehr unterschiedlichen Datenlage und Beobachtungsintensität der verschiedenen Länder sind seriöse Schätzungen kaum möglich. Es steht zu befürchten, daß im Jahre 2050 über die Hälfte der heute noch existierenden Tier- und Pflanzenarten ausgestorben sein wird. Besonders bedenklich stimmt, daß gerade kleine Inseln in den Ozeanen, die durch die globalen Umweltprobleme besonders gefährdet sind, die größte Anzahl seltener und bedrohter Pflanzenarten aufweisen. Ein weiteres großes Problem ist auch die Bedrohung von Fischarten, die zu den Hauptnahrungsmitteln der Erde gehören. Die rücksichtslosen Fangmethoden haben bereits dazu geführt, daß in den Meeren fast alle eßbaren Fischarten über- oder abgefischt sind. Von den Folgen der Überfischung sind Millionen von Menschen betroffen, die direkt oder indirekt von der Fischerei leben.

Andere Meerestiere sind ebenfalls bedroht. Einige tausend Arten von Korallen, Fischen und Schalentieren verlieren ihren Lebensraum, wenn Korallenriffe (die maritimen Gegenstücke zu den tropischen Regenwäldern) sterben. Diese werden mehrfach, vor allem durch den Fischfang mittels Sprengstoff, den Abbau der Korallenriffe als Baustoffe und die allgemeine Meeresverschmutzung bedroht. Vermutlich sind bereits heute 85 Prozent der Lebensgemeinschaften auf Korallenriffen zerstört. Und noch immer werden die Meere als Müllkippe für chemische, industrielle und nukleare Abfälle mißbraucht, obgleich viele Länder bereits Abkommen zur Beendigung dieser direkten Meeresverschmutzung unterzeichnet haben.

Das Artensterben ist außer durch Jagden und den Handel mit bedrohten Pflanzen und Tieren oder den aus ihnen hergestellten Luxusgütern vor allem durch die Zerstörung der natürlichen Lebensräume stark beschleunigt worden. Artensterben ist ein wesentlicher Indikator für das Voranschreiten von Umweltzerstörung und kann seinerseits weitere Probleme mit sich bringen. Dies ist dann der Fall, wenn sensible Ökosysteme beeinträchtigt werden und plötzlich feindliche sowie sich ergänzende Arten in einem solchen Ökosysteme fehlen, so z. B. natürliche Feinde von Pflanzen»schädlingen«. Und gerade von Pflanzen hängt direkt oder indirekt alles Leben auf der Erde ab – durch ihre Bedeutung für das Klima und die Ernährung von Mensch und Tier.

Die Zerstörung von Lebensräumen

Nichtsdestotrotz werden auch weiterhin Lebensräume von Tieren und Pflanzen rücksichtslos und rapide zerstört: als Folge der Entwaldung, der Ausbreitung menschlicher Siedlungsgebiete und der allgemeinen Umweltverschmutzung. In manchen Staaten lag Mitte der achtziger Jahre der prozentuale Verlust natürlicher Lebensräume bei 70 bis 80 Prozent. Stark betroffen sind Länder mit tropischem Regenwald, bei denen der Verlust von der knappen Hälfte bis zum Teil fast 90 (!) Prozent reichte. Für manche Länder wird zudem eine weitere drastische Verringerung des Bestandes an tropischem Regenwald (bis hin zu einer weiteren Halbierung) vorausgesagt.

Der Mensch glaubt sich die Abholzung des Regenwaldes aus einer ganzen Reihe von Gründen leisten zu müssen, leisten zu können. Tropenhölzer werden als Baumaterial und zur Möbelherstellung genutzt, die gerodeten Waldflächen zur Rinderzucht oder zum Sojabohnenanbau, aber auch für Siedlungen von Menschen und für Autotrassen. Zumeist dienen Abholzung oder Nutzung der Waldfläche der Profitmacherei von Unternehmen der reichen Industrieländer. Die Kapitalgewinnung durch

Regenwaldabholzung dient oft auch der Tilgung von Auslandsschulden der durch die »terms of trade«, also die Handelsbedingungen mit den Industrienationen, benachteiligten Länder der »Dritten Welt«.

Die ökologischen Folgen sind fatal, zumal sie diverse Kettenreaktionen hervorrufen.

Zunächst einmal ist da die Vernichtung unzähliger Pflanzen und Tiere. Regenwälder machen zwar nicht mehr als ein Drittel der gesamten Waldflächen der Erde aus, beheimaten jedoch etwa vier Fünftel aller Flora-Arten der Welt. Es wird geschätzt, daß rund 50 Prozent (!) aller Tierarten dort ihren Lebensraum haben. Als »Senken«[5] haben die tropischen Regenwälder auch große Bedeutung für das Klima. Jede weitere Abholzung verstärkt zudem den Treibhauseffekt.

Doch auch der Bestand der Wälder in nicht-tropischen Regionen geht stark zurück. Schuld daran haben im wesentlichen die Abholzung, die Ausbreitung menschlicher Siedlungsgebiete sowie die Zerstörung durch Umweltverschmutzung wie z. B. Sauren Regen.

Das lange Zeit für Gesprächsstoff sorgende Waldsterben in West- und Mitteleuropa dauert an. Anstatt international eine gezielte Waldschutzpolitik zu betreiben, läßt man zu, daß nun auch die weltgrößten zusammenhängenden Waldgebiete in Sibirien ein Opfer kommerzieller Abholzung zu werden drohen.

Auch die Feuchtgebiete, die etwa sechs Prozent der Erdoberfläche ausmachen, sind massiv bedroht und haben mit den gleichen Problemen zu kämpfen. Feuchtgebiete haben viele wichtige ökologische Funktionen: Als eine Art Mittler zwischen Land- und Wasserökosystemen fungieren sie als Lebensraum vieler Tierarten, schwächen Überschwemmungen wie auch Dürren in einer Art Schwammfunktion ab, filtern Schadstoffe aus dem Meerwasser, füllen die Grundwasserreservoire und wirken nicht zuletzt der Küstenerosion entgegen. Seit 1950 wurden in der »Altbundesrepublik« zum Beispiel mehr als die Hälfte aller Feuchtgebiete zerstört. Zu den Meeren ist bereits das Wesentliche gesagt worden.

Kettenreaktionen

Die genannten Umweltprobleme zeigen deutlich, daß Umweltschädigung meist nicht nur lokal begrenzt wirkt und somit nicht nur die Verursacher selbst trifft, sondern auch regionale und globale Folgen hat. Viele Probleme entstehen lokal, wirken jedoch offensichtlich erst global. Andere Probleme wiederum wirken lokal und global. So können beispielsweise die Folgen der Luftverschmutzung in Form von Saurem Regen und dem damit verbundenen Waldsterben sehr handfest auch lokal zu spüren sein. Der Wald verliert nicht nur seine Funktion als Luftreiniger, sondern auch als Lebensraum vieler Tierarten und als Erholungsgebiet für den Menschen. Ähnlich ist es bei der Verschmutzung von Gewässern, die sich dann nicht nur nicht mehr als Trinkwasserreservoire eignen, sondern ebenfalls als Lebens- und Erholungsraum ausfallen. Auch die Schadstoffbelastung von Böden, Pflanzen und Tieren macht sich für den Menschen nachhaltig bemerkbar.

Die Störung eines Ökosystems zieht nämlich zumeist weitere Probleme nach sich, da die verschiedenen Ökosysteme auf komplizierte Art miteinander verbunden sind. Viele Umweltbelastungen wirken lokal (Müll, Pestizide etc.), andere – wie die Emission von FCKW – vor allem global, natürlich auch wieder mit lokalen Folgen, und viele machen sich auf allen Ebenen bemerkbar. Allen ist jedoch gemeinsam, daß sie weitreichende Kettenreaktionen auslösen. Ökologische Probleme verhalten sich einerseits als Auslöser einer Kettenreaktion – wie etwa Dominosteinreihen, bei denen ein einzelner Dominostein, einmal angestoßen, alle anderen nach und nach auch zu Fall bringt. Andererseits verhalten sie sich auch wie das Prinzip von Zinsen und Zinseszinsen, weil sich die ökologische Belastung und deren Folgen weiter potenzieren. Am Ende haben auf jeden Fall die zukünftigen Generationen den (größten) Schaden.

Dies sei an Hand einiger Beispiele näher aufgezeigt: Die sicherlich bekannteste Kettenreaktion ist die Anreicherung von Giftstoffen in der Nahrungskette wie Pestiziden (Schädlingsbekämpfungsmittel) und chemischen Düngemitteln aus der Landwirtschaft. So treffen die vom Menschen verstreuten Gifte letztlich den Menschen selbst. Zunächst reichern sich die Gifte in Pflanzen und (über die Nahrungskette) in Tieren an, die vom Menschen gegessen werden. Zugleich werden Grundwasser und letztlich Gewässer und Meere mit Giftstoffen angereichert. So werden das Grundwasser geschädigt, die Ökosysteme in Gewässern und Meeren gestört, und die Giftstoffe fallen auch wieder auf den Menschen zurück. In Thailand etwa bedroht das hochgiftige DDT – wegen Malariagefahr nicht verboten – die gesamten Trinkwasservorräte.

Nicht zuletzt treffen die giftigen Pestizide die Menschen auch direkt. In Ländern der sogenannte Dritten Welt werden Gifte, die in den Ländern der »Ersten Welt« verboten sind, weiterhin verwendet (produziert und geliefert von den Chemiegiganten der Industrienationen). In Brasilien werden jährlich etwa zwei Prozent der Bevölkerung mit Pestiziden vergiftet, insgesamt sind es auf der Erde über 25 Millionen Menschen (jährlich!), über 200 000 sterben daran! Aber auch die »Erste Welt« ist selbst betroffen. Bei Unfällen bei der Produktion, Lagerung oder Lieferung kommen zahllose Menschen zu Schaden – die Namen Seveso, Bophal und Sandoz in Basel sind heute Synonyme für schwerste todbringende Unfälle mit hochgiftigen Chemikalien. Pestizide haben gleichsam die im Grunde absurde Folge, genau das Gegenteil von dem zu bewirken, was sie eigentlich erreichen sollen. Zum einen wirken nur etwa 0,1 Prozent der auf Getreide versprühten Pestizide, während der Rest das Ökosystem schädigt. Während die »Schädlinge« oft pestizidresistent werden, werden Nutztiere getroffen. So kommt es zum Einsatz immer neuer und höher dosierter Gifte.

Andere Umweltbelastungen wie Radioaktivität, (Gift)Müll, Saurer Regen, Ölverschmutzungen und so weiter sollen an dieser Stelle nicht näher erörtert werden. Sie werden bei der Ursachenbeschreibung noch erwähnt.

Diese Aufzählung mag mancher Leserin und manchem Leser als alter Hut erscheinen, doch genau dies ist der fatale Trugschluß vieler. Die Probleme, besonders jene, die das Leben auf der Erde ganz grundsätzlich gefährden, sind zumeist – trotz Effizienzsteigerungen – nicht geringer geworden, sondern verstärken, ja potenzieren sich sogar. So wird z. B. die Erwartung, daß ein neuer SuperGAU eintritt, von Sekunde zu Sekunde größer. Auch die Emissionen von Treibhausgasen wie etwa Kohlendioxid steigen trotz einiger Reduktionsmaßnahmen vor allem in den westlichen Industrienationen stetig an. Seit Beginn der industriellen Revolution hat sich der Ausstoß von Kohlendioxid beständig erhöht, im Vergleich zum Beginn dieses Jahrhunderts wird sich die Kohlendioxidkonzentration in der Atmosphäre in wohl nicht einmal 50 Jahren verdoppelt haben. Kohlendioxid hat einen Anteil von mehr als 50 Prozent bei den zur globalen Erwärmung beitragenden Gasen.

Zwar gibt es auch vereinzelt erfolgreiche Maßnahmen zur Begrenzung der Umweltverschmutzung, wie z. B. beim Schwefeldioxidausstoß. Dennoch ist festzustellen, daß die ökologischen Belastungen in fast allen Bereichen größer werden. Effizienzsteigerungen und Schutzmaßnahmen werden oft durch die steigende Produktion zunichte gemacht. Zudem werden – in Deutschland – die Daten dahingehend verfälscht, daß so manche Schadstoffminderung lediglich durch den Niedergang der ostdeutschen Industrie zu erklären und nicht auf eine erfolgreiche Umweltschutzpolitik zurückzuführen ist.

Dies macht deutlich, daß hier ein ganz akuter Handlungsbedarf besteht, der von der Politik größtenteils ignoriert oder kleingeredet wird. Ausbaden werden die Folgen vorwiegend die zukünftigen Generationen. Bevor hier jedoch Handlungsmöglichkeiten oder -notwendigkeiten aufgezeigt werden sollen, wollen wir im Folgenden die Ursachen der gravierenden Umweltzerstörung beleuchten.

II. Ursachen der Umweltzerstörung

Der griechische Philosoph Platon hat in seinem staatsphilosophischen Werk »Politeia« folgenden Zyklus gesellschaftlicher Entwicklung beschrieben: Aus Mangel schließen sich Menschen zu einem Zweckverband, dem Staat, zusammen. Um die elementaren Bedürfnisse nach Lebensmitteln, Bekleidung und Wohnstätte befriedigen zu können, kommt es zu einer ersten, sehr einfachen Arbeitsteilung. Das über den Eigenbedarf hinaus Produzierte wird gehandelt. In größeren Staaten übernehmen Händler das Handelsgeschäft, es entstehen Markt und Geld, und der Handel weitet sich aus. Das steigende Bedürfnis nach Luxus und Unterhaltung schafft neue Berufe, doch irgendwann sind die Ressourcen des eigenen Staates erschöpft, es verbleibt lediglich die Expansion auf Kosten der Nachbarn. So werde das menschliche Streben nach immer mehr Luxus zur Ursache aller Kriege.

Es verblüfft, wie sehr sich Analogien zu den heutigen ökologischen Risiken erkennen lassen. Die Zerstörung von Lebensräumen und der Verbrauch von Ressourcen können eine globale ökologische Bedrohung hervorrufen, die Kriege nicht unwahrscheinlich erscheinen lassen.

Noch faszinierender ist die Erkenntnis, daß das maßlose Luxusstreben Ursache von Zerstörung wird. Diese Erkenntnis läßt sich ohne größere Probleme auf die heutige Situation übertragen. Die Ursachen für die massive Umweltzerstörung liegen tatsächlich vor allem am »Wohlstand«, und zwar der vermeintlich entwickelten Länder.

Der Lebensstil der Industrienationen ist hinsichtlich der globalen Reichtumsverteilung und Handelsbedingungen nicht nur höchst rücksichtslos und unsozial gegenüber der sogenannten Dritten Welt, sondern zerstört auch große Teile der Lebensräume von Pflanzen und Tieren – und bürdet durch den immensen Ressourcenverbrauch und die drohenden und real existierenden (globalen) Umweltprobleme zukünftigen Generationen kaum abzutragende Lasten auf.

Hinzu kommt eine meist verantwortungslose Politik mit ständig wiederholten Lebenslügen und populistischen Augenwischereien, so daß eine gezielte und energische Problemlösung kaum durchsetzbar erscheint. Die notwendigen, später darzustellenden Maßnahmen sind einschneidend, entlarven die Lebenslügen und sind daher vermutlich unpopulär.

1. Wohlstand »entwickelter« Gesellschaften

An einigen Beispielen soll deutlich gemacht werden, daß das, was gemeinhin als Wohlstand verstanden wird, die zentrale Ursache für viele der angeführten ökologischen Bedrohungen ist. Heute gilt es als selbstverständlich, jede Art von Ware zu jeder Zeit überall auf der Welt (oder zumindest in den »entwickelten« Ländern) haben zu können. Unendlicher, rücksichtsloser Konsum wird als Freiheit mißverstanden, die den Raubbau an den natürlichen Ressourcen sowie die soziale und gesundheitliche Ausbeutung der Bevölkerung »unterentwickelter« Länder rechtfertigen soll. In diesem Abschnitt geht es jedoch nicht um die grundsätzliche Frage, was »Wohlstand« ist, sondern wird zuallererst aufgezeigt, welche fatalen Folgen die Konsumgepflogenheiten der »entwickelten« Länder haben. Dabei ist es nötig, scheinbar selbstverständliche und banal erscheinende Dinge in Frage zu stellen.

Fleisch aus industrieller Fleischproduktion

So ist beispielsweise der gigantische, selbstverständlich erscheinende Fleischkonsum der westlichen Industrienationen (während sich die meisten Menschen auf der Erde vorwiegend vegetarisch ernähren) eine wesentliche Ursache für eine Reihe gravierender Umweltzerstörungen und -bedrohungen. Allein die für die Fleischproduktion benötigte Agrarfläche, sei es als Weide- oder als Getreide-, und somit als Viehfutteranbaufläche, ist riesig. Fast die Hälfte der Ackerbaufläche in den USA dient der Fleischproduktion. 40 Prozent der zwischen 1966 und 1983 gerodeten 100 000 Quadratkilometer (!) tropischen Regenwalds am Amazonas wurden für die Rindfleischproduktion genutzt. Jede Minute werden etwa 40 Hektar Regenwald abgeholzt! In vielen Ländern wird weit mehr Getreide oder Soja für Viehfutter als für den Menschen produziert. Gerade in von Hunger geplagten südamerikanischen Ländern muß dies absurd erscheinen. Der tropische Regenwald wurde abgeholzt, nur um Weideflächen für Rinder zu schaffen, die Tausende Kilometer transportiert, vornehmlich zu »Hamburgern« verarbeitet und in Fast-Food-Restaurant-Ketten verkauft wurden. Heute werden vorwiegend Futtermittel angebaut, die Tausende Kilometer transportiert werden, um am Ziel ans Vieh verfüttert zu werden.

Die ökologischen Folgen dürften evident sein. Die Abholzung der Regenwälder, zumal im Falle der Brandrodung, trägt massiv zum Treibhauseffekt bei. Die Viehwirtschaft benötigt zudem immense Mengen an Energie und Wasser. Durch die Massentierhaltung versauert der Boden, Giftstoffe und zu viele Nährstoffe gelangen ins Grundwasser und in die Gewässer. Nicht zuletzt bedeutet der Transport des Fleisches und der Futtermittel einen hohen Energieverbrauch mit der einhergehenden Umweltzerstörung. Abgesehen davon sind Fleischproduktion und -konsum, die moderne Intensivlandwirtschaft generell wegen des hohen Energieaufwandes höchst ineffizient[6]. So verbraucht die Landwirtschaft heute bei weitem mehr Energie, als die Menschen später in Kalorienform zu sich nehmen. Früher lag der Energieertrag der Landwirtschaft deutlich über dem Einsatz, wies also einen Gewinn an Energie auf. Die inzwischen industrialisierte, fabrikmäßig strukturierte Landwirtschaft bedeutet eine immense Energieverschwendung – vor allem bei der Fleisch- und Fisch»produktion«. So werden für eine Kalorie Rindfleisch bis zu 30 Kalorien Fremdenergie benötigt! Eine positive oder etwa ausgeglichene Energiebilanz weisen zum Beispiel Reis, Kartoffeln und Weizen auf, es folgen Gemüse, Milch und Eier. Selbst bei Fleisch freilaufender Hühner gibt es eine positive Energiebilanz. Die weitaus schlechteste Energiebilanz hat jedoch Gewächshausgemüse. Hier sind Energieverhältnisse von bis zu 500:1 möglich. Schuld daran ist vor allem der nötige Energieaufwand, um die riesigen Gewächshäuser zu beheizen. Selbst aus wärmeren Ländern eingeflogene Tomaten, in denen der Tomatenanbau weitaus weniger Energie-Input benötigt, hätten eine bessere Energiebilanz.

Auch der Wasserverbrauch ist exorbitant. So werden in der Landwirtschaft westlicher Länder über hundert Liter Wasser für die Produktion eines (!) Pfundes Mehl benötigt, für ein Pfund Fleisch gar über 11 000 Liter!

Alle diese Beispiele zeigen auf, wieviel an Energie und Ressourcen unsere alltäglichen »normalen« Konsumgewohnheiten verbrauchen. Beim Fleisch sollte zudem die sozial-moralische Komponente nicht vergessen werden, daß in Ländern massiv Umwelt zerstört wird, nur um Futter für Vieh anzubauen, das dann womöglich überflüssig in EU-Kühlhäusern gelagert wird, während in den Anbauländern die Bevölkerung hungert. Die absurd anmutende Relation heißt: Je mehr Fleisch verzehrt wird, desto weniger Menschen können ernährt werden und desto größer ist die Umweltbelastung.

Andere Lebensgewohnheiten

Bedeutet also unser alltägliches Konsumverhalten schon eine große Umweltschädigung, so gilt dies erst recht für diverse Formen von Luxus. Darunter sind Dinge zu verstehen, die nicht zur Befriedigung elementarer Bedürfnisse nötig sind. So ist z. B. zu fragen, ob für das ästhetische Befinden mancher Menschen unbedingt riesige Mengen Tropenholz gerodet werden müssen. Oder ob auch jedes fremde Obst und Gemüse über Tausende Kilometer transportiert werden muß, damit eine Minderheit auf der Welt dieses jederzeit genießen kann. Dies gilt natürlich gleichermaßen und besonders für Produkte wie Äpfel, die verbrauchernah angebaut werden können.

Energie- und Ressourcenverbrauch

Eine ständig steigende Zahl technischer Geräte bedeutet einen stetig steigenden Energieverbrauch und wachsende Umweltzerstörung, auch wenn die einzelnen Produkte zunehmend energieeffizienter werden. Der steigende Energieverbrauch bedeutet für die Umwelt nichts Gutes, denn etwa 90 Prozent der von der Weltwirtschaft insgesamt verbrauchten gewerblich erzeugten Energie stammen aus fossilen Energieträgern. Deren Verbrennung ist, man kann es nicht oft genug betonen, die Hauptursache für die industrielle Umweltverschmutzung, den Sauren Regen und die globale Erderwärmung.

Ein Vergleich der regionalen Anteile am Weltenergieverbrauch zeigt, welche Energiefresser die Industrienationen sind: 1990 hatten die USA und Kanada einen Anteil am Energieverbrauch von 25 Prozent, Europa von 20 Prozent und die UdSSR-Nachfolgestaaten von 18 Prozent, also zusammen nahezu zwei Drittel des Weltenergieverbrauchs. Kanada und Europa weisen dabei pro Kopf und Jahr den höchsten Energieverbrauch auf: Er liegt etwa fünffach so hoch wie der Weltdurchschnitt. Im Vergleich dazu verbrauchen Südamerika und Afrika mit jeweils 4 Prozent, China mit 9 Prozent und Japan mit 5 Prozent – gerade auch gemessen an den Bevölkerungszahlen – marginal anmutende Anteile. Die Industrieländer verursachen etwa 80 bis 90 Prozent der globalen Umweltprobleme, in ihnen lebt jedoch nur etwa ein Viertel der Weltbevölkerung. Allerdings wird bis zum Jahr 2025 eine Verdreifachung des Energiebedarfs der »Entwicklungsländer« prognostiziert. Hier bilden Bevölkerungswachstum und »Entwicklung« eine Schraube, die den Energieverbrauch in astronomische Höhen schrauben wird. Das Problem ist aber letztlich nicht in erster Linie die durchaus berechtigte Industrialisierung der Entwicklungsländer, sondern der hohe Konsum der Industrieländer.

Neben der globalen Erderwärmung verursacht der Saure Regen eine gravierende Umweltzerstörung, die bei der Verbrennung von Öl, Kohle und Gas als Folge des Ausstoßes hauptsächlich von Schwefeldioxid und Stickoxiden, die sich mit Wasser zu Säure verbinden[7], entsteht. Saurer Regen verätzt nicht nur Häuserwände und Kulturdenkmäler, sondern führt vor allem auch zum Waldsterben und zur Versauerung von Gewässern. Etwa ein Viertel der 96 000 schwedischen Seen ist versauert, ein Großteil davon so stark, daß darin kein Fisch mehr leben kann. Norwegen ist nicht minder hart betroffen. Zum Teil geht dort Regen nieder, der so sauer wie Zitronensaft ist. Weit über zwei Drittel der Seen und Flüsse im Süden Norwegens sind in einem kritischen Zustand oder faktisch tot. Auch in Deutschland ist der Regen noch enorm sauer. Die Quelle für den Sauren Regen liegt oftmals im Ausland (der Wind treibt die Schadstoffe z. B. von England und dem europäischen Kontinent bis Island) und betrifft daher nicht unbedingt und in erster Linie die Verursacherländer.

Nun ist es zwar vorwiegend der (private) Verkehr, der den größten Energieverbrauch hat, doch es bleibt als grundsätzliche Frage nach den Lebensgewohnheiten der »entwickelten« Gesellschaften: Sind elektrische Dosenöffner und andere Haushaltsgeräte sowie elektronische Unterhaltungselektronik in immer größerem Ausmaße nötig und lebensnotwendig? Braucht man in unseren Breitengraden wirklich massenhaft Klimaanlagen? Die USA haben beispielsweise ihren Ausstieg aus der Produktion und Verwendung bestimmter ozonschichtzerstörender Gase hinausgezögert, weil dort unzählige Autoklimaanlagen mit diesen Stoffen betrieben werden ... Benötigt wirklich jeder Haushalt eine eigene Waschmaschine? Könnten nicht Nutzungsgemeinschaften gebildet werden? Hinzu kommt eine Wegwerfmentalität, die im Grunde funktionstüchtige, vielleicht nicht mehr ganz moderne Geräte jeglicher Art aussondert und zum Kauf eines neuen Gerätes führt. Viele Produkte werden gar nicht erst mit der größtmöglichen Halt- und Nutzbarkeit hergestellt, um einen ständigen Absatz zu sichern.

Darüber hinaus werden in den Industrienationen Unmengen an Müll produziert, der dann oftmals in anderen Ländern »entsorgt« wird. Interessant ist der Unterschied zwischen dem Müll armer und dem reicher (»entwickelter«) Länder: In armen Ländern besteht der Müll vorwiegend aus organischen Stoffen und kann also leicht durch Kompostierung beseitigt werden; bei reichen Ländern steigt der Anteil des schwerer und bei weitem teurer zu entsorgenden Papier- und Verpackungsmülls rasant. Allerdings gibt es bei der Müllproduktion kaum einen Unterschied zwischen den Industrienationen und den reichen Oberschichten der armen Länder. Müll kann ganz im Wortsinne als Abfallprodukt und ökologische Hypothek des »Wohlstandes« verstanden werden. Dieser Wohlstandsmüll gelangt meistens in Deponien und Gruben. Doch in vielen Gegenden gibt es keinen Platz mehr für weitere Mülldeponien oder führen ökologische Folgen zur Schließung bestehender Deponien, z. B. wenn Giftstoffe Boden und Grundwasser verseuchen. Eine viel genutzte Alternative zur Lagerung von Abfällen ist die »thermische Entsorgung«: die Müllverbrennung. Diese ist jedoch kostspielig, energieintensiv und produziert ihrerseits wieder Giftstoffe, die genauso beseitigt werden müssen. Reiche Staaten »entsorgen« ihren Müll bisweilen dadurch, daß sie ihn in andere Länder verbringen, die dringend auf Einnahmen angewiesen sind und die ökologischen sowie die gesundheitlichen Folgen für ihre Bevölkerung in Kauf nehmen. Dieser Müll wird oft nicht sachgerecht gelagert oder beseitigt. Deutschland ist einer der Spitzenexporteure in Sachen (Gift)Müll. Viele Länder entsorgen ihren Müll im Meer, verseuchen es damit und lösen zudem Epidemien unter Meerestieren aus. Auf längere Sicht wird dieser Müll außerdem an den Stränden angespült. Eine besonders risikoreiche Form von Müll ist atomarer Müll, auf den jedoch im Kapitel zur Atomenergie eingegangen wird.

Übeltäter Verkehr

Auch der Deutschen liebstes Kind, das Auto, ist einer der wesentlichen Umweltzerstörer und Hauptverursacher der Luftverschmutzung. Doch obwohl die Auswirkungen des Autoverkehrs auf die Umwelt bekannt sind, ist der Autowahn ungebremst. Immer mehr Leute haben immer mehr Autos. So werden Effizienzsteigerungen auch in diesem Bereich zunichte gemacht, sind die absoluten Schadstoffwerte trotz Katalysatoren und geringeren Kraftstoffverbrauchs gestiegen. Ein durchschnittlicher Neuwagen produziert während seiner Nutzungszeit über 130 Kilogramm an smogerzeugenden Stoffen und Verbindungen und über 30 Tonnen (!) Kohlendioxid, bekanntermaßen der Hauptfaktor für den Treibhauseffekt. Auch der Energieverbrauch durch Autos ist gigantisch. So verbrauchen Autos in den OECD-Staaten 82 Prozent der für Transportleistungen aufgewendeten Energie. Der Flugverkehr ist mit 13 Prozent und die Eisenbahn mit lediglich drei Prozent an diesem Energieverbrauch beteiligt. Doch der Energieverbrauch und somit die Aufzehrung der Ölreserven sowie der Schadstoffausstoß sind nicht die einzigen Übel des Autoverkehrs, denn der Autoverkehr bedeutet auch einen immensen Landschaftsverbrauch. Weltweit entfallen über ein Drittel der Stadtflächen auf Straßen, Parkplätze und andere Einrichtungen für Kraftfahrzeuge. Zudem legen Autos oft den gesamten öffentlichen Verkehr lahm, weil sie die Straßen verstopfen, und zerstören das soziale Zusammenleben in den Städten.

Durch die einseitige Bevorzugung und Subventionierung des privaten Autoverkehrs werden außer Frauen, die weltweit bedeutend mehr als Männer auf öffentliche Verkehrsmittel angewiesen sind, gerade auch Angehörige wirtschaftlicher und sozialer Randgruppen zusätzlich benachteiligt. Wie kostspielig der Autoverkehr mit seinen gesamtgesellschaftlichen Kosten für alle ist, belegt eine Studie des Umwelt- und Prognose-Instituts Heidelberg. Hierin werden volkswirtschaftliche Kosten errechnet, die bei ihrer Umlegung auf die Fahrzeughalter zu einem Benzinpreis von über fünf Mark führen würden[8].

Neben dem privaten Autoverkehr wächst auch der Flugverkehr ständig. Dieser ist bislang in der Umweltdiskussion stark vernachlässigt worden. Wie die Bundesregierung halten viele Bürger die Schadstoffemissionen des Flugverkehrs für vernachlässigbar, da sie nur ein Prozent der Gesamtschadstoffemissionen der Bundesrepublik Deutschland ausmachen. Diese Argumentation hat jedoch etliche Schwachstellen. So wird ein großer Teil der von Flugzeugen emittierten Schadstoffe in großen Höhen abgegeben, so daß diese Stoffe eine viel direktere Wirkung haben. Zudem sind Flugzeuge (und nicht zu vergessen: Raketen) in diesen Höhen die einzigen direkten Schadstoffverursacher. Außerdem werden dem Flugverkehr – und zwar weltweit – große Zuwachsraten prognostiziert.

Die große Nutzung des Flugverkehrs gerade auch bei kürzeren Distanzen muß rätselhaft bleiben: Trotz eines deutlich verbesserten Bahnangebots gibt es noch unzählige innerdeutsche Flugverbindungen, die aufgrund ihrer indirekten Subventionierung (z. B.

durch fehlende Besteuerung des Flugtreibstoffes) bisweilen sogar billiger als die Bahn sind. Obwohl die meisten innerdeutschen Flugverbindungen für Reisende, die von Innenstadt zu Innenstadt reisen wollen (und das will schließlich die Mehrheit der Fluggäste), nicht oder nur unwesentlich schneller, weitaus unbequemer und stressiger sind, wählen viele Leute aus Statusgründen den »Flieger«.

Viele Fluggesellschaften werben mit ihren Verbesserungen beim Schadstoffausstoß und Treibstoffverbrauch, doch wie beim Auto gilt auch hier: Die Zunahme an Fluggästen und somit auch an geflogenen Kilometern macht diese positiven Entwicklungen zunichte. Einen besonders großen Zuwachs gibt es auch bei (billigsten) Flugangeboten in die Feriengebiete, womit wir zum Thema Tourismus vorgedrungen sind. Denn: Wer vom Verkehr redet, darf vom Tourismus nicht schweigen.

Umweltsünder Tourismus

Der Tourismus, heute weltweit größter und beständig expandierender Industriezweig, ist im wesentlichen ein Privileg der reichen Industrienationen. 70 Prozent aller Touristen stammen aus nur zehn Ländern.

Tourismus zieht eine Vielzahl von Umweltproblemen nach sich. Neben den oft sehr langen Anreisewegen und dem damit verbundenen Energieverbrauch mit seinen Schadstoffemissionen werden für Touristen oft wertvolle Lebensräume von Wildtieren und -pflanzen zerstört. Nicht selten wird auch die einheimische und nicht selten indigene Bevölkerung verdrängt.

So verbrauchen in warmen Ländern allein die in ihrer Zahl und Größe beständig wachsenden Golfplätze für europäische, japanische und nordamerikanische Touristen Unmengen an – ohnehin knappem – Wasser, Pestiziden, Flockungsmitteln und sogar Farbstoffen. Auch die Millionen Besucher der Karibik hinterlassen gravierende Umweltschäden: Abwässer vergiften Mangrovenwälder und Küstengewässer, Boote und Taucher beschädigen Korallenriffe, und der Bauboom (Straßen, Flughäfen, Hotels etc.) zerstört die natürlichen Lebensräume. Zwar hat der Fremdenverkehr bisweilen sogar zur Verbesserung des Umweltschutzes beigetragen, indem in vielen Ländern Nationalparke und Wildreservate durch Tourismuseinnahmen aufgebaut und gefördert wurden, doch sind dies seltene Ausnahmen. Festgehalten werden muß, daß Massentourismus, besonders aus den Industrienationen in die Dritte Welt, schädlich für die Natur ist. Seit Ende der achtziger Jahre etabliert sich zunehmend sogenannter sanfter oder Öko-Tourismus. Hierbei handelt es sich um Reisen zu ökologisch relativ intakten Orten mit dem Bemühen um Umweltschutz. So wird auf sonst übliche touristische Einrichtungen wie Flughäfen, Straßen, Hotelketten und Swimmingpools, ein internationales Angebot an Speisen und Getränken sowie den Handel mit Reiseandenken verzichtet. Ein wirklich verantwortlicher Tourismus würde jedoch einen ganz radikalen Wandel der Erwartungen nötig machen. Und nicht zuletzt bleibt die Frage, ob denn gerade Tourismus in Tausende Kilometer entfernte Gebiete wirklich nötig ist.

Mit »Entwicklung« und Wohlstand steigt auch der Wasserverbrauch. Zwar ist Wasser eine erneuerbare Ressource, dennoch ist sie nicht unendlich verfügbar. Der Frischwasseranteil an der gesamten Wassermenge auf der Erde beträgt weniger als drei Prozent. Der größte Teil hiervon, nämlich über zwei Drittel, ist jedoch im Eis des Nord- und Südpols gebunden. Nur gut 0,01 Prozent der irdischen Süßwasservorräte sind leicht zugänglich. Wasser wird überall benötigt: in der Landwirtschaft, in der Industrie, im städtischen Leben, zudem ist Wasser Grundstoff allen Lebens auf der Erde. Ökosysteme sind zumeist die Verlierer beim Kampf um dieses knappe Gut. Während der menschliche Wasserverbrauch pro Kopf seit 1950 um über die Hälfte gestiegen ist und gerade Industrie und Landwirtschaft immer mehr Wasser verbrauchen, sind viele Naturschutzgebiete durch Wassermangel in ihrer Existenz gefährdet, so die Everglades in Florida, die Donana-Feuchtgebiete in Spanien, die Sudd-Sümpfe im Sudan und der schon um die Hälfte geschrumpfte Aralsee im heutigen Kasachstan und Usbekistan.

Diese Beispiele sollen deutlich machen, wie sehr modernes Leben und »Wohlstand« Ursache für globale und lokale Umweltzerstörung sind. Die Aufzählung ließe sich nahezu endlos und detaillierter fortführen, doch ist das grundsätzliche Problem offengelegt. Nicht unerwähnt soll bleiben, daß es oftmals eine nicht begründbare, irrationale Skepsis oder sogar ablehnende Haltung gegenüber Umweltschutz gibt. Zu sehr hängt dem Umweltschutz ein Image des Verzichts sowie der Verlust von Ansehen und Statussymbolen an, obwohl sich viele Umweltschutzmaßnahmen sowohl wirtschaftlich rechnen als auch inzwischen positiv besetzt sind. Ein banales Beispiel sind Energiesparlampen: Obwohl sie ein großes Energiesparpotential bieten und sich auch sehr schnell amortisieren, scheuen sich viele Menschen, Unternehmen, Verwaltungen und so weiter, diese anzuschaffen.

2. *Verantwortungslose Politik, Lebenslügen und Populismus*

Legt unser alltägliches Konsumverhalten, wie eben aufgezeigt, bereits die Grundlagen für Umweltzerstörung, so wird dieser Prozeß durch eine verantwortungslose Politik forciert und damit eine ökologisch verantwortliche Politik verhindert. Viele Politiker betreiben Populismus, um auch für die nächste Legislaturperiode wiedergewählt zu werden. Mittel- und langfristige Folgen jetziger Politik werden absichtlich oder unabsichtlich außen vor gelassen.

Fehlende Folgenabschätzung, nur auf das Jetzt gerichtete Politik und Risikotechnologien

Für viele politische Entscheidungen werden als Kriterien lediglich kurzfristiger Nutzen und/oder Rentabilität angesetzt, nicht jedoch so etwas wie eine »Generationenverträglichkeit«. Oft fallen nur direkter Nutzen und Schaden bei der Entscheidungsfindung ins Gewicht, nicht jedoch Nebenschäden oder auch Nebennutzen.

Klassische Beispiele für Risikotechnologien sind Atomenergie und Gentechnik. Abgesehen von der ständig wachsenden Gefahr eines neuen Super-GAUs werden Atomanlagen betrieben, obwohl die Entsorgung oder Endlagerung des nahezu auf »ewig« verseuchten radioaktiven Mülls in keiner Weise gesichert ist (bis Mitte der neunziger Jahre versenkte z. B. Großbritannien radioaktiven Abfall auf hoher See). Die jetzigen und diejenigen Politiker, die die Nutzung der Kernenergie beschlossen haben, werden durch diese Zukunftshypotheken nicht oder nur kaum betroffen sein. Die heute junge Generation und ihre Kinder werden dafür um so mehr Probleme mit abgebrannten Brennstäben, Plutonium etc. haben.

Jeder Reaktor produziert jedes Jahr Tonnen radioaktiven Abfalls, darunter auch etliche dutzend Kilogramm Plutonium, wovon schon ein Millionstel Gramm für den Menschen krebserregend ist. Die bislang in der Bundesrepublik Deutschland angefallene Menge Plutonium reichte aus, die gesamte Menschheit mehrfach zu vergiften. Nicht zu vergessen sind die radioaktiv verseuchten Gebiete, in denen Uranabbau betrieben wurde. Etwa eine Million Menschen sind bereits durch den Uranabbau umgekommen (Lungenkrebs).

Der vordergründige Nutzen, billig Energie produzieren und die Emissionen von Kohlendioxid und anderen Schadstoffen senken zu können, läßt viele Politiker auf Atomkraft setzen. Dafür nehmen sie das »Restrisiko« totaler radioaktiver Verseuchung, das es auch bei »sichersten« Reaktoren gibt, und die Altlasten in Form radioaktiven Mülls auf sich. Wer wird für diese Risiken haften?

Die Politik hält an der Risikotechnologie Kernkraft fest, obwohl der gesellschaftliche Widerstand immer größer wird. Nicht zuletzt die massiven Proteste gegen die Castortransporte machen deutlich, wie skeptisch große Teile der Gesellschaft der Atomkraft gegenüberstehen.

Dies ist jedoch der größte Vorwurf, der den Regierenden zu machen ist: daß sie bei der Prüfung von Alternativen, die es gerade im Energiebereich immer gegeben hat, nicht auch die Risiken für zukünftige Generationen geprüft und als maßgebliches Entscheidungskriterium verstanden haben. Hätte man frühzeitig auf alternative, erneuerbare Energien wie z. B. Wind, Sonne und Wasser sowie auf Senkung und vor allem Vermeidung von Energieverbrauch gesetzt, wären die Zukunftsrisiken minimiert worden oder gar nicht erst entstanden.

Eine weitere Risikotechnologie ist die Gentechnik. Aus dem Schaden der Atomenergie klug geworden, steht der größte Teil der deutschen Bevölkerung der Gentechnik kritisch gegenüber, weil die Risiken unabschätzbar sind. Nun mag es ja so sein, daß der Einsatz gentechnisch manipulierter Pflanzen und deren Verarbeitung in und zu Lebensmitteln keine negativen Folgen hat (auch wenn dies von vielen bezweifelt wird). Doch allein die Gefahr, daß bestehende Ökosysteme beschädigt oder zerstört werden und daß durch Lebensmittel mit gentechnisch manipulierten Inhaltsstoffen Gesundheitsschäden hervorgerufen werden, kurz gesagt nicht alle Folgen eines Einsatzes der Gentechnik vorausgesagt werden können, sollte Grund genug sein, auf deren Einsatz zu verzichten.

Alternativen gibt es in der Landwirtschaft zudem genug. Eine verbrauchernahe, umwelt- und tierfreundliche Landwirtschaft machte Gentech-Nahrung schlichtweg überflüssig. Gentechnik im Nahrungsmittelbereich wird zudem die Abhängigkeit der bäuerlichen Landwirtschaft von den Chemieunternehmen nur vergrößern.

Auch die medizinische Nutzung der Gentechnik erscheint überaus problematisch, da hier ebenfalls unabsehbare Risiken bestehen – einmal ganz abgesehen von der Frage, ob es ethisch vertretbar ist, am Erbgut von Menschen und Tieren herumzuexperimentieren.

Viele beschwören jeweils die friedliche und fruchtbare Nutzung von Risikotechnologien, doch können die negativen Folgen nicht ausgeschlossen werden. Das Beharren darauf, daß die Vorteile überwögen, bezeugt ja gerade, daß es auch die negative Seite gibt, die besonders für die zukünftigen Generationen von enormer Bedeutung und Gefahr sein kann. Eine verantwortliche und zukunftsorientierte Politik sollte also auf Technologien verzichten, die ein überlebensgefährdendes Risikopotential mit sich bringen.

Bei allen anderen Entscheidungen sollte jeweils genauestens geprüft werden, ob die Folgen den späteren Generationen noch größere Altlasten aufbürden, als dies ohnehin schon der Fall ist.

Umweltschädigende Marktwirtschaft und volkswirtschaftliche Blindheit[9]

Um diesen Abschnitt verständlicher zu machen, scheint es angebracht, eine kleine Einführung in den Themenkomplex »Wirtschaft und Umwelt« zu geben. Dabei geht es in erster Linie um das Aufzeigen bestehender Probleme. Lösungsansätze sollen dann im dritten Teil dieses Beitrages aufgezeigt werden.

In der bisherigen Ausgestaltung unseres Wirtschaftssystems war und ist wirtschaftliches Wachstum eine wesentliche Ursache von Umweltbelastungen und -zerstörung. Umweltverschmutzung ist nicht etwa ein zufälliges oder böswilliges Nebenergebnis des Wirtschaftens, sondern die Konsequenz einer Wirtschaftsvorstellung, die allein auf quantitatives Wachstum, d. h. auf die pure Menge, setzt. Wettbewerb und Gewinnmaximierung durch Kostensenkung in allen Bereichen gehören elementar zur Marktwirtschaft. Dabei wird Umwelt als freies Gut betrachtet und behandelt. Wachstum ist in der Regel gekennzeichnet durch den (wachsenden) Verbrauch von Rohstoffen, Energie, Boden und Natur. Die Folge ist, daß bei Produktionssteigerung, gleichzeitiger Kostensenkung und fehlenden Gesetzen, die die Umweltzerstörung begrenzen oder verbieten, die Natur bis aufs äußerste ausgebeutet wird. Oftmals werden umweltpolitische Verbesserungen – wie z. B. der Rückgang von Schadstoffemissionen – durch Wirtschaftswachstum wieder gemindert oder völlig aufgezehrt. Wer Umwelt zerstört und sich nicht an Grenzwerte und Verbote hält, hat zumeist Wettbewerbsvorteile.

Insofern hat die Marktwirtschaft, so sie nicht durch qualitative, d. h. ökologische (und politisch bestimmte) Vorgaben und Zielvorstellungen ergänzt wird, per se eine umweltschädigende Tendenz.

Externe Kosten sind volkswirtschaftliche Kosten

Verschlimmert wird die Lage durch eine meist auf die betriebswirtschaftliche Seite begrenzte Sicht der Wirtschaft. Volkswirtschaftliche Belange bleiben außen vor. Das heißt konkret: Der

Fabrikbesitzer – um einmal in den klassischen Bildern zu schreiben –, aber im Grunde jeder Mensch, der irgendeine Tätigkeit ausübt, kümmert sich vorwiegend um die ihn direkt treffenden Kosten, nicht jedoch um die für die Gemeinschaft anfallenden: die »externen Kosten«. Wird die Warenproduktion in vier Handlungsschritte – nämlich Input, Produktion, Output und Konsum – geteilt, so können in allen Phasen externe Kosten anfallen. So werden zunächst einmal Rohstoffe, Energie und Boden als Input für die Produktion nötig. Dies bedeutet eine Erschöpfung von Bodenschätzen, Rohstoffen, Trinkwasser, Energieträgern etc. Bei der Produktion selbst können durch Gebrauch, Verbrauch, Umwandlung und Herstellung Schadstoffe verschiedenster Art und Formen anfallen, so z. B. Schwefeldioxid, Stickoxyde, Kohlendioxid, Kohlenmonoxid, giftige Stäube, Schlacke und Dioxine. Der Output selbst kann giftige Bestandteile, seien es Schwermetalle, Dioxine, Asbest oder andere Giftstoffe, enthalten und/oder verstrahlt sein. Die Bereinigung solcher Verseuchung von Natur und Menschen kostet ebenfalls viel Geld. Letztlich bedeutet Konsum in Form von Gebrauch, Verbrauch und Weiterverarbeitung Abfälle verschiedenster Art. Diese können Verpackungen (Plastik, Glas, Papier, Kunststoffe usw.), Schadstoffe, Treibgase, Altöl etc. sein, die entweder entsorgt werden müssen und/oder Umweltzerstörungen anrichten.

Diese externen Kosten fallen jedoch nicht direkt auf den Verursacher zurück, sondern werden gewöhnlich von der Gemeinschaft getragen, d. h. es sind volkswirtschaftliche Kosten. Wie es der Name andeutet, zahlt also das gesamte Volk mit seinen Steuergeldern die Kosten für die Reinigung von Flüssen, die Entsorgung teils hochgiftiger Abfälle sowie sonstige Schadensbeseitigungen und Umweltschutzmaßnahmen. In gleichem Maße gibt es natürlich auch soziale und gesundheitliche Folgekosten, wenn Natur zerstört wird und ihre spezifische Funktion im Ökosystem nicht länger ausüben kann (bei Wäldern z.B. auch die Umwandlung von Kohlendioxid in Sauerstoff sowie der Wasserkreislauf), sowie auch als Lebensraum und Erholungsgebiet ausfällt. So sinkt die Lebensqualität, Kosten entstehen, weil die Menschen in weiter entferntere Erholungsgebiete fahren (und somit auch wieder

Folgekosten verursachen!), und auch die Aufwendungen im Gesundheitswesen steigen durch Atemwegserkrankungen, Allergien und Krebs stetig.

Natürlich fallen diese Aufwendungen dann doch auch auf die Verursacher zurück, etwa in Form höherer Wasserpreise, weil die Wasseraufbereitungskosten in die Höhe schnellen. Manchmal wirken die Umweltschädigungen und/oder Schadstoffe auch direkt, nämlich z. B. dann, wenn giftige Abwässer die Rohre in einer Fabrik verätzen und neue angeschafft werden müssen. Dies ist jedoch selten der Fall, dann allerdings wird Umweltschutz ein kostensenkender Faktor in der Produktion. Oft treten die Folgekosten jedoch an anderer Stelle auf, denn: Viele Probleme wirken nicht (nur) lokal, sondern lösen weitreichende, zum Teil sogar globale Kettenreaktionen aus – sei es der Treibhauseffekt, die Zerstörung der Ozonschicht, die Anreicherung von Giftstoffen und Düngemitteln aus der Landwirtschaft in der Nahrungskette, ja, im Grunde jede eingangs genannte und jede weitere Umweltzerstörung. Gemein ist diesen Folgen in der Regel jedoch, daß sie vom Staat, d. h. vom Steueraufkommen aller, getragen werden müssen.

Fazit: Die Preise sagen nicht die berühmte ökologische Wahrheit. Noch nicht einmal die heute bekannten Folgekosten gehen in den Preis ein.

Die Höhe der externen Kosten

Die externen Kosten erreichen ungeahnte Größenordnungen. Lutz Wicke (CDU), früher beim Umweltbundesamt, dann Staatssekretär in Berlin, brachte das Thema mit seinem Buch »Die ökologischen Milliarden« (1986) auf den Tisch. Für 1984 schätzte er die berechenbaren ökologischen Schäden auf über 103,5 Milliarden (!) DM. Christian Leipert errechnete wirtschaftliche Folgekosten und Kosten für die Begrenzung und Beseitigung von Umweltschäden für 1988 auf mindestens 170 Milliarden DM. Inzwischen belaufen sich die Schätzungen verschiedener Wissenschaftler auf Summen zwischen 500 Milliarden und einer Billion DM. Ende der achtziger Jahre beschloß der Bundestag die

Berechnung eines »Ökosozialproduktes« durch das Statistische Bundesamt[10].

Die Berechnung der externen Folgekosten der Umweltzerstörung birgt natürlich eine Menge Schwierigkeiten in sich. Zum einen können nicht sämtliche Folgeschäden ermittelt und noch viel weniger quantifiziert werden. Wie soll das Aussterben einer Tier- oder Pflanzenart, wie der Erhalt eines Stücks Natur für künftige Generationen bewertet werden? Welchen Wert haben funktionierende Ökosysteme, intakte und schöne Erholungsgebiete oder die Vielfalt von Flora und Fauna? Die vorliegenden Berechnungen stützen sich deshalb zumeist nur auf rechenbare Aufwendungen oder beziehen die jeweils niedrigsten Werte bei der Wertschätzung von Umwelt durch den Menschen ein. Die realen Kosten dürften also noch höher liegen. Wichtig ist es zunächst auch einmal, auf diese Kosten hinzuweisen und das Bewußtsein zu schärfen, wie überaus teuer Umweltzerstörung ist.

Da viele Umweltschäden sowie Umweltzerstörungen und deren Folgen oft erst mit erheblicher zeitlicher Verzögerung eintreten, sind es wieder einmal vorwiegend nicht die jetzigen, meist älteren Verursacher von Umweltzerstörung, sondern die gegenwärtig jungen Menschen sowie die zukünftigen Generationen, die mit diesen Lasten zu kämpfen haben werden.

Dabei soll nicht verschwiegen werden, daß es in allen gesellschaftlichen Bereichen und Altersstufen Menschen gibt, die sich dem Umweltschutz und somit auch der Lebensqualität späterer Generationen verschrieben haben. Doch ist bei jüngeren Menschen ein weitaus höheres Umweltbewußtsein festzustellen, auch wenn die Konsum- und sonstigen Lebensgewohnheiten vieler junger Leute – z. B. beim Autoverkehr – ebenso zum Müllberg und zum Treibhauseffekt beitragen.

Verantwortungslose und populistische Klientelpolitik

Umweltschutz ist heute zwar als notwendig anerkannt, wird aber oftmals abgewehrt, wenn er mit (scheinbaren) Einschnitten in die bisherigen Lebensgewohnheiten oder höheren Kosten verbunden ist. Dabei wird – und nicht nur aus der Sicht der jetzt Älteren –

übersehen, daß bestimmte Produktions-, Konsum- und Verhaltensweisen durch ihre Schäden, wie eben beschrieben, immense Kosten verursachen und somit Geld für andere wichtige Ausgaben fehlt. Vor allem sind manche umweltpolitische Maßnahmen unumgänglich, wenn bestimmte umweltpolitische Ziele, die offiziell von allen Parteien und gesellschaftlichen Gruppen geteilt werden, erreicht werden sollen. Als Beispiel sei die von der Bundesregierung versprochene Reduzierung der Kohlendioxidemission um 25 Prozent (gegenüber dem Vergleichsjahr 1990) bis zum Jahr 2005 genannt. Dieses Versprechen wird nicht eingelöst werden.

Aus der Sicht der jungen und der zukünftigen Generationen muß diese Verweigerungshaltung doppelt ignorant und verantwortungslos erscheinen, da die ökologischen und somit also auch wirtschaftlichen Lasten wachsen und wachsen, ja fahrlässig zugunsten des Jetzt angehäuft und in das Später verschoben werden.

Den Politikern muß hierbei der Vorwurf gemacht werden, daß sie nicht nur gegen offensichtliche Notwendigkeiten agieren, sondern aus eigenen Machtinteressen populistische und umweltfeindliche Politik betreiben.

Ein klassisches Beispiel dafür ist die Förderung von Produzenten umweltfeindlicher Produkte, angefangen von der Autoindustrie über Teile der chemischen Industrie bis zum Kohleabbau. Aus kurzfristigen Arbeitsplatzbeschaffungs-, Handels- oder sonstigen Interessen werden veraltete, umweltfeindliche und zudem meist wenig zukunftsfähige Industriezweige gefördert. Dabei bringt dies neben den ökologischen Folgen auch langfristige wirtschaftliche Belastungen mit sich, die um so schlimmer werden, wenn sich diese Industriezweige auf lange Sicht weder als marktfähig noch als zukunftsträchtig erweisen.

Hier wäre ein Umsatteln z. B. auf Umwelttechnik, ökologische Landwirtschaft oder ähnliches viel günstiger und oft auch arbeitsintensiver. Zugegebenermaßen würde dies den Niedergang bestimmter Industrien bedeuten. Auch eine vollständige Kompensation der Arbeitsplätze in der gleichen Region bleibt fraglich. Insgesamt jedoch ist die wirtschaftliche Bilanz positiv. Doch viele

Politiker besitzen zu wenig Phantasie und Mut, diesen Wandel voranzutreiben.

Oft sind es aber auch rein wahlarithmetische Interessen. Tempolimits, Ökosteuern, überhaupt der ökologische Umbau der Gesellschaft machen sich als Wahlkampfthema nun einmal schlecht. Da rückwärts gewandte Kräfte immer wieder eine Art Ökodumping betreiben und die Gefahr einer »Ökodiktatur« an die Wand malen, um die Wahlen mit populistischen Parolen wie »Freie Fahrt für freie Bürger« zu gewinnen, verfallen viele Politiker, die die Problematik mitsamt ihren eigentlichen Notwendigkeiten erkannt und/oder in das Programm geschrieben haben, doch wieder in eine umweltfeindliche Politik.

Lobbygruppen der jeweiligen Industrien, Interessenverbände etc. sorgen zusätzlich für die entsprechende Stimmung. Dabei ist es dreist, wenn unter ganz offensichtlicher Verdrehung der Tatsachen Legenden in die Welt gesetzt werden, die in keiner Weise haltbar sind. Unausrottbar scheinen die Behauptungen, ein Ausstieg aus der Atomenergie sei binnen kurzer Zeit nicht möglich oder der Autofahrer sei die »Melkkuh der Nation«.

Zudem verhindern auch offensichtliche Geschenke an Einzelpersonen oder befreundete Interessengruppen (wenn beispielsweise auf eine Besteuerung von Flugbenzin verzichtet wurde und wird) zukunftsfähige, ökologisch verantwortliche Politik. Genauso verhält es sich mit dem Ansinnen, bestimmte Umweltschutzrichtlinien und -gesetze zu »liberalisieren«, was in der Realität ein Zurückschrauben oder Abschaffen von Umweltstandards bedeutet. Dies wird dann manchmal sogar mit der zynischen Bemerkung garniert, Umweltschutz könne man sich erst wieder bei Wachstum leisten …

III. Lösungsansätze und Probleme bei deren Umsetzung

1. Möglichkeiten, der Umweltzerstörung im bestehenden Rahmen und perspektivisch entgegenzuwirken[11]

Die Umweltzerstörung bedroht das Leben in steigendem Maße, die Kosten der Schädigung liegen in Milliardenhöhe und potenzieren sich. Es gibt zahlreiche staatliche politische Instrumente, um der Umweltzerstörung zu begegnen. Eine staatlich verordnete oder gelenkte Umweltpolitik ist nötig, weil sich die Hoffnung auf freiwillige Beiträge zur Lösung der Probleme und der Krise – zumindest von seiten der Industrie – weitestgehend nicht erfüllt hat. Zudem erscheint Umweltschutz längst auch wirtschaftspolitisch geboten, da der Zustand der Umwelt auch ein zählender Standortfaktor ist: Die verschiedensten Schädigungen – wie verseuchte Böden, verschmutzte Luft, verunreinigte Gewässer und immer größere Müllproduktion – beeinträchtigen die volkswirtschaftliche Leistungsfähigkeit, aber auch die betriebswirtschaftliche Infrastruktur.

Die beiden gewichtigsten Instrumente sind zum einen das *Ordnungsrecht* und zum anderen marktwirtschaftliche Steuerungsmöglichkeiten in Form von *Umweltabgaben*. Der Begriff der Umweltabgaben umfaßt:

- *Steuern*, die ohne konkrete Gegenleistung zur Deckung des allgemeinen staatlichen Finanzbedarfes erhoben werden (wobei eine Lenkungsfunktion und indirekte Zweckbindung möglich ist);
- *Sonderabgaben*, die von einem bestimmten Personenkreis ohne direkte Gegenleistung, wohl aber zu einer mit dem Abgabenanlaß korrespondierenden Verwendung erhoben werden;
- *Gebühren und Beiträge*, die zur Deckung der Kosten einer konkreten öffentlichen Leistung (z. B. auch der Nutzung

und des Verbrauchs von Umwelt) dienen;
- *Zölle und Abschöpfungen*, die beim Import von Waren, unter anderem zum Schutz eigener Produkte, erhoben werden.

Ordnungsrechtlich können *strengere Grenzwerte* festgelegt, *Auflagen* erteilt, *Verbote* und *Beschränkungen* – beispielsweise ein flächendeckendes Tempolimit – ausgesprochen werden. Ordnungsrecht hat also in der Regel einen beschränkenden Charakter; Umweltabgaben sind offener und lassen verschiedene Handlungsalternativen. Sie sollen umweltschädliches Verhalten verteuern und umweltfreundliches Verhalten fördern und unterstützen. Wenn die Nutzung der Umwelt zum einzukalkulierenden (betriebs)wirtschaftlichen Faktor wird, gehen von Umweltabgaben, vor allem von Ökosteuern, klare ökologische Signale aus. So kann der finanzielle Anreiz entscheidender Anschub zu energiesparenderen Produktionsweisen und zur Substitution von Giftstoffen, d. h. die Ersetzung umweltbelastender Stoffe durch umweltfreundlichere Stoffe oder gar andere Produkte, führen.

Mit Umweltabgaben ist das Potential staatlichen umweltpolitischen Handelns auf wirtschaftlicher Ebene jedoch bei weitem nicht erschöpft. So kann der Staat *wirtschaftliche Anreize für umweltfreundliches Handeln* schaffen. Dies kann in Form von Vergünstigungen (besonders Steuerminderungen, offene Subventionen und Benutzervorteile), eines Umwelthandels (vornehmlich Zertifikate und Lizenzen), der Umwelthaftung (Schadenersatz und Pflichtversicherung) und auch eines Zwangspfands geschehen.

Darüber hinaus gibt es staatliche Rahmensetzungen durch *Landschaftsplanung, Umweltverträglichkeitsprüfungen* und *Bürgerbeteiligung*. Nicht zuletzt kann der Staat unmittelbar durch *Investitionen* und eine *gezielte Beschaffungspolitik* und mittelbar durch *Aufklärung, Beratung, Forschung, Kontrolle* und *Vollzug* umweltpolitisch positiv wirken.

Doch nicht allein der Staat hat die Aufgabe und die Möglichkeiten, die Umwelt zu schützen, sondern jeder und jede einzelne. Zu den privaten Möglichkeiten gehört zum einen ein umweltfreundliches und energiesparendes Konsum- und Kaufverhalten, zum anderen die Mitarbeit in Umweltverbänden und -initiativen, die durch Aufklärung, Mobilisierung, Kontrolle, Entsorgungsaktionen und Boykottkampagnen auf die Gesellschaft, auf Politik und Wirtschaft einwirken.

Im folgenden sollen Vor- und Nachteile der aufgeführten Möglichkeiten analysiert werden.

2. Vor- und Nachteile des umweltpolitischen Instrumentariums

Umweltabgaben und ihre Funktionen

Bevor an dieser Stelle die Vor- und Nachteile von Umweltabgaben, besonders von Ökosteuern, erörtert werden, gilt es zunächst einmal, ihre Funktionsweisen näher zu erläutern. Die bekannteste Variante einer Ökosteuer ist sicherlich die Erhöhung der Mineralölsteuer (die berühmten 5 DM pro Liter, die langfristig erreicht werden sollen). Es sind aber viele weitere Möglichkeiten denkbar, so z. B. eine (höhere) Besteuerung von Abfall, Giftmüll, Schwerverkehr, umweltbelastenden Stoffen (wie Blei, Cadmium, Quecksilber, Chlor etc.) und Pestiziden, von Abwasser, Grundwasser und Versiegelung – es bieten sich eine Fülle möglicher Umweltabgaben an. Unterschieden werden kann zudem zwischen Ressourcenabgaben auf nichtregenerative Materialien oder Stoffe mit schädlichen Nebenwirkungen auf Menschen, Tiere und Pflanzen, Emissionsabgaben auf Schadstoffausstöße während des Produktionsprozesses sowie Produktabgaben auf umweltschädliche Güter.

Umweltabgaben verhalten sich marktkonform, d. h. sie wirken nach den klassischen Marktmechanismen. Sie haben drei wesentliche Aufgaben: Sie sollen zugleich lenken, zuordnen und finanzieren. Die Lenkungsfunktion besteht darin, daß durch die Ökosteuern Verhaltensänderungen aller zugunsten der Umwelt erreicht werden, da alle Menschen normalerweise versuchen werden, der Abgabe zu entgehen. Durch die Zuordnungsfunktion sollen die bislang externen (Umwelt)Kosten bewußt gemacht und dadurch verinnerlicht werden – d. h. den Verursachern auch angelastet und von diesen bezahlt werden (sogenannte Internalisierung). Finanzierungsfunktion bedeutet, daß umweltschädigendes Verhalten über die Ökosteuern die Minderung und Beseitigung von Umweltschäden mitfinanzieren soll – es ließe sich also auch von einer Sanierungsfunktion sprechen. Es liegt nahe, daß sich diese Funktionen überschneiden. Unstrittig erscheint jedoch, daß die öffentlichen Etats für Umweltzwecke bedeutend erhöht werden müssen, um zum einen Gefahren durch Altlasten zu beseitigen und um zum anderen durch Ressourcenschonung vorsorgend zu wirken. Im ersten Fall zahlen – ähnlich dem Generationenvertrag zwischen Rentnern und Arbeitenden – die heutigen Produzenten und Verbraucher für die Umweltlasten, die von den Vorgängern verursacht wurden. Hinter dem zweiten Ziel steckt die Erwartung, daß die Lebenden auf die Nutzung und Schädigung der Umwelt verzichten, um zukünftigen Generationen eine hinreichende Lebensgrundlage zu lassen.

Marktwirtschaftliche Funktonsweisen lassen dem einzelnen die freie Entscheidung über den Einsatz seiner Finanzmittel. So steht es jedem und jeder frei, entweder Abgaben für Umweltverschmutzung zu zahlen und diese gegebenenfalls mit entsprechenden Preiserhöhungen auszugleichen (was aller Wahrscheinlichkeit bei den Verbrauchern zu Substitutionsbestrebungen führt) oder aber durch Änderung der Produkte und Produktionsweisen und durch Effizienzsteigerungen zu umgehen.

Umweltabgaben sollen lediglich beeinflussen und motivieren. Strafe bei Umweltverschmutzung ist nicht vorgesehen. Da Umweltkosten nunmehr in die betriebswirtschaftliche Kalkulation einfließen, werden sich die Preise für die einzelnen Produkte ändern: Manche Produkte werden teurer werden, die umweltbelastenden – andere werden relativ billiger, die umweltschonenden. Die Erwartungen an Umweltabgaben besonders hinsichtlich ihrer Lenkungsfunktion sind klar und können nicht oft genug genannt werden: Verminderung des Verbrauchs von Natur und Rohstoffen, der Abfallmengen und der Schadstoffemissionen in Luft, Wasser und Boden, die Verbesserung der natürlichen Regenerationsmöglichkeiten sowie die Sanierung vorhandener Umweltschäden. Dementsprechend müssen die Umweltabgaben gestaltet werden. Die Höhe wird sozusagen zum Indikator für die verschiedenen Funktionen: Er zeigt, wie groß die Knappheit eines Gutes ist, wie erfolgreich der Lenkungseffekt bislang gewesen ist oder wie groß er noch sein muß, und welchen Finanzierungsbedarf es offensichtlich noch für die Beseitigung von Umweltschäden gibt. Allerdings muß auch hier auf das Problem der Bewertung und Bezifferung von Umweltschäden, gerade von denen, die irreparabel sind, verwiesen werden. Nichtsdestotrotz können Umweltabgaben eine große Annäherung an die ökologischen Preise und einen ersten großen Schritt in die richtige Richtung bedeuten.

Was tun mit den Einnahmen aus Ökosteuern?

Über die Frage, ob die zunächst entstehenden staatlichen Mehreinnahmen durch Ökosteuern zur Förderung des ökologischen Umbaus oder aber zur Kompensation der Mehrausgaben der Verbraucher (Aufkommensneutralität) genutzt werden sollten, gibt es heftige Auseinandersetzungen. In den frühen Ökosteuer- Konzepten war vorgesehen, die Einnahmen allein und konsequent für Umweltzwecke auszugeben. Das bedeutete, daß dieses Geld in die Förderung leistungsfähiger und attraktiver öffentlicher Verkehrssysteme fließen, Impulse für alternative, regenerative Energieformen geben, umweltfreundliche Produktionsweisen (durch »Markteinstiegshilfen«) begünstigen sollte. Somit sollte das Ziel der Ökosteuern schneller vorangetrieben werden: Energie zu sparen, Energie umweltverträglicher zu produzieren, den Rohstoffverbrauch zu senken, die Menge an Abfall und Giftmüll zu verringern, den Pkw- und Lkw-Verkehr abzubauen, die chemische Industrie zu entgiften und »sanfter« zu machen, den immensen Landschaftsverbrauch zu stoppen und die bestehenden Ökosysteme mitsamt der natürlichen Artenvielfalt zu schützen und zu erhalten.

Andere vertreten die Ansicht, daß das Aufkommen aus den Ökosteuern nicht gänzlich oder gar nicht für die Kompensation von Umweltschäden sowie die staatliche Förderung des ökologischen Umbaus ausgegeben werden solle. Dafür gibt es verschiedene Begründungen. Die einen halten die ökologische Funktion für ausreichend, die anderen halten Ökosteuern ohne soziale Kompensation für die Verbraucher für unsozial, nicht durchsetzbar und für ein Hindernis der Wettbewerbsfähigkeit deutscher Unternehmen.

Die Befürworter einer Kompensation glauben, der Kostenfaktor Umwelt führe dazu, daß sehr schnell viel ökologischer produziert, die Forschung vorangetrieben und die Produktion so viel effizienter und umweltschonender werde, so daß weitere Maßnahmen nicht mehr nötig (und manchmal auch nicht möglich) seien. Inwieweit dieser Lenkungseffekt tatsächlich eintritt, wird in hohem Maße auch davon abhängen, wie hoch die Ökosteuern und somit die Anreize zum ökologischen Umbau konkret sind.

Ein gänzlicher Verzicht auf die Verwendung der Mehreinnahmen durch die Ökosteuern zumindest für die Beseitigung und Kompensation von Umweltschäden erscheint unsinnig, da auch Ökosteuern – wie auch ordnungsrechtliche Maßnahmen – Umweltschädigungen nicht ausschließen. Sie sorgen ja lediglich für eine Verringerung und dafür, daß Geld für die Schadensbeseitigung gerade von den Verursachern erhoben wird. Grundsätzlich darf auch nicht übersehen werden, daß die Lenkungsfunktion der Abgaben gemindert wird, wenn die Einnahmen aus Umweltabgaben in Form von Steuersenkungen oder Transferleistungen (z. B. Sozialleistungen) an die Betroffenen zurückgegeben werden. Durch Einkommenssteigerungen kann sich die Nachfrage unter Umständen derart erhöhen, daß die positiven Umwelteffekte aufgebraucht werden.

Die von der zweiten Gruppe geäußerten Bedenken hinsichtlich der Durchsetzbarkeit sind insofern gewichtig, als sie deutlich machen, daß Ökosteuern einer breiten gesellschaftlichen Akzeptanz bedürfen. Auch hier wird sehr viel von der konkreten Ausgestaltung, der Förderung der Alternativen zu bisherigem umweltschädigenden Verhalten abhängen (z. B. der schnelle Ausbau der öffentlichen Verkehrsmittel) und vor allem davon, inwieweit das Verständnis dafür wächst, welche immensen Folgekosten Umweltzerstörung materiell und immateriell bislang bedeuten und welche positiven Folgen Ökosteuern haben können.

Dies bedeutet freilich eine Abkehr von der bisherigen populistischen Klientelpolitik. Es darf jedoch keinesfalls vergessen werden, Verteilungswirkungen und spezielle Belastungen in der Ausgestaltung der Ökosteuern zu berücksichtigen. Ein wesentlicher Prüfstein für die Akzeptanz von Ökosteuern ist zudem die Frage, ob die Zielvorgaben und die Verwendung der Abgaben die angestrebten Umweltverbesserungen – für alle – erkennbar machen. Zu den skeptischen Äußerungen, die Wettbewerbsfähigkeit werde sich durch Ökosteuern verschlechtern, kann nur nochmals darauf hingewiesen werden, daß Umweltstandards ein nicht unwesentlicher Standortfaktor sind, der sich auf längere Sicht eben nicht nur volkswirtschaftlich, sondern auch betriebswirtschaftlich auswirkt. Ganz abgesehen davon, daß die Branche der Umwelttechnologien durch Ökosteuern konsolidiert und gefördert wird und daß Ökosteuern durch die Förderung arbeits- und nicht energieintensiver Produkte positive beschäftigungspolitische Wirkungen haben. Doch darauf soll wie auf die Sozialverträglichkeit bei der Gegenüberstellung von Vor- und Nachteilen eingegangen werden.

An diesen ersten beiden Einwänden wird bereits deutlich, daß die konkrete Ausgestaltung sehr wichtig für die erfolgreiche Einführung von Ökosteuern ist. Es gilt, verschiedene Kriterien wie ökologische Wirksamkeit, ökonomische Zweckmäßigkeit, verwaltungstechnische Handhabbarkeit und auch die politische Durchsetzbarkeit zu berücksichtigen.

Vor- und Nachteile von Umweltabgaben

Nun jedoch sollen die Vor- und Nachteile von Umweltabgaben erörtert werden. Als überaus positiv muß zuallererst eingeschätzt werden, daß über Ökosteuern sowohl externe Kosten in die betriebswirtschaftliche Rechnung einbezogen und auch die externen Nutzer umweltfreundlichen Verhaltens (z. B. Autofahrer, die von der Nutzung öffentlicher Verkehrsmittel anderer durch freie oder weniger verstopfte Straßen profitieren) zur Kasse gebeten werden können. Sodann ist die große Flexibilität, die Ökosteuern ermöglichen, zu nennen.

So können zum Beispiel die Kosten zur Minderung des Schwefeldioxidausstoßes von Fabrik zu Fabrik höchst unterschiedlich sein. Während ordnungsrechtlich starr etwa eine Entschwefelungsanlage vorgesehen werden könnte, ist es durchaus möglich, mit den gleichen finanziellen Investitionen auch andere Maßnahmen vorzunehmen, die einen viel höheren umweltpolitischen Nutzen haben. Der finanzielle Anreiz der Abgaben veranlaßt die Produzenten, den Schadstoffausstoß auch unterhalb eines Grenzwertes so lange zu verringern, bis die Kosten dafür die Kosten durch die Umweltabgabe übersteigen. Somit können – ist die Höhe der Abgaben entsprechend gestaltet – Umweltabgaben eine umweltpolitische Beschleunigungsfunktion haben, da sie einen Anreiz in Umweltschutzinvestitionen bieten und dementsprechend auch den umwelttechnologischen Fortschritt und ein Vorsorgeverhalten fördern.

Auch die dynamische Wirkung von Umweltabgaben ist von Vorteil. Mit steigendem Umweltverbrauch und fortschreitender Umweltzerstörung steigen auch die Kosten, so daß Ökosteuern einen großen Anreiz zur Vermeidung des Umweltverbrauchs geben. Dieser Anreiz steigt naturgemäß mit der Höhe der Steuern. Vermeiden Produzenten und Verbraucher den Umweltverbrauch, so sinken die Staatseinnahmen, doch ist ja auch das eigentliche Ziel, nämlich das Vermeiden des Umweltverbrauchs, erreicht und auch externe Kosten (die ja der Staat tragen müßte) werden vermieden.

Ordnungsrechtliche Maßnahmen verfügen weder über diese Flexibilität noch über die entsprechenden Anreize. Der Staat hat zudem den Vorteil, keine technischen und naturwissenschaftlichen Vorgaben wie Grenzwerte, Verfahrensauflagen usw. entwickeln und beständig anpassen zu müssen, wie dies beim Ordnungsrecht (abgesehen von absoluten Verboten) der Fall ist. Es bedarf lediglich der Festlegung der Umweltqualitätsziele und der diesen entsprechenden Abgabensätze.

Welche positiven Effekte können Umweltabgaben nun konkret haben? Hier ein paar Beispiele: Eine deutliche Erhöhung der

Mineralölsteuer führte zu einer Verlagerung des Verkehrs auf öffentliche Verkehrsmittel. Weiter hätte sie den positiven Effekt, daß die steigenden Einnahmen die Defizite der Verkehrsunternehmen minderten, mehr und bessere Verkehrsverbindungen, steigenden Komfort und insgesamt eine größere Attraktivität des öffentlichen Verkehrs bewirkten.

Würde der Landverbrauch hoch besteuert, so könnte es billiger sein, ein ehemaliges Industriegelände zu sanieren und dafür auf die Versiegelung von weiteren Wiesen zu verzichten. Durch die höheren Energiekosten im Falle von Abgaben auf Energie würden energiesparende Investitionen und die Nutzung erneuerbarer Energien rentabel. Würden Rohstoffe, Energie und Abfall teurer, so wären auch Wegwerfgüter unwirtschaftlicher; langlebige Produkte, Reparatur und Recycling würden gefördert. Das Vernachlässigen der externen sozialen und ökologischen Kosten hat bislang vor allem im Energiebereich zu volkswirtschaftlichen Fehlentscheidungen geführt. Nach Berechnungen des Fraunhofer-Instituts wäre Windenergie längst wirtschaftlich, würden Umwelt- und Gesundheitsschäden in die Kalkulation einbezogen, die Sonnenenergie wäre es kurz nach der Jahrtausendwende – einmal ganz abgesehen von den Fördergeldern, die bislang in zweistelliger Milliardenhöhe in die Atomenergie, jedoch kaum in die erneuerbaren Energien geflossen sind.

Doch haben Umweltabgaben auch Nachteile oder bergen Probleme in sich. Nicht umsonst sind Ökosteuern lange Zeit eines der größten Streitthemen gewesen. So ist es problematisch, wenn Ökosteuern suggerieren, man könne den jetzigen Wohlstand bei einem bestimmten umweltverträglichen Verhalten beibehalten. Überhaupt kann es politische Zielkonflikte zwischen Umwelt- und Naturschutz auf der einen und Wirtschaftsförderung oder Beschäftigungspolitik auf der anderen Seite geben. Dies gilt jedoch gleichermaßen für das Ordnungsrecht und sonstige Steuern. Neben diesen grundsätzlichen Bedenken gibt es auch sozusagen »systemimmanente«, also den Ökosteuern eigene Probleme und Gefahren. Dazu ist zunächst vorwegzuschicken, daß nur Gleichrangiges verglichen werden sollte. Ein Vergleich beispielsweise einer schwachen, undurchdachten Umweltabgabe mit einem ausgefeilten ordnungsrechtlichem Konzept ist unsinnig und führt kaum zu brauchbaren Erkenntnissen.

Ein gewichtiger Nachteil von Umweltabgaben ist, daß Umweltzerstörung, wollte man sich auf marktwirtschaftliche Instrumente und besonders Ökosteuern allein verlassen, dadurch indirekt erlaubt würde und diese in der Entscheidungsfreiheit des einzelnen läge, wenn nur dafür gezahlt würde[12]. Dies geht von der irrigen Annahme aus, jeglichen Umweltschaden monetär, also in Geld, bewerten und beziffern zu können – aber wer wollte das Artensterben oder den Verlust an Lebensqualität bewerten und beziffern –, ihn gar wieder beheben zu können. Aber genau dies ist gerade bei ökologischer Zerstörung nicht der Fall. Natur, Tiere, Ökosysteme können unwiederbringlich zerstört werden. Genau dann trifft der berühmte Spruch der Cree-Indianer zu: »Erst wenn der letzte Baum gerodet, der letzte Fluß vergiftet, der letzte Fisch gefangen ist, werdet ihr feststellen, daß man Geld nicht essen kann ...«

Ökosteuern sind also untauglich, wenn es um das überlebensnotwendige ökologische Fundament geht, wenn ein absoluter (!) Schutz vor gefährlichen Verfahren, Technologien und Produkten nötig ist oder ein Gut sofort und vollständig vom Markt verdrängt werden soll.

Ökosteuern können auch erst dann ihre ökologische Lenkungsfunktion ausüben, wenn es grundsätzlich Handlungsalternativen gibt. So würde eine Benzinsteuer ihre volle Wirkung wesentlich verfehlen, wenn nicht eine deutliche Verbesserung des Angebotes des öffentlichen Verkehrs damit einhergehen würde. Ökosteuern können lediglich vorsorgend lenkend wirken, die ökologische Lenkung entfällt bei bereits abgeschlossenen Vorgängen. Dann dienen Ökosteuern aber immerhin noch als Finanzquelle zur Sanierung von Altlasten.

In diesem Zusammenhang soll kurz die sogenannte Schrägüberwälzung erwähnt werden. Ökosteuern bedeuten, daß der Verbraucher für umweltschädigende und stark Umwelt verbrauchende Produkte viel zahlt. Denkbar ist nun, daß die Abgabenkosten nicht auf die Verbraucher des jeweiligen Produktes, sondern auch auf die eines anderen, nicht so umweltschädlichen

Produkts desselben Produzenten umgewälzt werden. Die Lenkungsfunktion würde in diesem Fall verfehlt. Allerdings bliebe die Finanzierungsfunktion, und zudem dürfte die Schrägüberwälzung nur wenigen Unternehmen möglich sein. Außerdem ist zu erwarten, daß der Hersteller den Preisrahmen des nicht so umweltschädigenden Produktes bereits weitgehend ausgeschöpft hat. Bliebe die Produktion des umweltschädigenden Produkts auf hohem Niveau, wäre zudem eine Abgabenerhöhung zu erwarten.

Probleme gibt es, wie auch beim Ordnungsrecht, wenn Meß- und Kontrollmöglichkeiten noch nicht ausgereift und/oder sehr aufwendig sind. In solchen Fällen muß es Hilfslösungen geben. So sind Schadstoffabgaben für Kraftfahrzeuge eher nach den durchschnittlichen Ergebnissen der Typenuntersuchung und nicht nach individuellen Emissionen zu bemessen.

Eine weitere Gefahr besteht darin, daß Umweltschädigungen in nicht erfaßte oder nicht meßbare Umweltmedien verlagert werden. Wie bei allen anderen umweltpolitischen Instrumenten auch droht die Gefahr, daß Umweltschädigungen bewußt illegal vorgenommen werden – zumal eine lückenlose Umweltaufsicht nie möglich sein wird. Dies macht die Notwendigkeit deutlich, eine möglichst umfassende Umweltpolitik mit den verschiedensten Instrumenten zu betreiben.

Anzumerken ist noch, daß der zusätzliche Verwaltungsaufwand gering gehalten werden kann, wenn Umweltabgaben mit dem bestehenden Abgabensystem verknüpft werden oder auf diesem aufbauen. Dies ist beispielsweise denkbar bei der Erhöhung oder ökologischen Ausgestaltung (z. B. durch Staffelung) bestehender Steuern wie Mineralölsteuer und Mehrwertsteuer. Luftschadstoffabgaben können analog zur Wasserabgabe erhoben werden. Der Verwaltungsaufwand ließe sich auch dadurch gering halten, wenn sich Ökosteuern auf die wichtigsten Tatbestände beschränken und keine unübersichtliche Vielfalt von Umweltgaben eingeführt würde. Eine Ökologisierung des Abgabensystems ist sogar schon durch Aufhebung der Steuerbefreiung für Streusalz, Streichung ermäßigter Mehrwertsteuersätze für bestimmte Düngemittel usw. zu erreichen, was zugleich eine Rechtsvereinfachung bedeuten würde.

Verteilungspolitische Wirkungen von Ökosteuern

Ökosteuern können verteilungspolitisch unsozial wirken, da sie alle Umweltnutzer gleichermaßen belasten und nicht zwischen verschiedenen Einkommen unterscheiden (eine Differenzierung wäre lediglich mit gigantischem Verwaltungsaufwand möglich oder gar nicht leistbar). Ökosteuern folgen nämlich nicht dem Prinzip der Besteuerung nach Leistungsfähigkeit, sondern dem sogenannten Äquivalenzprinzip. Dies bedeutet die gleiche Zahlung für den gleichen Tatbestand. So wirken Ökosteuern tendenziell regressiv, Ärmere werden also in Relation zu ihrem Einkommen stärker belastet. Dabei besteht die Gefahr, daß sich ein reicher Teil der Bevölkerung umweltschädliches Verhalten eher erkaufen kann und sich auch weiterhin umweltschädlich verhält. Bestimmte Verhaltensweisen, Lebensgewohnheiten und Produkte würden zu einem Privileg der Reichen, seien es das Autofahren, der Flugverkehr oder bestimmte Produkte, die einen sehr hohen Energieverbrauch haben oder mit einem hohen hergestellt werden, Schadstoffe ausstoßen oder aber aus großer Entfernung herbeitransportiert werden müssen.

Diese Gefahr der Wirkung von Umweltabgaben ist um so größer, wenn keine Möglichkeiten der Substitution gegeben werden, es keine Alternativen gibt (im Verkehrsbereich z. B. kein attraktives und leistungsfähiges öffentliches Verkehrssystem). Die Wirkung hängt im wesentlichen davon ab, ob es sich um Waren oder Dienstleistungen des täglichen Bedarfs oder aber um Luxusgüter handelt, bei denen Ökosteuern eher progressiv wirken (mit steigendem Lebensstandard steigt der Umwelt- und vor allem Energieverbrauch erheblich).

Für die verteilungspolitische Wirkung ist im übrigen weniger die absolute Belastung als der Anteil des Verbrauchs am Einkommen maßgeblich. Als Beispiel können die Ausgaben für Energie sowie für Kraftstoff in privaten Haushalten herangezogen werden. Während die Energieausgaben in einkommensschwächeren Haushalten prozentual sehr viel höher sind als in finanzkräftigeren Haushalten, steigt der Anteil für Kraftstoffausgaben mit größerem Einkommen auf mehr als das Dreifache. Dies bedeutet, daß Abgaben für Strom, Kohle, Gas und Heizöl deutliche Wirkungen zu Lasten von Beziehern geringer Einkommen haben, Treibstoffsteuern aber vorwiegend die mehr belasten, die sich den Luxus eines größeren Verbrauchs leisten.

Ökosteuern bedeuten bei der Ausgestaltung der jeweiligen Höhe ein Lavieren zwischen ökologischer Notwendigkeit, der gewollten Übertragung der Umweltkosten auf die Verursacher und sozialer Diskriminierung. Dieses Problem läßt viele Befürworter von Umweltabgaben dafür plädieren, zumindest einen Teil der Einnahmen an die Betroffenen zurückzugeben. Dabei ist auch bei der Rückgabe auf eine sozial gerechte Form zu achten. Eine Senkung der Einkommenssteuersätze benachteiligt Erwerbslose, die Senkung der Mehrwertsteuer begünstigt Menschen mit größerer Kaufkraft, also vorwiegend Wohlhabende, die auch gerade durch ihren Konsum zu Umweltschäden beitragen.

Die Diskussion um die Verwendung ist heftig und lang, an dieser Stelle seien nur die gängigsten Möglichkeiten der Belastungskompensation durch Rückerstattung kurz genannt: ein Beitrag zur Sanierung des Haushaltes; die Senkung der Einkommensteuer; die Erhöhung und Ausweitung von Sozialleistungen; die Senkung anderer Steuern für Privatpersonen und/oder Unternehmen; die Senkung der Sozialabgaben; die Rückgabe in Form eines Öko-Bonus pro Kopf der Bevölkerung; die Subventionierung von Umweltschutzmaßnahmen der umweltabgabenbetroffenen Unternehmen (zum Teil als Übergangshilfe) sowie die Verwendung für Umweltschutzmaßnahmen im weitesten Sinne – Finanzierung von Umweltschutzmaßnahmen in »Entwicklungsländern«, Erhöhung der Personal- und Sachausgaben im Umweltschutz, Stärkung der Umweltforschung, Überwachung und Sanierung von Altlasten, Subventionierung »sauber« arbeitender Industrieanlagen, Bezahlung von Bauern für ihre Arbeit als Landschaftspfleger und so weiter.

Grundsätzlich sinkt der ökonomische Druck und somit der ökologische Nutzen, wenn Kompensationsmaßnahmen geleistet werden. Dennoch gibt es Fälle und Notwendigkeiten, die eine Kompensation aus Gründen des sozialen Ausgleichs, aus wirtschaftlichen Gründen oder auch zur Akzeptanzsteigerung notwendig und/oder sinnvoll erscheinen lassen[13]. Anzumerken ist, daß Umweltabgaben per se kein Instrument sind (sonst hießen sie auch anders), daß es aber legitim ist, durch Umweltabgaben entstehende verteilungspolitische Schieflagen und Ungerechtigkeiten durch Kompensationsmaßnahmen zu lindern oder aufzuheben.

Verteilungs- oder soziale Probleme können sich bei der Ausgestaltung der Ökosteuern ergeben. So ist beispielsweise der Vorschlag, die Mehrwertsteuer für Energie zu erhöhen, wie 1996 von der Bundesregierung empfohlen, eine soziale wie ökologische Mogelpackung[14]. Mit einer derartigen Regelung würden die wesentlichen Verursacher von Umweltverschmutzung und die größten Energieverschwender nicht getroffen, da die Mehrwertsteuer für Industrie und Wirtschaft weitgehend rückerstattet wird. Die Lasten müßten dann hauptsächlich die privaten Verbraucher tragen.

Grundsätzlich muß aber auf jeden Fall festgehalten werden, daß die Finanzierung von Umweltschutzmaßnahmen durch Einnahmen aus Umweltabgaben um einiges gerechter ist als die Nutzung des normalen Steueraufkommens, da bei letzterem auch die Nicht-Verursacher zur Kasse gebeten werden.

Bisweilen wird noch auf andere verteilungspolitische Probleme verwiesen: Durch Produktsteuern wird die gesamte Bevölkerung gleichmäßig betroffen, während die Entlastung unter Umständen nur regional eintritt. Dagegen ist zu sagen, daß diese Region ja zuvor zugunsten der gesamten Bevölkerung einer besonderen Belastung ausgesetzt war. Nicht zuletzt wirken viele Umweltbelastungen überregional und/oder ziehen ökologisch schädliche Kettenreaktionen nach sich.

Ökosteuern und Arbeitsplätze

In Debatten um Ökosteuern wird immer wieder die Sorge geäußert, durch sie würden Arbeitsplätze vernichtet. Die Wissenschaftler sind sich in diesem Punkt jedoch nahezu alle einig, daß Ökosteuern – je nach Ausgestaltung – (sehr) gute oder zumindest keine negativen beschäftigungspolitischen Wirkungen entfalten.

Sicherlich wird es Industriebranchen geben, in denen Arbeitsplätze entfallen. Insgesamt werden jedoch im Saldo mehr Arbeitsplätze geschaffen als vernichtet werden. Allerdings besteht die Gefahr, daß bestimmte Regionen, die durch bestimmte, wenig umweltverträgliche Wirtschaftszweige geprägt sind, besonders hart getroffen werden und daß die Zahl der neu entstehenden Arbeitsplätze die Zahl der verlorengegangenen regional nicht kompensieren kann. Dann können (regional spezifische) Umstrukturierungs- und Anpassungshilfen nötig werden, seien es (finanzielle) Hilfen bei der Konversion und Umrüstung auf umweltverträgliche Produktionsverfahren, seien es Markteinführungshilfen für neue Firmen in umweltverträglicheren Branchen, seien es Fort- und Weiterbildungsmaßnahmen für die betroffenen Arbeitnehmer und so weiter.

Doch wie wirken Ökosteuern nun überhaupt arbeitsplatzschaffend? Zunächst einmal bedeuten Ökosteuern einen Einstellungsschub im Forschungsbereich, bei Unternehmen der umwelttechnologischen Forschung und bei Dienstleistungsfirmen (z. B. Wärmedämmung, Solaranlagenbau, Kraft-Wärme-Kopplungs-Anlagen) sowie auch im öffentlichen Verkehr (Fahrer, Mechaniker etc.) und dessen Zulieferbranchen (z. B. durch den Bau von Bussen, neuen Schienenwegen usw.).

Des weiteren wird die Arbeitskraft (bei steigenden Energiekosten) und damit auch ein arbeitsintensives Produkt (oder eine solche Dienstleistung) relativ gesehen billiger. In verschiedenen Ökosteuer-Modellen soll der Faktor Arbeit sogar absolut billiger werden, indem die Einnahmen aus Umweltabgaben gezielt zur Senkung der »Lohnnebenkosten« genutzt werden. Diese Vorstellungen gehen davon aus, daß es zu Mehreinstellungen kommt oder daß die Rationalisierungseffekte, die mit technischer Innovation oft einhergehen, zumindest kompensiert werden, wenn der Faktor Arbeit billiger wird. Die Formel »Senkung der Arbeitskosten schafft Arbeitsplätze« wird ja auch sonst gerne von den Arbeitgebern verwandt. Kritisch angemerkt werden muß jedoch, daß finanzielle Entlastungen der Arbeitgeber in den letzten Jahren kaum zu Mehreinstellungen geführt haben, sondern eher zu neuen technischen Investitionen, die oftmals neue Rationalisierung und somit Arbeitsplatzvernichtung bedeuteten. Auch wird eine Wahl zwischen Arbeitskraft und Energie nicht immer bestehen. Eine Senkung der Sozialabgaben um etwa 30 Prozent bedeutet zudem lediglich eine Senkung der Bruttolohnkosten von knapp 5 Prozent, so daß ein möglicher Anreiz zu Neueinstellungen vermutlich ziemlich gering ausfällt.

Gibt es Wettbewerbsnachteile?

Abschließend soll noch exemplarisch auf die Ängste eingegangen werden, Ökosteuern würden die deutsche Wettbewerbsfähigkeit schwächen; denn diese Befürchtung wird gegenüber allen umweltpolitischen Instrumenten vorgebracht, die mit (kurzfristigen) finanziellen Mehrbelastungen verbunden sind. Allerdings ist hier allmählich ein Stimmungs- und Meinungswandel zu erkennen. Selbst der Bundesverband der Industrie sieht Umweltschutz inzwischen als Standortfaktor an.

Zunächst einmal kommen auf die Unternehmen über kurz oder lang auf jeden Fall Belastungen durch Umweltkosten zu. Schließlich finanziert der Staat Umweltschutzmaßnahmen aus dem Steuereinnahmevolumen, zu dem ja auch die Unternehmen beitragen. Umweltabgaben wirken geradezu schadens- und somit auf lange Sicht kostenmindernd, können fast als Spätfolgekosten-Prophylaxe verstanden werden. Als Betriebskosten sind Umweltinvestitionen sogar steuermindernd und senken den realen Aufwand der Unternehmen. Zudem ergeben sich durch die Förderung von Forschung und technische Innovation volkswirtschaftlich gesehen positive Effekte auf Grund neuer Absatzmärkte für neue Produkte. Ferner sind es nicht unbedingt (nur) niedrige Preise, die Exporterfolge ausmachen (z. B. spielen Währungskursschwankungen oft eine viel wichtigere Rolle für die Wettbewerbsfähigkeit), sondern auch Zuverlässigkeit (die z. B. durch politisch wie ökologisch stabile Verhältnisse begünstigt wird), guter Service und Qualität (»made in Germany«). Die deutsche Wirtschaft hat ihre Weltmarktstellung trotz vergleichsweise hoher Lohnkosten und Sozialabgaben errungen, gefestigt und ausgebaut.

Angesichts der im europäischen Vergleich geringen Abgabenlast für deutsche Unternehmen[15] und geringer Lohnstückkosten sowie glänzender Unternehmensgewinne scheint eine schwere und langfristige Schwächung deutscher Wettbewerbskraft unwahrscheinlich. Im übrigen behielt die japanische Industrie trotz der Einführung hoher Energiepreise und Schadstoffabgaben, die den Schwefeldioxidausstoß auf 20 Prozent senkten, eine führende Stellung im Exporthandel. Die auch volkswirtschaftlich wirkenden Effekte durch technische Innovation eröffnen sogar neue Marktchancen. Als in den achtziger Jahren der Bedarf an Entschwefelungs- und Entstickungsanlagen durch das Waldsterben schlagartig stieg, erhielten bei internationalen Ausschreibungen aufgrund der fortgeschrittenen Technikentwicklung in Japan vorwiegend Japaner den Zuschlag. Ähnliche Wettbewerbsvorteile erzielte Dänemark, wo es eine Energiesteuer gibt, im Bereich der Windkraft- und Fernwärmeanlagen. Ein aktuelleres Beispiel ist die Anschaffung von Zügen mit Neigetechnik (»Pendolino«) aus Italien durch die Deutsche Bahn AG.

Gerade in einer Anfangs- und Umstrukturierungsphase jedoch können, wie oben schon erwähnt, Kompensationen für die betroffenen Industrien sinnvoll sein. Diese Kompensationsformen sollen so sein, daß sie die Konversion und die Umstrukturierung zu umweltverträglicheren Produktionsweisen und Produkten unterstützen. Dies ist z. B. in der Chemieindustrie denkbar.

Ordnungsrecht und Umweltstrafrecht

Als es in der Bundesrepublik zu ersten umweltpolitischen Maßnahmen kam, konzentrierte sich die Debatte von seiten der Umweltschützer vorwiegend auf das Ordnungsrecht als das klassische, älteste und zugleich rigoroseste umweltpolitische Instrument. Durch generelle Verbote (z. B. Verwendung bestimmter Stoffe wie Asbest, Handel mit artgeschützten Tieren), Verbote mit Erlaubnisvorbehalt (d. h. Genehmigungserteilung nur nach Prüfung des Einzelfalles und/oder bei Einhaltung bestimmter Grenzwerte, Verfahren, Sicherheitsvorkehrungen, Ausgleichsmaßnahmen, Befristungen und sonstigen Auflagen und Bedingungen) sowie durch Verfügungen und Schutzmaßnahmen sollte auf Umweltzerstörung reagiert werden. So entstanden umweltschützende Gesetze. Die Zahl der Umweltvorschriften beläuft sich auf über 2000. Das Ordnungsrecht kann sich – wie bei den schon geschilderten externen Kosten – auf alle Phasen der Produktion beziehen. So kann Produzenten die Verwendung bestimmter Roh-, Hilfs- und Betriebsstoffe vorgeschrieben oder untersagt werden. Während der eigentlichen Produktion beziehen sich ordnungsrechtliche Auflagen auf die anzuwendenden Verfahren und Technologien. So kann eine Auflage ein Produktionsverfahren nach dem »Stand der Wissenschaft oder der Technik« fordern. Outputauflagen können bestimmte Waren zahlenmäßig limitieren oder verbieten oder aber als Emissionsauflagen Grenzwerte für den Schadstoffausstoß festlegen.

Wenn vom Ordnungsrecht gesprochen wird, darf seine Ergänzung, das Umweltstrafrecht, nicht vergessen werden. Das Umweltstrafrecht legt die Möglichkeiten fest, auf Verstöße gegen das Ordnungsrecht zu reagieren, und reicht von Bußgeldern bis zu Geld- und Freiheitsstrafen. Schwierigkeiten gibt es allerdings bei der Beweisführung sowie bei den Geldbußen und -strafen. Hier ergibt sich ein erster Anknüpfungspunkt zu den wirtschaftlichen Anreizen. Liegt der kurzfristige, betriebswirtschaftliche Gewinn über den Geldbußen und -strafen, ergibt sich keinerlei Anreiz für das Einhalten der Umweltvorschriften – Giftmüll wird doch wieder im und ins Meer »verklappt«. Es gibt zudem ein großes Vollzugsdefizit. Zwar werden immer mehr Umweltdelikte erfaßt, der Anteil der Verurteilungen geht jedoch zurück.

Im Laufe der Jahre zeigte sich, daß mit dem Ordnungsrecht allein ein weitgreifender Umweltschutz nicht möglich war. Ordnungsrechtliche Maßnahmen weisen nämlich einige Unzulänglichkeiten auf. So läßt sich das Vorsorgeprinzip im Umweltschutz ordnungsrechtlich nur unzureichend verwirklichen, da das Ordnungsrecht wesentlich auf Emissionsbegrenzung und nachträgliche Schadstoffbeseitigung in Form sogenannter End-of-pipe-Technologien fixiert ist. Es fehlt zugleich eine Flexibilität gegenüber von Marktentwicklungen, Preisverschiebungen und ähnlichem. Viele Regelungen sind bürokratisch, schwer zu erfassen und noch schwerer zu kontrollieren. Es gestattet, ja rechtfertigt die Umweltverschmutzung innerhalb des ordnungsrechtlichen Rahmens bis zum festgelegten Grenzwert. Durch das Ordnungsrecht gibt es lediglich eine Teilung in rechtlich zulässige und rechtlich unzulässigen Umweltverschmutzung. Ein Anreiz für Innovation, Effizienzsteigerungen und Substitution von giftigen, umweltschädigenden Stoffen und Produkten ist, wie schon gesagt, kaum gegeben, da das Unterschreiten eines Grenzwertes keinen Vorteil bringt. Zudem werden die externen Kosten, die sich trotz des bestehenden ordnungsrechtlichen Rahmens auf über 500 Milliarden Mark jährlich belaufen, nicht einbezogen.

Das Bemühen, die Kosten der Umweltnutzung oder der Minderung und Beseitigung von Umweltschäden auf den Verursacher umzulegen, gelingt durch das Ordnungsrecht nur ansatzweise. Denn unterhalb der Grenzwerte kann die Umweltnutzung und -zerstörung kostenlos erfolgen. Unberücksichtigt bleiben die bereits entstandenen sowie die verbleibenden Umweltkosten, da für das Unternehmen nur die Kosten für die Anpassungsmaßnahmen – z. B. eine Rauchgasentschwefelungsanlage – entstehen. Auch ist ordnungsrechtlich keine Begrenzung einer Gesamtmenge von Schadstoffen möglich. Ordnungsrecht ist dann hilflos und nutzlos, wenn Umweltbelastungen und Umweltzerstörung bereits eingetreten sind. Altlastensanierung ist nun einmal keine Frage der Grenzwerte und Verbote, sondern der Finanzierung. Eine Finanzierungsquelle für den ökologischen Umbau stellt das Ordnungsrecht jedoch nicht dar.

Diese Nachteile bedeuten jedoch nicht, daß auf das Ordnungsrecht verzichtet werden könnte. Es gibt gute Gründe, in bestimmten Bereichen am ordnungsrechtlichen Rahmen festzuhalten. Zum einen nämlich ist der Staat selbst Verursacher von Umweltzerstörung: durch ökologisch schädliche Subventionierung beispielsweise der chemischen Landwirtschaft oder des Autoverkehrs sowie die Unterlassung, ernsthafte Grenzen für Flächen- und Ressourcenverbrauch zu setzen. Vor allem jedoch gibt es Bereiche, in denen wirtschaftliche Anreize nicht greifen oder ein bestimmtes umweltpolitisches Ziel innerhalb eines engen Zeitraumes definitiv erreicht sein muß oder soll. So kann ein Stromeinspeisegesetz, das die Abnahme von Strom aus regenerativen Energien zu günstigen Preisen garantiert, bei der Markteinführung erneuerbarer Energien helfen. Gefahren, die von Asbest, Dioxinen, DDT, PVC, Formaldehyd oder vor allem auch von der Atomkraft ausgehen, können nur durch Verbote beseitigt werden. Eine Monetarisierung, d. h. Bezifferung, und eine Internalisierung der Schäden, also das Umlegen der Folgekosten durch Abgaben auf den Verursacher, ist ebenso schwer wie nach einem Super-GAU unsinnig. In solchen Fällen muß das Ordnungsrecht in Form von Verboten einen grundsätzlichen Rahmen schaffen. Dort, wo weder Alternativen in Form von anderer oder effizienterer Technik noch in Form von Ersatzstoffen möglich sind, kann die Festlegung von Grenzwerten, von absoluten Obergrenzen durchaus sinnvoll sein. Allerdings sollten sich diese Grenzwerte dann an Kindern orientieren, weil diese am schwächsten und zudem am leichtesten und am langfristigsten zu schädigen sind. Gegen Stör- und Unfälle freilich helfen weder Auflagen noch Abgaben. Bei solchen Risiken können nur Verbote helfen.

Bei der Frage der Belastung der Verbraucher unterscheidet sich das Ordnungsrecht nicht von den Umweltabgaben. Sie hängt lediglich von der Markt- und Wettbewerbssituation sowie vom Verbraucherverhalten ab. Nach den Gesetzen des Marktes werden die höheren Produktionskosten (auch) an die Verbraucher weitergegeben. Dies ist bei Umweltabgaben nicht anders. Umweltschutz kostet nun einmal Geld. Abwarten jedoch noch mehr!

Während sich bei Umweltabgaben finanzkräftige Personen mehr Umweltverbrauch »kaufen« können, trifft das Ordnungsrecht mit seinen Verboten und Einschränkungen alle gleichermaßen (z. B. Tempolimit, autofreie Innenstädte). Sie würden erst verteilungspolitisch wirken, wenn spezielle Investitionen – wie Sonnenkollektoren oder Brauchwasserleitungen – vorgeschrieben würden. Allerdings muß zugegeben werden, daß Ordnungspolitik auch nicht verteilungsneutral ist, da die Kosten für die verbleibenden Umweltschäden von allen Steuerzahlern getragen werden müssen und die grundsätzliche Mehrbelastung zuallererst einkommensschwache Schichten trifft.

Das uralte Argument, Umweltschutz vernichte Arbeitsplätze, läßt sich nicht einmal beim Ordnungsrecht aufrechterhalten. Der Umweltsektor ist die größte Wachstumsbranche der Industrie, zigtausend Arbeitsplätze konnten im Bereich der End-of-pipe-, also den nachsorgenden Umwelttechnologien geschaffen werden, so z. B. im Bereich der Filteranlagen.

Weitere wirtschaftliche Instrumente

Vergünstigungen und Subventionen

Ein weiteres beliebtes Instrument, wirtschaftliche Anreize für umweltfreundliches Handeln zu schaffen, sind Vergünstigungen. Steuervergünstigungen und Subventionen sind Finanzierungshilfen, d. h. der Staat zahlt für die Verringerung von Umweltbelastungen.

Denkbar sind unter anderem Steuerminderungen in Form von Sonderabschreibungen, steuerfreie Rücklagen oder Sonderausgaben sowie ein ermäßigter Steuersatz. Diese Maßnahmen können sowohl für Unternehmen wie auch für Privatpersonen gelten. Da sich die Kosten der Inanspruchnahme bei Steuervergünstigungen leicht und recht genau feststellen lassen, ist hier eine effektive Erfolgskontrolle möglich. Steuervergünstigungen können also zur positiven oder zur negativen Wettbewerbsbeeinflussung genutzt werden (dies gilt übrigens besonders für offene Subventionen).

Allerdings bieten Steuervergünstigungen in der Regel keinen längerfristigen oder kontinuierlichen Anreiz zu umwelttechnologischer Innovation und entsprechen auch nicht dem Verursacherprinzip. Sie wirken oft als Minderung des Kostendrucks, den Umweltabgaben oder ordnungsrechtliche Bestimmungen bewirken, oder aber zur Ergänzung eines ansonsten zu niedrigen ökonomischen Druckes durch diese Instrumente. Steuervergünstigungen stellen allerdings einen Finanzverzicht zu Lasten der Allgemeinheit dar. Außerdem können sie natürlich erst greifen, wenn Gewinne erwirtschaftet werden und/oder Steuern zu zahlen sind. Zudem fällt die Steuerersparnis je nach in der jeweiligen

Einkommensklasse geltendem Steuersatz sehr unterschiedlich aus. Auch wird das Steuersystem noch komplizierter und unübersichtlicher. Nicht zuletzt können Steuervergünstigungen falsche Marktsignale setzen, da sie nicht zu tatsächlichen Preisen der Umweltnutzung führen.

Soll mit finanziellen Vergünstigungen umweltpolitisch gehandelt werden, so haben offene Subventionen den Vorteil, daß sie allen in gleicher Weise in festen Förderbeträgen gewährt werden. So kann beispielsweise die private Installation von Solarkollektoren gefördert werden. Denkbar ist dieses Finanzinstrument in vielen Bereichen, sei es bei der Wärmedämmung, der Installation von Brauchwasserleitungen, der Energieerzeugung durch alternative, regenerative Energieträger oder auch bei der Substitution alter technischer Geräte durch neue, die einen bestimmten Mindestsatz von Effizienzsteigerung bewirken. Subventionen können gut in Bereichen wirken, in denen Ökosteuern aus verschiedensten Gründen nicht die gewünschte Lenkungsfunktion in Form technischer Innovation erreichen.

Nicht vergessen werden sollte jedoch, daß heute noch umweltschädliche Subventionen überwiegen, so z. B. die offene Subventionierung der industrialisierten Vieh- und Landwirtschaft sowie die indirekte Subventionierung durch den Besteuerungsverzicht von Flugzeugtreibstoff.

Benutzervorteile

Benutzervorteile sind in der Regel Ausnahmen des Ordnungsrechts. So dürfen besonders leise Motorrasenmäher auch innerhalb der Verbotszeiten genutzt werden, dürfen schadstoffarme Autos trotz Smogalarms fahren, nur öffentliche Verkehrsmittel bestimmte Gebiete befahren, z. B. autofreie Innenstädte.

Kompensationen und Lizenzen

Unter »Umwelthandel« werden Kompensationen und Lizenzen (Zertifikate) zusammengefaßt. Sie sollen wie Umweltabgaben finanzielle Anreize bieten und das ökonomische Eigeninteresse der Verursacher an einer Minderung der Umweltbelastungen anstacheln.

Eine Kompensationsregelung, die eine Mischung aus Ordnungsrecht und wirtschaftlichem Anreiz darstellt, würde die Errichtung einer eigentlich nicht genehmigungsfähigen Anlage erlauben, wenn dafür an einer anderen Anlage der Schadstoffausstoß entsprechend gemindert wird. Das Ordnungsrecht wirkt damit flexibler, der Unternehmer kann die kostengünstigste Belastungsminderung wählen. Oftmals wird eine Kompensationslösung angewandt, wenn dadurch insgesamt mehr Emissionen durch alle betroffenen Anlagen verhindert werden als durch eine ordnungsrechtlich eigentlich für alle Anlagen geforderte Reduzierung. Nicht selten ist eine derartige Maßnahme zeitlich befristet, und die betroffenen Anlagen müssen in räumlicher Nähe sein, um insgesamt einen positiven Effekt für die Gegend zu erzielen.

In Deutschland wird dieses umweltpolitische Instrument kaum genutzt, und in den USA konnte trotz mannigfacher Formen von Kompensationsmaßnahmen und einer mehrfachen Erweiterung der Anwendungsgebiete nur eine geringe Inanspruchnahme festgestellt werden. Ein relativ großes Problem stellt die schwierige Vermittlung des Sachverhaltes an die betroffene Bevölkerung dar.

Zertifikate oder Lizenzen sind handelbare Rechte auf Umweltverschmutzung beziehungsweise Emissionen. Sie sind umfangreicher einsetzbar als Kompensationsmaßnahmen. Sie sind eine Art Eigentum der – im Sinne eines vorgegebenen Umweltzieles – erlaubten Menge Umweltverschmutzung oder Emissionen in einer Region. Um dieses Umweltziel zu erreichen, wird diese Menge gestückelt und auf Zertifikate aufgeteilt, die an Anlagebetreiber verteilt werden. Den Anlagebetreibern bleibt es dann überlassen, ob sie in eine Emissionsverringerung investieren oder weitere Umweltzertifikate kaufen (oder auch verkaufen). Ähnlich wie bei den Umweltabgaben ist die Umweltverschmutzung bei dieser Variante mit einem Preis versehen. Der Unterschied besteht im wesentlichen darin, daß für die Ware Umwelt ein Markt geschaffen wird, auf dem die Preise je nach Bedarf und gemäß dem Stand der Technik schwanken können. Durch Zertifikate können –

zumindest theoretisch – absolute Verschmutzungsmengen festgelegt werden. Ökonomischer Druck und Preisanstieg entstehen, indem die Umweltziele verschärft werden. Dies geschieht in diesem Fall durch Abwertung der Zertifikate, die auch – sogar vorher festgelegt, um den Prozeß berechenbar zu machen und eine längerfristige Kalkulation zu ermöglichen – kontinuierlich erfolgen kann.

Befürworter dieser zumindest theoretisch sehr marktwirtschaftlichen Variante finden sich vorwiegend in der Politik. Fachleute halten diese Form sowohl im Produkt(zahl)-, Abfall(mengen)- und Abwasser(mengen)bereich für geeigneter als im Emissionsbereich. Auch bei globalen Problemen und bei der Mengensteuerung in geschlossenen Systemen (wie z. B. bei den erlaubten Mengen an Abwasser, das in kommunale Abwasseranlagen eingeleitet werden darf) scheint sich dieses Instrument der Umweltpolitik anzubieten.

In der Praxis ergeben sich jedoch so große Probleme, daß auch das Bundeswirtschaftsministerium dieses Modell ablehnt. Die größten Probleme und Kritikpunkte sind folgende: Umweltzertifikate sind eine Art Privatisierung und Vermarktung des öffentlichen Gutes Umwelt. Der Besitz erlaubt und legitimiert Umweltverschmutzung und verhindert wachsendes Umweltbewußtsein. Aus Umweltsicht muß kritisch angemerkt werden, daß sich hinsichtlich des Geltungsbereiches von Zertifikaten Probleme ergeben. Grenzüberschreitende Emissionen lassen sich kaum verhindern, ebenso die regionale Konzentration umweltzerstörender Anlagen mit dem entsprechenden Widerstand der ansässigen Bevölkerung.

In der Praxis ergeben sich auch bei der Erstzuteilung Probleme. Denn wenn die aktuelle Belastungssituation als Ausgangsbasis zugrunde gelegt wird, werden diejenigen Unternehmen, die bereits Umweltschutz- und Vorsorgemaßnahmen getroffen haben, bestraft, während andere im Vorteil sind, die bislang auf Umweltschutz verzichtet haben. Weiterhin können kapitalkräftige Unternehmen Lizenzen anhäufen und zumindest regional Konkurrenz ausschalten. Ertragsreiche Branchen (z. B. Chemie) können sich im Gegensatz zu ertragsschwächeren Branchen (z. B. Textilindustrie) eher Emissionslizenzen leisten. Zudem können Zertifikate dann eine marktschädigende Wirkung entfalten, wenn nach Aufbrauch aller Zertifikate die Erschließung eines neuen Wirtschaftssektors verhindert wird.

Nicht zuletzt belastet der vergleichsweise große organisatorische Aufwand sowohl die öffentliche Verwaltung als auch die Unternehmen. Bereits der Aufwand für Verteilung, Handel und Überwachung wird von vielen als sehr oder zu hoch eingestuft. Neben Kontroll- sind auch Vollzugsprobleme nahezu programmiert. Wer übernimmt die (politische) Verantwortung für die Schließung von Betrieben, die Zertifikate erwerben wollen, aber keine finden? Letztlich bleiben im Gegensatz zu Umweltabgaben nötige stetige Einnahmen für die aktive und nachsorgende staatliche Umweltpolitik aus.

Umwelthaftung

Auch eine erweiterte Umwelthaftung kann als marktwirtschaftlicher Anreiz für umweltschonendes Handeln verstanden werden. Müssen Risiken von Umweltschäden betriebswirtschaftlich einkalkuliert werden, so sind Unternehmen durch die drohenden Schadensersatzleistungen animiert, die Risiken der Umweltzerstörung und somit auch die potentiellen Haftungskosten zu minimieren: durch Investitionen in risikomindernde Produktionsverfahren, den Verzicht auf eine risikoreiche Anlage oder aber den Abschluß einer (Pflicht)Versicherung. Es läge dann an den Versicherungen, Umweltrisiken und drohende Schadensersatzkosten abzuschätzen und in Umweltzerstörung berücksichtigende Beitragsstaffelungen einfließen zu lassen.

Dieses Modell stößt jedoch sehr schnell an praktische Probleme, da es schwer ist, ökologische, gesundheitliche und soziale Folge(koste)n genau zuzuordnen. Es sei nur an den Streit erinnert, ob die erhöhten Leukämieraten in der Umgebung von Atomkraftwerken tatsächlich durch eben diese hervorgerufen wurden. Oder wie kann man einem Unternehmen einen Anteil am Sauren Regen und einen dementsprechenden Anteil zumindest der meß- und bezifferbaren Folgekosten zuweisen? Hier wäre wohl eine Umkehrung der Beweislast nötig – was allerdings rechtspolitisch problematisch ist.

In den USA sowie in Japan ist das Umwelthaftungsrecht weitaus schärfer als in Deutschland. So genügt in Japan als Nachweis der statistisch ermittelte Zusammenhang zwischen Umweltbelastung und Schaden anstelle eines exakten (individuellen) naturwissenschaftlichen Beweises (hier müßten also die Betreiber von Atomkraftwerken für die eben angeführten Leukämiefälle in der Umgebung »haften«, soweit dies möglich ist). Eine Haftung tritt unabhängig von Verschulden und Fahrlässigkeit ein, und die Beweislast ist zugunsten der Kläger umgedreht. Zusätzlich gibt es in Japan wie zum Beispiel auch in den Niederlanden, Frankreich und Kanada einen allgemeinen Entschädigungsfonds für Umweltschäden.

Aber auch bei scharfer Ausgestaltung des Umwelthaftungsrechts wird einen Großteil der Umweltkosten in der Regel doch die Allgemeinheit tragen müssen. Nichtsdestotrotz birgt eine verschärfte Umwelthaftung sinnvolle und effektive Ansätze, wenn auch die Auftraggeber mithaften müssen (z. B. beim Transport von Gefahrengütern oder der Entsorgung giftiger Stoffe). Ordnungspolitische Verbote in bestimmten Bereichen kann die Umwelthaftung jedoch nicht ersetzen. Denn in vielen Fällen wären die Folgekosten so immens, daß sie nicht wirklich erbracht werden könnten. Außerdem muß es mehr als zynisch anmuten, bei irreparablen Natur- und Gesundheitsschäden, bei Massensterben etc. mit Geld und (finanzieller) Haftung zu argumentieren. Die hilft im Falle eines Super-GAUs auch nicht mehr ...

Politische Rahmensetzung

Die politische Rahmensetzung kann durch Formen der Planungsverfahren beim Bau von Verkehrswegen, Wohnbauten und Industrieanlagen, durch Absprachen, durch mittel- und unmittelbares Verhalten erfolgen.

Auf allen Ebenen kann der Staat durch rechtliche Rahmensetzung ökologisches Verhalten anregen oder gar verordnen. Der größte Einfluß läßt sich bei öffentlich-rechtlichen Planungen ausüben. Während sich das Ordnungsrecht auf einzelne Anlagen und Maßnahmen bezieht, bilden Planungen den größeren Rahmen für den Einsatz der unterschiedlichen ökologischen Instrumente. Sie legen längerfristige Ziele und Strategien fest. Zudem sollen sie die verschiedensten Politikbereiche verbinden und aufeinander abstimmen.

Vor allem zwei Ziele lassen sich mit dem Planungsrecht verfolgen: zum einen die Prüfung von bestimmten Plänen auf ihre Umweltauswirkungen, zum anderen die Festlegung bestimmter Maßnahmen zur Vermeidung von Umweltschäden sowie zur Sanierung (dennoch) entstehender. So können bei Raumplanungsverfahren spezifische Vorgaben zur Wasserreinhaltung, Abwasserentsorgung, Abfallvermeidung und Abfallbeseitigung und zu sonstigen Umweltschutzbestimmungen gemacht werden. Dies reicht bis hin zu Ausgleichsmaßnahmen für neu versiegelte Flächen.

Umweltverträglichkeitsprüfungen

Das bekannteste umweltpolitische Instrument schon bei der Planung ist die Umweltverträglichkeitsprüfung (UVP). Diese kann bei allen umweltrelevanten (und welche sind das nicht) Gesetzen, Planungen und öffentlichen wie privaten Bauprojekten angewandt werden. In der UVP wird untersucht, welche Umweltbereiche jeweils betroffen sind, welche Schädigungen und Zerstörungen zu erwarten sind und ob oder welche Auflagen zur Vermeidung, Minderung oder zum Ausgleich dieser Schäden nötig sind.

Die Ausgestaltung und die Relevanz (soll eine von wem auch immer eingeforderte UVP beispielsweise eine aufschiebende Wirkung für den Baubeginn haben?) hängen stark von politischen und wirtschaftlichen Interessen ab. Ihre Ergebnisse werden nicht ganz objektiv sein können, da die Prognosen und Wertungen bestimmter Schädigungen bei verschiedenen Gutachtern, die oft verschiedene Zielvorstellungen unterschiedlich bewerten, stark variieren können.

Bürgerbeteiligung

Ein weiteres planungsrechtliches Instrument ist die Bürgerbeteiligung, die oftmals auch umweltpolitischen Zielen nützt, aber nicht nützen muß (schließlich können ja gerade auch andere politische Zielvorstellungen mehr en vogue sein als Umweltschutz). Die Formen der Mitwirkung der Bürgerinnen und Bürger an Planungen – im Grunde eine demokratische Selbstverständlichkeit – sind überaus vielfältig. Sie reichen vom Akten-, d. h. Planungseinsichtsrecht bis zu Volksbefragungen, Volksbegehren und Volksentscheiden zu ökologischen Themen. Auch das Recht der Verbandsklage für (anerkannte) Umweltgruppen und -verbände ist eine wichtige Möglichkeit, an Planungen teilzuhaben und seine ökologischen Interessen zu vertreten. Bislang werden Einzelkläger nämlich oft durch drohende hohe Prozeßkosten abgeschreckt. Zudem ist es nach der bestehenen Gesetzeslage so, daß nur eine von einer Planung persönlich betroffene Person klagen kann. Von Atomanlagen, Autobahnen, grundsätzlich allen Planungsgegenständen, die nicht nur lokale Umweltschäden verursachen können, sind jedoch viel mehr Menschen betroffen. Nicht zuletzt erhöht die fachliche Kompetenz der Verbände die Erfolgsaussichten bei Klagen.

Aber auch in Unternehmen und Betrieben selbst lassen sich Mitwirkungs- und Kontrollrechte schaffen oder verbessern, z. B. durch Informations- und Mitbestimmungsrechte des Betriebsrates in Umweltbelangen.

Leider haben die Bestrebungen um eine Erweiterung und Stärkung von Beteiligungsrechten und Umweltverträglichkeitsprüfungen in den letzten Jahren hierzulande erhebliche Dämpfer hinnehmen müssen. Vor allem im Zuge der Vereinigung beider deutscher Staaten wurde ein Großteil dieser Rechte und Bestimmungen durch sogenannte Beschleunigungsgesetze abgeschafft oder ausgesetzt. Doch was hilft es, recht zu bekommen, wenn eine Atomanlage oder eine Autobahn bereits gebaut sind? Diese Beschleunigungsgesetze waren ein Ergebnis der hanebüchenen politischen Philosophie, Umweltschutz erst wieder in wirtschaftlich besseren Zeiten zu berücksichtigen.

Absprachen

Absprachen, d. h. freiwillige Absprachen zwischen Staat und Wirtschaft, sind ein altes wirtschafts- und sozialpolitisches Instrument, das sich auch im Umweltbereich nutzen läßt. Sie erfolgen selten mit einzelnen Unternehmen, häufiger mit einzelnen Wirtschaftsbranchen oder -verbänden. Absprachen verhindern verbindliche ordnungsrechtliche und gesetzliche Vorschriften, allerdings können auch sie zu deren Vorbereitung und Ausgestaltung dienen, indem Erwartungen und strittige Punkte geklärt werden. Sie bedeuten einen Tausch: Dafür, daß der Staat auf ordnungspolitische Maßnahmen oder Umweltabgaben verzichtet oder finanzielle Unterstützung zusagt, verpflichtet sich die Wirtschaft selbst zu bestimmten umweltfreundlichen Verhaltensweisen. Solche sind unverbindlich, von beiden Seiten kündbar, nicht einklagbar und können also bei Nichteinlösung auch nicht mit Strafen belegt werden (wenn dann vermutlich folgende ordnungspolitische Maßnahmen oder Umweltabgaben nicht als indirekte Strafe verstanden werden).

Der Vorteil von Absprachen besteht vorwiegend in der Minderung des Verwaltungsaufwandes, ihrer Flexibilität und darin, daß sie der Industrie Handlungsfreiheit bei der Wahl kostengünstigster Lösungen lassen. Zudem wirken sie durch das erforderliche Aushandeln konfliktmindernd. Als negativ muß gesehen werden, daß es Probleme bei der Durchsetzbarkeit gibt, da nicht klar ist, ob alle Branchenangehörigen alle Vereinbarungen umsetzen können und wollen (dieses Problem ergibt sich regelmäßig bei Absprachen zur Schaffung von Ausbildungsplätzen). Insofern bietet es sich an, die Zahl der an einer Absprache Beteiligten zu begrenzen. Ferner fehlt jede öffentliche Mitwirkung und Transparenz. Eine Kontrolle ist äußerst schwierig. Absprachen sind nur in bestimmten und begrenzten Problemlagen anwendbar. Auch können sie als vergleichsweise bequeme Variante eine Entwicklung fördern, die das Erarbeiten von an sich nötigen Umweltschutzregelungen verzögert oder gar verhindert. Ist Schnelligkeit oder Verbindlichkeit ein wesentliches Ziel einer umweltpolitischen Maßnahme, ist die Absprache denkbar ungeeignet.

Vorbildfunktion des Staates

Es ist dem Staat natürlich nicht nur möglich, den ordnungsrechtlichen Rahmen und wirtschaftliche Anreize zum schonenden Umgang mit der Umwelt zu schaffen – er kann auch selbst ökologisch handeln. So sollte der Staat eine Pilot- und Vorbildfunktion gegenüber Wirtschaft und Bevölkerung übernehmen. Diese kann sich im groben Schema in zwei Möglichkeiten zeigen.

Zum einen ist natürlich grundsätzlich die gesamte Bandbreite von Politik gemeint, von besonderer Bedeutung sind aber die staatlichen Investitionen. Welche Zeichen setzt ein Staat bei Investitionen in die Vermeidung oder Sanierung von Umweltschäden? Ein positives Zeichen geht von Investitionen aus, wenn sie gezielt auf die – sich letztlich auch als kostengünstigste Variante erweisende – Umweltvorsorge setzen. Besondere Signale gehen auch von der grundsätzlichen Ausgestaltung der Infrastruktur aus, die oftmals eine wesentliche Voraussetzung für umweltverträgliche(re)s Verhalten ist. Hier ist der Staat in der Verantwortung, da er z. B. für die Schaffung eines leistungsfähigen und attraktiven Angebots öffentlicher Verkehrsmittel als Alternative zum individuellen Autoverkehr oder auch für die Art und Weise der Verwertung und Entsorgung von Abfall und Abwasser zuständig ist. Aber auch durch die Prioritätensetzung bei der Mittelvergabe für Forschungsprojekte (z. B. regenerative Energien anstelle von Atomenergie oder Raumfahrttechnik, Bahntechnik anstelle von Transrapid) kann die Politik umweltpolitische Zeichen setzen. Politisch Verantwortliche lassen sich also auch an ihrer ganz alltäglichen Politik umweltpolitisch bewerten.

Die andere Möglichkeit eigenen umweltbewußten Handelns ist die staatliche Beschaffungspolitik. Der Anteil des Staates an der Gesamtnachfrage nach Gütern und Dienstleistungen wird auf etwa zehn Prozent geschätzt, wobei es starke branchenspezifische Unterschiede gibt. Ist der Handlungsspielraum beispielsweise durch Haushalts- und rechtliche Vorgaben nicht unbegrenzt, so kann und vor allem sollte der Schutz der natürlichen Lebensgrundlagen für zukünftige Generationen ein wesentliches Entscheidungskriterium für staatliche Anschaffungen sein. Ökologische Kriterien sollten wesentlich in die Bedingungen öffentlicher Auftragsvergabe einfließen.

Öffentliche Verwaltung und staatliche Unternehmen und Betriebe auf Bundes-, Landes- und Kommunalebene können auf Verwendung von PVC und anderer gesundheitsgefährdender und/oder energieintensiver Stoffe verzichten, schadstoffarme Kraftfahrzeuge anschaffen, Recyclingpapier verwenden, Elektrobusse, regenerative Energien und Brauchwasser nutzen, ökologisch bauen, energiesparende Maschinen erwerben, z. B. in Kantinen und Mensen auf Einwegverpackungen, Wegwerfgeschirr und - besteck verzichten sowie Nahrungsmittel aus ökologischer Landwirtschaft anbieten. Die Palette der Möglichkeiten ist nahezu unbeschränkt. So kann der Staat nicht nur umweltfreundliches Verhalten der Bevölkerung anregen, sondern kann auch Hilfestellung zur Markteinführung ökologischer(er) Waren und Verfahren leisten. Zum mittelbaren, also nicht direkten staatlichen Handeln werden vor allem verschiedene Formen der Aufklärung gezählt. Nicht selten genügt schon die Aufklärung über Umweltschäden bestimmter Produkte und Verhaltensweisen, um bewußte Verantwortung und Verhaltensänderungen zu schaffen. Darin liegt beispielsweise der größte Erfolg der Umweltbewegung.

Von seiten des Staates sind u. a. Warenkennzeichnungspflichten (z. B. für genmanipulierte Lebensmittel, wenn der Einsatz der Gentechnik in der Landwirtschaft schon nicht verboten wird), die öffentlichkeitswirksame Auszeichnung besonders umweltverträglicher Produkte oder Verfahren durch Umweltpreise oder Gütesiegel erforderlich. Dabei sind klar nachzuvollziehende Vergabekriterien und umfassende Verbraucherinformation (z. B. durch öffentlich zugängliche Umweltdatenbanken) von besonderer Wichtigkeit. Denn allzu groß ist oftmals die Verwirrung durch selbstkreierte Umweltsiegel mancher Firmen oder den Hinweis auf »kontrollierten Anbau« (wobei ja auch die Dosis schädlicher Stoffe kontrolliert werden kann). Ein gutes Beispiel für die Irreführung von Verbrauchern, ja gar für kontraproduktive Wirkung ist der »Grüne Punkt« des Dualen Systems Deutschland (DSD).

Eine weitere Möglichkeit mittelbaren staatlichen Handelns in der Umweltpolitik ist die einschlägige Beratung sowohl von Unternehmen als auch von Verbrauchern. Besonders nach Einführung neuer oder schärferer Umweltabgaben sowie ordnungsrechtlicher Maßnahmen kann gute fachliche Beratung uneffektive oder unzulängliche Maßnahmen zur Normerfüllung verhindern.

Effizienzsteigerungen – halbierter Naturverbrauch

Effizienzsteigerungen sind kein eigenständiges umweltpolitisches Instrument. Doch spielt die Effizienz bei der Vermeidung und Minderung von Umweltschäden und -kosten eine wesentliche Rolle.

Wie gezeigt, sollen bestimmte, wenn nicht alle umweltpolitischen Instrumente gerade auch Effizienzsteigerung (durch technische Innovation, Substitution usw.) bewirken. Noch aus einem weiteren Grund soll der Effizienzsteigerung ein eigener Absatz gewidmet werden. Während Umweltabgaben und Ordnungsrecht weit weg, umständlich und vor allem abstrakt erscheinen und ihre Wirkungen oft nicht zu erkennen sind, soll durch die Beschreibung von möglichen Effizienzsteigerungen auf die Chance des Umdenkens und vor allem auch des persönlichen Handelns hingewiesen werden. 1995 fand das Buch »Faktor vier. Doppelter Wohlstand – halbierter Naturverbrauch« von Ernst Ulrich von Weizsäcker, Amory B. und L. Hunter Lovins starkes öffentliches Interesse[16]. Es prangerte ineffiziente, umwelt- und somit zukunftsschädigende Produktionsweisen und Produkte sowie Infrastrukturmaßnahmen an. Im zweiten Schritt wurde aufgezeigt, wie die Naturschädigung wirtschaftlich gewinnbringend gemindert und das Ergebnis verbessert werden kann – eben um mindestens den Faktor vier. Im Buch wird auf verschiedene Bereiche eingegangen, in denen diese Effizienzsteigerungen möglich sind.

Wir wollen jeweils ein paar Beispiele von vervierfachter Energieproduktivität, Stoffproduktivität und Transportproduktivität präsentieren.

Energieproduktivität

Im Bereich größerer Energieproduktivität gibt es Möglichkeiten, den Kraftstoffverbrauch von Pkw vor allem durch Ultraleichtbauweise und Hybridantrieb auf unter 1,5 Liter pro 100 Kilometer zu senken[17]. Durch Isolationsmaßnahmen und Solarenergie läßt sich der Heizenergieaufwand in Wohnhäusern weit mehr als um den Faktor vier senken und auf ein Minimum oder gänzlich (»Null-Energie-Häuser«) reduzieren. Bei Haushaltsgeräten wie Kühlschränken und Waschmaschinen, deren Stromverbrauch in den letzten Jahrzehnten zum Teil schon rapide gesenkt wurde, sowie bei Bürogeräten wie Computern, Druckern, Faxgeräten und Fotokopierern bieten sich durch technische Verbesserungen ebenfalls riesige Effizienzsteigerungen. Daß Energiesparlampen sich nach einer gewissen Betriebszeit amortisieren, ist weithin bekannt. Nicht so bekannt ist, daß sich Energiesparlampen für Betriebe allein schon durch ihre längere Lebensdauer lohnen, da die Arbeitszeit zum Auswechseln normaler Glühlampen teurer ist als die Anschaffung der Energiesparlampen. Im Bereich der Nahrungsmittelproduktion ist bereits auf den gigantischen Energieverbrauch von Gemüse aus künstlichen Treibhäusern hingewiesen worden. Wie auch bei der Fleischproduktion wäre die klassische, althergebrachte Vieh- und Landwirtschaft viel energieeffizienter und gesünder – und hätte noch positive Auswirkungen auf den Arbeitsmarkt.

Stoffproduktivität

Die Steigerung der Stoffproduktivität setzt vorwiegend darauf, Produkte durch bessere Qualität und/oder andere Stoffe langlebiger zu machen. So muß bei der Produktion darauf geachtet werden, daß Verschleißteile leicht montier- und damit auswechselbar sind, um die Anschaffung eines gänzlich neuen Produktes zu vermeiden. Ein typisches Beispiel dafür sind Büromöbel. Einen weiteren Einsparbereich bieten elektronische Datenbanken. Bei der Nutzung elektronischer Datenträger wie CD-ROM anstelle von Bücherbänden ergeben sich praktischer Nutzen (schnellerer und zielgenauerer Zugriff auf Informationen) und Einsparungen von Umweltlasten und -kosten, weil die elektronischen Datenträger insgesamt einen geringeren Material- und Energieverbrauch haben.

Durch Wasserkreisläufe kann in der Papierindustrie der Wasserverbrauch deutlich gesenkt werden. Doch auch in privaten Haushalten läßt sich viel Wasser sparen, sei es durch Spartasten bei Toilettenspülungen oder aber durch die Einrichtung von Brauchwasserleitungen, die Abwasser beispielsweise noch für die Toilettenspülung nutzen. Auch die Nutzung von Regenwasser ist ressourcensparend. Wie lange nur werden sogar Autos noch mit bestem Trinkwasser gewaschen? Die Wiederverwendung von Verpackungen und Transportbehältern – wie Flaschen und Kisten – wird zwar heute bereits praktiziert, doch gibt es Ausweitungsmöglichkeiten auf viel mehr Produkte.

Eine ebenso gewichtige wie leicht zu verwirklichende Form der Steigerung von Stoffproduktivität ist die gemeinschaftliche Nutzung bestimmter Geräte. So könnte es in Wohnhäusern zum Beispiel gemeinschaftlich genutzte Waschmaschinen geben anstelle von jeweils einer einzigen in jedem Haushalt – das gibt es auch teilweise schon.

Transportproduktivität

Im Bereich der Transportproduktivität geht es darum, Wege zu sparen und verbleibende Wege möglichst effizient zu gestalten. So können e-mail, Internet und Videokonferenzen (»Telearbeit«) weite Reisen entbehrlich machen. Die regionale Produktion von Nahrungsmitteln und anderen Produkten sowie Verarbeitung und Nutzung von Materialien und Verpackungen aus der Region spart ebenso viele Transportwege. Dahinter steht das berühmte Beispiel des Erdbeerjoghurtbechers, für den zigtausend Kilometer zurückgelegt werden, bis der Joghurt endlich bei den Verbrauchern ist. Auch andere Konsumgepflogenheiten bei gleichem oder gar höherem Nutzen bedeuten eine Einsparung von Transportwegen. So ließe sich Orangensaft, der aus großer Ferne angeliefert wird, durch heimischen schwarzen Johannisbeersaft ersetzen, der sogar einen höheren Vitamingehalt hat. Durch bessere Technik – intelligente Signaltechnik und Züge mit Neigetechnik – lassen sich die Transportkapazitäten des bestehenden Schienennetzes spielend vervielfachen.

Um eine Mischung aus Stoff- und Transportproduktivität geht es beim bekannten Stattauto-Modell. Hier teilen sich mehrere Personen ein Auto oder finden sich viele Leute zu Nutzergemeinschaften verschiedener Fahrzeuge (Pkw, Transporter etc.) zusammen, um die Kraftfahrzeuge effektiver und nur wenn wirklich notwendig zu nutzen. Noch besser ist es natürlich, Wege zu sparen. Dazu kann eine verbesserte Infrastruktur führen. So entstehen z. B. in verkehrsberuhigten oder autofreien Gebieten ganz neue Sozial- und Wirtschaftsstrukturen, in denen es nur kurze Wege zur Arbeit und zum Einkauf gibt – so, wie es einst auf dem Dorf der Fall war. Diese kurzen Wege können dann zumeist zu Fuß oder per Rad zurückgelegt werden.

Es gibt natürlich auch Kritik an den Effizienzgedanken. Effizienzsteigerungen allein sorgen natürlich nicht für die Lösung aller Umweltprobleme, in manchen Bereichen verlangsamen sie lediglich Umweltzerstörung und die Aufzehrung der natürlichen Ressourcen und Lebensgrundlagen. Eine weitere Kritik an der Fixierung auf Effizienzsteigerungen entzündet sich daran, daß dabei die grundsätzlichen ökologischen und vor allem gesellschaftlichen Probleme nicht in Frage gestellt würden, da Effizienzsteigerungen meist nur darauf zielten, den bisherigen »Wohlstand«, der sich ja gerade aus der ungerechten Ausbeutung der Natur und anderer Menschen speise (»Erste Welt« – »Dritte Welt«), zu halten oder gar zu mehren. So richtig diese Kritik im Ansatz ist, so nötig und sinnvoll erscheinen Effizienzsteigerungen grundsätzlich, erst recht bei größerer Verteilungsgerechtigkeit und Minderung des »Wohlstandes«. Festzuhalten bleibt – wie eingangs betont –, daß nur eine Lösung erfolgversprechend sein kann, die alle großen Menschheitsprobleme, zu denen die Verteilungsungerechtigkeit grundsätzlich gehört, berücksichtigt. Zudem zählen die fünf Autoren und die Autorin durchaus zu jenen, die den jetzigen »Wohlstand« in Frage stellen und Wohlstand auch im Sinne gerechterer Verteilungspolitik neu definieren und anstreben wollen. Auf solche neue Vorstellungen von Wohlstand soll später noch detaillierter eingegangen werden.

Stärkung des Umweltbewußtseins und des Verantwortungsgefühls

Größeres Verantwortungsbewußtsein ist ein wesentlicher Schlüssel zur Lösung von Umweltproblemen, wie bereits bei den Ausführungen über die politische Rahmensetzung dargelegt wurde. Umweltprobleme zu erkennen und sich ihrer bewußt zu bleiben sowie verantwortlich zu handeln, wird nicht nur vom Staat, von den Politikern verlangt, sondern ist auch Sache jedes und jeder einzelnen (die in ihrer Gesamtheit ja wiederum den Staat ausmachen): Es ist also eine wahre *res publica*, eine öffentliche, allgemeine Angelegenheit.

Nötig ist ein neuer oder zumindest eine Erweiterung des bestehenden gesellschaftlichen Grundkonsenses, der sich bislang im wesentlichen auf die materielle Absicherung zukünftiger Generationen bezieht (die, wie in diesem Buch ja auch aufgezeigt wird, aufgezehrt zu werden droht). Dieser Grundkonsens muß um ökologische Zielsetzungen erweitert werden. So muß die Sicherung der natürlichen Lebensgrundlagen zukünftiger Generationen ein ganz wesentliches Kriterium, ja eine elementare Voraussetzung für jegliches – nicht nur umweltpolitisches – Handeln sein.

Ein auf Kenntnissen und Erkenntnissen beruhendes Bewußtsein und Verantwortungsgefühl hängt auch wesentlich von den Medien ab[18]. Ein gutes Beispiel sind bedrohte Tiere. Größere und damit sichtbare(re) Tiere haben einen Vorteil gegenüber kleinen (und auch lästigen, z. B. Insekten), wenn es um die öffentliche Wahrnehmung geht. Werden tote Robben, Vögel, Fische an Stränden angeschwemmt, erhebt sich ein Schrei des Entsetzens. Mitleid regt sich bei ölverschmierten Tieren nach Tankerhavarien. Oftmals gibt es Kampagnen zur Rettung einer bestimmten Tierart. Solche Aktionen sind richtig, wichtig und sinnvoll, vor allem sind sie für viele transparent und nachvollziehbar.

Das alltägliche Tier- und Pflanzen-Massensterben durch Umweltzerstörung wird jedoch kaum oder gar nicht wahrgenommen. Diese Ausblendung größerer und globaler Probleme ist Ausdruck einer Lähmung, hervorgerufen durch die – vermeintliche – eigene Hilflosigkeit gegenüber Umweltproblemen. Umweltbewußtsein entsteht oft auch erst gar nicht, weil Politik, Wirtschaft und von diesen beeinflußte Medien aus verschiedensten Gründen eine ökologisch heile Welt suggerieren und Umweltschützer als Panikmacher abstempeln oder als »5-DM-pro-Liter-Terroristen« brandmarken. Um eine heile Welt vorzugaukeln, werden Un- und Halbwahrheiten verbreitet, unlautere Vergleiche angestellt oder – unter ökologischem Mäntelchen – ganz andere politische Ziele verwirklicht. Für diese letzte Variante mag das bereits angeführte Beispiel des Ökosteuerentwurfs der Bundesregierung dienen, der kaum ökologische, wohl aber verteilungspolitische Wirkung hatte. Das Ergebnis eigentlich nicht zulässiger Vergleiche ist meist, daß eine bestimmte Umweltverschmutzung nicht existiert oder fast irrelevant ist. So haben die Schadstoffemissionen von Flugzeugen zwar absolut tatsächlich einen ziemlich geringen Anteil an den gesamten verkehrsbedingten Schadstoffemissionen, doch wirken diese in den entsprechenden Lufthöhen viel direkter – und haben somit überaus gravierende Folgen, besteht also dringend ein Handlungsbedarf.

Im Bereich der Halbwahrheiten wird vorwiegend mit Statistiken gearbeitet. Beliebt ist es in solchen Fällen (und das nicht nur im Umweltbereich), auf prozentuale Anteile auszuweichen und absolute Zahlen auszusparen oder nicht nachvollziehbare Basis- und Vergleichswerte anzusetzen. So rühmte sich die Lufthansa damit, den Treibstoffverbrauch und damit die Schadstoffemissionen pro geflogenem Kilometer gesenkt zu haben. Es wird also eine Minderung der Umweltbelastung suggeriert. Tatsächlich ist die Belastung in absolutem Zahlen jedoch durch die starke Zunahme des Flugverkehrs gestiegen. Anderes Beispiel: Werden in einen Waldschadensbericht bereits kranke oder gar tote Bäume nicht einbezogen, sondern nur Neuerkrankungen erfaßt, kann sich statistisch ein positiver Gesundheitszustand ergeben. Hier sind mehr Wachsamkeit, Information und Aufklärung gefordert.

Im Umweltbewußtsein verankerte Erkenntnisse sind die elementare Voraussetzung für die Akzeptanz jedweder (umweltpolitischen) Maßnahme. Da sich die Schärfe eines bestimmten umweltpolitischen Instruments immer auch an der Akzeptanz orientieren muß, um durchsetzbar zu sein (besonders dann, wenn es mit finanziellen, sonstigen materiellen oder immateriellen Lasten und Nachteilen verbunden ist), kann sich ein ökologischer Teufelskreis bilden zwischen geringem, unterentwickeltem Bewußtsein, somit geringer Akzeptanz umweltpolitischer Maßnahmen, deshalb unzulänglichen Maßnahmen und wachsenden Umweltbelastungen. (Mutige wirkungsvolle Maßnahmen gibt es, da unpopulär, auf ökologischem Felde viel zu selten.)

Einer stärkeren Umweltbewußtheit wirken oftmals auch ungeahnte Gewöhnungseffekte entgegen. Wurde vor gut einem Jahrzehnt gewitzelt, in ferner Zukunft würden die Zeitungen und das Radio täglich die aktuellen Schadstoffwerte veröffentlichen und Verhaltensempfehlungen geben, so ist genau diese damalige Horrorvision heute Realität: seien es Ozon-, Kohlendioxid-, Stickoxid- oder Schwefeldioxidwerte, also zusammengefaßt Smogwerte. Sie finden sich bei vielen Zeitungen auf der ersten Seite, und auch Radiosender informieren regelmäßig am Ende der Nachrichten darüber. Schöne neue Welt ...! Welche heute nur umrissenen Horrorszenarien wird meine Generation oder werden gar unsere Nachkommen als Realität und Normalität erleben, wenn nicht grundsätzlich umgesteuert wird und dies auch alle bewußt und aktiv tun?

Andererseits gibt es auch positive Entwicklungen, die auf ein gestiegenes Bewußtsein schließen lassen. Zum einen zeigt der Boom umweltverträglicher (»Bio«-)Produkte sowie die Werbung mit (vermeintlicher) Umweltfreundlichkeit, daß der Umweltschutz für viele Menschen eine große Bedeutung hat. Das Kaufverhalten oder auch Boykottkampagnen sind ein guter Indikator für Verbraucherbewußtsein. Umfragen belegen zudem immer wieder, daß die Bereitschaft, für eine intakte Umwelt auch finanzielle Einbußen in Kauf zu nehmen, stark gestiegen ist. Bemerkenswerte Eigeninitiativen – z. B. im ökologischen Wohnungsbau – sind ein positives Indiz für grundsätzliches Umweltbewußtsein.

Grundsätzliches Umdenken – die Vorstellung der Nachhaltigkeit

Die bislang hier dargestellten Möglichkeiten, der ökologischen Zerstörung des Planeten entgegenzuwirken, bezogen sich zumeist auf die bestehende Wirtschaftsordnung und vor allem auf die traditionellen Vorstellungen von Wohlstand, der fast nur quantitativ, d. h. in Mengen (meist auch in Geld) verstanden wird. Daran rütteln markwirtschaftliche, ordnungsrechtliche und planungsrechtliche Instrumente nicht grundsätzlich.

Viele Wissenschaftler und Umweltschützer, so auch der Autor, gehen jedoch davon aus, daß Wohlstand, wie er heutzutage in den Industrienationen verstanden wird und besteht, nicht zukunftsfähig ist. Die auch bei scharfen umweltpolitischen Maßnahmen weiterhin entstehenden Umweltschäden würden unter den bisherigen Wohlstandsvorstellungen längerfristig die natürlichen Lebensgrundlagen zerstören. Forderten die Umweltbewegung, viele Wissenschaftler und manche Politiker jahrelang puren Verzicht, so macht sich in den letzten Jahren eine neue Philosophie breit: *Sustainibility*, deutsch meist mit *Nachhaltigkeit* wiedergegeben, scheint das neue Zauber- und Modewort im Umweltbereich zu sein. Was also meint Nachhaltigkeit?

Nachhaltigkeit (nachhaltig sein) meint, daß Menschen sich beim Konsum und sonstigen Lebensgewohnheiten so verhalten, daß die Lebenschancen zukünftiger Generationen nicht beeinträchtigt werden, dennoch ein gutes und angenehmes Leben weiterhin möglich ist. In Nachhaltigkeitskonzepten werden zumeist Wert- und Wohlstandsmaßstäbe neu definiert. Neben umweltverträglicheren Lebensgewohnheiten, gefördert durch Effizienzsteigerungen, spielen darin auch Suffizienzgedanken, also die Frage nach dem »Wieviel ist vertretbar?« eine wesentliche Rolle. Die bekannteste deutsche Nachhaltigkeitsstudie ist die vom Bund für Umwelt und Naturschutz Deutschland (BUND) und von Misereor in Auftrag gegebene und vom »Wuppertal-Institut für Klima Umwelt Energie« erarbeitete Studie »Zukunftsfähiges Deutschland. Ein Beitrag zu einer global nachhaltigen Entwicklung«[19].

Die Studie entwickelt neue Vorstellungen gesellschaftlichen Lebens und Wohlstands, die Leitbilder genannt werden. Diese Leitbilder haben die umweltpolitische und gesellschaftliche Debatte über zukünftiges Leben (und die Lebenschancen zukünftiger Generationen) stark belebt. Ob sie gut, vollständig oder ergänzungs- und veränderungsbedürftig sind, sei dahingestellt. Dies ist zunächst auch unerheblich. Ihr größter Verdienst ist, eine dringend nötige Debatte angestoßen zu haben, in die sich möglichst viele Bürgerinnen und Bürger einbringen sollten.

Wegen dieser Relevanz sollen die neuen Leitbilder exemplarisch für Vorstellungen zukunftsfähigen, nachhaltigen Lebens kurz dargestellt werden.

Mobilität – die rastlose Gesellschaft

Das erste Leitbild betrifft die Vorstellung der ruhelosen und unablässig mobilen Gesellschaft. Die heutige Gesellschaft will in einem wahren Geschwindigkeitsrausch immer schneller immer größere Distanzen überwinden, um auch noch den letzten nicht erschlossenen Ort zu erreichen. Damit produziert sie immer mehr Verkehr und beseitigt natürliche Hindernisse zugunsten immer neuer Verkehrswege. Autobahnkreuze, Brücken, Tunnel und immer neue gigantische Großprojekte wie Ostseeautobahn, Überbrückung des Öresunds oder auch der Transrapid belegen diese Philosophie auf beklemmende Art und Weise. Aufgrund des selbst verschuldeten, provozierten Verkehrsinfarktes beraubt sich die Gesellschaft jedoch – ganz das Gegenteil des Zieles – jeglicher Zeitautonomie.

Die Studie schlägt nun ein neues »rechtes Maß für Zeit und Raum« vor. Bislang wurden wachsende Beförderungs- und Transportbedürfnisse durch höhere Geschwindigkeiten und eine größere Durchlässigkeit des Raumes gesichert, an Verkehrsvermeidung durch eine andere Infrastruktur dachte kaum ein Mensch. Hier jedoch setzt die Studie den entscheidenden Hebel an. Zeitautonomie, intakte Natur und lebenswerte Städte bilden das Kontrastprogramm zur bislang rastlosen Gesellschaft. Das Zauberwort zur Veränderung ist »Entschleunigung«. Das Problem ist nicht mehr ein Zuwenig, sondern ein Zuviel an Verkehr. Infolge von Verkehrsvermeidung und Entschleunigung führt Gelassenheit zu einer neuen Lebensqualität. Um dieses Ziel auch ohne soziale Nachteile zu erreichen, bedarf es einer völlig neuen Stadtentwicklung, die auf Urbanität und kurze Wege (zwischen Wohnen, Arbeit und Freizeit) setzt. Ein enorm verbessertes öffentliches Personen-Nahverkehrs-Angebot und vor allem eine Flächenbahn können das noch anfallende Beförderungsbedürfnis befriedigen.

Ökologisierung der Marktwirtschaft

Die Ökologisierung der Marktwirtschaft bestimmt das zweite Leitbild der Studie. Grob gesagt soll die Marktwirtschaft in ihren naturzerstörerischen Eigenschaften begrenzt, in ihren kreativen, schöpferischen Eigenschaften genutzt werden. Nicht eine Marktgesellschaft in allen gesellschaftlichen Bereichen sei das Ziel, sondern eine in ein »größeres Ganzes«, die Gesellschaft, eingebettete Marktwirtschaft.

Analog zur sozialen Marktwirtschaft, in der ein grundsätzlicher Rahmen sozialen Ausgleichs gesetzt werden soll(te), soll dies mit ökologischen Zielen geschehen. Dabei würden Ziele definiert und auch das Ordnungsrecht genutzt (z. B. zum Verbot der Produktion von Giftstoffen) sowie die politischen Möglichkeiten (z. B. zur Beendigung des Straßenneubaus) ausgeschöpft. Doch innerhalb des dann gesetzten Rahmens sollen marktwirtschaftliche Elemente die Zielsetzung schneller erreichen helfen. Hierbei seien sowohl der Abbau direkter und verdeckter umweltschädlicher Subventionen, die Verwirklichung einer ökologischen Steuerreform wie auch die Etablierung von Haftungsregelungen bei risikoreichen Aktivitäten nötig.

Effektivität von Produktionsprozessen

Das dritte Leitbild beschreibt den Wandel von linearen zu zyklischen Produktionsprozessen. Während heute bei der Produktion große Mengen an Abfall anfallen und die hergestellten Produkte über kurz oder lang auch meist Abfall sind – und dies unter Einsatz gewaltiger Energiemengen –, soll in Zukunft entstehender Abfall effektiv, kooperativ und sinnvoll weitergenutzt und vorwiegend auf Solarenergie gesetzt werden. Um die Verwertung von Abfall zu gewährleisten, sei eine Produkthaftung nötig. Hersteller oder Verkäufer müßten die Produkte nach Gebrauch zurücknehmen. Dies führe in der Regel zu größerer Langlebigkeit, Schadstofffreiheit, Demontierbarkeit und Wiederverwertbarkeit (u. a. durch Baukastenprinzip).

Zukünftiger Lebensstil

Das wohl wichtigste Kapitel ist mit »Gut leben statt viel haben« umschrieben. Ein zukünftiger und vor allem zukunftsfähiger Lebensstil müsse sich vehement von dem stark materialistisch geprägten heutigen Lebensstil unterscheiden. Dies bedeutet, daß der Konsument zunehmend auf Qualität setzt, auch beim Konsum durch den Kauf von umweltverträglichen Produkten und durch eine umweltfreundliche(re) Lebensführung die Gesellschaft und die Zukunft im Auge und vor allem im Sinn hat. Regionalorientierung, gemeinsame Nutzung, Langlebigkeit und Sparsamkeit beim Naturverbrauch (Natur als Gemeingut) werden zu den wesentlichen Konsumenten-Entscheidungskriterien. Regionalorientierung – sowohl beim Kauf von Produkten als auch bei Arbeit und Freizeit – helfen Verkehr vermeiden und können oft sogar die Qualität von Waren steigern. Leihstationen für Werkzeuge, Haushaltsgeräte und (Sport)Ausrüstungen beispielsweise können Gebrauchs- und Ressourcenintensität erhöhen. Wesentlich ist nicht mehr der Besitz, sondern der Nutzen nicht für den täglichen Gebrauch gedachter Dinge.

Regionale Infrastruktur

Das Stichwort der Regionalorientierung bedeutet sogleich die Überleitung zum fünften Leitbild, das sich mit der Infrastruktur auseinandersetzt. Anstelle einer auf Masse orientierten Infrastruktur sollte in Zukunft auf Qualität und Zielerreichung gesetzt werden. Ziel von Infrastruktur ist es, Stoffe, Waren, Menschen zu transportieren. Die bisherige Infrastruktur ist natur- wie kapitalintensiv. Durch die bereits beschriebenen Leitbilder werden die zu transportierenden Mengen an Stoffen und Waren grundsätzlich reduziert, doch gibt es auch in den klassischen Bereichen der Infrastruktur große Einsparungsmöglichkeiten: Werden Energieversorgungsunternehmen in Energiedienstleistungsunternehmen umgewandelt, steht nicht mehr immer größerer Absatz, sondern die billigste und energieärmste Variante zur Erreichung eines Zieles (Strom, Heizung etc.) im Vordergrund. Eine Wiederbelebung und Begrünung der Städte wird zu größerer Seßhaftigkeit und zur Abnahme des Flucht- und Erholungs(?)verkehrs führen, weitere Straßen sind nicht nötig.

Die Stadt der Zukunft

Im sechsten Leitbild wird die zukunftsfähige Stadt beschrieben. Sie soll – wieder – zum Lebensraum werden. Sie bietet kurze Wege (Arbeit, Freizeit, Wohnen, Einkauf). Dadurch werden abends menschenleere Einkaufsquartiere vermieden, der Autoverkehr wird zurückgedrängt und die Straße auch wieder zum Aufenthaltsort. Der soziale Kontakt und die Sicherheit werden gefördert. Zugleich sollte es leistungsfähige Verbindungen des öffentlichen Nahverkehrs ins Umland geben, die der ländlichen Bevölkerung den Zugang zu Kultur, Sportstätten und so weiter ermöglichen und die der Stadtbevölkerung zugleich in umgekehrter Richtung die Gelegenheit geben, die Herkunft ihrer Nahrungsmittel – wie Wasser, Gemüse, Früchte, Fleisch, Eier, Milch etc. – kennenzulernen.

Ökologische Landwirtschaft

Im siebten Leitbild wird ein Gegenstück zur industrialisierten Landwirtschaft entwickelt. In Zukunft soll ökologisch (also ohne chemisch-synthetische Düngemittel), somit arbeitsintensiv, dem Bedarf entsprechend und unter Auflagen des Tier- und Naturschutzes produziert werden. Im Rahmen der Regionalorientierung bedeutet dies Arbeitssicherung und Förderung der Wirtschaft in der Region. Wie in der Landwirtschaft muß auch in der Holzwirtschaft auf Monokulturen verzichtet werden. Naturreservate werden nötig sein, wo natürliche Lebensgemeinschaften grundsätzlich vor dem Menschen geschützt werden müssen.

Im achten und letzten Leitbild wird der Gedanke internationaler Gerechtigkeit und globaler Nachbarschaft aufgegriffen. Nord und Süd sollten umweltverträglich und unter gerechter Reichtumsverteilung existieren. Dabei sei es Aufgabe des Nordens, die erkennbaren Ungerechtigkeiten zu beseitigen. Vor allem müsse der Norden mit dem ökologischen Umbau beginnen, um somit auch als Vorbild zu dienen, da die Entwicklungsländer dem bisherigen Lebens- und Wohlstandsmuster der Industrienationen nacheiferten, das sich jedoch als schädlich erwiesen habe. Der Norden verfüge über die finanziellen und technischen Möglichkeiten und stehe in der Pflicht. Durch Dezentralisierung und Subsidiarität könnten im Süden ökologisch wie ökonomisch zukunftsfähige Gesellschaften entstehen.

IV. Fazit: Umweltschutz kostet – Abwarten noch mehr

An dieser Stelle wird kein Patentrezept zur Rettung der Umwelt aus dem Hut gezaubert. Auch konkrete Vorgaben für eine Ausgestaltung der Umweltpolitik oder spezieller Abgaben werden nicht gemacht. Ziel dieses Beitrages ist es, einen Denkanstoß zu geben und die Notwendigkeit der Sicherung der natürlichen Lebensgrundlagen einerseits durch konsequente Umweltpolitik und andererseits durch ein grundsätzliches Umdenken und eine Änderung unserer Lebens- und Konsumgewohnheiten vor Augen zu führen. Das eine betrifft kurz- und mittelfristige, das andere eher längerfristige Handlungsnotwendigkeiten. Es soll den Leserinnen und Lesern überlassen bleiben, sich selbst ein Urteil über konkrete Maßnahmen zu bilden. Als verbindlich aber soll die Handlungsmaxime verstanden werden: daß unser aller alltägliches Handeln es möglich machen muß, auch zukünftig Generationen mindestens ebenso gute Lebensgrundlagen, also nicht schlechtere als heute, zu übergeben. Ein neuer ökologischer Generationenvertrag ist nötig, der durch eine Vielzahl von Instrumenten und vor allem auch durch eigenes Handeln möglich wird.

Ziel dieses Beitrages ist auch, verschiedene Wirkungsweisen von Umweltinstrumenten zu erklären und die weit verbreitete Angst und Skepsis ihnen gegenüber zu nehmen. Denn, wie bereits gesagt: Wissen, Erkenntnis und Bewußtsein sind elementare Voraussetzungen für eigenes Handeln und die Akzeptanz von umweltpolitischen Maßnahmen. Wissen, Erkenntnis und Bewußtsein müssen wesentliche Bausteine des neuen ökologischen Generationenvertrages sein.

Was ist also, um es abschließend zusammenzufassen, nötig? Kurz- und mittelfristig muß es viel konsequentere Umweltschutzmaßnahmen geben. Es ist an der Zeit, alte Glaubenskriege für und gegen das Ordnungsrecht beziehungsweise für oder gegen marktwirtschaftliche Elemente beizulegen und im Sinne einer Maximierung des ökologischen Nutzens und der Zukunftsfähigkeit die einzelnen Möglichkeiten ergänzend zu einem Gesamtmaßnahmenpaket zusammenzufügen. Gerade Ordnungsrecht und marktwirtschaftliche Elemente erschienen vielen bislang als gegensätzlich. Doch genau das Gegenteil ist der Fall, wie Heiner Jüttner, Umweltdezernent der Stadt Aachen treffend feststellt: »Ordnungsrecht und Umweltabgaben sind also teilweise Alternativen, häufig aber auch sich ergänzende oder gar sich bedingende umweltpolitische Instrumente: Je wichtiger die unmittelbare Gefahrenabwehr, je drängender der Vollzug, je unerwünschter Ermessensspielräume, je umfangreicher die technische Regelungsdichte und je bedeutsamer eine Gleichbehandlung aller Umweltnutzer sind, um so eher wird man zu ordnungsrechtlichen Regelungen greifen. Je wichtiger die Anreizwirkung für Belastungsminderungen, je wünschenswerter die Erfassung der Restverschmutzer, je erstrebenswerter neue Umwelttechnologien, je wesentlicher Flexibilität und Kosteneffizienz und je notwendiger die Erzielung von Einnahmen sind, um so mehr bieten sich Umweltabgaben an.«[20]

Zur Erzielung des größten ökologischen Nutzens sollte der Staat einen grundlegenden Rahmen setzen, der sich u. a. in umfassender Bürgerbeteiligung und ökologischen Kriterien für Bauten äußert. Daneben sollte der Staat unmittelbar durch Investitionen und vor allem durch seine eigene Beschaffungspolitik (öffentlichkeitswirksam) ökologische Impulse geben und mittelbar Aufklärung, Information, Beratung und Forschung leisten, gleichzeitig Kontrolle und Vollzug von Umweltmaßnahmen gewährleisten. Lebensgefährliche Technologien, Stoffe und Produkte sollten durch das Ordnungsrecht verboten werden, Grenzwerte sich bei minder schädlichen Stoffen an Kindern orientieren. Das Ordnungsrecht sollte durch vielfältige wirtschaftliche Anreize ergänzt werden. Wesentlich sind dabei die Abschaffung bestehender ökologisch schädlicher Subventionen. Subventionen für umweltgerechte(re) Technologien dagegen – z. B. bei der Energiegewinnung – können ein sinnvolles umweltpolitisches Instrument sein. Verbraucher wie Unternehmen sollten durch Benutzervorteile zu umweltverträglichem Handeln angehalten werden. Dies alles ist vergleichsweise ineffektiv, wenn nicht endlich eine grundlegende Prämisse erfüllt wird: Die externen ökologischen Kosten müssen offengelegt, internalisiert werden. Die Verursacher müssen für Umweltschädigungen zur Kasse gebeten werden. Umweltabgaben, vor allem Ökosteuern, müssen dies sicherstellen. Partiell, besonders in geschlossenen Kreisläufen, können zertifikatslösungen eine optimierende Wirkung haben. Auch die verschärfte Umwelthaftung darf nicht fehlen.

All diese Instrumente sollten sinnvoll aufeinander abgestimmt werden. Dies ist zweifellos eine der größten Aufgaben, die die Politik möglichst sofort angehen muß. Es kann nicht sein, es ist sogar widersinnig und lebensgefährlich, auf wirtschaftlich bessere Zeiten zu warten.

Die Voraussetzung für ein Gelingen des ökologischen Umbaus ist, daß auch die anderen drängenden Probleme – wirtschaftliche Fragen und Schwierigkeiten, Demokratiedefizite und vor allem auch die soziale Frage (sowohl in einem Land als auch zwischen »Erster« und »Dritter« Welt) – einbezogen werden. Wer diese nicht berücksichtigt, wird sich nicht durchsetzen können und stets versuchen, ein Problem zu Lasten eines oder mehrerer anderer zu lösen.

Dies bildet den Übergang zu den langfristigen Änderungen, die notwendig sind: Das gesellschaftliche Zusammenleben muß im Interesse des Überlebens auf neue Beine gestellt werden. Alte (quantitative, monetäre) Wohlstandsmodelle, Statussymbole, Lebensgestaltungen müssen radikal in Frage gestellt werden und gleichzeitig im Sinne von Nachhaltigkeit, Solidarität und globaler Gerechtigkeit sowie qualitativen Wohlstandes neue Konzepte entwickelt, diskutiert und letztlich gelebt werden. Die Leitbilder aus der Studie »Zukunftsfähiges Deutschland« erscheinen als geeigneter Anknüpfungspunkt.

Die Lösung gerade der ökologischen Probleme gibt es nicht zum Nulltarif, und sie ist ohne gravierende Änderung bestehender Lebensgewohnheiten und Wertkategorien undenkbar. Ein letztes Mal jedoch soll gesagt werden:

Umweltschutz kostet. Abwarten noch mehr.
Vor allem die Lebensgrundlagen und -chancen meiner und zukünftiger Generationen!

Für konstruktive Unterstützung danke ich Brigitte Geißel (Institut für Politikwissenschaft, TU Berlin) und Tilmann Heller (Berliner Umweltprojektwerkstätten).

Thorsten Becker

Staatsverschuldung oder Der Fluch der späten Geburt

Eine schwere Hypothek: Die Staatsverschuldung als Zukunftsproblem

»Das Problem der Staatsverschuldung wurzelt in der grundsätzlichen Schwierigkeit, die Interessen ungeborener Generationen im öffentlichen Entscheidungsprozeß angemessen zur Geltung zu bringen. Ungeborene Generationen können sich nun mal nicht zu Wort melden.«
Wolfram F. Richter

Die Forderung nach ökologischer Nachhaltigkeit wurde schon umfassend diskutiert. Zu einer wirklich nachhaltigen Entwicklung oder nachhaltigen Gesellschaft braucht es jedoch mehr als nur ökologische Stabilität. Es bedarf einer Lebensweise, die eine finanzielle Nachhaltigkeit sicherstellen kann, einer Gesellschaft, die nicht über ihre Kosten lebt. Angesichts der zunehmenden Staatsverschuldung sind wir davon derzeit weit entfernt.

Seit geraumer Zeit wachsen weltweit die staatlichen Schuldenberge an. In den letzten Jahrzehnten waren daraus resultierende schwere politische Krisen und sogar regelrechte Staatsbankrotte keine Seltenheit. Die Verschuldung ist ein global auftretendes Problem und beeinflußt wegen der internationalen Verknüpfung der Staaten auch maßgeblich die Interaktion der Staaten untereinander. Die *internationale Schuldenkrise* bedroht zweifellos am meisten die Länder der sogenannten Dritten Welt und ist daher auch eine der großen Herausforderungen der internationalen Politik. Wenn wir im folgenden trotz oder wegen der Komplexität des Themas das Hauptaugenmerk auf die deutsche Situation legen, so vor allem, um die spezifische Entwicklung der Staatsschulden und schließlich Lösungsansätze detaillierter darlegen zu können.

In dem Dschungel von *Sonderhaushalten* ist es kaum noch feststellbar, wie hoch die Staatsverschuldung in Deutschland wirklich ist. Sicher ist nur, daß sie einen neuen historischen Höchststand erreicht hat. Die Verschuldung von Bund (inklusive einiger sogenannter »Sondervermögen«, die mit dem ursprünglichen Sinn des Wortes nicht viel gemein haben, denn sie sind natürlich zusätzliche Schulden, die nur »versteckt« werden), Ländern und Gemeinden beträgt heute schon weit über zwei Billionen (2 000 000 000 000!) Mark.[1]

Die »versteckte« Staatsschuld durch die bereits erworbenen Rentenansprüche der Beitragszahler ist noch viel höher, sie betrug nach Schätzungen schon im Jahr 1988 noch einmal 6,7 Billionen (6 700 000 000 000) Mark.[2] Bei den »versteckten« Staatsschulden spielen z. B. die *Beamtenpensionen* eine große Rolle. Die Zahlungen des Staates an pensionierte Beamte – die nie selbst etwas in die Rentenkasse eingezahlt haben – werden in den nächsten Jahren dramatisch ansteigen, was eine »versteckte« Schuld ist, weil sie in der offiziellen Statistik nicht auftaucht, trotzdem aber vorhanden ist. Besonders interessant ist in diesem Zusammenhang, daß der Staat bei diesen riesigen zukünftigen Zahlungsverpflichtungen noch nicht einmal richtig Buch führt. Während das Statistische Bundesamt fast jede geerntete Kartoffel und jedes Büschel Weizen registriert, fehlen so gut wie jegliche Daten über die aufgelaufenen Zahlungsverpflichtungen staatlicher Stellen. Milliardenbeträge an versteckter Staatsschuld rollen somit auf uns zu, ohne daß wir die Gefahr auch nur ungefähr abschätzen können!

Laut Angaben des Bundes der Steuerzahler steigen die Staatsschulden zur Zeit in jeder Sekunde um 3935 Mark. Eine »Schuldenuhr« vor seinem Hauptgebäude verdeutlicht auf anschauliche Weise, daß der heutige Staat in vorher ungekanntem Ausmaß über seine Verhältnisse lebt.[3] Irgendwann müssen Schulden aber einmal zurückgezahlt werden. So sind die Schulden von heute die Steuern von morgen.[4] Neben den vielen Problemen, die auch heute schon durch die Staatsverschuldung verursacht werden, geht dies eindeutig auf die Kosten der nachfolgenden Generationen. Diese werden noch in Jahrzehnten damit beschäftigt sein, die ihnen heute aufgebürdeten Lasten abzutragen. Die heute »herrschenden« Generationen betätigen sich als Zechpreller; darauf angesprochen, stecken die Politiker den Kopf in den Sand!

Aber wie hoch ist denn heute die Verschuldung, bezogen auf den einzelnen? Die durchschnittliche Verschuldung pro Kopf der Bevölkerung – vom Baby bis zum Greis – beläuft sich auf ungefähr 25 000 Mark. Auf jeden Erwerbstätigen entfällt dabei ungefähr das Doppelte an Schulden. Richtig groß wird die Summe dann, wenn man die »versteckte« Staatsschuld, die sich besonders in den Sozialversicherungssystemen verbirgt, mit einbezieht. Durch das Umlageverfahren werden die jeweiligen Renten von der gerade arbeitenden Generation bezahlt, und durch die immer älter werdende Bevölkerung entwickelt sich dieses System immer mehr zu einer »demographischen Zeitbombe« (siehe den Beitrag von Jörg Tremmel). Solche Berechnungen bezeichnet man als »Generational Accounting«, das bedeutet, daß politische Entscheidungen in ihren Auswirkungen auf die unterschiedlichen Generationen untersucht werden. Nach eben solchen Berechnungen muß ein heute geborenes Baby durchschnittlich 400 000 Mark mehr an den Staat bezahlen, als es von ihm bekommen wird![5] Auch wenn dieses im Einzelfall nicht so eintreten sollte (solche Untersuchungen müssen natürlich immer von gewissen Annahmen ausgehen), geht es dennoch um einen Trend.

Das heute geborene Baby wird in eine zunehmend kinderfeindliche und von ökologischen Problemen heimgesuchte Gesellschaft hineingeboren. Es hat sich diese Situation nicht gewählt und würde sie wohl auch nicht wählen. Die vorherige Generation – die angeblich für ihre Kinder immer nur das Beste will – hat diese katastrophalen Aussichten zu verantworten! In Anbetracht der genannten Zahlen kann man nur aus dem »Faust« von Goethe zitieren: »Wehe dir, daß du ein Enkel bist!«

Viele Leute fragen sich aus heutiger Perspektive, wie es zu solch einer Schuldenlast überhaupt kommen konnte, andere beschwichtigen mit dem (nur teilweise richtigen) Argument der deutschen Wiedervereinigung. Um etwas Klarheit in die Ursachen der heutigen »Schuldenfalle« zu bringen, wird dieser Beitrag mit einem kleinen Abriß über die Schuldenentwicklung im Nachkriegs-(West)Deutschland und mit der Untersuchung der Gründe begonnen, die zu dieser Entwicklung geführt haben. Schließlich werden die Folgen, die Ziele und besonders das

»generationsgerechte« Eindämmen der explodierenden Staatsschulden und damit Wege zu einer *finanziellen Nachhaltigkeit* diskutiert.

1. Die Entwicklung der Staatsschulden

Schuldenkrisen gab es in der deutschen Geschichte zuvor bereits zweimal. Es waren die ausufernden Staatsausgaben vor und während der beiden Weltkriege. Nach dem Zweiten Weltkrieg war die haushaltspolitische Ausgangslage Deutschlands im internationalen Vergleich sehr gut. Die Alliierten wollten den Fehler des »Versailler Vertrages« nach dem Ersten Weltkrieg nicht noch einmal machen. Dadurch ging die neue Bundesrepublik fast schuldenlos an ihren Wiederaufbau,[6] während der Ostteil Deutschlands auf Grund Demontagen und der Reparationen an die Sowjetunion weit weniger glücklich dran war.

Trotz der immensen Aufbauleistung in Zeiten des »Wirtschaftswunders« wurden keine neuen Schulden gemacht, die Schuldenquote blieb bis Ende der sechziger Jahre ziemlich konstant. Aus zwei Gründen änderte sich danach die Schuldenpolitik der öffentlichen Haushalte nachhaltig. Zum einen wurde in den Wirtschaftswissenschaften zunehmend die Theorie des englischen Ökonomen John M. Keynes von der *Globalsteuerung* aufgenommen. Das hatte zur Folge, daß der Staat vermehrt Schulden aufnahm, um die Wirtschaft in »schlechten« Zeiten anzukurbeln (*deficit spending*). Die Idee war trotz einiger theoretischer Probleme nicht schlecht, problematisch wurde ihre Umsetzung durch die Politiker, die eigene Interessen verfolgten und sich meist mehr nach den Wahlterminen als nach den Wirtschaftsdaten richteten. So kam es zu dem Problem, daß man das *deficit spending* zwar in ökonomisch schwierigen Zeiten sinnvoll betrieb, dann aber in Phasen des Aufschwungs die Schulden nicht zurückzahlte (gerade in den »guten« Zeiten glaubte man, ruhig viele Schulden machen zu dürfen).[7] Die Staatsschuld wuchs somit stetig an. Der zweite Grund für den von nun an dramatischen Anstieg der Schuldenquote des Staates war der *tiefgreifende Wertewandel* in unserer Gesellschaft. Vergleicht man die späten sechziger und die siebziger Jahre mit den Fünfzigern, so wird deutlich, daß sich vieles geändert hatte.

Die Finanzpolitik der unmittelbaren Nachkriegszeit war noch bestimmt durch »grundsolides« Haushalten, das Sparen und Schaffen. Kennzeichnend dafür sind die Maßhalte-Appelle Ludwig Erhards, des damaligen Wirtschaftsministers und zweiten Bundeskanzlers. Zu seiner Zeit wurde das Geld investiv ausgegeben, was natürlich oft auf Kosten der unteren Schichten ging. Der Wertewandel war also zum Teil das berechtigte Einfordern von Wohlstand nach Zeiten der Bescheidung und des erfolgreichen Wirtschaftsaufschwungs. Infolge der 68er-Bewegung und des Phänomens der »sattgewordenen Industrienation« wurden dann »Solidarität« und die »Emanzipation des Menschen« nicht nur diskutiert, sondern auch wichtige Ziele. Damit waren die theoretischen Voraussetzungen für eine größere Staatstätigkeit auf entsprechenden Gebieten geschaffen. Diese sowie die politische Teilhabe sind keine Phänomene, die grundsätzlich zu höheren Staatsdefiziten führen müssen. In diesem Fall führte es jedoch speziell auch durch die Umsetzung des von den Wirtschaftswissenschaften geforderten Keynesianismus zu einer vorher nie gekannten Neuverschuldung. Die Schuldenquote verdoppelte sich so in der achtjährigen Regierungszeit von Helmut Schmidt (1974–1982) von rund 20 auf rund 40 Prozent des Bruttoinlandsprodukts.[8]

Man erkaufte sich somit in den späten sechziger und siebziger Jahren individuelle Selbstbestimmung und die Bekämpfung der Arbeitslosigkeit um den Preis eines sich immer weiter ausbreitenden Staates, der seine Bürger zunehmend gegen alle möglichen Lebensrisiken absicherte. Dabei achtete man wenig darauf, daß die (Generationen-)Verträge auf Kosten Dritter abgeschlossen wurden! *Solidarität* war eines der Lieblingsworte der Achtundsechziger. Heute verlangen wir als nachrückende Generationen von ihnen Solidarität. Es darf nicht sein, daß sie sich der Sanierung der Staatsfinanzen entgegenstellen oder kleinlich auf ihren Rentenansprüchen beharren, selbst wenn dies der heutigen Jugend finanziell das Kreuz bräche (siehe Beitrag von Jörg Tremmel).

Nach dem Regierungswechsel 1982 versprach Helmut Kohl eine »geistige Wende« und eine Begrenzung der Staatsschulden. Obwohl die Anstrengungen der neuen Regierung auch nicht die größten waren, so hatte sich in den Achtzigern die Schuldensituation doch – wenn auch auf hohem Niveau – stabilisiert. Die Schuldenquote pendelte sich bei ca. 40 Prozent des Bruttosozialprodukts ein. Ein regelrechter Schub wurde dann allerdings durch die Wiedervereinigung ausgelöst. Die Gesamtlage wurde von der Regierung insgesamt falsch eingeschätzt. Die Ostdeutschen – nach 40 Jahren Sozialismus an den Staat als Versorger gewöhnt – hatten den westdeutschen Staat mehr oder weniger einseitig als Adressaten ihrer Erwartungen gewählt. Die Regierungskoalition hatte nicht den Mut, die unpopulären, aber nötigen Einsparungen durchzusetzen. Die Staatsschulden stiegen somit sprunghaft an. Durch *Besitzstandsdenken* und *Versorgungsmentalität*, gepaart mit dem Versuch der Regierenden, Verteilungskonflikten (wieder einmal) aus dem Weg zu gehen, hat die Regierung fast die gesamten Kosten der deutschen Wiedervereinigung auf die nachfolgenden Generationen abgewälzt! Der große Fehler der Politiker in dieser Situation war die fehlende Bereitschaft, der Bevölkerung eine zeitlich befristete Einschränkung zuzumuten.[9]

Die Teilung konnte nur durch Teilen überwunden werden. Die dazu notwendige Solidarität der Gesellschaft, mit dem eigentlich selbstverständlichen Abtreten von Besitztümern, wurde aber wieder einmal auf einen späteren Zeitpunkt verschoben – indem man immer mehr Kredite aufnahm! Besonders die Länder, die sich an den Kosten der deutschen Einheit kaum beteiligten, weiteten ihre Ausgaben nach der Wiedervereinigung dramatisch aus. Kurzsichtig sah man nur die durch die Wiedervereinigung kurzzeitig steigenden Unternehmensgewinne und ging bei den Ausgaben sorglos in die Vollen. Daß die Steuermehreinnahmen nur kurzfristig durch den »Nachholbedarf« in den neuen Bundesländern entstanden, störte anscheinend keinen. Wenn einem Geld zufließt, dann kann man sicher sein, daß man dafür auch eine Verwendung findet. Und so war es denn auch. Solch ein Verhalten ist unverantwortlich und muß in Zukunft – meinen wir – gesetzlich untersagt werden!

»Die Neigung, in der Gegenwart zu genießen und die Kosten hierfür möglichst in die Zukunft zu verschieben, ist tief in der Gesellschaft verwurzelt. Selten war eine Gesellschaft so wenig zukunftsorientiert wie heute. Entsprechend gering werden die Folgelasten wachsender Staatsverschuldung gewichtet. – Ursächlich dafür sind mehrheitlich verinnerlichte Sicht- und Verhaltensweisen, die die unbeschränkte Selbstentfaltung und -verwirklichung zur obersten Handlungsmaxime erhoben haben und Solidarität als staatliche Aufgabe begreifen.« (Adrian Ottnad)[10]

Im Jahre 1996 ist die Schuldenquote über die kritische Marke von 60 Prozent getreten (wodurch Deutschland derzeit nicht mehr die Kriterien von Maastricht zum Eintritt in die Währungsunion erfüllt). Schulden werden in großem Ausmaß versteckt; sie erscheinen nur als Sonderposten oder tauchen gar nicht auf, weil sie – wie z. B. im Straßenbau – durch private Finanzierung in die Zukunft verschoben wurden![11] Im Zusammenhang mit der Wiedervereinigung ist des weiteren bedenklich, daß nach Schätzungen weniger als 40 Prozent des Transfers in die neuen Länder auch investiert wurde. Der größte Betrag wurde gleich konsumiert und ist somit für die folgenden Generationen, die ja diese Transfers fast ausschließlich bezahlen müssen, verloren. Dieses steht in krassem Gegensatz zum Wiederaufbau nach dem Zweiten Weltkrieg, wo zugunsten von Investitionen ein weitgehender Konsumverzicht geübt wurde.[12] Die Tatsache, daß gegenwärtig der größte Teil der Neuverschuldung zugunsten konsumptiver Ausgaben erfolgt, ist ein wichtiger Aspekt in der Diskussion um finanzielle Nachhaltigkeit.

2. Folgen zunehmender Verschuldung

Besser als Günter Püttner kann man die unvertretbare Belastung und Einschränkung künftiger Generationen und Gesetzgeber nicht umreißen: »Die Kreditfinanzierung des Haushalts ist also nichts anderes als ein Vorgriff auf künftige Einnahmen; es soll schon jetzt ausgegeben werden, was erst künftig an Einnahmen entsteht, mit der Folge natürlich, daß in den folgenden

Jahren ein Teil der Einnahmen nicht für die dann anfallenden Ausgaben zur Verfügung steht, sondern für die Abzahlung der Vorgriffe herhalten muß. Mit anderen Worten: Der Spielraum des künftigen Haushaltsgesetzgebers wird durch den Vorgriff via Kreditfinanzierung eingeschränkt. Man muß bedenken, daß durch den vorhandenen Apparat und bindende Gesetze über 90 Prozent der Haushaltsausgaben festliegen (also kurzfristig nicht disponibel sind) und bei der jährlichen Verabschiedung des Haushalts nur über eine freie Spitze von 5–10 Prozent wirklich entschieden werden kann. Die z. Z. vorhandene Zinsbelastung von über 7 Prozent zehrt die freie Spitze im wesentlichen auf; der Bund darf eigentlich nicht mehr investieren und nichts mehr neu in Angriff nehmen, er hat vielmehr Zinsen zu zahlen und seine Schulden abzutragen. In der Praxis geschieht das natürlich nicht, sondern der Bund verschafft sich durch die Aufnahme immer neuer Kredite wieder neuen Spielraum zum Handeln. Das bedeutet, daß immer höhere und weitreichende Vorgriffe vorgenommen werden. …

… Ich bin der Ansicht, daß schon jetzt das Ausmaß des Haushaltsvorgriffs via Verschuldung unserem demokratischen Verfassungssystem nicht entspricht. … Demokratie heißt … Macht auf Zeit. Das souveräne Volk verleiht, wie Art. 20 GG es vorsieht, Parlament und Regierung Amt und Amtsgewalt jeweils für eine begrenzte Amtsperiode … Aus diesem Grundprinzip »Macht auf Zeit« folgt, daß der gewählte Gesetzgeber nur über die endgültigen Einnahmen seiner Amtsperiode befinden und nicht auf die Einnahmen künftiger Amtsträger vorgreifen darf. Der heutige Gesetzgeber darf nicht dem künftigen Gesetzgeber durch Vorwegdisposition über dessen Einnahmen den Handlungsspielraum entziehen oder wesentlich einengen. … Im übrigen kann der künftige Gesetzgeber die früher erlassenen Gesetze durchaus wieder ändern (zumindest weitgehend), während er vorhandene Schulden nicht einfach beseitigen kann.«[13]

Während die Neuverschuldung kurzfristig als geeignete Lösung von anstehenden Problemen angesehen wird, ist sie mit einer ganzen Reihe von negativen Folgeerscheinungen verbunden. Eine davon ist Püttners *Demokratieerwägung*, indem er auf die Problematik von auf Zeit verliehenen demokratischen Mandaten und deren Implikationen auf nachfolgende Generationen aufmerksam macht.

Unsere Generation darf sich in der Tat nicht gefallen lassen, daß heute über ein notwendiges Maß hinaus Entscheidungen für und über uns getroffen werden. Unsere Entscheidungsspielräume werden immer weiter eingeengt, bis schließlich nur noch »Sachzwänge« übrigbleiben, das heißt, daß zukünftige Ausgaben durch vorherige Investitionen bereits festgelegt wurden. Besonders traurig und zornig stimmt nicht zuletzt die Art der heutigen Ausgaben. Auf ökologische Gesichtspunkte wird hier kaum oder nur bedingt Wert gelegt, so daß wir später einmal Schulden für das zurückzahlen müssen, das gleichzeitig unsere Umwelt zerstört (Beispiel hierfür sind die Milliardensubventionen in den Erhalt ostdeutscher Chemiestandorte). Die Politik sollte wieder beginnen, langfristiger zu denken und dadurch ökonomisch und ökologisch nachhaltiger zu werden. Wenn man von Nachhaltigkeit redet – es gibt dafür verschiedene Definitionen –, dann bedeutet das in diesem Zusammenhang, daß man auf eine Art und Weise lebt, auf die auch noch in Hunderten von Jahren gelebt werden kann, ohne daß dadurch das ökologische und ökonomische Gleichgewicht zerstört wird oder unsere Gesellschaft zerfällt.

Das Leitmotiv der Gesellschaft für die Rechte zukünftiger Generationen ist Hans Jonas' berühmter Satz: »Das Handeln der Menschen heute muß den nachfolgenden Generationen soviel Freiheit lassen, daß auch sie zum Handeln noch fähig sind.« Dieser Satz bezieht sich nicht nur auf die Umweltzerstörung, sondern auch auf die Staatsverschuldung. Man kann sich die *Freiheitsberaubung durch Staatsverschuldung* an Hand eines Zwei-Generationen-Modells verdeutlichen. Nehmen wir an, eine Generation 1 muß jede fünfte Steuermark für den Schuldendienst aufwenden, lebt dabei aber weit über ihre Verhältnisse. Wenn die nachfolgende Generation 2 dadurch gezwungen wird, schon jede dritte Steuermark völlig unproduktiv für den Schuldendienst auszugeben, so hat sie weniger *Freiheitsgrade* als ihre Elterngeneration. Sie kann weniger frei ihre eigene Politik gestalten, weil sozusagen ein Teil »ihres« Geldes schon durch die vorherige Generation ausgegeben wurde. Ersetzt man »Generation 1« durch »die heutige Politikergeneration« und »Generation 2« durch »die heutige Jugend«, so wird exakt die Situation beschrieben, in der wir uns gerade befinden. Die Spielräume für Politik*gestaltung,* für produktive Aufgaben wie Bildungs-, Forschungs- oder Umweltpolitik, werden durch die steigende Zinssteuerquote von Jahr zu Jahr kleiner. Bis unsere Generation ernsthaft politisch mitreden kann, wird wahrscheinlich gar keine Politik im heutigen Sinne mehr betrieben werden können. Dann braucht man keine Politiker mehr, sondern Bürokraten und Finanzexperten, die die Staatsschulden professionell verwalten können!

Weltweit steigende Staatsschulden bedeuten unter sonst gleichen Bedingungen eine *wachsende Zinsbelastung.*[14] Die Kapitalmärkte werden verstärkt beansprucht und die zusätzliche Nachfrage nach Geld durch den Staat läßt den Preis fürs Geld, den Zins, nach oben klettern. Das hat zur Folge, daß der Staat nun einen noch höheren Zinsendienst aufbringen muß. Zum anderen folgt daraus eine *Verdrängung privater Investitionen,* da sie sich nun nach der Zinssteigerung nicht mehr lohnen (*crowding-out effect*).[15] Tietmeyer macht auf den Wettbewerb zwischen Staat und Privatinvestoren um das knappe Kapital aufmerksam und betont, während die Investitionen in den neuen Bundesländern durch das verhältnismäßig geringe Niveau an öffentlichem Leistungsangebot einen vermutlich sehr hohen gesamtgesellschaftlichen Effekt hätten, so seien Investitionen in den alten Bundesländern kritisch zu betrachten.[16]

Alles in allem zieht Tietmeyer den Schluß, daß im Zweifelsfall private Investoren den Vortritt haben sollten, wobei privatwirtschaftliche Lösungen auch für öffentliche Aufgaben oft bessere Alternativen seien.[17] Durch die geringeren Privatinvestitionen schrumpft dann das Wirtschaftswachstum, die Arbeitslosigkeit steigt entsprechend. Diese Effekte führen zu noch höheren Staatsausgaben und somit zu noch höherer Verschuldung.[18] Irgendwann stößt jeder Staat mit seiner Verschuldung an seine Grenzen, die Kapitalmärkte werden negativ reagieren und ihn zur Reaktion zwingen (das heißt, daß Investoren höhere Zinsen wegen erhöhten Risikos verlangen werden). Die dann erforderlichen Einschnitte, Steuer- und Abgabeerhöhungen werden um so schmerzlicher, je später die notwendigen Reformen eingeleitet werden. Wachsender Steuerwiderstand vergrößert nur stets noch das Problem.

Um Schulden zurückzahlen zu können, muß der Staat eine bestimmte *Primärüberschußquote* einbehalten, das bedeutet, daß er weniger ausgeben darf, als er eingenommen hat. Hierdurch wird klar, wie sehr die Staatsverschuldung die zukünftigen finanzpolitischen Handlungsspielräume dauerhaft einschränkt.[19]

Zur Deckung von Schulden werden vermehrt ausländische Kapitalien benutzt (besonders in den USA, aber auch in Deutschland).[20] Das erhöht die Verbindlichkeiten einer Volkswirtschaft gegenüber dem Ausland. Zukünftige Generationen müssen in solch einem Fall mehr Werte ins Ausland schaffen, als hereinkommen darf, um die Leistungsbilanz ausgeglichen zu halten.[21]

Im Falle Deutschlands geht die Staatsverschuldung mit einer aus ökonomischer Sicht ungünstigen *Alterung der Gesellschaft* einher. So muß über mehrere Jahrzehnte hinweg eine schrumpfende Erwerbsbevölkerung gleichzeitig sowohl die Sozialversicherungssysteme finanzieren als auch die durch Staatsverschuldung aufgetürmte finanzielle Alterslast tragen.[22] Ein geringeres Einkommen der Erwerbstätigen und geringerer Konsum sind die Folgen. Schließlich werden aber auch die Rentner diese Problematik zu spüren bekommen, denn die Rentenzahlungen richten sich ja immer nach den Einkünften der jeweiligen Periode. Wenn diese sinken, weil die Wirtschaft durch hohe Staatsschuld »erstickt«, dann sinken auch die Renten.

Ein weiteres – wenn auch nicht zwangsläufiges Problem – ist die *Gefahr einer Inflation*. Durch Geldentwertung werden auch die Schulden weniger wert, die Versuchung für den Staat, sich somit seiner Schulden sukzessive zu entledigen, ist groß. Die Geschichte liefert zahllose Beispiele dafür, daß sich Staaten durch Inflation finanzierten, wenn durch weiteres Schuldenmachen kein Geld mehr zu holen war. Schon die Römer haben in solch einem Fall den Goldgehalt ihrer Münzen gesenkt, ihre Schulden, die in eben diesen Münzen gezahlt wurden, waren dadurch weniger wert. Auch ein Blick auf die heutigen Staaten, etwa Südeuropas oder Lateinamerikas, belegt, daß ein direkter Zusammenhang zwischen Verschuldungsgrad und Inflation besteht. Im Falle Deutschland sind dem – gesetzlich verankert durch die Unabhängigkeit der Notenbank – enge Grenzen gesetzt, allerdings bleibt die Situation nach der europäischen Währungsunion abzuwarten.

Aus verteilungspolitischen Gesichtspunkten ist eine durch wachsende Staatsverschuldung verursachte Tendenz zu einer *Umverteilung zu Lasten unterer und mittlerer Schichten* problematisch. Durch den Schuldendruck werden nicht zuletzt die konsumptiven Staatsausgaben eingeschränkt, was meist auf Kosten unterer Schichten geht. Ausufernde Staatsverschuldung ist nicht zuletzt auch deshalb prekär, weil Geldvermögende durch hohe Zinsen immer reicher werden (Deutschland kommt hier wegen der D-Mark als europäischer Leitwährung eine Signalfunktion zu), während die Kosten von allen getragen werden müssen. Zuletzt wächst schließlich der Einfluß des Staates auf die Wirtschaft. Tendenziell erhöht sich die Staatsquote, und damit wächst die staatliche Intervention, was die Eigenverantwortung, den Wettbewerb und das Privateigentum immer weiter einschränkt.[23]

Die Staatsverschuldung zeigt, daß man sich in einer Art *Teufelskreis* bei der Bekämpfung sozialer Ungleichheit befindet. Alle Mehrausgaben für die unterprivilegierten Schichten in Zeiten der Neuverschuldung werden in Zeiten des Sparens auch wieder hauptsächlich von ihnen geholt und beglichen werden (müssen), denn die tendenziell konsumptiven Ausgaben lassen sich am leichtesten wieder kürzen. Umverteilung auf Pump in großem Maßstab – und nicht nur in Deutschland – führt nicht zur Lastenverteilung *innerhalb* einer Generation, sondern zur Lastenverschiebung *zwischen* den Generationen. Aus verteilungspolitischen Gesichtspunkten ist es somit wahrscheinlich am vernünftigsten, wenn eine langfristig klare Linie der moderaten Umverteilung verfolgt wird, auf Grund derer sich der Staat dann nicht in hohem Maße verschulden muß.

In jedem Fall wäre die ungehemmte Fortsetzung der Verschwendung eine Kriegserklärung an die nachfolgenden Generationen! Wenn es nicht bald eine Wende in der Schuldenpolitik und der ihr zugrunde liegenden Werteinstellungen der heutigen

Generation gibt, wird der Konflikt Arm gegen Reich bald ergänzt werden von einem Konflikt Jung gegen Alt.

Italien ist ein dramatisches Beispiel für die negativen Konsequenzen einer massiven Verschuldungspolitik. Dort verleitete der hohe Schuldendruck immer wieder zu einer expansiven Geldpolitik und damit zu einer hohen Inflation. Durch die in Italien zur Finanzierung des Staatsdefizits notwendige günstige Besteuerung von festverzinslichen Wertpapieren werden Investitionen in das Produktvermögen, so z. B. Aktien, verdrängt.[24] Private Investitionen können somit nicht getätigt werden, die Schaffung von Arbeitsplätzen scheitert am Kapitalmangel.[25]

3. *Ziele in der Schuldenpolitik*

Hauptziel muß sein, die Staatsschulden mittel- bis langfristig wieder auf ein überschaubares Maß zurückzuführen. Finanzpolitik kann nur dann eine *nachhaltige Stabilität und Generationengerechtigkeit* schaffen, wenn sie fähig ist, ihre Schuldenstandsquote langfristig zu reduzieren. Wie auch im ökologischen Bereich muß hier eine *Politik der Nachhaltigkeit* einsetzen.

In Zukunft sollte sich die Finanzpolitik des Bundes, der Länder und Gemeinden verstärkt am *Prinzip der Nachhaltigkeit* orientieren. Staatsschulden können nicht grundsätzlich verboten werden. Es gibt gewisse Umstände, in denen eine zusätzliche Verschuldung zum »gesamtwirtschaftlichen Gleichgewicht« beitragen kann und somit einen gesellschaftlich wünschenswerten Zustand darstellt. Ein Beispiel hierfür ist die *»Pay-as-you-use«-Theorie* von Richard Musgrave, die besagt, daß Investitionen von dem bezahlt werden sollten, der auch davon profitiert. Das würde Staatsverschuldung zu investiven Zwecken legitimieren und ist zumindest theoretisch positiv zu bewerten. Problematisch wird diese Theorie im Detail, wenn es z. B. um die alte Frage geht, wie eine Investition zu definieren ist, und wie man ihren zukünftigen Nutzen einschätzt.

Die Gegenposition zu Musgrave stellt die *»Save-before-you-use«-Theorie* dar. Sie sieht mehr Gerechtigkeit in weniger Schulden, denn bei der »Pay-as-you-use«-Theorie gäbe es ein bedeutendes Manipulationspotential für die Gegenwartsgeneration, das heißt, daß wegen des Interesses der Politiker an ihrer Wiederwahl Nutzen systematisch falsch berechnet werden können. Am Ende steht dann fast immer ein hoher Nutzen für heute bei gleichzeitig hohen Kosten für morgen. Die »Save-before-you-use«-Theorie besagt folglich, daß im Zweifelsfall vorher für die Investition gespart werden sollte. Nach Helmut Schlesinger, dem ehemaligen Bundesbankpräsidenten, bedürfte es damit zur Gewährleistung des *Gebotes der zeitlichen Gerechtigkeit* keiner staatlichen Kreditaufnahme, sofern die staatliche Investitionstätigkeit in einigermaßen geordneten Bahnen verliefe und nicht durch starke Schwankungen gekennzeichnet wäre.[26] Wie beim Thema der Verteilungsgerechtigkeit wird auch hier klar, daß mehr strategisch gedacht werden muß, nachhaltige Konzepte sollten entwickelt werden und der Politik etwas mehr Konstanz verleihen. Mehr Konstanz verhilft zu mehr Verteilungsgerechtigkeit, gerade auch zwischen den Generationen!

Der »Aufbau Ost« ist ein gutes Beispiel für die Tatsache, daß für große, nicht planbare Investitionen auch einmal Kredite aufgenommen werden können. Problematisch wird es, wenn das Argument des Gleichgewichts für jede mögliche Ausgabe des Staates herangezogen wird, wie beispielsweise von Gerhard Schröder, dem Ministerpräsidenten Niedersachsens, der die Landesschulden mit der Begründung ausweiten wollte, damit die Arbeitslosigkeit zu bekämpfen.[27] Die heutigen Arbeitslosen werden nur die Vorboten einer in Nachkriegsdeutschland noch nie gekannten (strukturellen)[28] Arbeitslosigkeit darstellen, wenn der Verschwendung und den Subventionen in die »Milliardengräber« Steinkohle (*jeder* Angestellte im deutschen Bergbau wird derzeit mit 80 000 Mark subventioniert) und konventionelle Landwirtschaft (die zusätzlich noch riesige ökologische Probleme schafft) nicht bald ein Ende bereitet wird![29]

Interessant ist, daß auch schon Ende der sechziger und in den siebziger Jahren massive Staatsprogramme (auf Kredit) aufgelegt wurden, um die Arbeitslosigkeit zu bekämpfen. Verglichen mit heute, gab es damals jedoch praktisch noch keine Arbeitslosigkeit.

Daran erkennt man, daß die Verantwortlichen jedes Problem gern als Krise darstellen, um damit dann staatliche Programme vor ihren Wählern rechtfertigen zu können. Aber wer hat das Recht und kann darüber entscheiden, ob es sich gerade um eine anhaltend schwierige Situation handelt? Womöglich werden wir in Zukunft noch viel größere Krisen haben, für die dann noch viel größere Geldmengen benötigt werden. Vorboten neuer Krisen sind schon da, aber meist wird ad hoc gehandelt, wenn es dazu schon fast zu spät ist (z. B. bei der Arbeitslosigkeit). Gerade wegen der Globalisierung mit all ihren potentiellen sozialen und wirtschaftlichen Risiken sollten wir sehr vorsichtig sein, wenn es darum geht, Lasten in die Zukunft zu verschieben!

Es ist wie beim Zahnarzt, zu dem man jahrelang nicht geht, um dann um so schmerzlicher operiert zu werden. Die heutige Regierung gleicht in ihrem Verhalten oft einem ängstlichen Patienten, der es nicht wagt, etwas gegen seine Krankheitssymptome zu unternehmen. Sie werden sehr gerne verdrängt und vergessen! Doch je schneller die längst notwendige Sanierung vorgenommen wird, desto geringer sind die damit verbundenen sozialen und ökonomischen Kosten.

Ein *mehrstufiges Programm zur konsequenten Zurückführung der Staatsverschuldung* wäre somit notwendig. Zuerst sollte *mittelfristig die Neuverschuldung gestoppt werden,* um schließlich *langfristig die Schuldenlast selbst reduzieren zu können.* In den USA ist dies eine Forderung, die besonders von den Republikanern auf die politische Agenda gesetzt wurde. Sie treten u. a. für massive Einschnitte in das ohnehin schon recht löchrige soziale Netz ein. Ihr erklärtes Ziel ist es, das Defizit des amerikanischen Bundeshaushalts bis zum Jahr 2002 auf Null zu senken (»Balance the budget«). Dieses Ziel wird nun auch – in sozial ausgeglichener Form – vom demokratischen Präsidenten Bill Clinton vertreten. Zwar sind die vorgeschlagenen Einsparungen der Republikaner insgesamt sozial nicht vertretbar, doch ein ausgeglichener Staatshaushalt ist das richtige Ziel.[30]

In den USA ist es zur Zeit unmöglich, politisch erfolgreich zu sein, wenn man sich nicht vehement gegen die ausufernde Staatsverschuldung zur Wehr setzt. Interessant ist hierbei, daß die

Schuldenquote der Vereinigten Staaten mit der Deutschlands fast identisch ist. Hinzu kommt die Tatsache, daß in den USA die »verdeckte« Staatsverschuldung auf Grund der wesentlich niedrigeren Rentenansprüche viel niedriger ist. Aufschlußreich in diesem Zusammenhang ist, daß der amerikanische Ökonom Paul Krugman in dem Verzögern von notwendigen Langzeitinvestitionen (denn dort wird zuerst gespart), besonders im Bildungs- und Infrastrukturbereich, eine zusätzliche »versteckte« Staatsschuld sieht, denn man verwende die dafür nötigen Mittel anderweitig oder behalte sie einfach ein, »borge« sie sich also indirekt auf Kosten der Zukunft.[31] Hierbei wird deutlich, daß die Frage des Sparens im Wortsinne *unheimlich* komplex ist. Eine einfache Lösung, wie z. B. die eines totalen Schuldenabbaus, ist meist nicht die richtige. Es geht vielmehr darum, im Einzelfall genau abzuwägen. Man muß staatliche Entscheidungen und ihre Auswirkungen auf die Generationen analysieren und Lasten nicht immer in die Zukunft verschieben. Ziel der staatlichen Schuldenpolitik sollte somit nicht notwendigerweise der Abbau von Schulden sein (das im Zweifelsfall auch), sondern es muß im wesentlichen um eine gerechte Lastenverteilung gehen! Diese Aussage muß etwas relativiert werden, denn beides wird meist auf das gleiche hinauslaufen: auf eine Rückführung der Schuldenquote.

Daß die US-Amerikaner ihre Schulden engagierter bekämpfen, ist letztlich eine Mentalitätsfrage. Die Vereinigten Staaten sind ein Land, in dem das Thema der Zukunftsfähigkeit durch solidere Finanzen schon offensiver vertreten wird. Von dort wird hoffentlich ein Signal ausgehen, das auch in Europa und Deutschland gesehen und gehört wird. Noch schöner wäre es natürlich, wenn das gewünschte Signal von der Jugend selber ausginge. Wenn wir, statt auf die USA zu schauen, selbst für unsere Zukunft einträten und selbst Ideen zu ihrer Gestaltung entwickelten!

Ein anderes Land, das auf dem Weg zur Schuldenbekämpfung schon große Fortschritte gemacht hat, ist Schweden. Die schwedische Regierung unter dem sozialdemokratischen Ministerpräsidenten Goran Persson scheint fest entschlossen, ihren Haushalt bis 1998 auszugleichen. Die Neuverschuldung des Staates wurde innerhalb von zwei Jahren von fast 11 auf weniger als 5 Prozent des Bruttosozialprodukts reduziert.[32] Das Positive am neuen »schwedischen Modell« ist u. a. die im Gegensatz zu den US-Amerikanern vorhandene relative soziale Ausgeglichenheit.[33] Negativ ist allerdings, daß unter Persson die Steuern weiter erhöht wurden, die Staatsausgaben jedoch fast unangetastet blieben.[34]

Im Stabilitätsgesetz der Bundesrepublik von 1967 wurden vier gesamtwirtschaftliche Ziele formuliert: die Stabilität des Preisniveaus, ein außenwirtschaftliches Gleichgewicht, ein hoher Beschäftigungsstand und ein stetiges Wirtschaftswachstum *(»magisches Viereck«)*. Die Einbeziehung des Erhalts unserer natürlichen Umwelt sowie die *Schaffung eines nachhaltigen Staatshaushaltes* wären heute notwendige Ergänzungen, um Stabilität und Wachstum auch langfristig gewährleisten zu können.

4. Exkurs: Das Generational Accounting als Möglichkeit, Zukunftsbelastungen aufzudecken

Das Ziel staatlicher Schuldenpolitik muß eine *»generationsgerechte« Haushaltsführung* sein. Das bedeutet, daß der Staatshaushalt zumindest ungefähr ausgeglichen sein sollte. Staatliche Schulden sind nämlich bei weitem problematischer, als man auf Grund der offiziellen Staatsverschuldung ahnen könnte, denn das jährliche Defizit allein ist ein sehr unzureichender Indikator für die Lastenverschiebung zuungunsten zukünftiger Generationen! Große Belastungen entstehen z. B. durch den demographischen Übergang. Es gibt immer mehr ältere Menschen, für die die Jungen die Rente, Kranken- und Pflegeversicherung bezahlen müssen. Um zu berechnen, wie zukünftige Generationen belastet werden, bedarf es somit eines umfassenderen Ansatzes, der alle Zahlungsverpflichtungen über die verbleibende Lebenszeit aller gegenwärtigen und zukünftigen Generationen in die Berechnung einbezieht. Es sollte untersucht werden, wie die staatliche Politik die verschiedenen Generationen beeinflußt.[35] Genau das leistet die Generationenrechnung, das *Generational Accounting*.

Alles, was die heute Lebenden an Zahlungen bekommen, muß irgendwann einmal zurückgezahlt werden! Nach Berechnungen des Freiburger Professors Raffelhüschen, einem der Pioniere dieser Rechnungslegung in Deutschland, beläuft sich die *negative Zwangserbschaft* für jeden neugeborenen Jungen auf 400 000 Mark.[36] Er macht in diesem Zusammenhang auf die wachsende Problematik für zukünftige Generationen aufmerksam: »Nun gibt es für eine Gesellschaft keine Versorgung zum Nulltarif. Irgendwann einmal muß die Zeche gezahlt werden, und wie es aussieht, sind es unsere Kinder, denen wir hier einiges zumuten. Sie werden es sein, die immer höhere Steuern und Abgaben zu leisten haben. Was bekommen sie dafür? In jedem Fall weniger staatliche Infrastruktur, denn knappe Staatsfinanzen beschneiden zuerst dort, wo sich keiner wehrt, und wie sollen sich zukünftige Benutzer im politischen Prozeß zu Wort melden, sie haben doch noch kein Stimmrecht! Schlimmer noch, auch für die Ausbildung zukünftiger Generationen wird immer weniger übrig bleiben, weil eine sklerotische Gesellschaft zunehmend größere Teile der gemeinsam erschaffenen Werte auf das Konto ›Soziales‹ verbucht. Damit drehen wir dann auch noch den Motor unserer Wirtschaftskraft, Fortschritt und Wissensvorsprung, auf weiter fallende Drehzahlen. – Aus der Natur der Sache ist klar, daß zukünftige Generationen im politischen Prozeß kein Abstimmungsrecht erhalten können. Alles, was wir tun können, ist, uns selbst zu verdeutlichen, wie stark wir heute auf Kosten zukünftiger Generationen leben. Dies sollten wir nicht der Intuition von mehr oder weniger gut informierten Politikern überlassen. Vielmehr sollten wir eine ausgewogene Lastverteilung offen diskutieren und mit Rücksicht vornehmen. Grundlage hierfür wäre es, die Generationenrechnung (Generational Accounting) fest in die offizielle Statistik einzugliedern, damit jeder, der es will, auch sehen kann, welche Partei seinen Kindern was genau zumutet. Wissende Eltern machen es nämlich besser, eine Devise, die dazu geführt hat, daß in den Vereinigten Staaten und Norwegen bereits von offizieller Seite die Karten auf den Tisch gelegt werden.«

Es ist somit dringend zu fordern, daß das Generational Accounting in Deutschland – als Instrument zur Schaffung von Transparenz – Bestandteil staatlicher Rechnungslegung wird. In den USA ist dies mittlerweile schon vergleichsweise weit fortgeschritten, dort wird schon seit einigen Jahren im Haushaltsbericht der US-Regierung im Kapitel »Verantwortung gegenüber unseren Kindern« ausgerechnet, welche Wirkungen die Staatsschuld, das Steuerrecht und die Rentenzusagen auf die jüngere Generation haben werden. Durch seine Verwendung würden künftige Belastungen endlich offensichtlicher und somit die Gesellschaft für die Thematik sensibilisiert. Die Informationen über Lastverschiebungen sind der erste Schritt zu ihrer Bekämpfung!

5. Vorschläge zur Begrenzung der Staatsverschuldung

Staatsverschuldung ist ein komplexes Phänomen, dessen Ursachen unter anderem in der *Wertewelt der Bevölkerung* zu suchen sind. Das Durchschnittsalter der deutschen Bevölkerung steigt von Jahr zu Jahr. Zu dem ständig wachsenden Anspruchsdenken kommt deshalb eine immer *größere Gegenwartspräferenz*; die Zukunft verliert an Bedeutung.[37] Die ältere Generation verliert immer mehr das Interesse, die Gesellschaft zukunftsweisend zu reformieren. Wir leben in einer Gesellschaft, die wohl nicht mehr an ihre eigene Zukunft glaubt.[38] Ihr fehlt offensichtlich der Wille zum Wandel. Dabei ist eine grundlegende *Einstellungsveränderung* wahrhaftig nötig.

»Warum unternehmen die Deutschen den doch letztlich untauglichen Versuch, ständig über ihre Verhältnisse zu leben? ... [Es liegt am] verhängnisvollen Hang zum Schuldenmachen mit ganz bestimmten Wertvorstellungen, die darin gipfeln, die Gegenwart zu genießen und die Zukunft sich selbst zu überlassen. Es sind Wertvorstellungen von Gesellschaften, die – nüchtern betrachtet – nicht mehr an die Zukunft glauben. Deshalb leben sie in den Tag hinein, auch wenn die Probleme, die daraus resultieren, immer drückender werden.« (Prof. Dr. Meinhard Miegel)

Weiterhin ist es ein Problem, daß im Zuge des demokratischen Prozesses sowohl die *merklichen* Ausgaben als auch die *unmerklichen* Einnahmen immer weiter zunehmen. Das erklärt sich aus der Tatsache, daß Politiker in einem demokratischen System wiedergewählt werden wollen und deshalb ein Interesse daran haben, daß keiner die zusätzlichen Steuereinnahmen bemerkt, wohl aber die Ausgaben für die Gesellschaft. Gleichzeitig stimmt es aber auch, daß man als Politiker seine Einnahmen kaum ausweiten kann, denn irgendwann merkte das der Bürger doch, und dann würde man nicht wiedergewählt. Bei den Ausgaben verhält sich das genau andersherum. Diese müssen vermehrt werden, natürlich dort am meisten, wo es der Bürger am ehesten sieht. Durch unsere Parteiendemokratie geht nun ein Wettlauf um die Wählerstimmen los. Im Zweifelsfall wird sich derjenige durchsetzen, der am meisten verspricht. Er ist es dann auch, der die Staatsverschuldung weiter ansteigen läßt.

Die Verschuldung ist eine sehr, sehr unmerkliche Ausgabe, denn die wenigsten Bürger machen sich wohl darüber Gedanken, daß die Schulden nur durch Steuerzahlungen in der Zukunft zurückgezahlt werden können.

Es ist daher ein Irrglaube vieler Ökonomen, wenn sie die Staatsverschuldung rein wirtschaftlich deuten. Staatsverschuldung ist das Ergebnis *politisch-institutioneller Faktoren*, und deshalb muß man hier kritisch über mögliche Änderungen oder Entscheidungskompetenzen der Institutionen nachdenken. Eine institutionelle Änderung zur Begrenzung der Neuverschuldung wäre entsprechend sinnvoll. In Deutschland wie in den USA macht sich in Umfragen stets die Mehrheit der Bevölkerung für ein ausgeglichenes Budget stark. Bei einzelnen finanzwirtschaftlichen Budgets, so z. B. Soziales, Verkehr etc. sieht die Lage schon anders aus, hier will jeder seine Interessen vertreten sehen. Erstrebenswert wäre demnach eine *Volksabstimmung* über die Grundsatzfrage, ob die Neuverschuldung des Staates eine bestimmte Quote überschreiten darf. Dann wären die Politiker an die Einhaltung der Budgetvorschriften gebunden, der Verteilungskampf wäre nun *intra*generationell. Ein Verteilungskampf *zwischen* Generationen wäre bei entsprechendem Ergebnis der Volksabstimmung ausgeschlossen!

Eine weitere Möglichkeit wäre, daß man das Instrument der öffentlichen Kreditaufnahme aus dem in diesem Falle problematischen politischen Prozeß ausgliederte und einer *unabhängigen Institution* (z. B. der Bundesbank) übertrüge. Solches hätte ähnliche Effekte wie die Unabhängigkeit der Notenbank und würde damit langfristig stabilisierend wirken können![39]

Das Wachsen sozialer Institutionen hat in der Vergangenheit zu einer immer stärkeren Unmündigkeit geführt und dadurch die kleinsten Zellen der Gesellschaft (Familie, Nachbarschaft) zunehmend unterminiert. Rudolf Scharping äußerte sich 1996 auf einer Tagung von Kommunitaristen in Genf wie folgt: »Wir Sozialdemokraten haben einen überregulierten, überbürokratisierten Wohlfahrtsstaat geschaffen. Wir haben nicht mehr vertraut in die Fähigkeit der Menschen, anderen in ihrer Nachbarschaft spontan zu helfen und für sie zu sorgen.« Kleinere Einheiten können sich in der Regel effizienter organisieren als ein (notwendigerweise) bürokratischer Staat. Zu fordern wäre demnach ein wenig mehr *Subsidiarität,* das heißt, daß nur solche Aufgaben vom Staat zu erledigen sind, die privat nicht zu leisten sind.[40] Weiterhin wäre auf mehr *Gemeinsinn* aus der Bevölkerung zu hoffen, nachdem sich erwiesen hat, daß der Staat nicht alles leisten kann!

Zudem fehlt es oft an den elementarsten Informationen zum Thema, was dann oft zu wenig rationalen Entscheidungen führt (vgl. Exkurs über Generational Accounting). Die wirtschaftlichen und gesellschaftlichen Folgen einer *Schuldenfalle* werden nur sehr unzureichend begriffen und müssen verstärkt ins öffentliche Bewußtsein gelangen!

Ein wichtiger Baustein zur Schuldenbegrenzung muß eine *institutionelle Selbstbeschränkung der Gesellschaft* sein. Das bedeutet, daß die Neuverschuldung prinzipiell untersagt wäre und nur in scharf zu definierenden Ausnahmen Schulden gemacht werden könnten. Der *Paragraph 115 des Grundgesetzes* besagt, daß die Schuldenaufnahme die Ausgaben für die Finanzierung von Investitionen nicht überschreiten darf. Das Problem mit diesem »*Gummiparagraphen*« ist die Definition des Begriffes der Investition. Er wird heute noch recht leichtfertig verwendet, z. B. gilt im Saarland und in Bremen jede Anschaffung über 800 Mark automatisch als Investition! Man sollte demnach über eine restriktivere Formulierung des Begriffes »Investition« wie auch über eine Gesetzesänderung im Hinblick auf zusätzliche Nettokreditaufnahmen über den bisher gesetzlichen Rahmen hinaus nachdenken. Wir hielten bei einer Kreditaufnahme, die die Summe der Investitionen übersteigt, eine Zweidrittelmehrheit des Bundestages und eine Zustimmung der Bundesbank für wünschenswert.[41] Wünschenswert wäre unserer Meinung nach auch eine *Bindung zusätzlicher Kreditaufnahme an bestimmte Vorhaben*, die einen rentierlichen Rückfluß der Investitionen erwarten lassen. Solche Projekte sollten im Staatshaushalt extra ausgewiesen werden, könnten somit auch besser kontrolliert werden.[42]

Aus bitterer Erfahrung wissen wir, daß nicht jede öffentliche Investition Rückflüsse erwarten läßt. Vom Schnellen Brüter bis zum Growian – zu lang ist die Liste der Milliardengräber, als daß man die Augen davor verschließen könnte. Der investitionsgebundene Schuldenbegriff unterstellt, daß jede wild ins Land gebaute Straße eine sinnvolle Investition sei. Um den unvermeidlichen Anteil fehlgeschlagener Investitionsprojekte nicht späteren Generationen aufzubürden, sind Sicherungsmaßnahmen nötig. Selbst wenn klar definiert ist, was unter dem Begriff »öffentliche Investition« zu verstehen ist – z. B. Infrastruktur, Forschung und Bildung –, so darf dies trotzdem nicht die Obergrenze für die Neuverschuldung sein. Die errechnete Schuldenhöhe müßte mit einem Abschlag, z. B. 30 Prozent, belegt werden. Auf diese Weise erhält man eine erste Anhaltsmarke für die erlaubte Neuverschuldung im laufenden Jahr. Um zu der tatsächlich erlaubten Verschuldung zu gelangen, müssen jedoch noch konjunkturelle Einflüsse herausgerechnet werden. Wir lehnen uns hier mit unserem Lösungsvorschlag an das Konzept des Sachverständigenrates an. Der Grundgedanke ist folgender:

In der Rezession fallen automatisch weniger Steuereinnahmen an. Wenn man die Ausgaben konstant hält, so entsteht nur wegen der Konjunkturschwankung ein Haushaltsdefizit. Zudem steigen in der Rezession auch noch die Staatsausgaben ohne Schuld der jeweiligen Bundesregierung an, weil die Bundesanstalt für Arbeit mehr Arbeitslose zu finanzieren hat. Für einen ausgeglichenen Haushalt müßten *in der Rezession die Ausgaben drastisch gekürzt werden*. Eine solche prozyklische Haushaltspolitik wäre aber ökonomisch unsinnig. Es gibt keinen Grund, warum der Staat sinkende Steuereinnahmen oder steigende Ausgaben für

Arbeitslose durch sinkende Ausgaben in anderen Bereichen ausgleichen sollte, um ein Defizit zu vermeiden. Der Staat sollte vielmehr eine antizyklische Wirtschaftspolitik betreiben.

Umgekehrt steigen im Aufschwung die Einnahmen, und die Haushaltslage verbessert sich, ohne daß die Regierung ihre Haushaltspolitik konsolidiert hat. Um die Haushaltspolitik einer Regierung wirklich beurteilen zu können, ist es nach Ansicht des Sachverständigenrates nötig, konjunkturelle Schwankungen der Einnahmen und Ausgaben zu eliminieren. Man will ein von konjunkturellen Einflüssen bereinigtes Defizit berechnen.

Das Konzept des Sachverständigenrates zur Berechnung des »konjunkturellen Impulses« und des »strukturellen Defizits« kann hier nicht dargestellt werden. Es sollte aber deutlich geworden sein, wie sich die von der Gesellschaft für die Rechte zukünftiger Generationen vorgeschlagene Obergrenze für die Staatsverschuldung berechnet. Der Klarheit halber werden die Elemente noch einmal im einzelnen aufgeführt:

- Voraussetzung ist eine Definition des Begriffes »staatliche Investitionen«. Hier ist die Wirtschaftswissenschaft gefordert, mit der Politik eine Konzeption zu erarbeiten.
- Wie Artikel 115 GG schon anspricht, sind Schulden für Investitionen grundsätzlich gerechtfertigt. Allerdings ist wegen der unvermeidlichen Fehlinvestitionen im Konzept der GRzG ein Abschlag vorgesehen. Damit berechnet sich die erlaubte Schuldenhöhe aus der Summe der Nettoinvestitionen minus dem Abschlag.
- Aus dem so gefundenen Betrag sind konjunkturelle Einflüsse herauszurechnen. Das Endergebnis legt die maximal erlaubte Summe der Neuverschuldung fest.
- Unter außergewöhnlichen Umständen – die deutsche Einheit war ein solcher, allerdings wirklich einmaliger Fall – muß es möglich sein, die Kreditaufnahme über die erlaubte Schuldengrenze hinaus auszudehnen. Auch Artikel 115 GG sieht dies zur »Abwehr einer Störung des gesamtwirtschaftlichen Gleichgewichts« vor. Wir halten allerdings in einem solchen Fall eine Zweidrittelmehrheit des Bundestages und eine Zustimmung der Bundesbank für erforderlich.

Wenn dieses Konzept in einem Staatsvertrag schließlich auch für Länder und Gemeinden verbindlich festgeschrieben würde, so wäre finanzielle Nachhaltigkeit erreicht und das Leben auf Kosten späterer Generationen beendet.

Schwerwiegende Probleme treten allerdings im Zusammenhang mit der Verwirklichung der europäischen Wirtschafts- und Währungsunion auf. Bis heute benutzen viele Staaten gern eine expansive Geldpolitik (sie drucken Geld), um sich auf diese Weise heimlich ihrer Schulden zu entledigen. Die vom deutschen Finanzminister Theo Waigel vorgeschlagene Idee des *Stabilitätspaktes* innerhalb der Teilnehmerstaaten der Währungsunion ist somit eine große Hoffnung, denn dort sind dann die Verschuldungsgrenzen dauerhaft festgeschrieben.[43] Falls das funktionieren würde – und das steht noch längst nicht fest – wäre das eine große Chance zur Reduzierung der Staatsverschuldung. Wenn die europäischen Staaten das gemeinsam anpackten, ginge das (und geht das schon) viel einfacher, als wenn ein Staat es allein tun müßte.

Ergänzend dazu oder zur Umsetzung dieser Verschuldungsgrenze wären *Verschuldungszertifikate* eine völlig neue, unkonventionelle Möglichkeit, um Schulden langfristig in den Griff zu bekommen. Sie wären effizient und relativ unbürokratisch zu handhaben. Die Zertifikatslösung basiert auf der Idee einer Maximalverschuldung für Bund, Länder und Gemeinden. Nachdem ein Betrag festgelegt wurde, werden nun die Zertifikate, die einem Recht auf Kreditaufnahme entsprechen, den Gebietskörperschaften in einem Versteigerungsverfahren zum Kauf angeboten. Die Körperschaften hätten so bei einer vorher festgelegten, nicht zu überschreitenden Nettoneuverschuldung eine größtmögliche individuelle Autonomie. Sie können sich verschulden, müssen jedoch eine Prämie für die Zertifikate bezahlen. Durch dieses Verfahren wird Verschuldung nicht kategorisch ausgeschlossen. Neuverschuldung wäre an die Dringlichkeit der Körperschaft geknüpft. Nur wer einen wichtigen Grund hat, um neben dem Marktzins für den Kredit auch noch den zusätzlichen Zertifikatspreis zu bezahlen, wird dieses vor seinen Wählern zu rechtfertigen wissen.

Zertifikate stellen eine weitere interessante Möglichkeit dar, um disziplinierend auf die Staatsfinanzen zu wirken. Problematisch ist hierbei natürlich, daß manche Kommunen, deren Schuldenanhäufung nicht selbst verursacht war (z. B. durch eine große Anzahl an Sozialhilfeempfängern) dadurch noch zusätzlich finanziell belastet würden.[44]

Eine weitere Möglichkeit zur Reduzierung der Schuldenquote wäre eine *Tilgungssteuer*. Durch diese Steuer, die sich jeweils flexibel der Nutzungsdauer anpaßte, wäre gewährleistet, daß die Nutznießer auch für die Kosten aufkommen müßten. Im Falle eines Verkehrsprojektes könnte man so z. B. die Kosten gleichmäßig auf die projektierte Nutzungsdauer verteilen. Der Schuldenberg könnte so nicht immer weiter wachsen, die Staatsschulden müßten sich zumindest stabilisieren. Im einzelnen ist solch eine Steuer wahrscheinlich oft nur schwierig zu begründen und zu erheben und bietet sich nur für Jahrhundertprojekte an (der Solidaritätszuschlag ist so etwas ähnliches; wenn man die Transferzahlungen als Investition begreift). Faszinierend bleibt allerdings die Idee der Verteilungsgerechtigkeit, daß nämlich die Nutznießer (in unserem Fall die entsprechende Generation) auch für die Kosten aufkommen.

Zur Bewältigung der anstehenden Aufgaben bieten sich prinzipiell drei Möglichkeiten: Zum einen könnten die Staatsschulden weiter erhöht, zum anderen die Steuern und Abgaben gesteigert oder – drittens – die Ausgaben nachhaltig reduziert werden. Klar ist, daß sich das Fortführen der bisherigen Politik fatal auf die Möglichkeiten zukünftiger Generationen auswirken würde. Auf Grund der bereits sehr angespannten Situation bei den ersten beiden Möglichkeiten kommt vor allem die dritte, eine *konsequente Ausgabenreduzierung* oder effizientere Ausführung der Staatstätigkeit, in Frage.[45]

Gebraucht wird dazu in vielen Fällen eine größere *Ausgabenkompetenz*, Gelder müssen effizienter zur richtigen Stelle fließen können. Bei aller Reduzierung ist aber auch klar, daß nicht zuerst bei Kindergärten und Bildung gespart werden darf, denn solch ein Sparen an falscher Stelle wäre wiederum eine »versteckte« Staatsschuld. Das heißt natürlich nicht, daß dort nicht auch Einsparpotentiale bestehen. Es geht darum, daß tendenziell zukunftsgerichtete Aktivitäten wieder mehr Berücksichtigung finden. Das Wahlrecht steht dem leider entgegen, denn Jugendliche können ja nicht wählen, und deshalb wird bei ihnen am ehesten mal gekürzt! (siehe Benjamin Kiesewetters Beitrag über Kinderrechte).

Zur Ausgabenreduzierung gehört auch eine umfassende Weiterführung der *Privatisierung*; besonders die Länder und Gemeinden haben da noch erhebliche Nachholpotentiale.[46] Neben dem Privatisieren von Vermögenswerten (z. B. könnte der gesamte soziale Wohnungsbau privatisiert werden, der sich in seiner jetzigen Form klar als Fehler herausgestellt hat; es wäre ökonomischer und auch verteilungsgerechter, die entsprechenden Wohnungssuchenden einfach finanziell zu unterstützen; siehe nächstes Kapitel: Ausblick) bestehen noch große Möglichkeiten bei der Auslagerung staatlicher Aufgaben an private Betreiber (z. B. Abfallentsorgung, soziale Dienste). Weiterhin könnte in diesem Zusammenhang über etwas mehr *Kreativität* im staatlichen Sektor nachgedacht werden. Viele Probleme entstehen nicht unbedingt durch Geldmangel, dieser deckt oft nur schon bestehende auf. Wir brauchen mehr Mut, ausgetretene Wege zu verlassen und Neues zu wagen!

Weitere immense Einsparpotentiale bestehen auch im *Subventionsabbau*, denn Subventionen sind oft ökonomisch unsinnig, sie verlangsamen den nötigen Umbau unserer Gesellschaft und sind letzten Endes Zahlungen, die auf Kosten der nachfolgenden Generationen getätigt werden. Bei den momentan gezahlten Subventionen verstoßen viele außerdem noch gegen ökologische Kriterien – so sind die Landwirtschaftssubventionierung, aber auch die Energie- und Flugverkehrssubventionen ein Verstoß gegen ökologische Nachhaltigkeit. Im Falle des Flugverkehrs zum Beispiel handelt es sich um eine indirekte Subventionierung: Dank der Nichtbesteuerung des Flugkraftstoffs, wodurch dem Staat jährlich über sechs Milliarden Mark verloren gehen, erhält das Flugzeug Wettbewerbsvorteile gegenüber anderen (mitunter) umweltverträglicheren Verkehrsmitteln, deren Energieverbrauch besteuert wird.

In diesem Zusammenhang ist auch der *Steuerbetrug* ein großes Problem, denn dadurch entgehen dem Staat etwa 150 Milliarden Mark jährlich. Eine Lösungsmöglichkeit wäre hier ein niedriger Steuersatz und eine größere Transparenz durch deutlich weniger Ausnahmen. Mehr Steuergerechtigkeit und kalkulierbarere Steuereinkommen könnten einen weiteren Beitrag gegen eine ausufernde Staatsverschuldung darstellen.

Wenn dann doch einmal gespart wird, dann meist bei den Leistungen des Staates, die dem Bürger direkt zur Verfügung stehen. Dagegen liegt es im Interesse der Allgemeinheit, wenn zuerst einmal die *staatliche Verwaltung reformiert* würde. Es gibt somit noch erhebliche Möglichkeiten, um effektiver mit Geldern umzugehen, indem man Verfahren reorganisiert und sein Personal zu mehr Leistung motiviert.[47] Beispiele hierfür wären leistungsgerechtere Bezahlung (z. B. eine Abkehr vom Senioritätsprinzip), bessere Karrierechancen, Qualitätszirkel, verstärkter Einsatz moderner Informationstechnologien oder die Budgetierung. Weitere Reformpotentiale könnte man durch größere *Transparenz* schaffen, denn Offenheit und damit Interaktion, wie auch Wettbewerb zwischen Verwaltungen, beschleunigen Innovationen. Auf dem Weg des Staates vom dirigistischen Verwalter und Kontrollierer zum Dienstleister und Motor liegen noch viele Steine, aber die umrissenen Maßnahmen hätten nicht zu unterschätzende Auswirkungen auf den Staatshaushalt. Die allgemeinen Verwaltungskosten und die Personalkosten staatlicher Stellen sind enorm. Staatsapparate tendieren stets dazu, sich auszuweiten. Nur selten finden sich in der Geschichte Beispiele dafür, daß sich eine Verwaltung verkleinert hat. Der Staat sollte somit diesmal zuerst einmal bei sich selber sparen!

Die repräsentative Demokratie ist von allen Regierungssystemen das am wenigsten schlechte, und niemand will sie abschaffen. Trotzdem ist zu überlegen, wie man Elemente einbaut, die in einem größeren Maße als heute finanzielle (und ökologische) Nachhaltigkeit bewirken. Systemprobleme ergeben sich aus dem Verhalten der Parteien im Wahlkampf. Um gewählt zu werden, versprechen sie den Wählern häufig mehr Wahlgeschenke, als zukünftigen Generationen recht wäre. Künftige Generationen können aber nicht dagegen protestieren oder bei Wahlen solche unsoliden Parteien abstrafen, weil sie noch nicht geboren sind und noch keine Stimme haben.[48] Dieses Problem besteht nicht nur in Deutschland, sondern auch in fast allen anderen Demokratien.

Außerdem besteht offensichtlich ein positiver Zusammenhang zwischen Stabilität der Regierung und dem Verschuldungsgrad eines Landes: Je stabiler die Regierung – am ausgeprägtesten in einem Präsidialsystem –, desto geringer die Staatsverschuldung. Belgien und Italien, Beispiele für sehr instabile Regierungen, weisen auch den höchsten Verschuldungsgrad auf.[49] Um diesem Nachteil der Demokratie zumindest teilweise zu begegnen, wäre die *Verlängerung der Legislaturperiode auf fünf Jahre* eine Teillösung, was dem System auch mehr Stabilität verschaffen würde. Eine weitere Möglichkeit, Ausgaben zu reduzieren, ist der *unabdingbare Umbau des Sozialstaates,* welcher langfristig wieder bezahlbar, aber auch intergenerational gerechter und nachhaltig tragbar gestaltet werden müßte.

Hilfe für Schwache ist nur dann sozial, wenn sie auf die Kosten der Helfenden geht und der Empfangende außerdem schwach und der Helfende stark ist! Dieses Prinzip wird zur Zeit vielfach verletzt, denn wer den Sozialstaat finanziert, indem er das Geld den noch Schwächeren, nämlich den noch gar nicht Geborenen, durch Schuldenmachen wegnimmt, der betreibt eine kurzsichtige Politik mit Hilfe von Wahlgeschenken![50]

Weiterhin wäre die Förderung des *Äquivalenzprinzips* bei unseren Abgaben anzustreben, was bedeutet, daß man die selbst verursachten Kosten, wenn möglich, auch selbst bezahlen sollte. Staatliche Leistungen aller Art sollten einen »fairen« Preis bekommen, um so einer Fehlaufteilung von Ressourcen entgegenwirken zu können.

Eine letzte Forderung ist (auch wenn ich sonst im allgemeinen kein großes Potential bei der Anhebung der Steuereinnahmen sehe und die jetzige Form der Steuer vom Verfassungsgericht untersagt wurde) das *Beibehalten der privaten Vermögenssteuer*. Die geplante Abschaffung der privaten Vermögenssteuer ist aus intergenerationellen Gesichtspunkten eindeutig als ungerecht zu bezeichnen. Es sind doch gerade die reichen Rentner, die dann entlastet würden, was bei den derzeitigen sozialen Problemen nicht tragbar und vermittelbar ist! Allgemein könnte man auch sagen, daß durch eine Besteuerung von Vermögen tendenziell die Älteren bezahlen, denn diese hatten schon länger Zeit, sich Vermögen anzusparen; andersherum verhält es sich mit der Einkommenssteuer, welche tendenziell die Jüngeren belastet. Wenn man sich die derzeitige Besteuerung und die Vermögensverhältnisse anschaut, dann sollte klar sein, daß private Vermögen durchaus weiterhin, vielleicht sogar höher als bisher, besteuert werden sollten![51] Aus intergenerativer Sicht wäre erstrebenswert, daß *Steuern auf Bestände,* z. B. Vermögen, hoch wären. *Steuern auf Stromgrößen,* also auf Einnahmen, sollten entsprechend gesenkt werden. Das jetzige System nützt den bereits Vermögenden, während hohe Besteuerung von Einnahmen besonders bei Jungen zunehmend – zusammen mit steigenden Rentenbeiträgen – leistungshemmend wirken. Niedrige Steuern auf Einkommen würden zu einer Dynamisierung der Wirtschaftswelt führen, was letztlich allen zugute käme!

6. Ausblick: Wir sitzen alle in einem Boot

> »Wenn Staatsschulden erst einmal bis zu einem gewissen Grad angehäuft sind, so läßt sich, glaube ich, kaum ein einziges Beispiel für ihre richtige und vollständige Bezahlung anführen. Die Erleichterung der öffentlichen Finanzen, wenn sie überhaupt jemals erreicht wurde, konnte immer nur durch einen Bankrott herbeigeführt werden, mehrfach durch einen offen erklärten, immer aber durch einen tatsächlichen Bankrott, auch wenn dabei behauptet wurde, es sei zurückgezahlt worden.«
> *Adam Smith (1776)*

Was Adam Smith vor mehr als 200 Jahren in seinem »Wohlstand der Nationen« feststellte, hat wahrscheinlich auch in der Antike schon gegolten, und es hat auch heute noch seine Berechtigung. Es zeigt, daß es doch gewisse Konstanten in der Geschichte gibt, Zustände, die sich in ihrem Verlauf stetig wiederholen. Historisch betrachtet hat es fast noch niemals ein Staat geschafft, seine

Schulden wirklich zurückzubezahlen. Nur allzu gerne wurde statt dessen das Geld durch eine Hochinflationspolitik entwertet (das bedeutet, daß immer mehr Geld gedruckt wurde, wodurch das bestehende Geld und damit auch die Schulden weniger wert waren). Die zweite Möglichkeit war es, einen Krieg zu beginnen, um sich so während des allgemeinen Durcheinanders seiner Schulden zu entledigen. In der deutschen Geschichte konnte sich der Staat seiner Schulden ausschließlich nach den beiden Weltkriegen fast vollständig entledigen.[52] Heutzutage wäre eine Hyperinflation wohl eine der wahrscheinlichsten Varianten zur Senkung der Schuldenquote, denn auf andere Weise besteht kaum Potential, Schulden nachhaltig zu senken.

Subtilere Formen, sich seiner Schulden zu entledigen, sind das Streichen staatlicher Leistungen oder der Verkauf staatlichen Vermögens. Diese Methoden sind durchaus differenziert zu bewerten, denn einerseits trennt sich der Staat von vielem, was er nicht unbedingt selber benötigt, fördert somit die Effizienz. Andererseits mag das Senken von Leistungsniveaus und besonders der Verkauf von staatlichen Gütern nur darüber hinwegtäuschen, daß der Staat eigentlich fast pleite ist und daß er sonst keine andere Chance sieht, der Krise Herr zu werden!

Staaten, die auf ihr Ansehen nicht ganz so viel Wert legen (können), sind in ihrer Schuldenpolitik oft offener. Plötzlich wird bekanntgegeben, daß Staatsanleihen nicht weiter bedient werden. Die Gläubiger haben gerade auch wieder in den letzten Jahrzehnten Milliarden von Dollars verloren, so z. B. 1982 im Fall von Mexiko, als der Staat offiziell den Staatsbankrott erklärte und Sparer weltweit über 250 Milliarden Mark verloren.[53]

Mit alledem will ich nicht sagen, daß die Lage aussichtslos ist – noch steht Deutschland nicht vor dem Staatsbankrott. Dennoch besteht meiner Meinung nach dringender Handlungsbedarf, zumal die Probleme sich nicht auf Deutschland beschränken – im Gegenteil. Bei uns wird wahrscheinlich noch »rücksichtsvoller« mit dem Geld umgegangen, als das in anderen Ländern üblich ist. Die Tatsache, daß die Staatsverschuldung ein globales Problem ist, erhöht noch entschieden die Gefahren. Die sogenannte *internationale Schuldenkrise* schadet nachhaltig der globalen Zusammenarbeit, der hohe Verschuldungsgrad vieler lateinamerikanischer Länder beispielsweise führt dort nicht nur zu sozialen Härten, sondern hemmt auch eine Intensivierung der internationalen wirtschaftlichen, ökologischen und politischen Zusammenarbeit. Durch das globale Problem der Verschuldung ist die Welt somit gewiß nicht stabiler geworden. Im Sinne einer nachhaltigen, behutsamen Entwicklung (wo man im Zweifelsfall auch mal nein sagen kann) wäre eine *weltweite Ausgabendisziplin* vonnöten.

Vielleicht ist – um das Problem der Staatsverschuldung einmal von anderer Warte zu sehen – das weltweite Anschwellen der Staatsschulden nach der Beendigung des Zweiten Weltkrieges ja Ausdruck einer sehr optimistischen Weltanschauung. Hinter der stetigen Ausdehnung der Staatstätigkeit steckt ein großer *Machbarkeitsglaube,* daß der Staat schon alles richten werde und die Gesellschaft samt ihrem Umfeld frei gestaltet werden könne *(social engineering)!* Es ist die Überzeugung, daß der Mensch sich frei entfalten können muß und ihm dabei keine Begrenzungen gesetzt werden sollten. Wie Ikarus wollte die Menschheit hoch hinaus, und – hier schließt sich der Kreis mit der Ökologie – leider sind wir gerade dabei abzustürzen! Das Beruhigende, aber auch Gefährliche daran ist die Tatsache, daß wir uns eben nicht im freien Fall befinden, vielmehr zu Tale segeln. Nach unten geht unsere Reise aber allemal, Grund genug, über eine baldige Kursänderung nachzudenken oder schnell Ballast abzuwerfen.

Angesichts der beunruhigenden und nicht ungefährlichen Situation müssen wir uns und unsere Umwelt wieder realistisch einschätzen lernen. Staaten sind »von Natur aus« optimistisch, denn wenn der Staat Geld ausgibt, dann agiert er gewöhnlich in dem Glauben, dieses im bestmöglichen Sinne zu tun. Vielleicht haben wir auch hier etwas das Maß verloren und sollten wieder mehr Vertrauen in den einzelnen Menschen setzen. Der einzelne weiß wohl meistens doch am besten, was für ihn gut ist. Man sollte wirklich etwas Vertrauen in ihn investieren, auch was die staatliche Finanzplanung angeht.

Der amerikanische Ökonom Milton Friedman hat einmal vier Stufen des Geldausgebens beschrieben. Die erste Stufe sei, daß man sein Geld für sich ausgibt, etwa wenn man sich im Supermarkt etwas zu Essen kauft. Als zweite Stufe bezeichnet er, wenn man sein Geld für andere ausgibt, z. B. für Weihnachtsgeschenke. Die dritte Stufe schließlich ist, das Geld anderer für sich auszugeben, z. B. das Geschäftsessen auf Firmenkosten. Die vierte und letzte Stufe wäre, daß man das Geld anderer für andere ausgibt: Das sind die Staatsausgaben! Nach Friedman wird nun immer mehr verschwendet, je höher man auf den Stufen kommt. Dieses scheint sehr plausibel, denn beim Supermarkt schaut man noch ganz genau hin, beim Weihnachtsgeschenk weiß man oft vielleicht, wie teuer es etwa sein soll, der Nutzen ist jedoch schon untergeordnet. Beim Geschäftsessen spielt Geld dann nur noch eine untergeordnete Rolle, und beim Staat ist das Geld kaum noch von Bedeutung. Als Konsequenz muß man daraus nicht unbedingt den Abbau des Sozialstaates ableiten, wohl aber dessen Umbau. Als Beispiel hierfür könnte man anführen, daß der Staat zwar sozialen Wohnungsbau unterstützen sollte, aber eben nur unterstützen und nicht ihn selber machen, was soviel hieße wie den Bedürftigen das Geld zu geben, damit sie sich selber – auf ihre Bedürfnisse zugeschnitten – eine Wohnung besorgen können.

Es sollte schnell etwas getan werden, um die Aufgabenbereiche des Staates wieder neu zu definieren. Auf den Staatshaushalt bezogen würde es bedeuten, die Neuverschuldung abzubauen und schließlich die Staatsschuld selber zu reduzieren. Hierbei geht es nicht darum, die Staatsschulden auf null zu bringen, denn heute getätigte Investitionen im Sinne zukünftiger Generationen sollten von diesen auch *anteilig* mitfinanziert werden.[54] Gleichzeitig sehen wir, daß derzeit mehr Kapital – sei es in Form von Geld oder auch von Ressourcen – verbraucht wird, als vorhanden ist. Die Neuverschuldung übersteigt die Investitionen, und damit muß heutiger Konsum von zukünftigen Generationen zurückgezahlt werden.

Da die Zukunft bekanntlich bereits morgen beginnt und der Wechsel von einer Generation zur anderen fließend ist, betreffen heutige finanzpolitische Maßnahmen oder gesellschaftliche Handlungen immer gleichzeitig das Schicksal mehrerer Generationen. Das Wohlergehen der nicht mehr Erwerbstätigen hängt somit stark von der Bereitschaft und Fähigkeit der erwerbstätigen

Bevölkerung ab, den Generationenvertrag einzuhalten.[55] Als Gesellschaft sitzen wir alle in einem Boot. Geringere Verschuldung (denn Verschuldung heute bedeutet ja immer Steuern morgen) erhöht die Leistungsbereitschaft und die Leistungsfähigkeit der Bürger, schafft außerdem mehr (intergenerationale) Gerechtigkeit und somit den Willen, den Generationenvertrag ernst zu nehmen.

Ich erhoffe mir folglich, daß die Politik als Herrschaft auf Zeit – mit einem wachsenden Verständnis für die Tatsache, daß politische Entscheidungen die verschiedenen Generationen unterschiedlich belasten – verstärkt in das öffentliche Bewußtsein rückt, und daß damit die Entscheidungsfreiheit zukünftiger Generationen gewährleistet wird!

Falls sich die späte Geburt doch nicht als Fluch erweisen sollte, dann profitierten davon nicht nur meine und die noch nicht geborenen Generationen, es würden vielmehr alle Generationen davon profitieren. Durch gemeinsam ausgehandelte, faire Generationenverträge wäre uns allen geholfen – aber nicht nur uns, sondern auch denjenigen, die sich heute noch nicht zu Wort melden können, morgen aber beurteilen werden, ob sie fair behandelt wurden …

Jörg Tremmel

Wie die gesetzliche Rentenversicherung nach dem Prinzip der Generationengerechtigkeit reformiert werden kann

»Beide Generationen müssen, wenn die Erwerbsstruktur ungünstiger wird, sich die unvermeidlichen Einschränkungen teilen. Der Gesetzgeber, der diese Dinge regelt, hat die Aufgabe, diese zusätzliche Belastung so zu verteilen, daß keine von beiden Generationen im Vergleich zur anderen benachteiligt wird. Beiden muß er Opfer auferlegen, das ist unvermeidlich: den einen, indem sie mehr hergeben müssen, den anderen, indem sie weniger bekommen; daran führt kein Weg vorbei.«
Oswald von Nell-Breuning

I. Die Renten sind sicher – für die Alten

»Die Renten sind sicher!« Kein Satz wurde von deutschen Politikern der älteren Generation in den letzten Jahren häufiger wiederholt, um den jüngeren Teil der Bevölkerung in falsche Sicherheit zu wiegen. Doch seit am 1. Januar 1997 der Beitragssatz auf 20,3 Prozent (und damit über die als Grenze geltende 20 Prozent-Marke) angehoben werden mußte und weitere Beitragssteigerungen langfristig unvermeidlich scheinen,[1] sind die Beitragszahler aufgewacht. Nach einer hektischen öffentlichen Diskussion, die das Vertrauen in die Sicherheit der Renten spürbar untergrub,[2] ist heute vor allem eines klar: Die Rentenversicherung muß reformiert werden, wenn der Generationenfriede erhalten werden soll.

Ein umlagefinanziertes Rentensystem ist nur solange stabil, wie das Verhältnis von Beitragszahlern und Rentenbeziehern konstant bleibt. Seit Jahren, wenn nicht Jahrzehnten verschlechtert sich jedoch dieses Verhältnis und damit die finanzielle Lage der gesetzlichen Rentenversicherung. Dies hat viele Gründe: die immer höhere Sockelarbeitslosigkeit auch in Aufschwungphasen, die Verlängerung der Ausbildungszeiten und das frühere Renteneintrittsalter, die verlängerte Lebenserwartung, die Zunahme der Selbständigenquote, und – vor allem – der demographische Wandel. Langfristig werden die Bestimmungsfaktoren der gesetzliche Rentenversicherung von der demographischen Entwicklung vorgegeben, nur kurz- und mittelfristig können sie von konjunkturellen Schwankungen überlagert werden.[3] Die Arbeitsmarktsituation, von vielen fälschlicherweise als Hauptgrund für die Misere der Rentenentwicklung ausgemacht, bildet lediglich einen schmalen Korridor, innerhalb dessen sich der langfristige Trend vollzieht.*

Der Zusammenhang zwischen demographischem Altern (Alterslastenquotient) und Betragssätzen für die Gesetzliche Rentenversicherung

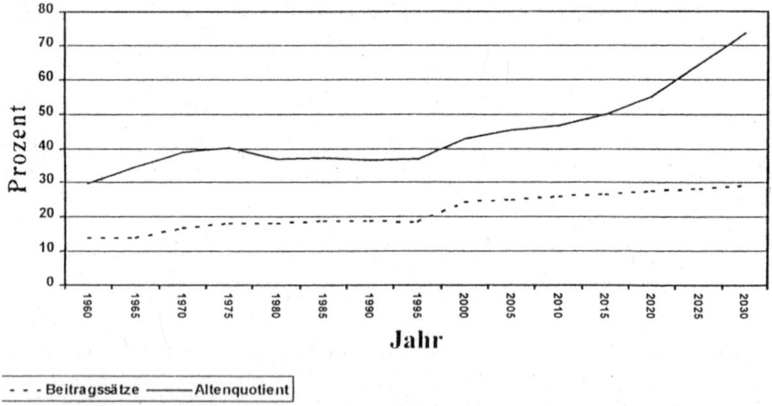

* Daß die Arbeitslosigkeit nicht das Hauptproblem sein kann, sieht man schon daran, daß es unter Fachleuten der BfA und des Verbandes Deutscher Rentenversicherungsträger ein offenes Geheimnis ist, daß die gegenwärtige Massenarbeitslosigkeit genau die »Untertunnelung« des Rentenberges bewirkt, die z.B. junge CDU-Abgeordnete um Andreas Storm oder die junge Gruppe in der SPD um Hans Martin Bury und Nils Schmid durch einen Kapitalstock (Teilkapitaldeckungsverfahren bzw. »Generationenfonds«) erreichen wollen. Denn die Zahl der Rentenberechtigten, die Ansprüche für die Zukunft erwerben, wird erst im Jahr 2030 im Verhältnis zur Zahl der sozialversicherungspflichtig Beschäftigten einen Höchststand erreichen. Durch die Arbeitslosigkeit sind die Rentenansprüche dieser demographisch starken Gruppe geringer, als sie es bei Berufstätigkeit wären.

Wie wichtig dieser Trend für die persönliche Lebensplanung der Menschen ist, wird deutlich, wenn man sich bewußt macht, daß die gesetzliche Rentenversicherung die maßgebliche Säule ist, auf der die Altersversorgung der Deutschen ruht. Die anderen beiden Säulen – private Altersvorsorge in Form von Lebensversicherungen und betrieblicher Altersversorgung – machen nur zehn und fünf Prozent der gesamten Leistungsansprüche der deutschen Bevölkerung aus.[4]

Auch die Politiker haben inzwischen die Notwendigkeit zu einer Reform erkannt. Die Koalition aus CDU/CSU und F.D.P. hat ein durchgerechnetes Reformkonzept vorgelegt, die anderen Parteien haben – mit mehr oder weniger konkreten Gegenentwürfen – nachgezogen. In aller Munde ist das Wort von der »Generationengerechtigkeit« oder »intergenerationellen Gerechtigkeit«, die durch eine Rentenreform erreicht werden soll. Allerdings scheinen die wenigsten Politiker darüber nachgedacht zu haben, was dies eigentlich ist und wie es sich quantifizieren läßt. In diesem Beitrag wird zum ersten Mal das Prinzip der Generationengerechtigkeit als quantifizierbarer Ansatz formuliert und beschrieben, wie die gesetzliche Rentenversicherung unter diesem Aspekt reformiert werden kann.

Dazu wird zunächst das deutsche Rentenversicherungssystem kurz erklärt. Als nächstes wird der demographische Wandel in Deutschland für den Zeitraum der Prognosen des Statistischen Bundesamtes – bis zum Jahr 2040 – skizziert und die vorhergesagte Beitragssatzentwicklung beschrieben. Bei der Vielzahl der durch die Debatte geisternden Lösungsvorschläge fällt es schwer, den Überblick zu behalten. Deshalb wird ausführlich auf die verschiedenen Reformmodelle für die Rentenkrise eingegangen. Zunächst gilt es, Kriterien zu entwickeln, an Hand derer die verschiedenen Reformvorschläge bewertet werden können. Die diskutierten Modelle unterscheiden sich in solche, die einen Systemwechsel vorsehen, und in andere, welche das bestehende System weiterentwickeln und ergänzen wollen. Zur zweiten Gruppe zählt auch das Modell der Teilungslösung, das von der Gesellschaft für die Rechte zukünftiger Generationen ins Gespräch gebrachte Reformmodell. Es zeigt, wie die gesetzliche Rentenversicherung nach dem Prinzip der Generationengerechtigkeit reformiert werden kann.

Noch vor 20 Jahren hätte sich kein Jugendlicher für die Details der Rentenversicherung interessiert. Heute ist die Rente ein Symbolthema geworden – ein Symbol dafür, ob Jung und Alt zu fairen Einigungen kommen können, oder ob uns ein Generationskonflikt von bisher ungeahnten Ausmaßen bevorsteht.

II. Das deutsche Rentenversicherungssystem

Der Beginn der Sozialversicherungen unter Bismarck

Speziell Norbert Blüm betont immer wieder die »hundertjährige Kontinuität« in der gesetzlichen Rentenversicherung. Ein kurzer Rückblick auf die historische Entwicklung zeigt jedoch, daß die deutsche Sozialversicherung erst 1957 einen entscheidenden Systemwechsel vollzog. Von hundertjähriger Kontinuität kann also nicht die Rede sein.

In den fünfziger und sechziger Jahren des 19. Jahrhunderts gewann die Industrialisierung in Deutschland rasch an Fahrt. Als immer mehr junge Männer in die Städte zogen, um sich als Fabrikarbeiter zu verdingen, verlor die bäuerliche Großfamilie als Sicherungsgemeinschaft millionenfach ihren Zusammenhalt.[5] In dieser Frühphase des Kapitalismus waren Kinderarbeit, Betriebsunfälle und extrem lange Arbeitszeiten zu Niedrigstlöhnen an der Tagesordnung. Die verelendende Arbeiterschaft begann sich zu organisieren, die sozialistische Idee gewann an Boden. Es entstanden die »soziale Frage« und die »Arbeiterfrage«, die für den obrigkeitlichen Ständestaat bald zu einer ernsten Bedrohung wurden. Um dem aufkeimenden Sozialismus den Boden zu entziehen, erließ Kaiser Wilhelm I. auf Drängen des Reichskanzlers Bismarck am 17. November 1881 eine Kaiserliche Botschaft, in der es hieß: »Auch diejenigen, welche durch Alter und Invalidität erwerbsunfähig werden, haben der Gesamtheit gegenüber einen begründeten Anspruch auf ein höheres Maß staatlicher Fürsorge, als ihnen bisher hat zuteil werden können. Für diese Fürsorge die rechten Mittel und Wege zu finden, ist eine schwierige, aber auch eine der höchsten Aufgaben eines jeden Gemeinwesens.«[6] In den nächsten Jahren wurden eine gesetzliche Krankenversicherung (1883), Unfallversicherung (1885) und schließlich – mit dem »Reichsgesetz betreffend die Invaliditäts- und Altersversicherung vom 22.6.1889« – die gesetzliche Rentenversicherung geschaffen.[7] Dabei handelte es sich um ein Kapitaldeckungsverfahren mit staatlichen Zuschüssen. Es wurden Beiträge erhoben, mit denen ein Reservefonds gebildet wurde, aus welchem später die Renten bezahlt werden sollten. Zu jeder Rente gab es einen steuerfinanzierten Zuschuß von jährlich 50 Reichsmark, der als Sockelung die kleineren Renten relativ begünstigte, die oft kaum mehr als 10 Reichsmark pro Monat betrugen. Da die große Mehrheit der Arbeiterschaft damals praktisch steuerfrei gestellt war, wurde die Finanzierung des Reichszuschusses und damit ein wesentlicher Rententeil von den »Besitzenden« getragen, was eine deutliche Umverteilung zwischen den politischen Klassen bewirkte.

Die Durchschnittsrente lag bei einem Sechstel des Durchschnittslohnes. Man kann also allenfalls von einem »Alterstaschengeld« sprechen, als Lebensstandardsicherung oder Lohnersatz waren diese Renten nicht konzipiert. Im Vordergrund stand auch gar nicht die Alters-, sondern die Invalidensicherung. Bis 1916 lag nämlich das Ruhestandsalter bei 70 Jahren, die durchschnittliche Lebenserwartung für Männer betrug zu Bismarcks Zeiten 36 und für Frauen 40 Jahre, lediglich fünf Prozent der Bevölkerung wurden 65 Jahre alt. Da aber Arbeitsunfälle häufig waren, standen um die Jahrhundertwende den Aufwendungen für Altersrenten in Höhe von 24,7 Millionen Mark rund 65 Millionen Mark für Invalidenrenten gegenüber. Bezeichnend für den damaligen Charakter der gesetzlichen Rentenversicherung ist insoweit auch, daß das Vierte Buch der Reichsversicherungsordnung von 1911 in seiner Überschrift nur von »Invaliden- und Hinterbliebenenversicherung« sprach, die Altersrenten in der Überschrift jedoch schlichtweg vergaß.[8] Nicht im Traum hätte man sich zu Bismarcks Zeiten vorstellen können, daß die durchschnittliche Rentenbezugsdauer einmal bei rund 15 Jahren für Männer und 20 Jahren für Frauen liegen könnte.

Die Bismarcksche Rentenversicherung erfuhr im Laufe der Jahre zwar eine Ausweitung des Personenkreises, sowie der erfaßten Risiken und Leistungen, blieb aber in ihren Grundzügen trotz der Inflation in den frühen zwanziger Jahren und des Zusammenbruchs nach dem Zweiten Weltkrieg bis zur Rentenreform 1957 erhalten. Noch in den fünfziger Jahren betrugen die Renten in der Rentenversicherung der Arbeiter nur rund 28 Prozent und in der Rentenversicherung der Angestellten 22 Prozent des durchschnittlichen Arbeitsentgelts. (Das Verhältnis Rentenhöhe zu durschnittlichen Nettolöhnen ist übrigens das berühmte Nettorentenniveau, welches nach dem Reformkonzept der Bundesregierung von derzeit 70 Prozent auf 64 Prozent gesenkt werden soll, aber dazu später mehr...)

Warum waren die Renten in den ersten Jahren der Bundesrepublik so niedrig? Die nach dem Kapitaldeckungsverfahren berechneten Renten entsprachen dem Lebensstandard von 20 bis 30 Jahren zuvor. Da die Facharbeiterlöhne aber rasch gestiegen waren, war der Gegenwert der in den Jahren 1910 bis 1950 gezahlten Beiträge entsprechend gering im Vergleich zu den Löhnen. Erst mit der Umstellung auf eine umlagefinanzierte, dynamische Rente 1957 schnellte das Nettorentenniveau* mit einem Schlag auf 59 Prozent des durchschnittlichen Lohnniveaus hoch. Von allen Generationen war die damalige Rentnergeneration die größte Gewinnerin. Dies muß man immer im Auge behalten, wenn man über Generationengerechtigkeit in der gesetzlichen Rentenversicherung spricht.

Die Umstellung des Rentensystems unter Adenauer 1957

Mit der Rentenreform im Jahr 1957 wurde das deutsche Rentenversicherungssystem auf ein Umlageverfahren umgestellt.

* Die genaue Definition des Nettorentenniveaus lautet: Rente eines Durchschnittsverdieners mit 45 Versicherungsjahren in Prozent des vergleichbaren Nettoarbeitsentgelts.

Die Reform war vor allem deshalb nötig, weil die Kapitaldeckung der gesetzlichen Rentenversicherung durch Weltkriegsfolgen fast vollständig vernichtet und Altersarmut weit verbreitet waren.[9]

Ein Umlageverfahren ist dadurch gekennzeichnet, daß die Rentenleistungen nicht aus einer Kapitalreserve der angesparten früheren Beiträge erbracht werden, sondern allein aus der laufenden Beitragszahlung der Aktiven.[10] »Man muß sich von der Vorstellung lösen, daß das Finanzierungsverfahren der Rentenversicherung mit irgend einem – wie auch immer gearteten – Sparvorgang zur Deckung der Anwartschaften innerhalb einer Generation verbunden sei. Die aktiv Versicherten finanzieren jeweils die Renten der Rentnergeneration und erwerben sich damit den – gesetzlich garantierten – Anspruch, daß die nächste Versichertengeneration ihre Renten zahlt, wenn sie ins Rentenalter gekommen sind.«[11] Diese Konstruktion wird häufig als Generationenvertrag bezeichnet. Als Vertragsbasis wird eine fiktive Vereinbarung zwischen den Generationen angenommen, in der Praxis abgeschlossen wird ein solcher Vertrag – etwa zwischen Vertretern der jeweiligen Rentnergeneration und der jeweils jungen Generation – nicht. Das Einverständnis der beiden betroffenen Generationen wird von den Konstrukteuren des Generationenvertrages also jeweils vorausgesetzt.

Durch die Reform von 1957 wurde die Rente »dynamisiert«. Die Rentenentwicklung ist dadurch an die Lohnentwicklung und damit indirekt an den Produktivitätsfortschritt der Volkswirtschaft gekoppelt. »Die produktive Generation will die nicht-mehr-produktive aus ihrem Arbeitsertrag versorgen, ja, sie will ihr nicht nur die Lebensnotdurft gewähren, sondern sie auch am weiteren wirtschaftlichen Aufstieg, den sie selbst nicht mehr mitträgt, teilnehmen lassen. Das ist kurz und bündig der Grundgedanke dessen, was heute unter der Bezeichnung ›dynamische Rente‹ oder neuerdings ›Produktivitätsrente‹ allenthalben diskutiert wird«,[12] faßt Oswald von Nell-Breuning den Grundgedanken 1956 zusammen. Im Vergleich zu den Alterssicherungssystemen anderer Länder, die den Preisindex als Anpassungsfaktor zugrunde legen, hat sich dies bisher für die deutschen

Rentner als sehr vorteilhaft herausgestellt.[13] Seit 1960 ist der Preisindex für die Lebenshaltungskosten auf etwa das Dreifache gestiegen, die Nettolöhne, an die seit 1992 die Entwicklung der Renten gebunden ist, dagegen auf etwa das Sechsfache.[14]

	netto	netto real (nach Abzug des Preisanstiegs)
Von 1957 bis 1994	... stiegen	... stiegen
Renten	auf das 7,9-fache	von 100 DM auf 232 DM
Entgelte	auf das 7,4-fache	von 100 DM auf 229 DM
Von 1979 bis 1982	... stiegen	... verloren
Renten	um 14,4 %	um –3,0 %
Entgelte	um 13,7 %	um –3,5 %
Von 1982 bis 1984	... stiegen	... stiegen
Renten	um 40,1 %	um rd. 5 1/2 %
Entgelte	um rd. 41 %	um rd. 6 1/2 %
Von 1985 bis 1994	... stiegen	... stiegen
Renten	um 31,4 %	um rd. 6 1/2 %
Entgelte	um rd. 33 %	um rd. 8 %

Abbildung 2: Entwicklung der Nettoeinkommen und Kaufkraft bei Rentnern und Arbeitnehmern seit 1957 in den alten Bundesländern (teilweise geschätzt)

Die Rentenreform 1992

Seit 1992 ist nicht mehr die Höhe des Bruttolohnes, sondern der Nettolohn ausschlaggebend für die Anpassung der Renten. Damit wurde ein erster Versuch unternommen, um der demographischen Entwicklung Rechnung zu tragen.[15] Angesichts der heute heftiger denn je geführten Debatte um die Sicherheit der Renten muß dieser Versuch als gescheitert betrachtet werden.

Die Lasten aus der Bevölkerungsentwicklung sollten auf drei Schultern – Beitragszahler, Rentner und Bundeshaushalt – verteilt werden. Die Rentenzahler wurden mit Beitragserhöhungen belastet, die Renten sollten durch die Veränderung der Rentenformel langsamer steigen, und der Bund beteiligte sich mit einem Bundeszuschuß an der Finanzierung der Rentenversicherung.

Hier ist kritisch anzumerken, daß es in Wirklichkeit nicht drei, sondern nur zwei Beteiligte bei der Rentenfrage gibt: Das gesamte Steuervolumen wird zum überwiegenden Teil von der Generation der 20- bis 59jährigen aufgebracht, also von derselben Generation, die bereits als Beitragszahler in die Rechnung eingeht. Schließt man die Kreditfinanzierung des Staates einmal aus, so wird die jüngere Generation bei dieser Rechnung doppelt gezählt, da sie – und nicht die Generation der über 60jährigen – maßgeblich den Staat finanziert. In Wirklichkeit gibt es also nur zwei Beteiligte: die jüngere und die ältere Generation. Das Gerede von den »drei Schultern«, auf denen die gesetzliche Rentenversicherung angeblich ruhe, ist Unsinn. Natürlich sind jeweils unterschiedliche *Personengruppen* betroffen. Bei der Steuerfinanzierung sind es zusätzlich die Selbständigen, Beamten, Abgeordneten, Unternehmen, Rentner. Aber es ist im wesentlichen dieselbe *Altersgruppe*, die die Lasten trägt. Für das Prinzip der intergenerationellen Gerechtigkeit ist es also unwesentlich, ob die Renten aus Steuern oder Beiträgen finanziert werden.* Schon der Ökonom und Mathematiker Wilfrid Schreiber, der 1957 die bis heute weitgehend gültige Rentenformel entwickelte, schrieb dazu: »Woher stammen die ›Zuschüsse‹, die der Bundesetat heute den Rentnern zuwendet? Sie stammen selbstverständlich zum überwiegenden Teil ... aus den Einkommen der Arbeitnehmer, die der Staat über seine direkten und indirekten Steuern anzapft. ... Machen wir Schluß mit diesem Gaukelspiel, das nur der falschen Optik der Staatsomnipotenz Vorschub leistet.«[16]

Von 1957 bis 1991 war die Höhe des Beitragssatzes im Gesetz festgeschrieben. Es bedurfte einer Gesetzesänderung, um ihn an die finanziellen Entwicklungen anzupassen. Seit dem Jahr 1992

* Man muß genau unterscheiden zwischen der *inter*generationellen Gerechtigkeit (Gerechtigkeit zwischen den Generationen) und der *intra*generationellen Gerechtigkeit (Gerechtigkeit innerhalb einer Generation). Alle Diskussionen um eine Einbeziehung von Beamten, eine Besserstellung der Frauen durch Kindererziehungszeiten etc. sind Fragen der *intra*generationellen Gerechtigkeit und somit eigentlich nicht Thema dieses Beitrages.

ist der Beitragssatz nach § 158 SGB VI jährlich durch Verordnung für das nächste Kalenderjahr so festzusetzen, daß die voraussichtlichen Einnahmen die voraussichtlichen Ausgaben dieses Jahres decken.

Durch diese Änderung wurde auch de jure der Übergang vom Prinzip des konstanten Beitragssatzes zum Prinzip des konstanten Rentenniveaus vollzogen, der de facto schon seit 1967 zu beobachten war. Dies geschah wohl nicht zuletzt unter dem wachsenden Einfluß der zahlenmäßig immer stärkender werdenden Rentnergruppe.

Halten wir kurz die Ergebnisse bis hierhin fest:

- Von Kontinuität in der Rentenversicherung kann man – wenn überhaupt – erst seit 1957 sprechen. Vorher hatten wir ein Kapitaldeckungsverfahren, welches mit einem Umlageverfahren ungefähr so viel zu tun hat wie die Sonne mit dem Mond.
- Zumindest unter den Rahmenbedingungen der fünfziger Jahre war das Umlageverfahren ungleich besser und ertragbringender als das Kapitaldeckungsverfahren. Der Umstieg 1957 war für die damalige Rentnergeneration ein Segen.

Das deutsche Rentenversicherungssystem heute

Die gesetzliche Rentenversicherung – also die Rentenversicherung der Arbeiter, der Angestellten und die knappschaftliche Rentenversicherung* – ist das größte soziale Sicherungssystem in der Bundesrepublik Deutschland.[17] Die Ausgaben der gesetzlichen Rentenversicherung erreichten 1995 rund 360,7 Milliarden Mark, dies entspricht 30 Prozent der gesamten direkten

* Die Zuständigkeit des Versicherungsträgers richten sich nach der Art der ausgeführten Tätigkeit. Im allgemeinen gehören die manuell Tätigen der Rentenversicherung der Arbeiter, die überwiegend geistig Tätigen der Rentenversicherung der Angestellten an. Für die Höhe der Beiträge bzw. Leistungen ist diese Einteilung bedeutungslos. In der knappschaftlichen Rentenversicherung sind Personen versichert, die im Kohlebergbau beschäftigt sind. Hier sind Beiträge und Leistungen um rund ein Drittel höher als in der Rentenversicherung der Arbeiter und Rentenversicherung der Angestellten, weil diese Versicherung zugleich Betriebsrentencharakter hat.

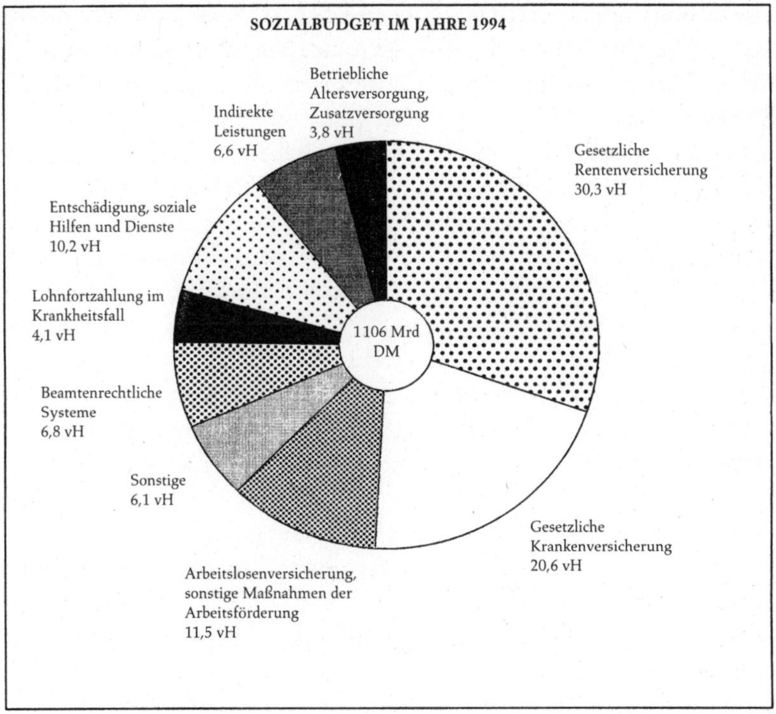

Abbildung 3: Sozialbudget in der Bundesrepublik Deutschland

Sozialleistungen und rund zehn Prozent des Bruttosozialprodukts.[18]

Allein die Rentenausgaben – also die Leistungen für die Alters-, Invaliden- und Hinterbliebenenversorgung – beliefen sich 1995 auf rund 318 Milliarden Mark. Dies entspricht zwei Dritteln der hierfür insgesamt von allen Alterssicherungssystemen einschließlich betrieblicher Altersversorgung und privater Lebensversicherung erbrachten Renten und Pensionen. Der Rest der Ausgaben setzt sich zusammen aus den Zuschüssen zu der Krankenversicherung der Rentner (1995: 20,7 Mrd. Mark), den Ausgaben für Rehabilitationen (9,8 Mrd. Mark), für Kindererziehungszeiten (2,6 Mrd. Mark) sowie der Verwaltung (6,7 Mrd. Mark). Auf der Einnahmenseite entfielen 1995 von den Gesamteinnahmen der Rentenversicherung der Arbeiter und Rentenversicherung der Angestellten (334,2 Mrd. Mark) rund 80,9 Prozent auf Beiträge und 17,8 Prozent auf den Bundeszuschuß.

Die Bedeutung der gesetzlichen Rentenversicherung zeigt sich auch daran, daß 84 Prozent der männlichen und 82 Prozent der weiblichen Wohnbevölkerung im Alter von 20 bis 65 Jahren in der Rentenversicherung der Arbeiter und Angestellten im Jahr 1992 versichert waren. Im Juli 1995 verzeichnete die Rentenstatistik 20,5 Millionen Renten an 17,5 Millionen Rentner.[19] Davon werden 62,5 Prozent wegen Alters, 8,5 Prozent wegen verminderter Erwerbsfähigkeit, 27 Prozent als Witwenrenten und 2 Prozent als Waisenrenten geleistet. Die Zahl der Renten hat sich seit 1957 (7,2 Millionen) fast verdreifacht. Dies hat maßgeblich zum Anstieg der Rentenausgaben beigetragen, die 1960 noch bei lediglich 14,2 Milliarden Mark lagen.

Kennzeichen des Umlageverfahrens ist es, daß die eingehenden Beiträge sofort für die Finanzierung der Ausgaben verwendet werden. Um mögliche Einnahmeschwankungen im Jahresverlauf ausgleichen zu können, wurde vom Gesetzgeber jedoch eine Schwankungsreserve vorgeschrieben. Sie ist vom Prinzip her mit einem Kapitalstock zu vergleichen, vom Volumen her aber nur ein winziger Bruchteil des Kapitalstocks bei einem Kapitaldeckungsverfahren. Nach den gesetzlichen Vorschriften muß der Beitragssatz so festgesetzt werden, daß die Rücklage der gesetzliche Rentenversicherung genau einer Monatsausgabe entspricht.

Die Rentenformel selbst steht in ihrer Klarheit und Überzeugungskraft in einem bemerkenswerten Gegensatz zur sonstigen Unübersichtlichkeit des Rentenrechts. Sie wurde in den fünfziger Jahren hauptsächlich von Winfried Schreiber entwickelt und fand weltweite Beachtung.[20] Nach dem Rentenreformgesetz von 1992, durch das sie modifiziert wurde, läßt sie sich folgendermaßen darstellen:

Persönliche Entgeltpunkte × Rentenartfaktor × Aktueller Rentenwert = Monatsrente

Das Kernstück der dynamischen Rentenformel ist der »aktuelle Rentenwert«. Er gibt die Höhe der monatlichen Altersrente an, die der einjährigen Beitragszahlung für ein Durchschnittsentgelt entspricht.[21] Um die Rentner an der Einkommensentwicklung der Erwerbstätigen teilhaben zu lassen, wird der aktuelle Rentenwert jährlich – und zwar zur Jahresmitte – gemäß der durchschnittlichen Nettolohnsteigerungen angepaßt. Das politisch festgelegte Ziel, die Rente soll 70 Prozent der Nettolöhne entsprechen, wird dadurch realisiert.

Zu den »persönlichen Entgeltpunkten« ist folgendes zu sagen: Die Arbeitsleistung eines Versicherten, gemessen an seinem versicherten Arbeitseinkommen und seiner Versicherungsdauer, wird in Entgeltpunkte umgerechnet, die ausschlaggebend sind für die spätere Höhe der Rente (Grundsatz der Lohn- und Beitragsbezogenheit der Rente). Die Entgeltpunkte werden berechnet, indem die individuellen Einkommen eines Beitragszahlers durch das im entsprechenden Zeitraum maßgebende Durchschnittseinkommen aller Versicherten geteilt wird. Wenn das Einkommen des Versicherten dem Durchschnittseinkommen entspricht, so erhält er einen Entgeltpunkt für das betreffende Jahr, liegt sein versichertes Einkommen darüber (darunter), so enthält er mehr (weniger) als einen Entgeltpunkt. Zur Versicherung eines Durchschnittseinkommens von 3161 Mark im Jahr 1950 waren damals Rentenversicherungsbeiträge in Höhe von rund 316 Mark erforderlich. Im Jahr 1992 hingegen mußte man das 26fache, nämlich 8287 Mark für die Versicherung eines Durchschnittseinkommens (46 820 Mark) aufwenden. Trotzdem führen beide Beitragsleistungen zur Anrechnung von jeweils genau einem Entgeltpunkt. Das in Talkshows von Älteren manchmal vorgebrachte Argument, »daß der Beitragssatz früher niedriger war, liegt ja daran, daß auch die Löhne niedrig waren«, ist also Unsinn.

Wenn eine Generation während ihres Erwerbslebens einen höheren Beitragssatz zahlt, so führt dies *nicht* zu höheren Rentenzahlungen für dieselbe Generation. Für das Prinzip der Generationengerechtigkeit bedeutet das, daß eine Generation im Vergleich zu anderen Generationen umso mehr benachteiligt ist, je höher die von ihr bezahlten Beitragssätze im Vergleich zu ihrem Rentenniveau sind.

Die Summe der persönlichen Entgeltpunkte wird mit einem Zugangsfaktor verrechnet, wenn die Rente verfrüht oder verspätet angetreten wird. Der Zugangsfaktor beträgt 1,0, wenn mit der Auszahlung einer Altersrente mit Erreichen der jeweils maßgeblichen Altersgrenze begonnen wird. Für jeden Monat, um den der Beginn der Rente vorgezogen wird, vermindert sich der Zugangsfaktor um 0,3 Prozent. Ein Vorziehen der Rente um ein Jahr verringert die Rentenansprüche also um 3,6 Prozent .

Je nach Grund, nach dem eine Rente zu zahlen ist, hat sie unterschiedliche Sicherungsziele. Dieses Ziel zu erreichen, ist Aufgabe des Rentenartfaktors. Für eine normale Altersrente ist er 1,0. Eine Rente wegen Berufsunfähigkeit, die von einer weiteren (Teilzeit)-Erwerbsfähigkeit ausgeht, soll zwei Drittel des Lebensstandards sichern, der Rentenfaktor beträgt deshalb 0,6667.

Aus Platzgründen muß auf eine ausführlichere Darstellung des deutschen Rentenrechts verzichtet werden.

1.	Renten wegen Alters	1,0
2.	Renten wegen Berufsunfähigkeit	0,6667
3.	Renten wegen Erwerbsunfähigkeit	1,0
4.	Erziehungsrenten	1,0
5.	kleine Witwenrenten und kleine Witwerrenten	
	während des sog. Sterbevierteljahrs	1,0
	anschließend	0,25
6.	große Witwenrenten und große Witwerrenten	
	während des sog. Sterbevierteljahrs	1,0
	anschließend	0,6
7.	Halbwaisenrenten	0,1
8.	Vollwaisenrenten	0,2

Abbildung 4: Rentenartfaktoren

Jahr[2]	Monatliche Rente[3] bei		Brutto-		Netto-	
			rentenniveau[4] bei			
	40	45	40	45	40	45
	anrechnungsfähigen Versicherungsjahren					
	DM		%			
1957	214,10	240,90	50,9	57,3	59,3	66,7
1958	214,10	240,90	48,2	54,2	56,7	63,8
1959	227,10	255,50	48,6	54,7	57,1	64,2
1960	240,60	270,70	47,3	53,2	56,2	63,2
1961	253,60	285,30	45,3	50,9	54,2	60,9
1962	266,30	299,60	43,6	49,1	52,5	59,0
1963	283,90	319,40	43,8	49,3	53,0	59,6
1964	307,10	345,50	43,5	49,0	52,9	59,5
1965	335,90	377,90	43,7	49,1	52,7	59,3
1966	363,80	409,30	44,1	49,6	53,9	60,7
1967	392,90	442,00	46,1	51,9	56,7	63,7
1968	424,50	477,60	47,0	52,9	57,3	64,5
1969	459,80	517,30	46,6	52,4	57,7	65,0
1970	489,00	550,20	44,0	49,5	56,8	63,9
1971	515,90	580,40	41,5	46,6	54,4	61,2
1972	600,40	675,50	42,2	47,5	57,0	64,2
1973	668,60	752,20	41,6	46,8	56,3	63,4
1974	743,50	836,50	41,6	46,8	57,0	64,1
1975	826,00	929,30	43,2	48,6	59,0	66,4
1976	916,90	1 031,50	44,8	50,4	62,8	70,7
1977	1 008,10	1 134,10	46,3	52,1	65,6	73,8
1978	1 008,10	1 134,10	46,1	51,9	64,6	72,7
1979	1 053,40	1 185,10	45,7	51,4	63,8	71,7
1980	1 095,60	1 232,50	44,6	50,2	63,2	71,1
1981	1 139,40	1 281,80	44,2	49,8	62,9	70,8
1982	1 205,00	1 355,60	44,9	50,5	64,6	72,7
1983	1 272,30	1 431,30	44,6	50,2	64,5	72,6
1984	1 315,50	1 480,00	45,3	50,9	65,2	73,4
1985	1 355,00	1 524,40	45,4	51,1	65,1	73,2
1986	1 394,30	1 568,60	45,0	50,7	63,6	71,6
1987	1 447,30	1 628,20	45,2	50,8	64,1	72,1
1988	1 490,70	1 677,10	45,3	51,0	63,8	71,8
1989	1 535,50	1 727,40	45,3	51,0	64,3	72,4
1990	1 583,10	1 781,00	44,6	50,2	60,1	67,6
1991	1 657,50	1 864,70	43,8	49,2	60,8	68,4
1992	1 705,20	1 918,35	43,1	48,5	60,7	68,2
1993	1 779,60	2 002,05	43,4	48,9	61,0	68,6
1994	1 840,00	2 070,00	rd. 44,5	rd. 50	rd. 63	rd 71

1) Altersrenten (Bestandrenten) in der Rentenversicherung der Arbeiter und der Angestellten der alten Bundesländer
2) Angaben teilweise vorläufig, 1994 teilweise geschätzt
3) für Juli; brutto; bei Durchschnittsverdienst (persönliche Bemessungsgrundlage von 100 %)
4) im Kalenderjahr; Brutto- bzw. Nettorente gemessen am Brutto- bzw. Nettoarbeitsentgelt

Abbildung 5: Rentenniveau

III. Der demographische Wandel in Deutschland

1890 bis heute

Bei der Einführung der Bismarckschen Rentenversicherung waren 34,8 Prozent der Bevölkerung unter 15 Jahre alt, 60,2 Prozent waren zwischen 15 und 65 Jahre alt, rund 5 Prozent 65 Jahre oder älter. Auch die Haushaltsgrößen haben mit der Gegenwart nichts gemeinsam, im Jahre 1910 zählte man je Privathaushalt durchschnittlich 4,4 Personen, der Anteil der Ein-Personen-Haushalte lag nur bei etwa 7 Prozent.[22]

Die Lebenserwartung hat seit Beginn des Jahrhunderts, wie schon erwähnt, stark zugenommen und steigt noch weiter. Innerhalb von zehn Jahren – 1983 bis 1993 – ist die Lebenserwartung 65jähriger um 1,4 Jahre gestiegen, jährlich um 1,7 Monate. Für einen 65jährigen Mann, der in der Zeit von 1988 bis 1990 erstmals Altersrente erhalten hat, verlängert sich die voraussichtliche Rentenbezugszeit um rund 15 Prozent gegenüber einem entsprechenden Arbeitnehmer, der zwischen 1960 und 1962 mit 65 Jahren in den Ruhestand getreten ist.[23] »Hätten wir die gleiche Rentenlaufzeit wie 1960, so läge der Beitragssatz heute bei rund 12 Prozent«, erläutert der Geschäftsführer des Verbandes Deutscher Rentenversicherungsträger Ruland.[24]

Die prognostizierten demographischen Veränderungen

Die Entwicklung der Bevölkerung hängt von nur drei Komponenten ab, nämlich der Geburtenrate, der Sterblichkeit und der Migration. In seiner achten koordinierten Bevölkerungsvorausberechnung (bis zum Jahr 2040) geht das Statistische Bundesamt von folgenden Annahmen aus: Erstens bleibt es bei den Geburten in den alten Bundesländern auf dem niedrigen Niveau (1,4 Kinder pro Frau), auf dem sie sich seit zwei Jahrzehnten befinden.[25] In den neuen Bundesländern war die Geburtenrate nach der Wiedervereinigung auf den weltweit beispiellos niedrigen Wert von 0,79 abgefallen. Das Statistische Bundesamt schätzt jedoch, daß sie sich bis zum Jahr 2005 der Rate in den alten Bundesländern angleicht. Des weiteren beruht die Bevölkerungsprognose des Wiesbadener Instituts auf der Annahme, daß die Lebenserwartung Neugeborener (in den alten Bundesländern) von derzeit 73,2 Jahren bei den Männern und 79,6 Jahren bei den Frauen bis zum Jahr 2000 noch um jeweils 1,5 Jahre zunimmt und dann konstant bleibt. Für die neuen Länder und Ostberlin (derzeit 70 und 77,2 Jahre) werden sich die Verhältnisse bis spätestens 2030 an den Westen der Republik angeglichen haben. Die am schwierigsten abzuschätzende Variable ist die Entwicklung der Zuwanderung. Während die Zuwanderung von Aussiedlern in den nächsten Jahren absinken und bis 2010 zum Stillstand gekommen sein wird, läßt sich über die Einwanderung von Ausländern wenig Konkretes sagen, da sie maßgeblich vom Reichtumsgefälle zwischen In- und Ausland abhängt und letzlich über politische Willensentscheidungen gesteuert wird. Deshalb haben die Wiesbadener drei Möglichkeiten durchgerechnet: Variante 1 geht von einer jährlichen Netto-Einwanderung von 100 000 aus, Variante 2 von 200 000 und Variante 3 von 300 000 Menschen.[26]

Die Prognose kommt zu folgenden Ergebnissen: Die Sterbefälle überwiegen die Geburten praktisch im gesamten Betrachtungszeitraum, gleichermaßen übersteigen die Zuzüge die Fortzüge deutlich. Die Zuwanderungsüberschüsse übersteigen anfangs die Sterbefallüberschüsse der deutschen Bevölkerung. Aber schon nach dem Jahr 2000 fallen bei den Varianten 1 und 2 die Geburtendefizite höher als die Wanderungssalden aus. In Variante 3 mit der höheren Zuwanderung wird dieser Übergang erst nach dem Jahr 2010 erreicht. Nach sämtlichen Varianten nimmt die Bevölkerung Deutschlands noch bis zum Jahr 2000 (Variante 1), 2003 (Variante 2) oder 2010 (Variante 3) zu und geht dann bis zum Ende der Vorausberechnung zurück.[27] Nach Variante 1 wird 2040 ein Bevölkerungsstand von 67,6 Millionen Einwohnern erreicht, Varianten 2 und 3 kommen zu 72,4 und 77,1 Millionen Menschen. Der vorausgesagte Altersaufbau der Bevölkerung im Jahr 2040 spiegelt deutlich die demographischen Veränderungen der letzten Jahrzehnte wieder. Die geburtenstarken Jahrgänge um 1965 haben zu einem relativ breiten »Kopf« der Pyramide geführt. Der nach 1965 einsetzende Geburtenrückgang mit seiner stärksten Ausprägung Mitte der siebziger Jahre wirkt sich in einer entsprechend schwachen Belegung dieser Rentnerjahrgänge im Jahr 2040 aus. Die nach Mitte der siebziger Jahre bis 1990 auf einem etwas höheren Niveau stagnierenden schlagen sich – zusammen mit einer starken Zuwanderung – in einer wieder stärkeren Besetzung jener Jahrgänge nieder, die im Jahr 2040 etwa 50 bis 60 Jahre alt sind. Der nach 1990 in den neuen Ländern einsetzende sehr starke Geburtenrückgang führt schließlich trotz hoher Zuwanderung zu einem entsprechenden Einschnitt der Generation, die 2040 etwa 45 bis 50 Jahre alt ist.

Nach der mittleren Variante der Modellrechnungen zur Bevölkerungsentwicklung des Bundesinnenministeriums wird bis zum Jahr 2030 der Anteil der über 60jährigen an der Gesamtbevölkerung von jetzt 20,7 Prozent auf 35,5 Prozent ansteigen. Dies bedeutet in absoluten Zahlen: Im Jahr 2030 werden mehr als 26 Millionen Einwohner über 60 Jahre alt sein gegenüber 16,9 Millionen im Jahre 1996. Die Zahl der unter 60jährigen wird nach dieser Schätzung bis zum Jahr 2030 um 19 Millionen auf dann 47,7 Millionen Einwohner zurückgehen.[28]

Die rentenpolitische Bedeutung der demographischen Veränderungen kann durch den sogenannten Altenlastenquotienten bestimmt werden, entsprechend der sozialstaatlichen Idee einer Umverteilung von den »aktiven« Mitgliedern der Bevölkerung zu den Rentnern. Er stieg von den fünfziger Jahren bis in die siebziger Jahre an, stagnierte dann bis hinein in die neunziger Jahre und hat nun einen ersten Anstieg begonnen, der sich in den ersten Jahrzehnten des nächsten Jahrhunderts steil fortsetzen wird, bis schließlich mit 73,5 Prozent im Jahr 2030 der Höhepunkt erreicht sein wird.[29] Der langfristige Anstieg des Altenquotienten ist primär auf den Rückgang der aktiven Bevölkerung zurückzuführen.[30]

Ein im gesamten Zeitraum deutlich geringerer Altenquotient ergibt sich, wenn man die Altersgrenze der Senioren von 60 auf 65 Jahre »heraufsetzt«, wie es im Hinblick auf das Rentenalter mit der Rentenreform 1992 geschehen ist. In diesem Fall liegt der

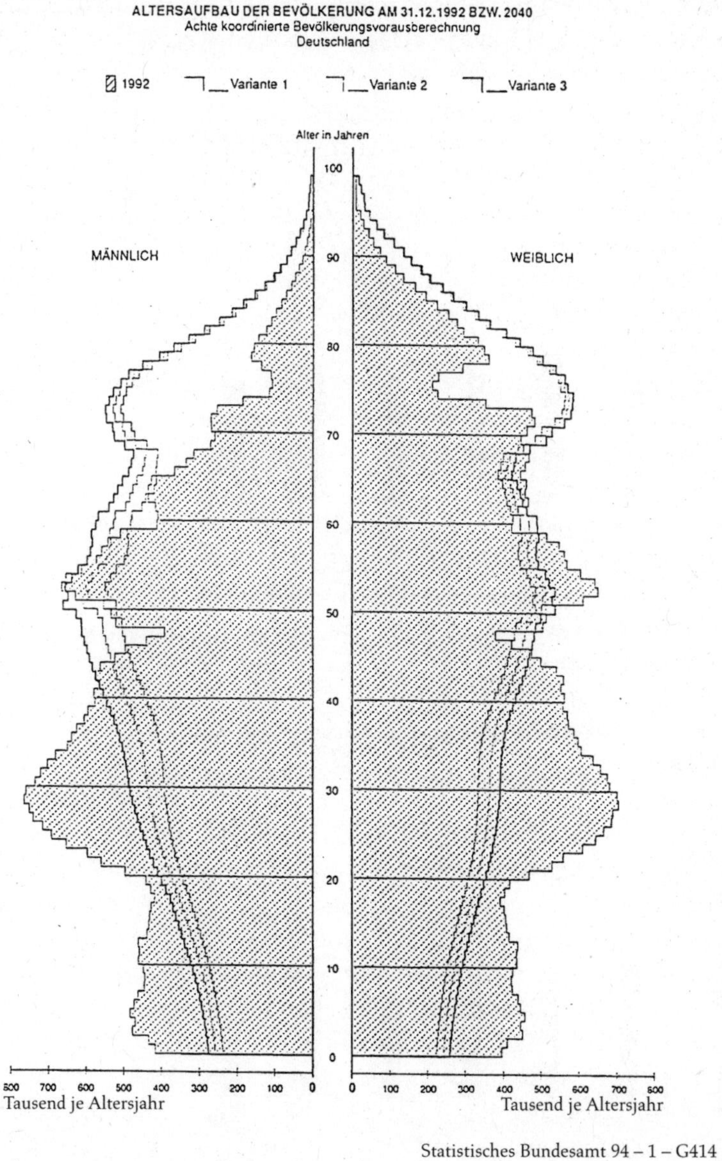

Abbildung 6: Altersaufbau der Bevölkerung am 31. 12. 1992 und 2040

Altenquotient im Jahr 2020 noch immer etwas niedriger als der für das Jahr 1992 ausgewiesene Quotient (berechnet bei einem Rentenalter von 60 Jahren).[31]

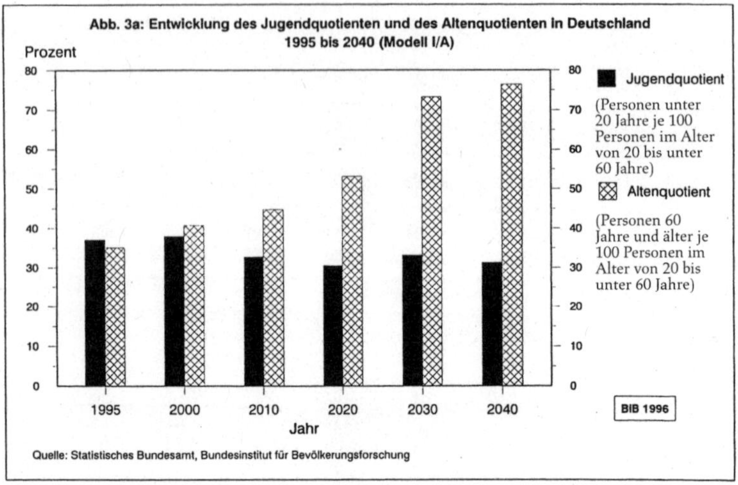

Abbildung 7a: Entwicklung des Jugend- und des Altenquotienten in Deutschland, beim Beginn der »Lebensphase Alter« mit 60 Jahren

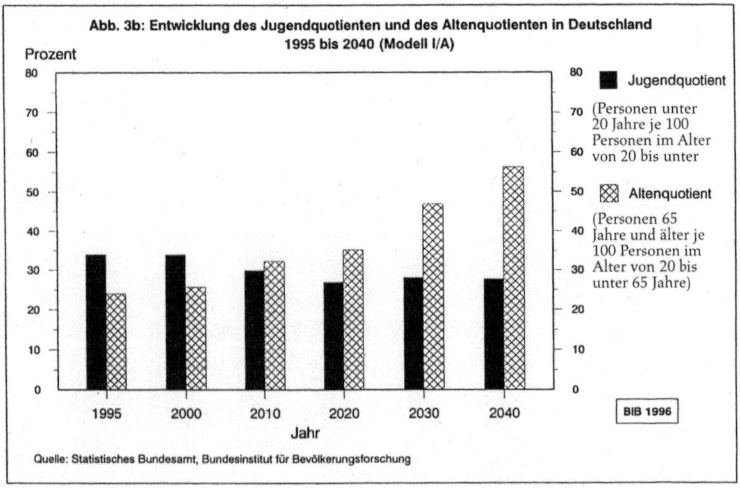

Abbildung 7b: Entwicklung des Jugend- und des Altenquotienten in Deutschland, beim Beginn der »Lebensphase Alter« mit 65 Jahren

Obwohl die Zuwanderung die vermutlich am einfachsten zu steuernde Determinante für die Bevölkerungsentwicklung ist, ändert auch eine verstärkte Zuwanderung an den Problemen der gesetzliche Rentenversicherung wenig. Die Ausbildung und Integration von Zuwanderern verlangt der Gesellschaft zunächst einmal hohe finanzielle Belastungen ab. Auch bei der ausländischen Bevölkerung stiege der Anteil der über 60jährigen von heute 5,5 Prozent auf 31,3 im Jahre 2040.[32]

Bewertung des demographischen Wandels

Angesichts der Prognosen – vor allem des Statistischen Bundesamtes – könnte leicht der Eindruck entstehen, die Deutschen stürben aus. Tatsächlich läßt sich bei einer Extrapolation der heutigen Trends genau das Jahr berechnen, an dem der (oder besser die) letzte Deutsche sterben wird. Derartige rein quantitative Prognosen sind jedoch mit Vorsicht zu genießen, ja im Grunde nur eine Spielerei. Sie schreiben die Vergangenheit in die Zukunft fort, selbst wenn es jeglicher Logik widerspricht. Bei einer qualitativen Zukunftsprognose ergibt sich ein anderes Bild. Es ist zu erwarten, daß sich die Geburtenhäufigkeit mittel- und langfristig wieder erhöhen wird, sei es freiwillig, sei es nachdem die Bundesregierung massive geburtenfördernde Maßnahmen eingeleitet hat. Eine qualitative Analyse käme vermutlich zu dem Ergebnis, daß sich die Einwohnerzahl Deutschlands in der ersten Hälfte des nächsten Jahrhunderts auf einem niedrigeren Niveau als heute stabilisieren wird.

Anders als in den vielfach zu hörenden Warnungen vor einem Aussterben der Deutschen kann der demographische Wandel also auch als ein »Gesundschrumpfen« begriffen werden, welches zumindest die ökologischen Belastungen und die Belastungen auf dem Arbeitsmarkt tendenziell verringert.[33] Eine ausschließlich negative Bewertung des Bevölkerungsrückgangs ist deshalb unangemessen. Einen allmählichen Rückgang der Erdbevölkerung allerorten kann man sich angesichts weltweiter Überbevölkerung eigentlich nur wünschen!

IV. Steigen die Beiträge zur Rentenversicherung in den Himmel?

Von der Alterung der Gesellschaft sind drei der fünf Säulen des Sozialversicherungssystems betroffen: die Rentenversicherung, die Pflegeversicherung und die gesetzliche Krankenversicherung. Anders als in der Arbeitslosen- oder Unfallversicherung findet in ihnen eine Umverteilung zwischen Jung und Alt statt. Am deutlichsten wird dies bei der Rentenversicherung, bei der die Beitragszahler – vereinfacht gesagt: die jüngere Generation – einzahlt und die ältere Generation die einbezahlten Gelder als ihre Rente ausbezahlt bekommt. Aber auch in der neu eingeführten Pflegefinanzierung sind die Leistungsbezieher fast ausschließlich Alte, während die gesamte Bevölkerung einbezahlt. Und auch in der gesetzlichen Krankenversicherung entfällt ein überproportionaler Anteil der Ausgaben auf die über 60jährigen. Zudem sind die verschiedenen Zweige der Sozialversicherung eng miteinander verflochten: So ist z.B. der Beitragssatz der gesetzlichen Rentenversicherung von der Veränderung des Beitragssatzes in der gesetzlichen Pflegeversicherung abhängig.[34] Am stärksten

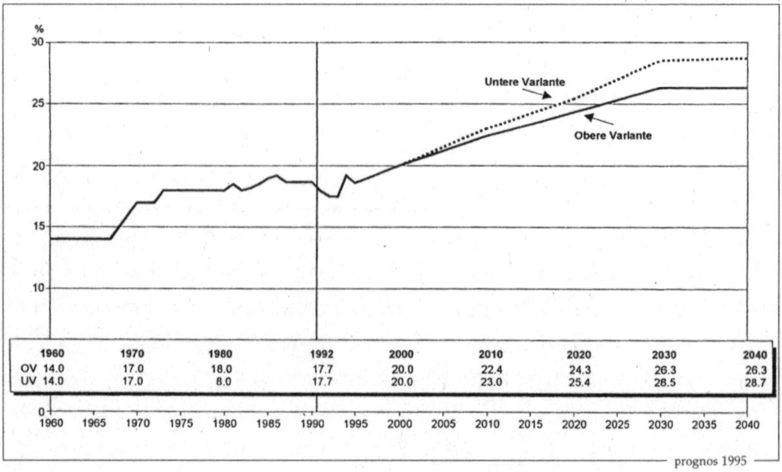

Abbildung 8: Entwicklung der Beitragssätze zur Sozialversicherung

betroffen von der Alterung der Gesellschaft ist jedoch die Rentenversicherung.

Die Rentenreform 1992 hat die Beitragssatzsteigerung im Vergleich zum alten Recht halbiert.[35] Trotzdem wird der Beitragssatz in der Rentenversicherung bis zum Jahr 2030 auf etwa 27,5 Prozent steigen, der Gesamtbeitragssatz zur Sozialversicherung sogar von heute knapp über 40 auf etwa 50 Prozent.[36] Dies sind die Mittelwerte der unterschiedlichen Varianten aus dem Prognos-Gutachten von 1995, welches in der Modellkonzeption und im methodischen Vorgehen das umfassendste aller Gutachten zur Rentenentwicklung ist.[37] Dennoch bleibt festzuhalten, daß der Beitragssatz zur Rentenversicherung bereits in den letzten beiden Jahren deutlich höher angehoben werden mußte als im Prognos-Gutachten vorhergesagt. Der Sozialbeirat weist in seinem Gutachten zum Rentenversicherungsbericht 1996 darauf hin, daß sich in den letzten Jahren die Prognosen bezüglich der Lohn- und Beschäftigungsentwicklung stets als zu optimistisch erwiesen haben.[38] Vor diesem Hintergrund ist der im Prognos-Gutachten berechnete Beitragssatz von 27,5 Prozent wohl eher als untere Grenze anzusehen. Realistischerweise müßten spätere Generationen weit über 30 Prozent Rentenbeiträge bezahlen, wenn die gesetzliche Rentenversicherung heute nicht reformiert wird.

V. Rentenreform – welcher Vorschlag taugt etwas?

Kriterien zur Bewertung von Rentenversicherungen

Angesichts der Finanzierungsprobleme wird die Debatte über die deutsche Rentenversicherung so offen und grundsätzlich geführt wie seit den fünfziger Jahren nicht mehr. Eine Vielzahl mehr oder minder weitgehender Reformvorschläge wird derzeit in den Medien und in Fachkreisen diskutiert. Auch die Rentensysteme unserer Nachbarländer werden zum Vergleich herangezogen, um zu erkennen, welches System seine Aufgabe am besten löst.

Als Beitrag zu dieser Grundsatzdiskussion zunächst ein paar prinzipielle Anmerkungen: Ein Rentenversicherungssystem bezieht seine Existenzberechtigung aus der Tatsache, daß alte Menschen keinen oder nur noch einen geringen Beitrag zum eigenen Lebensunterhalt leisten können. Zur Lösung dieses Problems ist eine Vielzahl von Systemen der Alterssicherung entwickelt worden.

Um Aussagen darüber machen zu können, welches System das beste ist, müssen Kriterien aufgestellt werden, nach denen sie beurteilt werden. Zu nennen wären:

- *Intergenerationelle Gerechtigkeit:* Keine Generation darf bevorzugt oder benachteiligt werden. Möglicherweise auftretende Belastungen der Rentenversicherung – seien sie nun durch den demographischen Wandel, Schwankungen am Arbeitsmarkt, Änderungen der Lebenserwartung oder der Selbständigenquote ausgelöst – müssen solidarisch auf die Generationen verteilt werden.[39] Das wichtigste Maß für die Generationengerechtigkeit ist die Rendite, die jede Generation aus der gesetzlichen Rentenversicherung erhält.
- *Effizienz:* Es ist ein System zu wählen, bei dem die einbezahlten Beiträge eine möglichst hohe Rendite im Alter bringen.
- *Lohn- und Beitragsbezogenheit (Leistungsgerechtigkeit):* Wer mehr Geld für die Alterssicherung aufgewandt hat (sei es durch mehr oder längere Einbezahlung von Beiträgen oder durch private Vorsorgeleistungen), der muß im Alter auch mehr zur Verfügung haben. Eine Einheitsrente, die jedem trotz unterschiedlicher Leistungen das gleiche gibt, verstößt gegen dieses Prinzip.[40]
- *Solidarität (Umverteilung):* Die Rentenversicherung hat andere Umverteilungselemente als das Steuersystem. Es sind dies rentenerhöhende Elemente wie Zurechnungszeiten oder Rente nach Mindesteinkommen. Allerdings steht das deutsche System dem Prinzip der Leistungsgerechtigkeit näher als als dem der Befürfnisgerechtigkeit, wie Norbert Blüm selbst schreibt.[41] Und weiter: »Durch die Reformen in den

letzten Jahren wurde gerade das Versicherungsprinzip gestärkt und die Umverteilung zurückgedrängt.«[42] Es besteht nun die Möglichkeit, ein zukünftiges System der gesetzlichen Rentenversicherung grundsätzlich nach dem Umverteilungsprinzip zu organisieren. Dafür spricht das Solidaritätsgebot, dagegen spricht das Argument, daß sich eine Umverteilung – in dem Ausmaß, wie sie gesellschaftlich gewünscht wird – problemlos über das progressiv gestaltete Steuersystem herbeiführen läßt. Auf jeden Fall kann eine solch grundlegende Änderung des Charakters unserer Rentenversicherung nur nach breiter gesellschaftlicher Diskussion und im Konsens beschlossen werden.

- *Abstandsgebot (Differenz zwischen Rente und Sozialhilfe):* Es muß auch nach einer Reform gewährleistet sein, daß die Durchschnittsrenten deutlich höher sind als das Sozialhilfeniveau. Man muß heute schon durchschnittlich 27 Jahre arbeiten, um einen Rentenanspruch in Höhe der Sozialhilfe zu erwerben. Das heutige Sozialhilfeniveau liegt bei rund 40 Prozent des durchschnittlichen Nettoarbeitsentgelts, das durchschnittliche Rentenniveau bei 71 Prozent.[43] Eine Zwangsversicherung, die keinen höheren Lebensstandard als das ohnehin garantierte Existenzminimum erbringt, führt sich selbst ad absurdum.[44]
- *Internationale Wettbewerbsfähigkeit:* Das Rentensystem darf kein Nachteil für die Volkswirtschaft im internationalen Wettbewerb sein. Dies betrifft bei einem Umlageverfahren besonders die Frage, ob Arbeitgeber oder Arbeitnehmer die Beiträge aufbringen. Wenn das Rentensystem die Arbeitskosten zu stark erhöht, werden Arbeitslosigkeit und ein Verlust der Wettbewerbsfähigkeit die Folgen sein.
- *Transparenz:* Teilen setzt *Urteilen* voraus. Die Solidarität der Bürger untereinander und damit ihre Bereitschaft zum Verzicht und zum Teilen beruht auf der Fähigkeit zum Urteilen, nämlich auf der Kenntnis der Zusammenhänge und der Einschätzung der eigenen Situation im Vergleich zu der der Mitbürger. Schon Mackenroth schrieb folgendes: »Wer einen anonymen Staatsapparat oder gar einen Finanzminister als

Gegenspieler hat, hat immer auch ein gutes Gewissen. Wenn man aber einen ehrlichen Menschen vor die Entscheidung stellt: entweder Du oder jener Ärmste, sage ehrlich, wer hat es dringender nötig? wird man doch auch noch eine ehrliche Entscheidung bekommen können.«[45] Die Unart vieler Sozialpolitiker, die geradezu verschleiern, was eine Sozialleistung kostet und wer dafür bezahlt, stellt langfristig die Akzeptanz des Systems selbst in Frage. In unserem heutigen Rentensystem herrscht ein unglaublicher Wirrwarr, der kaum noch zu durchschauen ist. Mit den Einzahlungen der Beitragszahler werden versicherungsfremde Leistungen finanziert, die mit dem Grundgedanken der Rentenversicherung nichts zu tun haben, zahlreiche Bevölkerungsgruppen sind von der Beitragspflicht ganz oder teilweise ausgenommen, bestimmte Berufsgruppen haben ihre eigenen Versorgungswerke etc. Keiner weiß mehr genau, wofür er eigentlich bezahlt und wo das Geld herkommt. Das neue Rentensystem muß aus einem Guß sein, so daß es jeder Bürger verstehen kann. Dies fördert die Akzeptanz und erleichtert Anpassungen, wenn sich die Rahmenbedingungen ändern. Die gesetzlichen Bestimmungen zur Alterssicherung sind in verständlicher Sprache zu verfassen; derzeit sind die Regeln nur dem Verständnis einer winzigen Minderheit zugänglich.

- *Unabhängigkeit der Rentenversicherung von politischen Eingriffen:* Angesichts der großen Finanzvolumina ist es wünschenswert, die Renten- und Beitragssatzentwicklung festen Formeln folgen zu lassen, anstatt sie zum Spielball der jährlichen Haushaltsberatungen zu machen.
- *Vertrauens- und Eigentumsschutz für bestehende Renten und Anwartschaften:* Die bisherigen Zusagen an Rentner und Beitragszahler dürfen durch eine Reform so wenig wie möglich rückgängig gemacht werden. Immerhin geht es um die Lebensplanung der Bürger.
- *Kosten des Übergangs:* Bei Reformvorschlägen, die einen Systemwechsel vorsehen, können Kosten des Übergangs anfallen. Dies ist ein negatives Kriterium bei der Bewertung der Lösungsvorschläge.

Im folgenden werden die wichtigsten Reformvorschläge dargestellt, die im Moment in der Öffentlichkeit diskutiert werden. Anschließend werden sie an den aufgestellten Kriterien geprüft.[46]

Das Kapitaldeckungsverfahren

Der vermutlich am meisten diskutierte Vorschlag für eine grundlegende Umgestaltung unseres Rentensystems geht in Richtung Kapitaldeckungsverfahren. Obwohl der grundsätzliche Vergleich zwischen diesen beiden Systemen schon in den fünfziger Jahren, vor der Rentenreform 1957, diskutiert wurde, wird erstaunlicherweise so gut wie nie auf die damalige Debatte Bezug genommen. Als Protagonisten des Wechsels können die Ökonomen Hans Glismann und Ernst Jürgen Horn vom Kieler Weltwirtschaftsinstitut gelten.[47]

Die Mackenroth-Hypothese (vgl. Seite 181–188) wird nicht thematisiert oder abgelehnt, folglich kommen die Verfechter des Kapitaldeckungsverfahrens zu folgenden Schlüssen:

- Die Beitragszahler erhalten eine Rente, die ihren vergangenen Sparleistungen entsprechen wird; diese Rente wird sich aus der Verzinsung des individuell angesparten Kapitals und dem Verzehr des Kapitalstocks zusammensetzen.
- Die künftigen Renten sind – verglichen mit dem Umlagesystem – fast völlig sicher; außerdem sind sie, bei gleichen Sparleistungen, erheblich höher.
- Die nationale Bevölkerungsentwicklung hat keinen Einfluß auf die Rentenhöhe.
- Die Höhe der künftigen individuellen Rente wird weder von der Zahl der Beitragszahler noch vom durchschnittlichen Rentenniveau abhängen. Es gibt keine von Politikern vorgegebene »Rentenformel« mehr. Auch die jetzt geltenden und die künftig sicher notwendigen Rentenreformgesetze wären überflüssig.
- Jeder Beitragszahler behält individuelle Eigentumsrechte an seinem Sparkapital; dieses Kapital ist in voller Höhe (abzüglich eventueller Erbschaftssteuer) vererbbar.

Jeder Sparer kann seine Lebensarbeitszeit weitgehend selbst bestimmen. Ob der Kapitalstockeigner bis an sein Lebensende arbeitet und spart, oder ob er etwa im Alter von 40 Jahren seine Rente beziehen möchte, ist ihm selbst überlassen; im ersten Fall kämen der Kapitalstock und seine Verzinsung den Erben zugute, im letzten Fall wäre die Rente – wie die Verzinsung auch – geringer als bei einer längeren vorhergehenden Sparphase.[48]

»Dieses Verfahren kennt, *wie unmittelbar einleuchten dürfte* [Hervorhebung durch den Verfasser], keine Finanzierungsengpässe. Gleichgültig, wie der Altersaufbau der Bevölkerung ist, wie hoch die Arbeitslosigkeit oder wie die wirtschaftliche Entwicklung sein mag, die so definierte und gebildete ›Rentenkasse‹ ist immer zahlungsfähig, und die Höhe der individuellen Renten ist grundsätzlich und auf lange Sicht vorhersehbar und jederzeit abfragbar. Auch die Inflation kann nur sehr geringen Einfluß auf die Renten haben, solange die Zinsen auf dem Kapitalmarkt sich frei bilden können und demzufolge den Inflationsausgleich inkorporieren. Das Kapitalstockverfahren kann als marktwirtschaftlich ideales Verfahren bezeichnet werden, weil in ihm die individuellen Präferenzen des Sparers berücksichtigt werden, weil die Verfügungsgewalt über das angesparte Vermögen ständig in seiner Hand bleibt und weil es Dritten grundsätzlich nicht erlaubt ist, seine Verfügungsrechte einzuschränken.«[49]

Die Ökonomen, denen dies nicht unmittelbar einleuchtet (sicherlich die Mehrzahl), bringen allerdings gewichtige Gegenargumente vor.

Der Übergang ist der entscheidende Haken an der Sache

Von allen Befürwortern eines Kapitaldeckungsverfahrens wird zugegeben, daß der Übergang ein sehr schwieriges Problem ist.[50] Dies ist keineswegs eine Detailfrage, sondern der entscheidende Grund, warum für die deutsche Gesellschaft ein vollständiger Umstieg zum Kapitaldeckungsverfahren *heute,* nach 40 Jahren Umlageverfahren, keine Alternative mehr ist. Bei der Einführung eines Umlageverfahrens ist die Generation, die sich dann gerade im Rentenalter befindet, die große Gewinnerin. Ohne jemals

Beiträge bezahlt zu haben, erhält sie sofort eine Rente, da die Beiträge der Aktivengeneration sofort umgeschlagen werden. Die Kehrseite ist allerdings, daß das System kontinuierlich weiterlaufen muß, soll nicht die letzte Generation von Beitragszahlern leer ausgehen.[51] »Das Umlageverfahren ist eine Einbahnstraße«, sagt der Sachverständigenrat, was den Einstieg in das System so einfach mache, erschwere nicht nur den Ausstieg, sondern auch jede grundlegende Umstellung.[52] Da die bestehenden, im Umlageverfahren erworbenen Anwartschaften vom Bundesverfassungsgericht garantiert worden sind, kann in sie nicht wesentlich eingegriffen werden. Bei der Umstellung auf ein Kapitaldeckungsverfahren würde die erwerbstätige Generation doppelt belastet: Sie müßte das auslaufende bestehende System in der Übergangsphase mehrere Jahrzehnte lang finanzieren und zugleich die Kapitaldeckung für die eigene Alterssicherung aufbauen.[53]

Eine Generation würde in jedem Fall verlieren: entweder die heutige Rentnergeneration, wenn man ihre Ansprüche völlig streichen würde – dies aber ist undenkbar – oder die heute jüngere Generation, indem man sie praktisch für zwei Generationen die Renten aufbringen läßt. Auch dieser Vorschlag sollte eigentlich undenkbar sein.

Um das Übergangsproblem zu lösen, fordern Glismann und Horn, die bestehenden Rentenverpflichtungen in langfristige Staatsschuldpapiere umzuwandeln.[54] Dabei müssen zwei Gruppen von Anspruchsberechtigten unterschieden werden: die Rentner und die noch Erwerbsfähigen, die bereits durch Beitragszahlungen Ansprüche erworben haben. Für die zweite Gruppe sollen ewige Staatsanleihen mit einem Realzins von 2,5 Prozent ausgegeben werden. Die Ansprüche der heutigen Rentner sind durch ein Rentenschuldenkonto abzugelten, das in seiner Höhe den jetzigen Rentnern eine reale Bestandsgarantie gibt.[55]

Zu diesem Vorschlag ist folgendes zu sagen: Zunächst einmal ist die Ausgabe von (inflationsgeschützten) Realzinsanleihen nach § 3 des Währungsgesetzes verboten. Bei einem heutigen Kapitalmarktzins von rund sechs Prozent würde niemand die Anleihen kaufen. Die heutigen Rentenansprüche und -anwartschaften entsprechen einem Wert von zehn Billionen Mark, dies ist doppelt soviel wie der Wert des gesamten deutschen industriellen Vermögens.[56] Ein Kapitalstock in dieser Größenordnung ließe sich auf dem Rentenmarkt nicht unterbringen. Davon einmal abgesehen, würde sich die heutige Staatsschuld auf einen Schlag verfünffachen, der Schuldenstand betrüge 277 Prozent des Bruttoinlandsproduktes[57] (Maastricht-Kriterium: 60 Prozent des BIP).*

Da die Tilgung erst in der Zukunft läge, müßte die heute produktive Generation die Renten der heutigen Rentner nicht oder nur zu einem geringen Anteil bezahlen und könnte sich ihre eigene Rente ohne Doppelbelastung selbst ansparen. Allerdings würden spätere Generationen belastet, während die heutigen Rentner überhaupt keine Belastungen zu tragen hätten. Diesen Vertrauens- und Eigentumsschutz sehen Glismann/Horn als einen der größten Vorteile des Modells. *Doch wäre dies ein Verstoß gegen das Prinzip der Generationengerechtigkeit,* weil die heutige Rentnergeneration bessergestellt würde als spätere Generationen. Der Umstieg auf ein Kapitaldeckungsverfahren hat nicht nur bei den heutigen Mehrheiten im Bundestag keine Chance auf Durchsetzung, er ist auch inhaltlich mehr als fragwürdig.

Der zweite Vorschlag der Befürworter des Kapitaldeckungsverfahrens für den Übergang zielt darauf, den Staat für die Rentenansprüche aufkommen zu lassen. Wie aber schon oben gesagt, liegt dieser Betrachtung ein Denkfehler zugrunde. Schließlich finanziert die aktive Generation über ihre Steuereinnahmen maßgeblich den Staat. Der Staat ist nichts anderes als seine steuerzahlenden Bürger. Auch hier würde also die jüngere Generation doppelt geschröpft.

Es gibt keine Lösung für das Problem des Übergangs. Der Übergang 1957 zum heutigen Umlageverfahren muß als praktisch unumkehrbare Entscheidung bezeichnet werden.

* Das Bruttoinlandsprodukt (BIP) ist – verkürzt gesagt – die Summe aller Güter und Dienstleistungen, die innerhalb eines Jahres auf dem Territorium eines Landes erwirtschaftet wurde.

Grundsätzliche Gegenüberstellung von Umlage- und Kapitaldeckungsverfahren

Unabhängig vom Problem des Übergangs stellt sich die Frage, ob das Kapitaldeckungsverfahren grundsätzlich dem Umlagesystem überlegen ist.

Der Ökonom Friedrich Breyer hat versucht, Kapitaldeckungsverfahren und Umlageverfahren in Bezug auf ihre Effizienz zu vergleichen.[58] In seinem Basismodell mit sehr restriktiven Annahmen (exogener realer Zinssatz, exogene Lohnwachstumsrate, identische Präferenzen der Individuen, kein Vererbungsmotiv, kein Altruismus, perfekter Kapitalmarkt) kommt er zu folgenden Schlußfolgerungen:

1. Im Kapitaldeckungsverfahren entspricht die Rendite dem Marktzinssatz.
2. Im Umlageverfahren ist die Rendite gleich der Summe aus Bevölkerungs- und Lohnwachstumsrate.

Scheinbar muß man nur diese drei Größen – Zinssatz, Wachstumsrate der Bevölkerung und des Lohnsatzes – ermitteln, um sagen zu können, welches Modell in Zukunft die höheren Renditen erbringen wird. Die entscheidende Schwäche des Modells ist die Annahme, daß der reale Zinssatz beziehungsweise der (monetäre) Kapitalmarktzins unabhängig von der Bevölkerungsentwicklung seien.[59]

Wegen der begrenzten Aufnahmefähigkeit des Rentenmarktes müßten die Ersparnisse in Produktivvermögen – sprich Aktien und Beteiligungen – angelegt werden. Wenn nun ein geburtenstarker Jahrgang ins Rentenalter käme und seine Geldanlage liquidierte, so bewirkte dies einen hohen Verkaufsdruck auf dem Aktienmarkt. Bei Verkäufen in dieser Größenordnung käme es zu einem empfindlichen Wertverlust, der die Rendite des Kapitaldeckungsverfahrens, die bis dahin theoretisch (d.h. solange die Kursgewinne noch nicht realisiert waren) relativ hoch gewesen zu sein schien, drastisch schmälern würde.[60] In einer alternden Gesellschaft würde die Rendite also auch dann sinken, wenn sie ihre gesetzliche Rentenversicherung nach dem Versicherungsprinzip organisiert hätte.

Die Gegner des Kapitaldeckungsverfahrens äußern zudem ordnungspolitische Bedenken. »Ein Kapitaldeckungssystem bedeutet Machtzusammenballung bei den Kapitalsammelstellen. Amerikanische Pensionsfonds haben auf diesem Weg schon erhebliche Marktmacht erlangt. Der Wettbewerbswirtschaft hat das nicht gut getan«, warnt Bundesarbeitsminister Blüm.[61]

Von den Befürwortern eines Kapitaldeckungsverfahrens wird noch angeführt, die gewaltigen Kapitalmassen könnten für die heute an Kapitalmangel leidenden kleinen und mittleren Unternehmen und Existenzgründer bereitgestellt werden.[62] Hierauf ist zu antworten, daß es auch heute keinen Kapitalmangel gibt. Die Probleme von jungen, wachstumsorientierten Unternehmen liegen vielmehr in einer unzureichenden Organisation der Kapitalmärkte, durch die Angebot und Nachfrage häufig nicht zusammenfinden.

Ein weiteres Problem wäre sicherlich, in welcher Weise und inwieweit Elemente des sozialen Ausgleichs in ein Kapitaldeckungsverfahren integriert werden könnten. Systemimmanente Umverteilungselemente gibt es dort nicht. Einen Umstieg vom Umlagesystem auf ein staatliches Zwangssparen im Rahmen des Kapitaldeckungssystems ohne Umverteilungselemente jeglicher Art würden wohl die Gewerkschaften und die deutsche Linke nicht hinnehmen.

Schon heute ist ja, was in der Diskussion oft vergessen wird, die dritte Säule der Altersversorgung – die freiwillige, private Vorsorge – vollständig im Kapitaldeckungsverfahren organisiert. Es wäre sicherlich wünschenswert, wie die private Versicherungswirtschaft fordert, private Altersvorsorge stärker als bisher zu fördern und dadurch den Anteil der im Kapitaldeckungsverfahren betriebenen volkswirtschaftlichen Altersvorsorge moderat zu erhöhen. Etwas grundsätzlich anderes ist ein Modell des Zwangssparens im Kapitaldeckungsverfahren, wie es der CDU-Politiker Andreas Storm vorgelegt hat, um den »Rentenberg«, also die Maximalbelastung der gesetzlichen Rentenversicherung um das Jahr 2030, zu untertunneln.[63]

Volkswirtschaftlich würde ein Übergang zum Kapitaldeckungsverfahren zunächst einen massiven Konsumverzicht und Nachfragerückgang bewirken, da der Kapitalstock zunächst einige Jahre lang aufgebaut werden muß, bevor man später von ihm zehren kann. Dies würde in der gegenwärtigen Lage der Bundesrepublik die Konsumschwäche noch verstärken. Aus diesem Grund ist auch ein Teilkapitaldeckungsverfahren (»Generationenfonds«), wie es Storm und zehn Jahre vor ihm schon Schwarz-Schilling vorgeschlagen hat,[64] abzulehnen.

Die Mackenroth-Hypothese

Die legendäre Mackenroth-These, die der Wirtschaftswissenschaftler und Soziologe Gerhard Mackenroth auf einer Tagung des damals renommierten »Vereins für Socialpolitik« am 19. April 1952 aufstellte, ist bis heute eines der wichtigsten Argumente in der Theorie der Altersversorgung. Mackenroths Vortrag war maßgeblich dafür verantwortlich, daß gegen den erbitterten Widerstand der privaten Versicherungswirtschaft das Umlageverfahren in Deutschland durchgesetzt wurde. Es lohnt deshalb, die These im Orginal zu lesen:

»Nun gilt der einfache und klare Satz, daß aller Sozialaufwand immer aus dem Volkseinkommen der laufenden Periode gedeckt werden muß. Es gibt gar keine andere Quelle und hat nie eine andere Quelle gegeben, aus der Sozialaufwand fließen könnte, es gibt keine Ansammlung von Fonds, keine Übertragung von Einkommensteilen von Periode zu Periode, kein ›Sparen‹ im privatwirtschaftlichen Sinne -, es gibt einfach gar nichts anderes als das laufende Volkseinkommen als Quelle für den Sozialaufwand. Das ist auch nicht eine besondere Tücke oder Ungunst unserer Zeit, die von der Hand in den Mund lebt, sondern das ist immer so gewesen und kann nie anders sein. ... Irgendeine volkswirtschaftliche Parallele zum Vorgang der privatwirtschaftlichen Versicherung gibt es nicht. Die volkswirtschaftliche Problematik läßt sich nicht dadurch lösen oder beiseite schieben, daß man nach den Grundsätzen eines ordentlichen Kaufmanns private Risiken versichert. Volkswirtschaftlich gibt es nämlich keine Ansammlung eines Konsumfonds, der bei Bedarf konsumiert werden kann und dann gewissermaßen zum Volkseinkommen einer späteren Periode eine willkommene Zugabe wäre. Jede Fondsansammlung wird in der Geldwirtschaft zu volkswirtschaftlicher Kapitalbildung, einmal gebildetes Kapital kann aber nicht wieder in Sozialaufwand, d.h. Konsumgüter umgesetzt werden. Fabriken, Anlagen, Maschinen kann man nicht mehr verzehren. Wenn eine private Versicherungsgesellschaft in der Auswahl ihrer Risiken besonders unvorsichtig war und in Schwierigkeiten kommt, so kann sie ihre Aktiven natürlich liquidieren, indem sie sie verkauft und den Erlös an die Versicherten ausschüttet, vorausgesetzt, daß sie andere Geldgeber findet, die sie ihr abkaufen. Insoweit kann sie ihre Hypotheken, Obligationen und Pfandbriefe in laufenden Konsum umsetzen. Wenn aber alle Versicherungsgesellschaften oder die Sozialversicherungsträger im großen Stile das gleiche tun wollten, so würden nur die Pfandbriefe und Obligationen usw. gewaltig im Kurse sinken. Vielleicht könnte dadurch das neue Sparkapital in diese Anlagen gezogen werden, es würde aber damit nur der Anlage in neuem Realkapital entzogen werden, die Investitionsrate würde sinken. ... Kapitalansammlungsverfahren und Umlageverfahren sind also der Sache nach gar nicht wesentlich verschieden. Volkswirtschaftlich gibt es immer nur ein Umlageverfahren, d.h. eben: aller Sozialaufwand wird auf das Volkseinkommen des Jahres umgelegt, in dem er verzehrt wird. ... Man darf sich also nicht wegen eines angesammelten Kapitalstocks in besonderer Sicherheit wiegen und glauben, nun kann nichts passieren. Andererseits soll man sich wegen eines fehlenden solchen Fonds auch keine allzu großen Sorgen machen.«[65]

Mackenroth weist auf den volkswirtschaftlichen Grundzusammenhang hin, daß Sparguthaben nicht friedlich auf der Bank schlummern, sondern daß volkswirtschaftlich gesehen S=I, Sparen gleich Investieren ist. Das Problem sei nach Oswald von Nell-Breuning nicht das Sparen, sondern das Entsparen, also das Umwandeln von Gebrauchsgütern in Konsumgüter, wenn die ältere Generation ihre Ersparnisse wieder auflösen will. »In langdauernd nutzbare Gebrauchsgüter investiertes Kapital läßt sich nur desinvestieren, indem wir es im Gebrauch abnutzen, die Wohnungen ›abwohnen‹ und die nicht mehr bewohnbaren abreißen; in Produktionsmittel investiertes Kapital wird desinvestiert, indem wir es im Betrieb verschleißen und die nicht mehr betriebsfähigen (oder technisch überholten) Produktionsmittel verschrotten. Im ersteren Fall ergibt die Desinvestition einen Haufen Schrott, im letzteren einen Haufen Schrott, aber niemals Güter des laufenden Verbrauchs, die für den Lebensunterhalt verwendbar wären.«[66]

Der Versuch einer Generation, sich ihre eigene Altersversorgung anzusparen, ohne die nächste produktive Generation zu belasten, sei also zum Scheitern verurteilt. Jede Altengeneration müsse aus dem unterhalten werden, was die jeweils aktive Generation in der gleichen Periode produziert. Wichtig sei allein, daß der reale, gütermäßige Gegenwert aller Einkommen, die von der letzten Generation erarbeitet worden seien, stets von der jeweils aktiven Generation geschaffen werden müsse. Monetäre Vorgänge, wie z.B. Inflation, hätten keinen Einfluß auf die Richtigkeit der Mackenroth-Hypothese. Der »Geldschleier« sei letztlich bedeutungslos. Als Beispiel kann man sich vorstellen, daß eine Generation ihre Ersparnisse im Kapitaldeckungsverfahren in langfristigen Staatsanleihen anlegt. Wenn diese Generation ihre Ersparnisse 30 Jahre später wieder liquidieren will, so wird der Staat angesichts einer dann niedrigeren Aktivenzahl Probleme haben, sich zu refinanzieren. Es bestehen nun zwei Möglichkeiten: Er kann die Anleihen durch Inflation entwerten, oder er kann die Steuern erhöhen, um sich zu refinanzieren. Im ersten Fall hat die Rentnergeneration bei der Verteilung des Sozialproduktes der laufenden Periode schlecht abgeschnitten, im zweiten Fall ist sie günstig weggekommen. In beiden Fällen ist sie jedoch aus den Erträgen der aktiven Generation unterhalten worden, ihr Versuch, sich selbst etwas fürs Alter anzusparen, ist fehlgeschlagen.

Die Mackenroth-Hypothese – der Konsum einer Bevölkerung könne nur aus dem Sozialprodukt der laufenden Periode befriedigt werden – gilt den Anhängern des Umlageverfahrens als unumstößliche Weisheit, wird dagegen von den Anhängern des Kapitaldeckungsverfahrens schlicht als »falsch« bezeichnet.[67] Wenn Mackenroth recht hat, so werden bei einer schrumpfenden Bevölkerungszahl die Altersversorgungssysteme in Schwierigkeiten geraten, sowohl bei einer Umlagefinanzierung wie auch bei einer vollständigen Anwartschaftsdeckung.

Allerdings lassen sich dagegen folgende Einwände vorbringen: Mackenroth ging wie fast alle Nationalökonomen – so nannte sich die Zunft noch in den fünfziger Jahren – von einer geschlossenen Volkswirtschaft aus. Heute aber gibt es einen globalisierten Kapitalmarkt, auf dem täglich 1,5 Billionen Dollar umgesetzt werden.[68] In einem solchen Markt, an dem Dutzende von Ländern beteiligt sind, ist es unwahrscheinlich, daß Verkaufswellen in einem einzelnen Land, selbst wenn es um Hunderte von Milliarden Mark geht, die Kurse nennenswert beeinflussen können. Theoretisch könnten zwei Länder, deren Bevölkerungsentwicklungen immer gegensätzlich verlaufen, durch Auslandsinvestitionen im jeweils anderen Land ihre Alterssicherungssysteme sichern. Allerdings läßt sich hier wiederum als Gegenargument anführen, daß fast alle Industriestaaten vor ähnlichen demographischen Herausforderungen, nämlich sinkenden Geburtenraten, stehen.[69] Und glaubt wirklich jemand ernsthaft daran, daß die rasch wachsenden Bevölkerungen unterentwickelter afrikanischer Länder einmal unsere Rente bezahlen werden?

Der zweite Einwand richtet sich vor allem gegen die Annahme, daß ein Entsparen nicht möglich sei (»Maschinen kann man nicht verzehren«). Dieser Satz wurde von der privaten Versicherungswirtschaft am schärfsten angegriffen, denn schließlich stellt er ihre gesamte Geschäftstägigkeit in Frage.[70] Was ist dazu zu sagen? In der monetären Sphäre ist der Satz offensichtlich falsch. Denn bekanntlich kann man Maschinen, Häuser oder Aktien wieder zu Geld machen, dazu muß man sie bloß verkaufen. Wenn also eine Generation 1 in jungen Jahren diese Werte kauft und sie im Alter wieder verkauft, so wird sie unter der Prämisse, daß die dann junge Generation 2 dieselbe Kaufkraft hat (stationäre Volkswirtschaft), den gleichen, einen niedrigeren oder einen höheren Preis erzielen, je nachdem ob Generation 2 gleich groß, kleiner oder größer als Generation 1 ist. Allerdings sind die Ersparnisse von Generation 1 je nach Anlageform mehr oder minder stark von Inflation bedroht. Im Fall einer schrumpfenden Bevölkerung – um diesen geht es hier – wird der monetäre Erlös für die Ersparnisse von Generation 1 tendenziell niedriger sein, die reale Verzinsung ist negativ. Nichtsdestotrotz ist wenigstens teilweise ein Vermögensübertrag in die Zukunft möglich.

Aber auch in der realwirtschaftlichen Sphäre ist Sparen und Entsparen sehr wohl möglich. So kann Generation 1 in jungen Jahren Häuser bauen und diese im Alter insofern »verzehren«, als sie ihre Häuser abwohnt. Der Sozialaufwand für den Wohnraum der Alten muß nicht vollständig aus der laufenden Periode bestritten werden, sondern wurde schon vorher angespart. Gleichermaßen ist Sparen möglich, indem eine junge Generation über ihre Zentralbank Goldreserven anlegt und diese im Alter wieder aufbraucht. Bei allen Gütern, die keinem Wertverzehr unterliegen, ist Sparen auch im volkswirtschaftlichen Sinn möglich. Aber auch durch Anlage in Produktivvermögen kann für die Zukunft vorgesorgt werden, solange man ein Sinken des Kapitalstockes in Kauf nimmt. Sparen ist hier identisch mit Nettoinvestitionen, Entsparen bedeutet, daß nur soviel investiert wird, daß die Abnutzung des Kapitalstockes nicht ganz ersetzt wird (negative Nettoinvestitionen). Aufgrund der Formel S=I werden die volkswirtschaftlichen Ersparnisse stark abnehmen, wenn die geburtenstarken Jahrgänge in Rente gehen. Folglich werden auch die Investitionen stark zurückgehen. Wenn die Nettoinvestitionen negativ sind, nimmt der Kapitalstock der Volkswirtschaft ab.

Diese Möglichkeit schien für Mackenroth und für seine Generation von Ökonomen unausdenkbar zu sein. Winfried Schreiber bemerkt dazu: »Theoretisch vorstellbar wäre eine Auflösung von Volksvermögen in der Form der Unterlassung von Ersatzinvestitionen für sich abnutzendes Realkapital. Von dieser Möglichkeit Gebrauch machen hieße: die Wirtschaftsgesellschaft auf eine primitivere Stufe des Lebensstandards zurückzuwerfen – eine praktisch unmögliche Forderung. ... Das Realkapital anzutasten wäre wirtschaftlicher Selbstmord.«[71] Hier irrt Schreiber. Da im beschriebenen Fall auch die Bevölkerungsgröße sinkt, ist ein Minuswachstum des Bruttoinlandsprodukts nicht mit Wohlstandseinbußen für die Bevölkerung verbunden, das Verhältnis Bruttoinlandsprodukt/Kopf bleibt konstant.[72] Eine kleinere Bevölkerung braucht nur einen kleineren Kapitalstock, um ihren

Wohlstand zu halten. Sie kann etwa Infrastruktur desinvestieren, weil für weniger Kinder auch weniger Schulen oder für weniger Menschen auch weniger Krankenhäuser, Straßen usw. benötigt werden, um den Wohlstand konstant zu halten.

Man muß einen Bevölkerungsrückgang mit Desinvestitionen und einer Verringerung des Kapitalstocks keineswegs als »soziale Katastrophe« (Mackenroth),[73] als »wirtschaftlichen Selbstmord« (Schreiber) oder als »Verarmung« (Nell-Breuning)[74] ansehen. Vielmehr hat eine solche Entwicklung auf den Wohlstand eines Volkes keinen direkten Einfluß.

Außerdem ist der Produktivitätsfortschritt zu beachten: Ein Altern oder gar Schrumpfen der Gesamtbevölkerung muß keineswegs zu einem Sinken des Kapitalstocks, also einem Minuswachstum, führen. Wenn der Rückgang der Erwerbstätigenzahl überkompensiert wird durch den Zuwachs der Arbeitsproduktivität je Erwerbstätigem, so steigt das Sozialprodukt weiter. Das Volkseinkommen verteilt sich bekanntlich auf Konsum und Ersparnisse. Trotz einer geringeren Sparquote von Generation 2 kann ihr Sparvolumen immer noch ausreichen, um die Ersparnisse von Generation 1 zurückzuzahlen, ohne desinvestieren zu müssen.

Halten wir fest: Es gibt bisher keine Industriegesellschaft, die einen radikalen Alterungsprozeß hinter sich gebracht hat. (Einige Staaten, darunter Deutschland, stehen aber davor.) Es gibt deshalb auch keine empirische Verifikation oder Falsifikation für die Mackenroth-Hypothese. Ein volkswirtschaftliches Sparen scheint möglich zu sein, aber nur teilweise. Aus dieser teilweisen Richtigkeit der Mackenroth-Hypothese ergibt sich, daß bei einer Alterung oder gar Schrumpfung der Bevölkerung die Renditen für die Rentenversicherung im Kapitaldeckungsverfahren vermutlich ähnlich abnehmen wie im Umlageverfahren. Für die Richtigkeit dieser These spricht, daß die privaten Lebensversicherer, die als Modell für ein Kapitaldeckungsverfahren gelten können, kürzlich drastische Leistungskürzungen angekündigt haben. So erklärte die Bundesregierung Anfang 1997 auf Anfrage der Vorsitzenden des Sozialausschusses des Bundestages, Ulrike Mascher (SPD): »Es trifft zu, daß Lebenversicherungsunternehmen auch bei bestehenden privaten Rentenversicherungen, die Überschußbeteiligung haben, kürzen müssen, weil zum einen die Lebenserwartung der Versicherten gestiegen und zum anderen der Kapitalmarktzins gefallen ist.«[75]

Die Rendite im Umlageverfahren fällt ebenfalls: Sie beträgt heute (basierend auf den demographischen Entwicklungen der letzten 40 Jahre) 6,51 Prozent, wird aber auf Grund der ungünstiger werdenden Rahmenbedingungen in Zukunft sinken, im ungünstigsten Fall auf 3,2 Prozent im Jahr 2060.[76] Vergleiche der Renditen zwischen Umlage- und Kapitaldeckungsverfahren sind schon deshalb schwierig, weil die gesetzliche Rentenversicherung nicht nur eine Altersversorgung bietet, sondern auch das Berufs- und Erwerbsunfähigkeitsrisiko absichert sowie gegebenenfalls den Anspruch auf Rehabilitationsleistungen sowie Hinterbliebenenrente einschließt. Dies ist in den Berechnungen des Verbandes Deutscher Rentenversicherungsträger jedoch bereits berücksichtigt.

Interessante Überlegungen ergeben sich aus der Mackenroth-Hypothese für den Tatbestand der Verschuldung. So wie Sparen das Transferieren von Vermögensgegenständen von der Gegenwart in die Zukunft bedeutet, so bedeutet Verschuldung das Transferieren von Werten aus der Zukunft in die Gegenwart. Wenn aller Konsum aus der laufenden Periode gedeckt werden müßte, so wäre auch letzteres nicht möglich. In Wirklichkeit ist es jedoch möglich (siehe dazu auch Thorsten Beckers Beitrag). In der monetären Sphäre wird der Ausgleich des zeitlichen Transfers wie beim Sparen auch durch Inflation beeinflußt. In der realwirtschaftlichen Sphäre würde Schuldenmachen ein Entsparen heute und ein Sparen später bedeuten. Daß Verschuldung möglich ist, ist ein weiterer Beweis für die nur eingeschränkte Gültigkeit der Mackenroth-Hypothese.

Fassen wir die Diskussion über das Kapitaldeckungsverfahren zusammen: Ein Übergang vom Umlageverfahren zum Kapitaldeckungsverfahren, der im übrigen 60 Jahre dauern würde (45 Beitragsjahre plus 15 Rentenjahre), würde nicht nur große Probleme und intergenerationelle Ungerechtigkeiten aufwerfen, er wäre auch nicht sinnvoll. Denn in 60 Jahren könnten die Geburtenraten schon wieder stark ansteigen, so daß dann das Umlageverfahren wieder eine deutlich höhere Rendite abwürfe als das Kapitaldeckungsverfahren. In einem solchen Fall müßte man den so mühevoll vollzogenen Übergang schon wieder rückgängig machen. Statt zu überlegen, wie man einen Wechsel zum Kapitaldeckungsverfahren machen kann, sollte besser überlegt werden, wie man die Lasten aus dem demographischen Übergang, der auch irgendwann abgeschlossen sein wird, fair zwischen der jungen und der älteren Generation aufteilt.

Die steuerfinanzierte Grundrente

Ein weiterer vieldiskutierter Reformvorschlag für unsere Rentenversicherung ist die steuerfinanzierte Grundrente. Die Hauptvertreter dieses Modells sind der sächsische Ministerpräsident Klaus Biedenkopf und der Leiter des Bonner Instituts für Wirtschaft und Gesellschaft, Meinhard Miegel, die im Frühjahr 1997 ein durchgerechnetes Konzept vorlegten.[77] Unabhängig von seiner Bedürftigkeit erhält danach jeder Bürger eine Grundrente, deren Höhe aber umstritten ist. Während bei der gegenwärtigen Beitragsfinanzierung 84 Prozent der Erwerbstätigen – Beamte und Selbständige sind nicht beteiligt – die Ausgaben der Rentenversicherung finanzieren, würden bei einer Steuerfinanzierung sämtliche Steuerpflichtigen herangezogen. Dies hätte folgende Implikationen:

- Die derzeitige Beitragsfinanzierung, bei der die Arbeitgeber die Hälfte zu tragen haben, verteuert den Produktionsfaktor Arbeit in Deutschland. Bei einer Steuerfinanzierung würden auch die indirekten Steuern herangezogen, so daß die Lasten in höherem Maße von der Allgemeinheit aufgebracht würden. Arbeitgeber und Nichtselbständige würden entlastet, andere Bevölkerungsgruppen stärker belastet. Arbeit wäre wieder preiswerter. Dies heißt aber auch: Wenn man das gesamte Volkseinkommen heranziehen will, so geht das nur über die Steuer. Eine Beitragsfinanzierung der Grundrente ist dann ausgeschlossen.
- Die Beiträge zur Rentenversicherung sind nicht progressiv,

sondern belasten alle Arbeitseinkommen mit demselben Prozentsatz. Die Beitragsbemessungsgrenzen legen zudem nach oben eine Grenze fest. Das deutsche Steuersystem ist dagegen progressiv ausgestaltet: Besserverdienende zahlen einen höheren Prozentsatz als Bezieher niedriger oder mittlerer Einkommen. Bei einer Steuerfinanzierung der Rente würden Besserverdienende stärker belastet, die anderen Bevölkerungsgruppen entlastet.

- Biedenkopf/Miegel betonen den sozialpolitischen Vorteil, daß nicht nur Erwerbsarbeit, sondern auch eine Vielzahl nicht kommerzieller Tätigkeiten, die aber genauso wichtig für das Gemeinwohl sind, belohnt würden.[78] Dazu gehören Kindererziehung, die Betreuung Pflegebedürftiger oder ehrenamtliche Tätigkeiten. Da diese Tätigkeiten im jetzigen System keine (oder nur geringe) Ansprüche begründen, ist vor allem bei Frauen Altersarmut programmiert.
- Nach Ansicht einiger Befürworter des Grundrentenmodells wie etwa Norbert Walter, Chefvolkswirt der Deutschen Bank, soll dadurch der private Sparwille – und damit letztlich das Leistungsprinzip – gestärkt werden. Anders als die heutigen Renten soll die Grundrente ohnehin nur das Existenzminimum im Alter sicherstellen. Eine darüber hinausgehende Sicherung des Lebensstandards soll der individuellen Entscheidung und der zusätzlichen privaten Altersvorsorge jedes einzelnen vorbehalten bleiben. Daher spricht man auch von einer Grundrente in Kombination mit einem privaten Kapitaldeckungsverfahren. Andere Vertreter betonen dagegen die umfassende Sicherungsfunktion für die ältere Generation und wünschen sich eine möglichst hohe Grundrente. Nach ihrer Meinung muß vor allem das Sozialstaatsprinzip gestärkt werden, eine Grundrente in Höhe der Sozialhilfe wird abgelehnt. So wendet sich etwa Andrea Fischer, die rentenpolitische Sprecherin der Grünen, gegen »Grundversicherungssysteme konservativer oder neoliberaler Provenienz, die die Sozialversicherungssysteme bis auf einen Mindestsockel abschmelzen wollen«.[79] Tatsächlich müssen sich die Befürworter einer Mindestsicherung fragen lassen,

warum neben der Sozialhilfe, die zu diesem Zweck geschaffen wurde, eine zweite Form der Existenzsicherung notwendig sein sollte. Die Vertreter einer hohen Grundrente aber müssen sich fragen lassen, wie sie ihr Modell bei einem steigenden Altenanteil eigentlich finanzieren wollen.

Grundrente ist leistungsfeindlich

Bei einer Steuerfinanzierung müßte der Grundsatz der Lohn- und Beitragsbezogenheit der Rente aufgegeben werden. Während Beiträge leistungsbezogen sind, also für eine konkrete staatliche Gegenleistung an den Zahler verwandt werden müssen, gilt für Steuern das Non-Affekationsprinzip, d.h. sie dürfen gerade nicht von einem bestimmten Steuerpflichtigen zur Finanzierung einer nur ihm zugutekommenden Leistung erhoben werden. Eine steuerfinanzierte Rente käme aus dem allgemeinen Steuertopf, es wäre nicht mehr nachvollziehbar, wieviel ein einzelner für seine eigene Rente aufgewandt hat. Vollständige Steuerfinanzierung geht daher immer einher mit gleichem Rentenniveau.

Grundsätzlich gilt, daß eine Einheitsrente dem Prinzip der (Leistungs-)Gerechtigkeit widerspricht. Leistung würde nicht mehr honoriert, Nichtleistung begünstigt. »Nutznießer wären vor allem Schwarzarbeiter und Aussteiger«, schreibt der Verband Deutscher Rentenversicherungsträger.[80]

Schweden hat gerade das Grundrentensystem aufgegeben, »weil offenbar die Einsicht gewachsen ist, daß im Prinzip ›Leistung für Gegenleistung‹ weniger Anonymität, eine größere Anspruchsbremse und eine stärkere Konfliktentlastung des Staatshaushaltes enthalten ist.«[81]

Probleme des Übergangs

Eine sofortige Umstellung auf eine Grundrente würde die heute ältere Generation enteignen. Für eine Grundrente von 1200 Mark muß ein Durchschnittsverdiener in Westdeutschland 27 Jahre, in Ostdeutschland noch 32 Jahre arbeiten.[82] Die darüber hinaus erworbenen Rentenansprüche können nicht einfach als nichtig erklärt werden. Die Umstellungszeit beträgt auch hier Jahrzehnte, wenn auch nicht ganz so lang wie bei der völligen Umstellung auf ein Kapitaldeckungsverfahren.

Wie hoch soll die Grundrente sein?

»Die Höhe der Grundrente ist eine politische Frage«, sagte Kurt Biedenkopf während der Online-Konferenz der sächsischen Staatskanzlei zu diesem Thema und damit hat er völlig recht. Während die junge Union sich auf 1400 Mark (im Monat) festgelegt hat,[83] fordert Biedenkopf 1540 Mark. Die rentenpolitische Sprecherin der Grünen, Andrea Fischer, fordert eine bedarfsabhängige Grundsicherung, die je nach Kinderzahl zwischen 1200 und 3360 Mark (bei drei Kindern) liegen soll, und die Grauen Panther wollen gar eine Grundrente, die auf 3500 Mark (!) für alle Alten aufgestockt werden soll.[84] Da die Höhe immer nur willkürlich festgelegt werden kann, muß man schon sehr naiv sein, wenn man glaubt, mit einer Grundrente könnte der Generationenkonflikt gelöst werden. In Wirklichkeit ginge die Streiterei zwischen den Generationen erst richtig los. Denn was die Alten als Grundrente bekommen sollen, müssen die Jungen ja bezahlen. Und da die Grundrente unabhängig von der Bedürftigkeit bezahlt werden soll, kann man sich schon ausmalen, wie freudig die Arbeiter und Angestellten auch für alte Millionäre schuften werden.

Da es keine Selbstverwaltung der Rentenversicherungsträger mehr gäbe, käme es wahrscheinlich Jahr für Jahr zu neuen Auseinandersetzungen über die Verwendung der Steuermittel für Rentenzahlungen. Wieviel Geld für die steuerfinanzierte Rente zur Verfügung stünde, hinge von der jeweiligen Kassenlage des Bundes ab.[85] Für die Jüngeren bürge dies die Gefahr, daß die Älteren mit wachsender Wählermacht immer höhere Grundrenten durchsetzen könnten, die den Jüngeren die Luft abschnürten. Für die Älteren bestünde dagegen die Gefahr, daß sie praktisch überhaupt keine Planungssicherheit hätten. In Zeiten knapper Kassen würde ständig die Forderung nach Kürzungen bei den staatlich gewährten Renten erhoben werden, was zu einer dauerhaften Verunsicherung der älteren Generation führte.

Auch eine Grundrente wird teuer, wenn die Gesellschaft altert

Unabhängig von den Übergangsproblemen ist ein Grundrentensystem genauso anfällig für demographische Veränderungen wie die umlagefinanzierte Rentenversicherung.[86]

Für das Prinzip der Generationengerechtigkeit macht es nur einen geringen Unterschied, ob die Rente beitrags- oder steuerfinanziert ist. Da die Generation der 20- bis 59jährigen (die »jüngere« Generation) ohnehin das Steuervolumen zum größten Teil aufbringt, wird sie bei einer Alterung der Gesellschaft bei beiden Finanzierungsarten ähnlich stark belastet. Statt steigender Beiträge müßten die Steuersätze stark angehoben werden, wenn die Altansprüche finanziert werden sollten. Schon heute müßte die Mehrwertsteuer, wenn sie allein zur Finanzierung herangezogen würde, auf 31 Prozent steigen.[87]

Um sich bildlich vorzustellen, wie die Grundrente die arbeitende Bevölkerung belasten würde, braucht man nur einen Blick auf die Beamtenpensionen zu werfen. Die Altersversorgung dieser Bevölkerungsgruppe wird ja heute bereits aus dem Steuertopf bezahlt. Man braucht sich nur vorzustellen, alle Pensionäre bekämen eine Einheitspension, dann hat man das Prinzip der Grundrente verstanden. Wie also schaut es bei den Pensionen aus: Die Pensionslast des Staates, so der Bundesrechnungshof, wird von jetzt 60 Milliarden Mark auf über 200 Milliarden im Jahre 2030 steigen. Während der Bund heute schon 11 Prozent seines Etats für Personalausgaben aufwenden muß, sind es bei den Bundesländern durchschnittlich 43 Prozent, also rund viermal soviel.[88] Auf Dauer könnten allein die steigenden Versorgungslasten für Beamte den Staat ruinieren, wie aber schaut es erst aus, wenn er die Altersversorgung aller Bürger übernehmen soll?*

Diese Überlegungen machen deutlich: Das Grundrentenmodell ist keine Lösung. Es ist nur ein Verschiebebahnhof. Wenn die jüngere Generation die Beiträge nicht mehr zahlen kann, so wird sie

* Überhaupt ist es erstaunlich, daß so viel über die Höhe der Renten und so wenig über die Höhe der Pensionen diskutiert wird, die die aktive Generation ebenfalls sehr stark belasten.

auch die Steuern nicht mehr zahlen können, um die Renten zu finanzieren. Man muß immer den Anteil am Bruttoinlandsprodukt, der für die Alten ausgegeben wird, als Diskussionsgrundlage nehmen. Dies ist zugleich die Gesamtbelastung der jüngeren Generation. Wie sie sich aus den beiden Komponenten Steuern und Beiträge zusammensetzt, ist für die intergenerationelle Gerechtigkeit unwichtig.

Die bisherigen Ausführungen haben klargemacht, daß ein Systemwechsel weder unproblematisch noch wünschenswert ist. Auf Grund der bestehenden Anwartschaften wäre er nur unter hohen Kosten zu vollziehen. Wir sind »gefangen im System«.[89] Zudem bieten die diskutierten anderen Rentenmodelle auch grundsätzlich keine besseren Alternativen.

Die Wertschöpfungsabgabe

Der Arbeitgeberanteil der Abgaben für die gesetzliche Rentenversicherung ist an den Faktor Arbeit geknüpft. Bemessungsgröße für die Höhe der Sozialabgaben ist der Lohn der in einem Betrieb beschäftigten Arbeitnehmer. Für die Unternehmen besteht dadurch ein Anreiz, ihren Beitrag zur Finanzierung der sozialen Sicherungssysteme dadurch zu reduzieren, daß sie Arbeitskräfte abbauen. Die Folge ist Arbeitslosigkeit.

In einem ersten Schritt soll nun der Arbeitgeberanteil durch eine Wertschöpfungsabgabe ersetzt werden, die letztlich aus dem Gewinn des Unternehmens gespeist wird.[90] Auf den ersten Blick würde sich dadurch nichts ändern, da der Arbeitgeberbeitrag ohnehin aus dem Gewinn des Unternehmens bezahlt werden muß. Solange also die Höhe des hälftigen Arbeitgeberanteils gleich bleibt und sich nach der Summe der Beschäftigten richtet, hat eine bloße Umbenennung in »Wertschöpfungsabgabe« wenig Sinn. Allerdings soll diese Wertschöpfungsabgabe eben nicht mehr dieselbe Höhe haben wie die Arbeitnehmerbeiträge, vielmehr soll jedes Unternehmen einen bestimmten Prozentsatz seines Umsatzes (in anderen Modellen: des *Cash Flows* oder des Gewinns) entrichten müssen. Arbeitsintensive Produktionszweige wie vor allem das Handwerk würden begünstigt, kapital-

und energieintensive Betriebe benachteiligt. Der Gesamtumsatz der Unternehmen ist zu prognostizieren und periodisch neu festzusetzen, so daß das benötigte Finanzvolumen (welches bisher dem Arbeitgeberanteil entsprach) erreicht wird. In einem zweiten Schritt soll dann in einigen Modellen auch der Arbeitnehmeranteil von der Wertschöpfungsabgabe getragen werden.

Während im ersten Schritt auf der Ausschüttungsseite eine leistungsbezogene Rente noch möglich wäre, würde im zweiten Schritt nur noch eine Grundrente möglich sein. Von dem letzten Fall einer steuerfinanzierten Grundrente unterscheidet sich das Modell dann nur noch dahingehend, daß die Finanzierung nicht über Steuern aus dem Haushalt, sondern über eine Abgabe geschieht, die nur von den Unternehmen zu zahlen wäre. Im folgenden wird daher nur der »erste Schritt« weiter betrachtet.

Die beiden Produktionsfaktoren Arbeit und Kapital sollen durch eine Wertschöpfungsabgabe gleichmäßig belastet werden, da »sie schließlich auch beide zur Wohlstandsmehrung beitragen«.[91] Staatliche Abgaben und wirtschaftspolitische Eingriffe sollten nicht die optimale Faktorkombination beeinträchtigen.

Zahlen die Arbeitgeber heute überhaupt einen Beitrag?

Die Befürworter der Wertschöpfungsabgabe – wie auch die Öffentlichkeit insgesamt – haben ein Bild von den »Arbeitgeberanteilen« zur gesetzliche Rentenversicherung, das von der Fachliteratur nicht geteilt wird. In der wissenschaftlichen Literatur herrscht seit langem die Meinung vor, daß die sogenannten Arbeitgeberanteile de facto seit jeher einbehaltene Lohnbestandteile sind und folglich schon heute allein von den Arbeitnehmern entrichtet werden.[92]

Der »Arbeitgeberanteil« an der gesetzliche Rentenversicherung war im Jahre seiner Einführung ein wirkliches Opfer der Arbeitgeber, d.h. er ging zu Lasten des Unternehmerertrags. Aber in den darauffolgenden Jahren verringerte sich diese Last und verschwand endlich ganz. Es unterblieben einfach oder es verlangsamten sich die üblicherweise – nach Produktivitätsfortschritt – fälligen Erhöhungen des Nominallohnes.[93]

Man kann sich die Illusion des Arbeitgeberanteils optisch bewußt machen, indem man sich vorstellt, die Rentenbeiträge würden in einem ersten Schritt zu 100 Prozent beim Arbeitnehmer auf dem Lohnzettel ausgewiesen. In einem zweiten Schritt würden sie nicht vom Arbeitgeber an die gesetzliche Rentenversicherung abgeführt, sondern zunächst mit dem Nettolohn voll ausbezahlt und sodann vom Arbeitnehmer selbst an die gesetzliche Rentenversicherung überwiesen. An den Belastungswirkungen für Arbeitgeber und Arbeitnehmer würde sich im Vergleich zu heute nichts ändern.

Wenn der fiktive »Arbeitgeberanteil« nun durch eine echte Wertschöpfungsabgabe ersetzt würde, so würde erstmals ein echter Arbeitgeberanteil für die gesetzliche Rentenversicherung berechnet, die Unternehmen wären also stärker mit Sozialabgaben belastet als heute. In diesem Fall wäre also eine solche Maßnahme keineswegs ein »Nullsummenspiel« für die Unternehmen,[94] sondern ein Minusgeschäft. In jedem Fall wären sie stärker belastet als heute, wenn sie alleine die Aufwendungen für die Solidarversicherung aufzubringen hätten.

Nun ist es meiner Meinung nach eine ebensowenig beweisbare wie widerlegbare Aussage, daß der ursprüngliche Arbeitgeberanteil durch unterbliebene Lohnerhöhungen in den letzten Jahrzehnten zu einem Lohnbestandteil wurde. Und selbst wenn dies so wäre, so muß man die Frage stellen, ob die Unternehmen dann nicht neu an der Finanzierung der gesetzlichen Rentenversicherung beteiligt werden sollten. Die Wertschöpfungsabgabe ist ein geeignetes Modell, um den Arbeitgeberanteil zu ersetzen. Die optimale Güterallokation sollte sich in der Tat ohne Verzerrungen einstellen können. Da die Produktion immer kapital- und wissensintensiver wird, ist es immer unsinniger, die Höhe der Sozialabgaben an den Faktor Arbeit zu knüpfen.

Allerdings bedeutet dies auch eine Absage an die Idee, Kapital grundsätzlich stärker zu besteuern als Arbeit (»Maschinensteuer«). Eine solche Maschinensteuer muß an der Fülle der Detailfragen scheitern. Es ist ja nicht damit getan, für jede aufgestellte Maschine eine Extrasteuer zu erheben. Der Produktionsfaktor »Kapital« besteht heute maßgeblich in Rationalisierungen der Produktionsabläufe, in technologischer Kompetenz und im Einsatz von Computern. Dem Rückgang der benötigten Arbeitskräfte im ersten Arbeitsmarkt kann durch eine Maschinensteuer kein Riegel vorgeschoben werden.

Einer der Hauptgründe für die Arbeitslosigkeit ist die gestiegene Produktivität je Arbeiter, die wiederum maßgeblich durch Wissensfortschritt* verursacht wird. Aber Produktivitäts- oder Wissensfortschritte mit einer Strafsteuer belegen zu wollen, ist eine verrückte Idee.

VI. Das Ziel: Generationengerechtigkeit in der Rentenversicherung

Allzuviele reden heute über Generationengerechtigkeit oder intergenerationelle Gerechtigkeit, ohne über diesen Begriff jemals richtig nachgedacht zu haben. Damit aus diesem schwammigen Begriff ein umsetzbares Konzept wird, muß er zunächst sinnvoll definiert werden.

Wenn man über Generationengerechtigkeit in der Rentenversicherung spricht, ist eine Zahl von entscheidender Bedeutung: die Rendite, die jede Generation aus dem Umlageverfahren erhält.

Um sie zu berechnen, müssen alle Einzahlungen, die ein Angehöriger eines bestimmten Jahrgangs im Durchschnitt in die gesetzliche Rentenversicherung leistete, und alle Auszahlungen, die er daraus erhielt, auf einen gemeinsamen Zeitpunkt auf- oder abgezinst werden.

In einem Umlagesystem müssen die zu leistenden Rentenzahlungen in jedem Jahr durch Zahlungen der als Beitragszahler definierten Bevölkerungsgruppen aufgebracht werden. Nehmen wir einmal an, daß sich das Verhältnis zwischen Beitragszahlern und Rentnern nicht verschieben würde und auch die Einkommen pro Kopf unverändert blieben. Jede Generation würde dann

* Das Verstehen von Produktionsabläufen ist die Voraussetzung von Rationalisierungsmaßnahmen.

während ihrer Erwerbstätigkeit insgesamt den gleichen Betrag an Beiträgen einzahlen, der ihr später in Form von Renten ausbezahlt würde, eine Verzinsung der Beiträge würden die Versicherten nicht erhalten.[95] Anders sieht das Ergebnis aus, wenn Bevölkerungsgröße und -zusammensetzung sich nicht ändern, die Einkommen der Beitragszahler aber ansteigen und mit ihnen die Renten, wie es dem Prinzip der Dynamisierung entspricht. Die jährliche Verzinsung der eingezahlten Beiträge entspricht in diesem Fall der jährlichen durchschnittlichen Lohnerhöhung der abhängig Beschäftigten. Dieser Effekt wird verstärkt, wenn die Bevölkerung wächst (genauer: wenn der Rentnerquotient* sinkt).

In den nächsten 40 Jahren wird sich der Altenquotient, wie in diesem Beitrag gezeigt, drastisch erhöhen. Der Rentnerquotient wird sich wegen der anhaltend hohen Arbeitslosigkeit und des Trends hin zur Selbständigkeit eher noch ungünstiger entwickeln. Dies bedeutet, daß die verschiedenen Generationen unterschiedliche Renditen aus der gesetzlichen Rentenversicherung zu erwarten haben. Bei unveränderter Rechtslage beträgt die Rendite eines Rentners, der im Jahr 2000 in Rente geht, nach Berechnungen des Verbandes der Deutschen Rentenversicherungsträger 6,51 Prozent. Ein heute geborenes Kind, das ungefähr im Jahr 2060 in Rente geht, erhält nur noch eine Rendite zwischen 3,2 und 4,4 Prozent.[96]

Kurt Biedenkopf, der Kritiker unseres Rentensystems, kommt zu weit negativeren Zahlen. So erhält der ledige Neurentner des Jahres 1995 nach 45 Versicherungsjahren mit einem durchschnittlichen Arbeitsentgelt real das Doppelte dessen, was er in das System einbezahlt hat. Wer 20 Jahre später, also 2015, das Rentenalter erreicht, kann real nur noch den Gegenwert seiner Beiträge als Altersrente erwarten. Und für die Jahrgänge, die im Jahr 2040 in Rente gehen, geht Biedenkopfs Rechnung sogar negativ aus. Der Neurentner des Jahres 2040 erhält nur noch etwa vier Fünftel seiner Beiträge zurück.[97]

* Der Rentnerquotient berechnet sich aus der Zahl der Rentner, geteilt durch die Zahl der Beitragszahler.

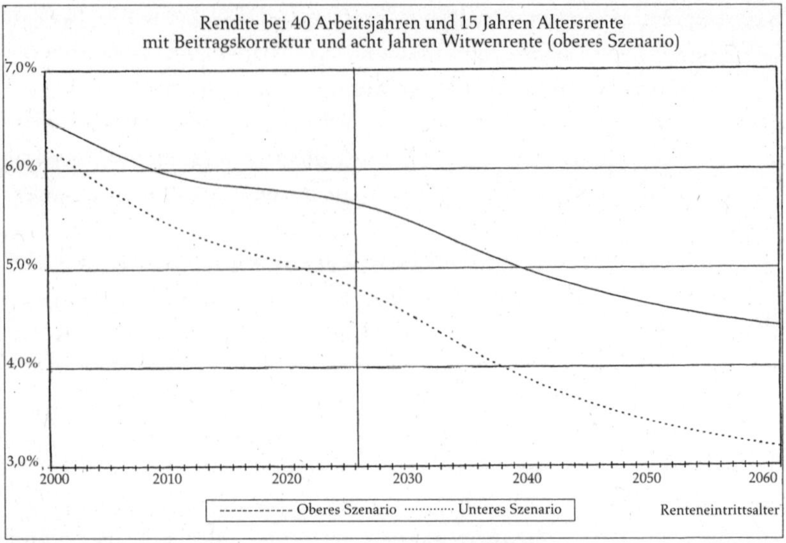

Abbildung 9: Rendite in der gesetzlichen Rentenversicherung in Abhängigkeit vom Renteneintrittsalter

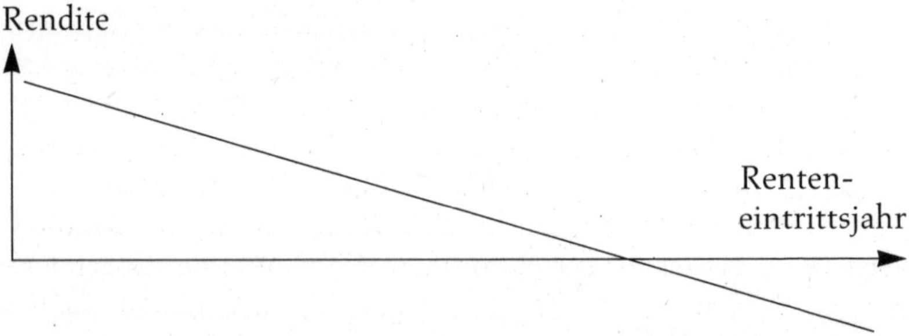

Nach den Berechnungen des Bundesarbeitsministeriums – um eine dritte Studie zu nennen – sehen die Zahlen erheblich freundlicher aus. Danach bekommt jemand, der ab 1997 Rente bezieht, eine Rendite von 29 Prozent (und damit 25 Prozent über der von privaten Versicherungen garantierten Rendite). Und jemand, der 1997 beginnt, Beiträge zu zahlen, bekommt aus der gesetzlichen Rentenversicherung immerhin noch eine Rendite von 14 Prozent.

Die großen Unterschiede zu den Berechnungen des Verbandes Deutscher Rentenversicherungsträger oder zu Herrn Biedenkopf liegen darin, wie man den Wert der Leistungen der gesetzlichen Rentenversicherung ansetzt, die über die Altersrente hinausgehen, also von Invaliditätsrenten, Rehabilitationsleistungen und so weiter. Es ist letztlich auch völlig egal, auf welchem Niveau sich das Renditegefälle vollzieht. Entscheidend ist einzig und allein, daß die Rendite für die heutige Jugend drastisch schlechter ausfallen wird als für die heute alte Generation.

Da es sich bei der gesetzlichen Rentenversicherung um ein staatliches Zwangssystem handelt, ist es Aufgabe des Staates, dafür zu sorgen, daß sich Veränderungen der Rahmenbedingungen nicht in unterschiedlichen Renditen auswirken. Innerhalb von staatlichen Systemen muß garantiert sein, daß keine Generation besser- oder schlechtergestellt wird als eine andere.

Die jüngere Generation fordert die gleiche Rendite

Eine ungleiche Rendite ist ein Bruch der Generationensolidarität. Dies ist im Kern der Grund, warum die jüngere Generation den Generationenvertrag in Frage stellt. Wenn die Politiker dies verhindern wollen, müssen sie dafür sorgen, daß die ältere Generation nicht gegenüber der jüngeren bevorzugt wird. Alle Generationen müssen die gleiche Rendite bekommen. Generationengerechtigkeit ist nur ein anderes Wort für diesen Sachverhalt.

Man kann daher sagen, daß die Rentenversicherung das Kriterium der Generationengerechtigkeit erfüllt, wenn die Renditeverteilung zwischen den einzelnen Generationen folgendermaßen aussieht:

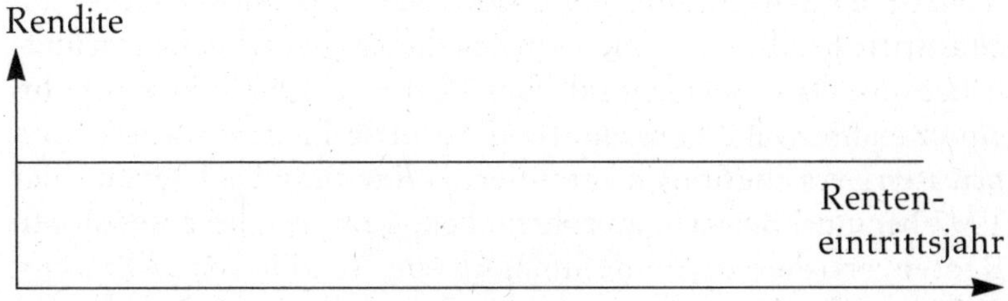

Die Gesellschaft für die Rechte zukünftiger Generationen fordert, daß die Renditen der heutigen Rentnergeneration und der heute jungen Generation einander angeglichen werden. Die Renditen beider Generationen würden dann bei einer mittleren Rendite von rund 4 Prozent liegen, d.h. die der älteren Generation würde von 6,51 Prozent auf 4 Prozent gesenkt und die der nächsten Rentnergeneration dadurch um 3,2 Prozent angehoben.* Dazu ist selbstverständlich ein Eingriff in heute bestehende Renten nötig. Man kann niemand entlasten, ohne gleichzeitig jemand anders zu belasten. Wenn man Generationengerechtigkeit schaffen will, so muß zwischen heutigen Rentnern und heutiger Jugend umverteilt werden. Die unterschiedlichen Renditen, die dadurch entstehen, daß sich der Rentnerquotient von Generation zu Generation ändert, würden dadurch einander angeglichen.

Im Grunde müßte die Betrachtung auch die Steuerlast erfassen, die jede Generation zu tragen hat. Wenn man alle Zahlungsströme zwischen Individuum und Staat betrachten will, muß man eine Generationenbilanz aufstellen. Vorreiter auf dem Gebiet des »Generational Accounting« ist der Freiburger Finanzwissenschaftler Bernd Raffelhüschen (Näheres im Beitrag von Thorsten Becker in diesem Buch). Dabei zeigt sich, daß die Belastungen noch weitaus ungleicher zwischen den Generationen verteilt sind, weil die Jüngerern nicht nur höhere Beiträge in der gesetzlichen Rentenversicherung zahlen müssen, sondern auch mehr Steuern als ihre Eltern und Großeltern. Man kann das Prinzip der Generationengerechtigkeit also ausweiten, indem man sagt, daß die Gesamtbelastung jeder Generation gleich sein muß. Generationengerechtigkeit im weiteren Sinne heißt ausgeglichene Generationenbilanzen. Es würde den Rahmen dieses Beitrages bei weitem sprengen, wenn hier auch nur der Versuch gemacht würde, zu beschreiben, welche staatlichen Maßnahmen ergriffen werden müßten, um ausgeglichene Generationenbilanzen zu erreichen. Statt dessen möchte ich mich auf Generationengerechtigkeit in der Rentenversicherung beschränken. Immerhin gilt: Wenn alle

* Legt man die Zahlen des Bundesarbeitsministeriums zugrunde, so läge die mittlere Rendite eben bei rund 22 Prozent.

staatlichen Teilsysteme nacheinander intergenerationell gerecht ausgestaltet werden, dann würde das Endziel der Generationengerechtigkeit auch erreicht.

Im nächsten Kapitel soll geprüft werden, inwieweit die Reformmodelle der Parteien Generationengerechtigkeit in der gesetzlichen Rentenversicherung herstellen.

VII. Die Reformmodelle der Parteien – Feigheit vor der Wählermacht der Älteren

Das Reformmodell der Koalition oder »Unter den Blinden ist der Einäugige König«

Unter dem Druck steigender öffentlicher Besorgnis um die Rentenfinanzen setzte die Bundesregierung im Juni 1996 eine Kommission »Fortentwicklung der Rentenversicherung« ein. Ihr am 27.Januar 1997 vorgelegter Abschlußbericht enthält die weitreichendsten Änderungsvorschläge für die gesetzliche Rentenversicherung seit 1992, wenn nicht seit 1957. Erstmals wird darin das Ziel der Generationengerechtigkeit konstatiert. Die Belastungen sollen »unter Wahrung der intergenerativen Gerechtigkeit sachgerecht«[98] verteilt werden. Durch ein ausgewogenes Maßnahmenbündel sollen einerseits die Belastung der künftigen aktiven Generation begrenzt, andererseits ein angemessenes lohn- und beitragsbezogenes Sicherungsniveau gewährleistet werden. Die Vorschläge wurden in modifizierter Form von der Koalition übernommen. Im einzelnen sieht das Koalitionsmodell folgendes vor:*

* Im Gegensatz zu ihren Mutterparteien haben die Jungen Liberalen und die Junge Union Modelle vorgelegt, die einen grundsätzlichen Systemwechsel hin zum Kapitaldeckungsverfahren oder zur Bürgerrente vorsehen. Es ist erstaunlich, daß die zwei Jugendorganisationen hier Modelle favorisieren, die exakt die jüngere Generation doppelt belasten würden. Wie man dies tun kann, wenn man die Interessen der Jüngeren vertreten soll, ist mir schleierhaft. Es sollte eigentlich undenkbar sein, daß eine Generation doppelt belastet wird. In ihrem Streben nach mehr Privatisierung verkennen die beiden

- Die Rentenformel soll durch einen demographischen Faktor ergänzt werden. Dieser Faktor soll die längere Rentenbezugsdauer als Folge des Anstiegs der Lebenserwartung berücksichtigen und die daraus entstehenden Belastungen zu gleichen Teilen auf Beitragszahler und Rentner verteilen. Maßgeblich ist – ohne Differenzierung nach dem Geschlecht – die Veränderung der durchschnittlichen Lebenserwartung der 65jährigen. Der Lebenserwartungsfaktor soll auf zukünftige wie auf heute schon gezahlte Renten gleichermaßen wirken.[99] Dieser Vorschlag nimmt erstmals Abschied von dem jahrelang vorgetragenen Credo: »Die Renten sind sicher.« Allerdings wird die Lastenteilung ausgehebelt für den Fall, daß sich im Automatismus eine reale Rentensenkung ergeben würde. Rentenkürzungen werden von der Koalition kategorisch ausgeschlossen, statt dessen sollen die Renten nur langsamer steigen. Hier ist man den Alten weit entgegengekommen.

  Nach der von der Blüm-Kommission vorgeschlagenen neuen Formel soll die längere Laufzeit der Rente bei der jährlichen Berechnung der Anpassung künftig zur Hälfte berücksichtigt werden. Dadurch sinkt das Rentenniveau auf 64 Prozent des Lohnniveaus. Hätte man die längere Rentenbezugsdauer nicht bloß zur Hälfte, sondern voll zu Lasten der Rentenhöhe berücksichtigt, so würde das Rentenniveau bis zum Jahr 2030 auf rund 61 Prozent der durchschnittlichen Nettolöhne sinken. Damit rückte die Rente nach Ansicht der Bundesregierung zu nahe an das Sozialhilfeniveau. Bei der jetzt gefundenen Lösung werde es bei den jährlichen Erhöhungen der Rente zu einem Abschlag von 0,2 Prozentpunkten pro Jahr kommen. Die Kommission rechnete also so lange, bis man zu

Jugendorganisationen, daß der Markt eben nicht immer und überall besser als der Staat ist. Die Rendite der gesetzlichen Rentenversicherung war zumindest in den letzten 40 Jahren stets höher als die Rendite aus den privaten Lebens- und Rentenversicherungen. Gerade unter dem Kriterium der ökonomischen Effizienz schneidet die gesetzliche Rentenversicherung besser als die private ab, solange sich die Rahmenbedingungen (Geburtenrate, Lohnentwicklung) nicht zu sehr verschlechtern.

einem Ergebnis kam, welches politisch vertretbar erschien. Eine Rente von 2000 Mark im Jahr würde nach der neuen Rentenformel bei einer jährlichen Lohnentwicklung von 3 Prozent auf 4310 Mark im Jahr 2030 steigen. Nach der bisherigen Rentenformel hätte die Monatsrente dann 4544 Mark betragen.[100]

- Durch die Absenkung des Nettorentenniveaus würde der Rentenversicherungsbeitrag bis zum Jahr 2030 nur auf 22,9 (statt der von Prognos vorhergesagten 25,9 Prozentpunkte steigen).
- Kindererziehungszeiten werden bis zum Jahr 2000 stufenweise von 75 Prozent auf 100 Prozent angehoben. Arbeitet das erziehende Elternteil neben der Betreuung der Kinder, so werden die daraus erwachsenden Rentenansprüche bis zur Höhe der Beitragsbemessungsgrenzen hinzugerechnet.
- Die Hinterbliebenenversicherung hält die Koalition für reformbedürftig, ohne zum damaligen Zeitpunkt konkrete Vorschläge vorzulegen. Zunächst sollen die Ergebnisse einer Untersuchung des Verbandes Deutscher Rentenversicherungsträger zur Versorgungssituation alter Menschen abgewartet werden.
- Erwerbsunfähigkeits- und Berufsunfähigkeitsrenten sollen in der gesetzliche Rentenversicherung bleiben, allerdings sollen sie erheblich gekürzt werden. Entscheidend für ihre Höhe soll fortan sein, wieviele Stunden die Versicherten täglich noch auf dem Arbeitsmarkt tätig sein können. Bei der Beurteilung, ob ein Versicherter berufs- oder erwerbsunfähig ist, soll zukünftig allein sein Gesundheitszustand, nicht aber die Arbeitsmarktlage, entscheidend sein. Die derzeitige Aufteilung in Berufs- und Erwerbsunfähigkeitsrenten sei überholt und solle durch eine »Erwerbsminderungsrente« ersetzt werden.
- Der in der Rentenversicherung vorzunehmenden Reform sollen »gleichgerichtete und gleichgewichtige« Maßnahmen bei der Altersversorgung der Beamten folgen.[101]
- Der Bundeszuschuß wird um 15 Milliarden Mark aufgestockt, um einen größeren Teil der versicherungsfremden Leistungen aus Steuermitteln zu finanzieren. Ob dies durch

eine Aufstockung der Mineralölsteuer oder der Mehrwertsteuer um zwei Prozentpunkte geschehen soll, war im Frühjahr und Sommer 1997 das zentrale Streitthema. Bei einer Finanzierung über die Mehrwertsteuer müßte der SPD-dominierte Bundesrat zustimmen, wodurch die SPD die gesamte Rentenreform blockieren könnte. Die Koalition möchte den Bundeszuschuß pauschal erhöhen, ohne im einzelnen festzuschreiben, welche versicherungsfremden Leistungen dadurch finanziert werden sollen.

In der Begründung der Vorschläge argumentiert die Kommission, daß das Prinzip der Beitragsäquivalenz gestärkt werden soll. »Beitragsäquivalent« sind Leistungen der gesetzlichen Rentenversicherung, wenn die Empfänger dieser Leistungen an die Versicherung während der Erwerbstätigkeit oder Erwerbsfähigkeit dafür auch entsprechende Beiträge bezahlt haben. Die Absicht der Kommission, dieses Prinzip zu fördern, bedeutet also gleichzeitig, Umverteilungseffekte in der gesetzliche Rentenversicherung zurückzudrängen.[102]

Die Renditeentwicklung sieht bei diesem Modell ungefähr folgendermaßen aus:

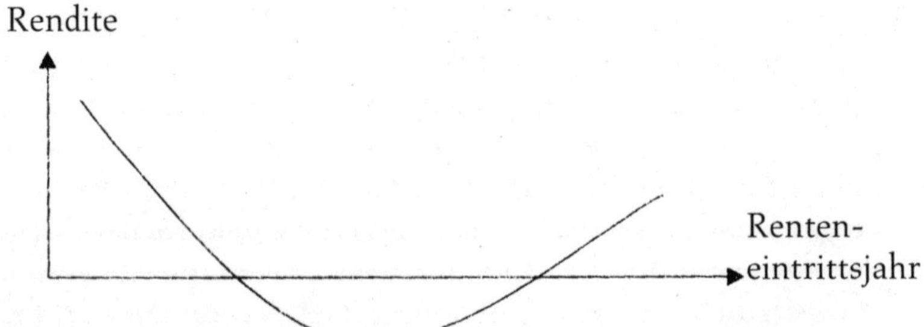

Der Reformvorschlag der Grünen oder »Der Fortschritt ist eine Schnecke«

- Auch die Grünen wollen die längere Lebenserwartung berücksichtigen, allerdings zögernder als die Union. Gleichzeitig sollen in die Rentenberechnung nur noch die 40

Arbeitsjahre mit dem höchsten Verdienst eingehen. Dadurch würden die Rentenansprüche sogar steigen. Außerdem sollen die Renten der Teilzeitbeschäftigten aufgestockt werden.

- Bei der Hinterbliebenenrente müsse es oberstes Ziel sein, die eigenständige Alterssicherung der Frau auszubauen. Die aus der Ehe abgeleiteten Rentenansprüche könnten dann sinken, ohne daß Witwen mit geringem Einkommen dadurch schlechter gestellt würden als bisher.
- Kindererziehungszeiten werden zu 100 Prozent angerechnet. Die Finanzierung erfolgt über Steuern (wie Koalition).
- Die Versicherungspflicht soll auf geringfügige Beschäftigte (610-Mark-Jobs) ausgeweitet werden. Gleichzeitig sei zu prüfen, ob weitere Bevölkerungsgruppen miteinbezogen werden könnten.
- Der Bundeszuschuß soll deutlich aufgestockt werden, um einen größeren Teil der versicherungsfremden Leistungen aus Steuermitteln zu finanzieren.
- Bei der Invaliditätsrente bleibt alles beim alten.

Das Reformkonzept der SPD oder »Welches Reformkonzept?«

- Die SPD lehnt eine Absenkung des Nettorentenniveaus ab. *Hier liegt der entscheidende Unterschied zur Koalition und auch zu den Grünen.* Zur Begründung gibt die SPD an, daß demographische Faktoren nicht überbewertet werden sollten. Wichtiger sei, daß die Arbeitslosigkeit abgebaut werde und die Zahl der Erwerbstätigen wieder steige, etwa durch mehr berufstätige Frauen oder kontrollierte Zuwanderung.
- Bei der Hinterbliebenenrente sollen die während der Ehezeit erworbenen Rentenansprüche gesplittet werden und den Eheleuten zu gleichen Teilen zustehen, egal wer gearbeitet hat. Hinzu kommen jeweils die Anwartschaften aus der Zeit außerhalb der Ehe. Stirbt einer der Ehepartner, so stehen dem Hinterbliebenen die eigenen und die Hälfte der gemeinsamen Rentenansprüche zu.

- Kindererziehungszeiten werden zu 100 Prozent angerechnet (ähnlich, allerdings nicht identisch mit dem Konzept der Koalition).
- Die Versicherungspflicht soll auf geringfügig Beschäftigte ausgeweitet werden. Gleichzeitig sei zu prüfen, ob weitere Bevölkerungsgruppen miteinbezogen werden könnten (wie Grüne).
- Der Bundeszuschuß soll deutlich aufgestockt werden, um einen größeren Teil der versicherungsfremden Leistungen aus Steuermitteln zu finanzieren (wie Grüne). Allerdings will die SPD im Gegensatz zur Koalition drei konkrete versicherungsfremde Leistungen steuerfinanzieren. Die Ausgaben für diese Leistungen machen 0,7 Beitragspunkte aus, mit sinkender Tendenz.
- Bei der Invaliditätsrente bleibt alles beim alten (wie Grüne).
- Die Sparmaßnahmen der Bundesregierung aus dem Sparpaket 1996 sollen teilweise wieder rückgängig gemacht werden. Bis zum Jahr 2000 sollen Arbeitslose ohne Abschläge mit 60 Jahren in Rente gehen können. Die Kosten dafür sollen zur Hälfte die Bundesanstalt für Arbeit und die Unternehmen tragen. Statt drei sollen auch wieder sieben Jahre Ausbildungszeit und vier Jahre Berufsausbildung angerechnet werden. Die Anrechnungszeiten für Arbeitslosigkeit und Krankheit, von der Koalition abgeschafft, sollen wieder eingeführt werden.

Bei der Beurteilung dieser Vorschläge ist festzuhalten, daß keiner das Ziel der Generationengerechtigkeit erreicht. Die Rendite kann überhaupt nur angeglichen werden, wenn die Leistungen für die heutigen Rentner sinken. Es dürfte klar sein, daß man die unterschiedlichen Renditen – 6,5 Prozent für die heutigen Rentner und 3 Prozent für die nachrückende Generation – nur dann auf einen Mittelwert von ca. 4 Prozent angleichen kann, wenn man das Rentenniveau für die heutigen Rentner senkt. Versucht wird eine Rentenniveausenkung immerhin im Reformvorschlag der Bundesregierung (die Grünen sind noch nicht konkret geworden).*

* Stand Ende August 1997.

Allerdings soll die Absenkung des Rentenniveaus nicht sofort, sondern nur bis 2015 (F.D.P.-Berechnungen) oder 2030 (CDU-Berechnungen) erfolgen.

Weil die Koalition die heutigen Rentner schonen will, belastet sie damit genau die Rentner des Jahres 2015 bis 2030 (also die heute mittlere Generation) doppelt. Denn diese Generation mußte einerseits jahrelang überhöhte Beiträge in das System einbezahlen (und muß dies auch noch für einige Zeit), allerdings werden ihr die Rentenleistungen gekürzt. Es ist ja nicht ungerecht, wenn man sein Leben lang hohe Beiträge einbezahlt hat und im Alter dann auch eine hohe Rente bezieht. Es ist auch nicht ungerecht, wenn man niedrigere Beiträge einbezahlt hat und entsprechend eine niedrige Rente bekommt. Ungerecht wird es erst, wenn man hohe Beiträge einzahlen mußte und im Alter dann nur noch eine kleine Rente erhält. Genau in dieser Situation befinden sich die 30- bis 45jährigen, wenn das Reformmodell der Koalition Gesetz wird. Die noch Jüngeren werden allerdings eine höhere Rendite erhalten als bei einer Beibehaltung des Status quo. Das Modell der Koalition entlastet also wenigstens diejenigen, die im Jahr 2015 jung sind. Generationengerechtigkeit für alle Generationen ließe sich jedoch nur bei einer sofortigen Absenkung des Nettorentenniveaus erreichen.

Die SPD rühmt sich, daß bei ihrem Modell die Beitragssätze um zwei Prozentpunkte gesenkt werden könnten, ohne zu erwähnen, daß dafür die Steuern erhöht werden müßten, so daß sich an der Belastung der verschiedenen Generationen so gut wie nichts ändern würde. Die Renditeentwicklung sähe zwar in der gesetzliche Rentenversicherung besser aus als in Abbildung 9, in den Generationenbilanzen käme aber zum Vorschein, daß das SPD-Modell die späteren Generationen am stärksten belastet.

Das SPD-Modell – anders als etwa der Vorschlag der Grünen – ignoriert das Prinzip der Generationengerechtigkeit völlig. Die Bundesvorstandssprecherin des Grün-Alternativen Jugendbündnisses, Heike Opitz, schreibt dazu: »Der Vorschlag der SPD besteht darin, keine Probleme in der gesetzlichen Rentenversicherung zu sehen. Die Diskussion um die demographische Entwicklung sei nur Panikmache. Dies veranlaßt die meisten Jugendlichen nur zu einem müden Lächeln.«[103] Nachdem aber der mögliche SPD-Kanzlerkandidat Schröder, ebenso wie der DGB-Vorsitzende Schulte, sich öffentlich für eine Absenkung des Nettorentenniveaus ausgesprochen haben, ist Rudolf Dreßlers vielfach wiederholter Satz: »Mit uns ist eine Absenkung des Nettorentenniveaus nicht zu machen« wohl noch nicht das letzte Wort.

Gelegentlich wird von Politikern behauptet, die Rentenreform von 1992 habe die Rentenversicherung stabilisiert. Diese Bemerkung ist eine Unverschämtheit gegenüber der arbeitenden Generation angesichts einer Beitragserhöhung um 3,2 Prozent (von 18,6 auf 19,2 Prozentpunkte) 1995, einer Beitragserhöhung von 5,7 Prozent (von 19,2 auf 20,3 Prozentpunkte) im letzten Jahr und einem weiteren prognostizierten Anstieg von rund 50 Prozent bis zum Jahr 2030. Es ist bezeichnend für die Machtverteilung der Generationen in diesem Land, wenn Beitragserhöhungen als selbstverständlich dargestellt werden, Rentenkürzungen dagegen kategorisch ausgeschlossen werden. Auch die im Programm für mehr Wachstum und Beschäftigung – vulgo: Sparpaket 1996 – enthaltenen Maßnahmen (Anhebung des Rentenalters, Verkürzung der Anrechnungszeiten der Ausbildung) trafen ausschließlich zukünftige Rentner, während die Besitzstände der heutigen Rentnergeneration unangetastet blieben.*

Besonders ärgerlich ist es für Jugendliche, wenn Politiker gelegentlich äußern, daß die Rentenversicherung »erst nach dem Jahr 2000 in Schwierigkeiten gerate«. Denn die Grenze der Belastbarkeit der arbeitenden Bevölkerung ist längst überschritten. Der Beitragssatz muß schnellstens massiv gesenkt werden,

* Manche Politiker halten sich wohl für besonders witzig und schlagen vor, die Lasten zwischen den Generationen zu verteilen, indem man einerseits den Beitragssatz erhöht und zum anderen das Rentenalter heraufsetzt. Dabei treffen sie mit beiden Maßnahmen dieselbe Generation. Der Begriff »Generation« ist beim Thema Rente nicht mit dem im allgemeinen Sprachgebrauch verwendeten Sinn gleichzusetzen (also junge Generation sind die unter 30jährigen). Vielmehr definiert man hier die Beitragszahler als eine Generation und die Rentner als die andere Generation.

ohne daß dafür ausschließlich die Steuern erhöht werden.* Mit anderen Worten: Es darf nicht nur umfinanziert, es muß auch gespart werden!

VIII. Die Teilungslösung der Gesellschaft für die Rechte zukünftiger Generationen

Wegen des Versagens der Politiker hat die Gesellschaft für die Rechte zukünftiger Generationen einen eigenen Lösungsvorschlag in die öffentliche Debatte eingebracht. Das Modell ist eine der wenigen durchgerechneten Alternativen, da die Bundesversicherungsanstalt für Angestellte (BfA) die Freundlichkeit hatte, unser Modell auf ihrem Großcomputer durchzurechnen.

Da sich die Höhe der Renten nicht am Beitragssatz orientiert, sondern an der Höhe des versicherten Entgelts, wird mit steigenden Beitragssätzen die Relation von Beitrag und zukünftiger Rente immer ungünstiger. Die heute jüngere Generation wird bei einem weiter steigenden Beitragssatz stärker belastet als die heutigen Rentner, die während ihrer aktiven Zeit geringere Beitragssätze bezahlt haben, weil damals der Rentnerquotient noch günstiger war. Angesichts der Alterung der Gesellschaft ergibt sich für die gesetzliche Rentenversicherung ein Verteilungskonflikt: Entweder müssen die Erwerbstätigen höhere Beiträge oder Steuern zahlen, oder die Leistungen für die alte Generation müssen gekürzt werden. Während viele der heutigen Rentner um die Sicherheit ihrer Rentenzahlungen bangen und Kürzungen kategorisch ablehnen, kommt von den Jüngeren die Forderung, die Beitragssätze auf heutigem Niveau festzuschreiben. Sozialpolitiker wie Blüm und Dreßler haben sich jahrelang einseitig auf die Seite der Älteren gestellt und Einschnitte in den Besitzstand der heutigen Rentnergeneration für undenkbar erklärt. Der Streit

* Dieses bedeutet auch, daß ein künstliches Hochhalten der Beitragssätze, um einen Kapitalstock für das Jahr 2030 anzusparen, unzumutbar ist. Jede Chance zur Beitragssenkung muß angesichts von 4,5 Millionen Arbeitslosen sofort genutzt werden.

droht die Generationen zu spalten und das soziale Klima in unserem Land zu vergiften.[106]

Da ein Systemwechsel ausgeschlossen ist, ist eine Teilung der Lasten zwischen den Generationen die einzig vernünftige Lösung. Im folgenden werden zunächst die beiden Extremfälle dargestellt, die sich ergeben, wenn die Lasten *nicht* geteilt würden.

1. Wenn die heutige Rentenformel unangetastet bleibt, so wird es bis zum Jahr 2030 zu einem Anstieg der Rentenbeiträge von heute 20,3 Prozentpunkten auf mindestens 26,3 bis 28,7 Prozentpunkte kommen.[107] Andere Schätzungen sehen einen Anstieg bis über 30 Prozent. Diese Variante, welche bis zur Vorlage der Ergebnisse der Kommission »Fortentwicklung der Rentenversicherung« von den im Bundestag vertretenen Politikern aller Parteien (Durchnittsalter: Mitte 50) und auch der öffentlichen Meinung favorisiert wurde, würde *einseitig die arbeitende, jüngere Generation belasten,* während die heutige Rentnergeneration ihre Besitzstände garantiert bekäme und gar keine Opfer bringen müßte.
2. Alternativ dazu wäre es nämlich möglich, die Beiträge bei rund 20 Prozentpunkten einzufrieren und die Rentenleistungen nach unten anzupassen, *was auf eine einseitige Belastung der älteren Generation hinausliefe.* Dieser Vorschlag kommt z.B. von den Arbeitgeberverbänden, den Jugendorganisationen Junge Union und Junge Liberale und einigen FDP-Politikern.[108]

Wie könnte eine faire Lösung aussehen? *Die »Teilungslösung« sieht vor, die Lasten zwischen Alt und Jung zu teilen.* Der Grundgedanke der Teilungslösung: Keine Generation darf bevorzugt oder benachteiligt werden. Möglicherweise auftretende Belastungen der Rentenversicherung – seien sie nun durch den demographischen Wandel, Schwankungen am Arbeitsmarkt, Änderungen der Lebenserwartung oder der Selbständigenquote ausgelöst – müssen solidarisch auf die Generationen verteilt werden.

Dadurch wird ein Kompromiß zwischen dem Prinzip des konstanten Beitragssatzes und dem Prinzip des konstanten Rentenniveaus erreicht, der für intergenerationelle Gerechtigkeit sorgt.

Die Lasten werden zwischen den Generationen geteilt: Die Älteren bekommen etwas weniger, die Jüngeren zahlen etwas mehr, aber keine Generation wird übervorteilt. In einem Satz zusammengefaßt: *Die Beiträge dürfen nur erhöht werden, wenn gleichzeitig die Renten im selben Ausmaß gesenkt werden.* Jeder neue Finanzbedarf in der Rentenversicherung soll durch eine Aufteilung der Belastungen auf beide Seiten gelöst werden.
Konkret bedeutet dies, daß man folgendermaßen vorgeht:

1. Man ermittelt wie bisher im Herbst jedes Jahres den Finanzbedarf der Rentenversicherung und den dafür notwendigen Beitragssatzanstieg oder -rückgang, damit die Rücklagen eine Monatsausgabe betragen.
2. Man halbiert den gefundenen Wert.
3. Man erhöht (verringert) die Beitragssatzanpassung um die Hälfte des ursprünglich gefundenen Wertes, und verringert (erhöht) die jährliche Rentenanpassung, so daß die gesetzlichen Vorschriften zur Finanzierung der gesetzlichen Rentenversicherung erfüllt sind. Bei deren abzusehenden Finanzschwierigkeiten in den nächsten Jahrzehnten würde die Hälfte des erforderlichen Finanzbedarfs von der jüngeren, arbeitenden Generation über Beitragserhöhungen aufgebracht, die andere Hälfte steuerte die alte Generation bei, indem sie auf einen Teil ihrer Rentenansprüche verzichtete.

Die Beiträge würden bei der Teilungslösung ohne sonstige Reformen bis zum Jahr 2030 gegenüber bisherigen Planungen lediglich um die Hälfte angehoben werden müssen, das Nettorentenniveau würde deutlich absinken (die Renten aber weiter steigen).

Dieser Punkt ist wichtig: Die Renten lägen dann keineswegs niedriger als heute, denn schließlich folgen sie der allgemeinen Lohnentwicklung. Sie würden insgesamt gesehen lediglich langsamer steigen.

Allerdings kann es in einzelnen Jahren durchaus zu echten Rentensenkungen kommen, nämlich immer dann, wenn die jüngere Generation auch besonders stark zur Kasse gebeten wird.

Das Prinzip der Teilungslösung ist ja gerade eine echte Teilung der Lasten. In unserem Modell soll der Automatismus deshalb auch nicht – wie im Modell der Koalition – außer Kraft gesetzt werden, nur weil es einmal eine geringfügige reale Rentenkürzung gäbe.

Bei dieser Lösung könnte die heutige Rentenformel im wesentlichen unverändert gelassen werden. Die Abschlagshöhe würde jedesmal berechnet, wenn die Beiträge angehoben werden müßten. Natürlich gäbe es auch einen Zuschlag für die Rentner, wenn die Beiträge einmal gesenkt werden könnten.

Durch die Teilungslösung ergäbe sich für die produktive Generation im Jahr 2030 – wenn die demographische Entwicklung am ungünstigsten ist – ein Beitragsatz, der gerade noch erträglich wäre, und auch die Rentnergeneration würde nicht überfordert, da die Abschläge über mehrere Jahrzehnte gestreckt würden. Eine solche Lastenteilung würde am ehesten von der Bevölkerung akzeptiert, weil sie leicht verständlich ist und unmittelbar als gerecht empfunden wird. Sie hat zudem zahlreiche weitere Vorteile:

- Sie wirkt schneller als jede andere Reform. Dagegen würde etwa ein »Erziehungsgehalt«, um eine Besserstellung von Eltern gegenüber Kinderlosen zu erreichen und die Geburtenrate anzukurbeln, die Rentenversicherung frühestens in 20 Jahren entlasten. Eine Anhebung des Renteneintrittsalters würde wegen des Vertrauensschutzes ebenfalls erst in einigen Jahren wirksam werden und könnte kurzfristig einen Anstieg der Lohnnebenkosten nicht verhindern.
- Die Teilungslösung bietet zudem gegenüber allen anderen zur Zeit diskutierten Lösungsvorschlägen den großen Vorteil, flexibel zu sein. Wenn man dagegen einen Systemwechsel hin zum Kapitaldeckungsverfahren oder zu einer Finanzierung der Renten aus dem Steuertopf (Steuerlösung) vollziehen würde, so träfe man eine kaum umkehrbare Entscheidung. Die weit in die Zukunft reichenden Vorhersagen sind aber mit zahlreichen Unbekannten (Geburtenrate, Zuwanderung) behaftet. Man stelle sich einmal vor, wir leiteten die größte Umstrukturierung unseres Sozialsystems aller Zeiten ein – und dann entwickeln sich die Beitragszahlen wider Erwarten doch günstiger als heute erwartet. Bei der Teilungslösung ist man vor unerwünschten Überraschungen

sicher. Muß der Beitragssatz stärker oder leichter angehoben werden als prognostiziert, so wird einfach auch die Rente stärker oder weniger stark gekürzt.

Ein Rechenbeispiel soll deutlich machen, wie die Teilungslösung funktioniert:

Gegen den Widerstand der Jugend hat die Bundesregierung zum 1. Januar 1997 die Rentenbeiträge von 19,2 Prozentpunkten auf 20,3 Prozentpunkte erhöht. Statt dieser Lösung, die allein die jüngere Generation belastet, wäre bei Anwendung der Teilungslösung folgendes geschehen:

Die Beiträge wären nur um die Hälfte, also um 0,55 auf 19,75 Prozentpunkte erhöht, die andere Hälfte des Finanzbedarfs durch eine niedrigere Rentenanpassung hereingeholt worden. Dazu wäre die jährliche Rentenanpassung zunächst wie bisher nach der Rentenformel ausgerechnet und dann mit einem Abschlag versehen worden.

Vergleich zwischen Teilungslösung und Rürup-Formel

Im Abschlußbericht der Kommission »Fortentwicklung der Rentenversicherung« wird de facto eine Abkehr von dem Prinzip der »sicheren Rente« vollzogen. Da darin erstmals das Ziel der Generationengerechtigkeit konstatiert wird, stellt sich die Frage, inwiefern sich die Lösungsvorschläge der Gesellschaft für die Rechte zukünftiger Generationen von denen der demographischen Komponente, auch als *Rürup-Formel* bekanntgeworden, unterscheiden.

Der in die Rentenformel einzufügende Faktor wird nach dem Vorschlag der Kommission an die Laufzeit der Rente, nicht an das Durchschnittsalter der Bevölkerung oder die Arbeitsmarktlage geknüpft. Dies begründet die Kommission damit, daß der Effekt steigender Lebenserwartung ein typisch rentenversicherungsinternes Problem darstellt.[109] Die Entwicklung der Lebenserwartung seit 1992 soll in den Korrekturfaktor miteinbezogen werden. Das Rentenniveau müßte also, würden diese Vorschläge verwirklicht, sofort abgesenkt werden, eine Übergangsfrist gäbe es nicht.

Das Durchschnittsalter als Bezugsgröße wurde verworfen, weil es sich hier um eine Mischgröße handle, in die alle die Bevölkerungsentwicklung bestimmenden Faktoren, nämlich Fertilität, Mortalität und Migration einflössen. Die Veränderungen von Fertilität und Migration fielen aber nicht in die Verantwortung der Rentenversicherung. Die Ergebnisse seien mit der nun gefundenen Lösung ohnehin vergleichbar.

Die Kommission lehnte desgleichen Faktoren ab, die sich auf die Entwicklung der Arbeitslosigkeit beziehen. Solche Faktoren hätten nach ihrer Ansicht nur die Funktion, »bei steigender Arbeitslosigkeit das Rentenniveau zu senken, bei sinkender Arbeitslosigkeit das Rentenniveau jedoch nicht zu erhöhen«.[110] Diese Argumentation erscheint fragwürdig, denn es wäre ohne weiteres möglich, die Entwicklung der Arbeitslosigkeit in beiden Richtungen bei den jährlichen Rentenanpassungen zu berücksichtigen. Der Kölner Ökonomieprofessor Eckhart Bomsdorf etwa hat ein solches Modell zur Berücksichtigung der Arbeitsmarktlage entwickelt,[111] die Bundesvereinigung der Deutschen Arbeitgeberverbände (BDA) schlug unmittelbar nach Bekanntwerden der Kommissionsergebnisse Ähnliches vor. Verbandspräsident Dieter Hundt forderte, daß die jährliche Rentenanpassung um 0,2 bis 0,3 Prozentpunkte gekürzt werden müsse, solange die Arbeitslosigkeit auf dem derzeitigen hohen Niveau verharre. Die Blüm-Formel jedoch berücksichtigt dies alles nicht.

Die Teilungslösung hat gegenüber der Rürup-Formel drei Vorteile:

- Anders als die Rürup-Formel berücksichtigt sie nicht nur die sich ändernde Lebenserwartung, sondern sämtliche Veränderungen der externen Rahmenbedingungen der gesetzlichen Rentenversicherung: demographischen Wandel, Schwankungen am Arbeitsmarkt, Änderungen der Lebenserwartung oder der Selbständigenquote.
- Eine Änderung der Rentenformel ist bei ihr nicht notwendig. Die bisherigen Baugesetze unseres Rentensystems müßten in keiner Weise geändert werden. (Lediglich eine Zusammenlegung des Termins für Rentenanpassungen und Beitragssatzanpassungen erscheint sinnvoll.)

- Bei der jetzt vorgestellten Lösung, der Rürup-Formel, ist von Vorhersagen abhängig, ob die Einfügung der Lebensalters-Komponente die gewünschten Ergebnisse bringt. Was ist, wenn die Lebenserwartung stärker steigt als angenommen, wenn die Arbeitslosenzahlen nicht auf 2 Millionen sinken? Schätzungen sind immer mit Risiken behaftet. Wenn auch nur eine der Variablen sich ändert, so erklärte Kommissionsmitglied Meinhard Miegel unmittelbar nach der Veröffentlichung der Rürup-Formel in mehreren Interviews, dann bricht das ganze Modell wie ein Kartenhaus zusammen.[112] Hier erinnert das Modell der Bundesregierung sehr an die Befürworter eines Kapitaldeckungsverfahrens, die auch so tun, als wüßten sie, wie die Welt am Ende der sechzigjährigen Übergangszeit aussieht, die für einen Systemwechsel notwendig ist. Im Jahr 2057 kann aber die Situation z.B. bei den Geburtenziffern schon wieder völlig anders aussehen, so daß dann ein Umlageverfahren die bessere Lösung ist. Die ganze mühsame Umstellung wäre umsonst gewesen.

Die Teilungslösung funktioniert völlig unabhängig von Prognosen. Wenn sich eine der externen Größen stärker oder weniger stark ändert als angenommen, sei's drum, dann ändern sich eben auch Beitragssatz- und Rentenanpassungen stärker oder weniger stark. Es ist die systemimmanenteste Lösung, die es gibt.

Die Teilungslösung ist also der eleganteste Weg zur Lastenteilung, die Rürup-Formel unnötig kompliziert, wenn sie auch ähnliches beabsichtigt. Die Teilungslösung ist auch unter dem Argument der politischen Verkäuflichkeit überzeugender. Sie ist unmittelbar einleuchtend, appelliert an das Solidargefühl aller Beteiligten und würde von der Bevölkerung als gerecht angesehen.

Nun muß noch eine Ergänzung vorgenommen werden, damit das Grundmodell vollständig ist. Bei den bisherigen Überlegungen wurde davon ausgegangen, daß die externen Lasten zu gleichen Teilen auf die beiden beteiligten Generationen – Beitragzahler und Rentenbezieher – aufgeteilt werden. Dabei wurde nicht berücksichtigt, daß diese beiden Bevölkerungsgruppen zahlenmäßig nicht gleich stark waren, sind und sein werden. Es kommen heute noch etwa drei Beitragszahler auf einen Rentner, so daß es gerechter wäre, die Lasten im Verhältnis drei zu eins nach dem oben beschriebenen Muster auf die jüngere Generation (über Beitragserhöhungen) und die ältere Generation (über eine Veränderung der Rentenanpassungen) zu verteilen. Wenn der Rentnerquotient steigt, so ändert sich natürlich auch das Verhältnis der Lastenaufteilung. Bei der jährlichen Berechnung ist also immer zuerst die jeweilige Rentner-Beitragszahler-Aufteilung zu ermitteln und den weiteren Berechnungen zugrundezulegen. Für die Älteren wirkt sich diese Variation tendenziell besser aus.

Damit ist das Grundmodell der Teilungslösung vollständig beschrieben. Wenn in Zukunft die Teilungslösung angewandt würde, so wäre schon viel für den Generationenfrieden erreicht. Dem letztlich anzustrebenen Ziel der Renditegleichheit in der Rentenversicherung und somit Generationengerechtigkeit würde man sich zumindest stark annähern.* Dazu müssen noch einige Modifikationen vorgenommen werden.

Modifikation 1 – Rückwirkende Teilungslösung

Bei der Einführung des Umlageverfahrens im Jahr 1957 ging man davon aus, daß der Beitragssatz von damals 14 Prozent konstant bleiben würde. Gegen dieses Prinzip des konstanten Beitragssatzes wurde in der Folgezeit immer wieder verstoßen, um ein konstantes Rentenniveau zu ermöglichen. Wenn sich einmal, wie etwa 1972, auf Grund der konjunkturellen Entwicklung hohe Rücklagen bei den Rentenversicherungsträgern angesammelt hatten, beschloß der Bundestag (mit den Stimmen aller Parteien) nicht etwa eine Senkung des Beitragssatzes, sondern eine Ausweitung der Leistungen (insbesondere die »flexible Altersgrenze«).

* Um wirklich bis auf zwei Stellen nach dem Komma jedem Jahrgang dieselbe Rendite aus der gesetzlichen Rentenversicherung zu gewähren, sind extrem umfangreiche und aufwendige Berechnungen aufwendig. Es stellt sich die Frage, ob man sich nicht auch mit einer »ungefähr gleichen Rendite« zufriedengeben sollte. Die Teilungslösung ist in jedem Fall zumindest ein guter Schritt in Richtung Generationsgerechtigkeit.

Es ist nicht einzusehen, warum man in den letzten vierzig Jahren einseitig dem Prinzip des konstanten Rentenniveaus den Vorzug gegenüber dem Prinzip des konstanten Beitragssatzes gegeben hat.

Damit wirklich jede Generation die gleiche Rendite erreicht, muß die Teilungslösung auch rückwirkend angewandt werden. Zumindest die drastische Beitragssatzanhebung am 1. Januar 1997 sollte wieder rückgängig gemacht und neu berechnet werden, so als ob schon damals die Teilungslösung gegolten hätte.

Modifikation 2 – Teilungslösung mit sozialer Komponente

Um einen sozialen Ausgleich zu erreichen, wäre es möglich, höhere Renten stärker, Niedrigrenten weniger oder gar nicht zu kürzen. Diese soziale Komponente halte ich für unbedingt wünschenswert, weil die Durchschnittsrente bei Frauen in den alten Bundesländern nur bei durchschnittlich 806 Mark liegt (in den neuen Bundesländern bei 1060 Mark).[113] Nicht alle Rentnerinnen haben Nebeneinkommen. Durch diese soziale Komponente könnte gewährleistet werden, daß niedrige Renten nicht unter das Sozialhilfeniveau sinken. Eine Umverteilung fände dann innerhalb der älteren Generation – der im Durchschnitt reichsten Generation in Deutschland – statt. Das erreichte Finanzvolumen, welches über Rentenkürzungen hereingeholt würde, bliebe das gleiche. Folglich würde sich auch an der Renditeverteilung nichts ändern.

Das Ziel der Generationengerechtigkeit würde also genauso wie schon in Modifikation 1 erreicht, weil die jüngeren Jahrgänge an diesen Umverteilungsprozessen gar nicht beteiligt sind. Der vertikalen Umverteilung in der gesetzlichen Rentenversicherung (zwischen Jung und Alt) würde eine horizontale Komponente (zwischen reichen und armen Alten) hinzugefügt. Sehr wichtig ist, daß auch die weit höher liegenden Beamtenpensionen in diesen horizontalen Umverteilungsprozeß miteinbezogen würden, denn dadurch ließe sich ein hohes Finanzvolumen erzielen.

Damit wurde die Teilungslösung als Modell für Generationengerechtigkeit vollständig dargestellt. Keine Generation würde bevorzugt oder benachteiligt. Der Vertrauensverlust der gesetzlichen Rentenversicherung würde gebremst, das System auch von den Jüngeren wieder akzeptiert. Nur durch die Teilungslösung kann das Umlageverfahren intergenerationell gerecht gestaltet werden. Nach vorläufigen Schätzungen der Bundesversicherungsanstalt für Angestellte* hätte nun die Teilungslösung folgende Auswirkungen:

- Zum 1. 7. 1997 wurden die Renten in Westdeutschland um 1,65 Prozent angehoben. Zu Beginn desselben Jahres war der Beitragssatz von 19,2 auf 20,3 Prozent angehoben worden (einseitige Belastung der jüngeren Generation). 1995 (aktuellere Zahlen liegen noch nicht vor) waren in der Rentenversicherung der Arbeiter und Angestellten insgesamt 26,3 Millionen Menschen pflicht- und freiwillig versichert (Beitragszahler); die Zahl der Renten (inklusive Hinterbliebenenrenten) lag bei 15,5 Millionen. Bei Umsetzung der Teilungslösung unter Berücksichtigung dieser unterschiedlichen Bevölkerungsanteile hätte der Beitragssatz statt auf 20,3 Prozent nur um rund 0,7 Prozentpunkte auf 19,9 Prozent angehoben werden dürfen. Dadurch wären in den alten Bundesländern Mindereinnahmen in der Größenordnung von etwa 6,5 Milliarden Mark (Beiträge 5,1 Milliarden Mark, Bundeszuschuß 1,4 Milliarden Mark) entstanden. Zur Kompensation hätte man zum 1. Juli 1997 in den alten Bundesländern anstelle einer Rentenerhöhung um circa 1,65 Prozent eine Rentenminderung um circa 0,85 Prozent vornehmen müssen.
- Im vorherigen Jahr ist der Beitragssatz zum Jahresbeginn von 18,6 Prozent um 0,6 Prozentpunkte auf 19,2 Prozent angehoben worden. Zum 1. Juli 1996 wurden die Renten in den alten Bundesländern um 0,95 Prozent erhöht. Bei Anwendung der Teilungslösung wären die Lasten wiederum geteilt

* Die Zahlen aus dem computergesteuerten, großen Finanzmodell lagen bei Drucklegung noch nicht vor, wohl aber eine Vorabschätzung der BfA.

worden: Der Beitragssatz wäre nur um rund 0,4 Prozentpunkte auf 19,0 Prozent angehoben worden. Die Renten wären allerdings nicht um 0,95 Prozent gestiegen, sondern um 0,55 Prozent gesunken. Zusammenfassend kann man sagen, daß bei Anwendung der Teilungslösung in den letzten beiden Jahren der Beitragssatz heute nur bei 19,7 Prozent läge; das Nettorentenniveau bei knapp unter 70 Prozent. Die Lasten wären fairer zwischen den Generationen verteilt worden. Die Renditen der beteiligten Generationen hätten sich zumindest angenähert.

Welche Argumente lassen sich gegen die Teilungslösung vorbringen?

Es werden im wesentlichen drei Argumente gegen die Teilungslösung vorgebracht.

- Argument 1: »Die Renten sind gesetzlich garantiert. Sie können gar nicht geringfügiger steigen als bisher vorgesehen oder gar abgesenkt werden.«

Antwort: Dieses Argument steht auf sehr schwachen Füßen. Als der »Generationsvertrag« der umlagefinanzierten Rente 1957 eingeführt wurde, kamen auf einen Rentner fünf Arbeitende, in Zukunft wird dieses Verhältnis jedoch auf 1 zu 1,5 sinken.[114] Mit anderen Worten: Die Geschäftsgrundlage hat sich geändert. Und wie bei jedem Vertrag muß der Wegfall der Geschäftsgrundlage zu neuen Verhandlungen führen. Man kann solche »Verträge« nicht für alle Ewigkeit festschreiben. Sie müssen nach der Zeitspanne einer Generation, also knapp 30 Jahren, unter den dann geltenden Rahmenbedingungen neu ausgehandelt werden.

In seiner Entscheidung vom 16. 7. 1985 hat das Bundesverfassungsgericht festgestellt, der Rentenanspruch sei eine vermögenswerte Rechtsposition, die den Schutz der Eigentumsgarantie nach Artikel 14 Grundgesetz genieße.[115] Der Rentenanspruch sei also, frei übersetzt, das Eigentum des kleinen Mannes. Es stellt sich damit die Frage, ob die zahlreichen Reformmodelle unabhängig von ihrer politischen Durchsetzbarkeit überhaupt »rechtens« wären. Allerdings steht, auch darauf hat das Bundesverfassungsgericht hingewiesen, das »Eigentum« am Rentenanspruch unter dem Sozialvorbehalt.

»Bei der Bestimmung des Inhalts und der Schranken rentenversicherungsrechtlicher Positionen kommt dem Gesetzgeber grundsätzlich eine weite Gestaltungsfreiheit zu. Dies gilt insbesondere für Regelungen, die dazu dienen, die Funktions- und Leistungsfähigkeit des Systems der gesetzlichen Rentenversicherung im Interesse aller zu erhalten, zu verbessern oder veränderten wirtschaftlichen Bedingungen anzupassen. Insoweit umfaßt Art. 14 Abs. 1, Satz 2 Grundgesetz auch die Befugnis, Rentensprüche und -anwartschaften zu beschränken, sofern dies einem Zweck des Gemeinwohls dient und dem Grundsatz der Verhältnismäßigkeit entspricht.«[116]

Wie der Verfassungsrechtler Hans-Jürgen Papier ausführte,[117] ist die jetztige Rentenformel nicht sakrosankt. Schon mit der 1992 in Kraft gesetzten Rentenreform wurde sie grundlegend geändert. Der Gesetzgeber kann sie erneut ändern, genauso wie das Rentenalter. Der Verfassungsrechtler Otto Depenheuer führt aus: »Artikel 14 Grundgesetz gewährleistet keinen der Höhe nach bestimmten oder bestimmbaren, den früheren Beiträgen äquivalenten Rechtsanspruch. Die Beitragshöhe sichert dem Versicherten nur die Rangstelle innerhalb der Solidargemeinschaft, jedoch weder die absolute Höhe noch die Differenz zwischen den Rangstellen. Die Höhe der früheren Beiträge steht in keiner Äquivalenzbeziehung zur späteren Rentenzahlung, sondern garantiert nur die Relation zu vergleichbaren Leistungsempfängern (Kohortenprinzip).«[118]

Für soziale Besitzstände kann es keine Verfassungsgarantie geben. Das Ausmaß gesellschaftlicher Umverteilung muß jede Generation neu bestimmen dürfen. Es gibt eben nicht nur eine Solidarität innerhalb einer Generation, sondern auch eine Solidarität zwischen den Generationen. Eine verfassungskräftige Garantie der Rentenansprüche würde die ältere Generation freistellen von solidarischer Rücksichtnahme auf die zahlende Generation. Zwar würde eine übermäßige Kürzung der Rentenansprüche wohl vom Bundesverfassungsgericht für unrechtmäßig erklärt, eine solche ist die Teilungslösung aber nicht. Sie ist demnach verfassungsgemäß. Ohnehin: Wenn eine ganze Generation der Arbeitenden den Generationenvertrag wegen unzumutbarer Belastungen ganz oder zum Teil aufkündigte, hätte es wenig Sinn, die Realität für verfassungswidrig zu erklären.[119]

- Argument 2: Durch die Rentenreform 1992 wurde bereits eine Teilung der Lasten vollzogen.

Antwort: Es ist zwar richtig, daß seit 1992 nicht die Höhe der Bruttolöhne, sondern die durchschnittlichen Nettolöhne maßgeblich für die Rentenberechnung sind. Dadurch wurde jedoch nur eine extreme Bevorzugung der älteren Generation abgeschafft, ohne an der grundsätzlichen Besserstellung dieser Generation etwas zu ändern. Zwar ist der Anstieg der Renten selbst dadurch geringfügig verlangsamt worden, das Nettorentenniveau stieg jedoch seit 1992 weiter, von 68,3 Prozent auf 71,6 Prozent (1995). Gleichzeitig mußten die Beitragssätze mehrfach angehoben werden, um dieses Standard-Rentenniveau zu sichern. Von einer Teilung der Lasten kann also nicht die Rede sein. Die Bruttolohnformel war von Anfang an eine Absurdität, schon 1957 hätte eine Nettolohnformel eingeführt werden müssen. Die Änderung der Rentenformel 1992 wurde neben den gewünschten Einsparungseffekten u.a. auch damit begründet, *daß ohne diesen Eingriff die Renten stärker gestiegen wären als die Nettolöhne.* Denn nach der alten Anpassungsformel folgte die Rentenentwicklung den Bruttolöhnen, die wegen der steigenden Abgabenbelastung stärker stiegen als die Nettolöhne.[120] Die alte Bruttolohnformel hat also das erklärte Ziel – eine gleichgewichtige Entwicklung von Renten und *verfügbaren* Arbeitsverdiensten zu sichern – noch nie erfüllt, sondern stets die Rentenbezieher gegenüber den Beitragszahlern bevorzugt.

Wie Oswald von Nell-Breuning einst schrieb: »Die Rentenformel muß der Tatsache Rechnung tragen, daß, wenn sich das Verhältnis von produktivem und unproduktivem Bevölkerungsteil verschlechtert, beide Bevölkerungsteile nur einen entsprechend geringeren *Anteil* am Volkseinkommen beanspruchen können. Die dies gewährleistende Rentenformel ist seit Jahrzehnten bekannt, aber den Politikern war es verboten, sie zu kapieren; alle Parteien hatten sich auf die bruttolohnbezogene Rente verschworen; diese hat zwingend das 1957 gesetzgeberisch gesetzte Ziel verunmöglicht.«[121]

- Argument 3: Die Rentner sind so arm, daß man ihnen als Bevölkerungsgruppe Kürzungen irgendwelcher Art auf keinen Fall zumuten kann.

Antwort: Tatsächlich geht es einem Drittel der Senioren ziemlich schlecht, und mehr als eine halbe Million Rentner beziehen Sozialhilfe. Besonders wo die drei Attribute »weiblich«, »kinderreich« und »alt« zusammentreffen, ist das vierte – »arm« – nicht mehr weit.

Andererseits braucht man nur die Augen zu öffnen, um zu sehen, daß viele Alte sich einen luxuriösen Lebensstandard leisten. Längst haben die Medien den Ausdruck Woopies (well-off-older-people) für diese Klientel geprägt. In den schönsten Landschaften Deutschlands, im Voralpenland, den Küstenregionen und der Lüneburger Heide sind heute schon alte Menschen weit überrepräsentiert, weil nur sie sich die hohen Mieten und Grundstückspreise leisten können. Mehr als die Hälfte der heute 60jährigen sind Haus- und Grundbesitzer (Anteil des Wohnungseigentums an der Gesamtbevölkerung: 40 Prozent). Bei vielen alten Leuten hat die Rente den Charakter eines willkommenen Teileinkommens. Der Löwenanteil besteht aus Zins- und Mieterträgen, die staatliche Rente ist bloß noch eine relativ geringfügige Aufbesserung der Haushaltskasse. Der Zwischenbericht der Enquete-Kommission des Bundestages »Demographischer Wandel« schreibt, daß im Jahr 2000 bereits ein Viertel des gesamten Geld- und Grundvermögens den über 65jährigen gehören wird[122] (obwohl sie dann nur 15 Prozent der Bevölkerung stellen werden). Stefanie Wahl vom Institut für Wirtschaft und Gesellschaft in Bonn weist darauf hin, daß die Rentner im Vergleich zur erwerbstätigen Bevölkerung noch nie eine so große Finanzkraft besaßen wie heute, weil sie während ihrer Arbeitszeit in einer fünfundvierzigjährigen wirtschaftlichen Wachstumsphase Vermögen bilden konnten. Und weiter: »Dank dieses Umstands hat die jahrhundertelang bestehende Gleichung alt = arm ihre Gültigkeit verloren. Zunehmend bedeutet heute für die überwiegende Mehrheit der Bevölkerung alt sein wohlhabend sein.«[123]

Natürlich ist das Bild von den reichen Alten genauso falsch wie das von den armen Alten. Eine Annäherung an die Wirklichkeit können immer nur Durchschnittswerte geben. Und hier ist die Lage eindeutig: *Die heutige Altengeneration ist nicht nur die wohlhabendste Rentnergeneration aller Zeiten, sondern statistisch gesehen auch die reichste aller drei Generationen, die heute in Deutschland leben.* Das Pro-Kopf-Einkommen von Rentnern und Pensionären übersteigt das der Arbeiter.[124] Der offizielle Alterssicherungsbericht des Bundesarbeitsministeriums nennt folgende Zahlen: Ehepaare mit einem Ehemann ab 65 Jahren beziehen in den alten Bundesländern mit 3769 Mark im Durchschnitt ein monatliches Nettoeinkommen, von dem Jüngere nur träumen können.[125] Jeder Mann über 65 Jahre hat in den alten Bundesländern im Durchschnitt ein monatliches Nettoeinkommen von 2924 Mark, jede Frau über 65 von 1682 Mark. In Ostdeutschland sind es 2016 Mark bei den Männern und 1584 Mark bei den Frauen. Beinahe unanständig hoch sind die Bezüge der ehemaligen Beamten. Die Pensionen belaufen sich bei Männern ab 55 Jahren im Durchschnitt auf netto 3725 (!) und bei Frauen gleichen Alters auf 3467 Mark,[126] dazu kommen noch alle anderen Einkommensarten wie Zinseinnahmen, Mieteinkünfte oder ähnliches, was sich durch genehmigte Nebentätigkeiten während des Beamtenlebens so angesammelt hat.

Wir Jungen sollen die finanziellen und medizinischen Ansprüche der Woopies befriedigen, obwohl wir selbst nicht damit rechnen können, im Alter diesen Lebensstandard zu genießen. Verschärft wird der Konflikt um die Rente noch durch die Situation bei den Betriebsrenten. Die Älteren haben eine, Jüngere und Ostdeutsche meist nicht. Soll es diese Zweiklassengesellschaft auch noch in der gesetzlichen Rentenversicherung geben?*

* Die Betriebsrenten machen zwar die heutigen Rentner, aber nicht die Arbeitnehmer glücklich. Bei den Klöckner-Humboldt-Deutz-Werken müssen die verbliebenen 9000 Beschäftigten die Pensionszusagen für 14.000 Pensionäre erarbeiten. Bei anderen Unternehmen ist das Mißverhältnis noch krasser (Handelsblatt, 2.6.97, S.41). Das fördert die Freundschaft zwischen den Generationen natürlich ungemein.

Die Alten von heute sind die erste und letzte Generation, die sich dem ungehemmten Konsumrausch und einem unvergleichlich hohen Lebensstandard hingeben kann. Gerade deshalb kann man von ihnen Entgegenkommen erwarten. Durch die vorgeschlagenen Kürzungen in der Rentenversicherung würde Generationengerechtigkeit erreicht.

Gleichzeitig müssen aber gleichgerichtete Maßnahmen bei den Beamtenpensionen erfolgen. Wegen der extrem hohen Pensionen ist hier eine *Kürzung um ein Viertel* sozialpolitisch zu vertreten. Nur so läßt sich die Gesamtbelastung der jüngeren Generation durch Steuern und Abgaben in Grenzen halten. Durch die Kürzung kämen die Beamten etwa auf das gleiche Niveau der Rentner, was auch aus Gerechtigkeitsaspekten notwendig erscheint.

- Argument 4: Die Jungen sind doch die Erbengeneration. Ihnen geht es mehrheitlich ohnehin besser als den Alten, sie wachsen sogar in einem materiellen Wohlstand auf, von dem die meisten heutigen Rentner in ihrer Jugend nur träumen konnten.

Antwort: Das Argument ist grundsätzlich richtig. Tatsächlich wurde noch nie soviel vererbt wie heute.* Allerdings sind die Erbschaften ungleich verteilt: Ein Drittel der 40- bis 50jährigen erbt viel, ein weiteres Drittel wenig und das letzte Drittel gar nichts. Kann man die schlechtere Rendite in der Rentenversicherung mit den Erbschaften verrechnen? Dies geht schon deshalb nicht, weil die gesetzliche Rentenversicherung ein staatliches Zwangssystem ist, das in sich gerecht sein muß. Normalerweise wird von Generation zu Generation etwa gleich viel vererbt. In Deutschland jedoch hat durch den Krieg die »Aufbaugeneration« der fünfziger und sechziger Jahre selbst nur wenig geerbt, während sie ihren Nachkommen viel hinterläßt. Dieser Sondereffekt im privatwirtschaftlichen Bereich kann jedoch nicht mit dem Generationenvertrag verrechnet werden, weil er einen einmaligen Fall darstellt.

* Dies zeigt übrigens, welche Reichtümer die ältere Generation besitzt. Spaßig wird es, wenn in einer Diskussion von den »armen Alten« geredet und im nächsten Atemzug behauptet wird, daß die heutige Jugend die Erbengeneration sei.

Wenn man ihn eliminieren will, so soll man meinetwegen die Erbschaftssteuer erhöhen. Die pauschale Aussage: »Die heute 20- bis 40jährigen oder die noch Jüngeren werden zwar im Generationenvertrag benachteiligt, aber dafür erben sie viel« ist unzulässig, weil eben nicht alle viel erben werden. Die Rendite aus der gesetzlichen Rentenversicherung ist ein kollektives Schicksal, das Glück oder Unglück bei den Erbschaften ein individuelles. Wenn ein Angehöriger meiner Generation Pech hat, wird er nicht erben und außerdem in der gesetzlichen Rentenversicherung benachteiligt werden.

IX. Zusammenfassung

Zusammenfassend kann man sagen, daß mit der Teilungslösung der Anstieg der Lohnnebenkosten reduziert werden könnte. Die Abwanderung deutscher Unternehmen ins Ausland würde tendenziell gebremst, eine große Anzahl von Arbeitsplätzen bliebe erhalten. Der entscheidende Aspekt bei der Teilungslösung ist jedoch ein anderer: Wie kein anderer Reformvorschlag ist sie in der Lage, das Prinzip der Generationengerechtigkeit zu wahren. Mit der Rendite als Maß der Generationengerechtigkeit steht nun erstmals ein Kriterium bereit, um die verschiedenen Reformvorschläge auf ihre Generationsverträglichkeit zu prüfen. Selbst wenn es bei Anwendung der Teilungslösung in manchen – allerdings nur ganz wenigen – Jahren zu echten Rentenkürzungen kommen sollte, so liegt das im Automatismus eines in sich gerechten Systems. In Schweden, wo das System mit unserem vergleichbar ist, hat man auch im Konsens echte Rentenkürzungen beschlossen.

In Deutschland stehen die Chancen schlecht, daß die nächste Rentenreform die Interessen der jungen Generation berücksichtigt. Wenn die Reform keine Gerechtigkeit schafft, so wird das Thema Rente immer wieder für Konfliktstoff sorgen.

Beteuerungen an die Adresse der Alten, ihre Rente sei sicher, bei gleichzeitigen Empfehlungen an die Jugend, sie solle doch schon einmal private Eigenvorsorge betreiben, führen in die Irre.* Durch private Vorsorge der jüngeren Generation werden die unterschiedlichen Renditen verschiedener Generationen in der gesetzlichen Rentenversicherung nicht angeglichen, ganz im Gegenteil: Die jüngere Generation würde doppelt belastet, weil sie einerseits die Rente der Älteren bezahlen, sich ihre eigene aber weitgehend selbst ansparen muß.

Grundsätzlich wäre zu wünschen, daß die Reform eine höhere Transparenz mit sich bringt, so daß in der Bevölkerung das Vertrauen in die Alterssicherung wieder steigt. »Wer das Vertrauen in die staatlich organisierte Rentenversicherung untergräbt, untergräbt das Vertrauen in den Staat selbst.«[127] Fachleute behaupten, daß noch nicht mal fünf Prozent der Senioren unser heutiges Rentensystem durchschauen (was man ihnen nicht verübeln kann, da es vielleicht auch nur zehn Prozent der Politiker begreifen). Bei vielen Älteren herrscht die Auffassung, sie hätten in das System eingespart und nun wollte man ihnen ihre Ersparnisse wegnehmen. Die wenigsten begreifen, daß sie keinen Kapitalstock haben, sondern nur Ansprüche. Diese Ansprüche richten sich auch nicht an den Staat, wie viele glauben, sondern an die nachfolgenden Generationen. Der Staat vermittelt nur zwischen Jung und Alt. Das Bild vom Generationenvertrag ist also schon richtig, gleichgültig, ob die Altersversorgung durch Beiträge oder Steuern finanziert wird. Es bedarf immer der Verhandlungen zwischen Alt und Jung, um den Generationenfrieden zu sichern.

Wenn man mit Älteren spricht, sei es in der Familie, im Bekanntenkreis oder in öffentlichen Diskussionen, so ist das Verständnis für die Sorgen der Jüngeren groß. Das Problem ist, daß die Politiker die Solidarität der Älteren, ihre Bereitschaft zum Verzicht für die Jugend, unterschätzen. Die Politiker richten ihre Politik an den Forderungen der Altenverbände aus, die nicht unbedingt die Meinung der Mehrheit der Alten wiederspiegeln.

* Manchmal stehen hinter solchen Empfehlungen natürlich handfeste wirtschaftliche Interessen, etwa wenn Versicherungen und Banken die Angst der Bevölkerung schüren, um private Rentenversicherungen und Lebensversicherungen besser zu verkaufen.

Keines der Reformmodelle der politischen Parteien sieht eine Rentenkürzung vor. (Leider, die genau wäre nämlich notwendig, um jeder Generation die gleiche Rendite zu verschaffen.) Trotzdem hofft die SPD mit der Lüge, die Regierung wolle die Renten senken, die nächste Bundestagswahl zu gewinnen.

Die CDU würde es vermutlich nicht anders machen, wenn sie derzeit in der Opposition wäre. Die Versuchung, mit populistischen Parolen oder gar unwahren Behauptungen die Altenverbände auf ihre Seite zu ziehen, ist wahrscheinlich für alle Parteien sehr groß. Sobald eine Partei es wagt, etwas gegen die Älteren zu unternehmen, glaubt sie sich in der Falle. Die andere Partei könnte dann einen »Rentenwahlkampf« daraus machen. Das halbherzige Reformkonzept der Koalition ist angesichts dieser Ausgangssituation noch als mutiger Schritt zu bezeichnen, auch wenn es erst für diejenigen Entlastung schafft, die im Jahr 2010 jung sein werden. Aber auch Norbert Blüm, der lange um die SPD warb, um sein Modell im Konsens durchzusetzen, fiel nach dem endgültigen »Nein« der SPD um und bot in letzter Minute überraschend an, bei Verhandlungen auf den Kern der Reform, die Rentenniveauabsenkung zu verzichten (was die SPD trotzdem ablehnte). Dies zeigt, wie groß die Angst aller Politiker vor der Stimmenmacht der Alten schon ist.

Nach Presseberichten im August 1997 will die Regierung die Rentenreform schon um ein Jahr (auf den 1. 1. 1998) vorziehen, was den Rentnern zum ersten Mal in der Geschichte der Bundesrepublik eine Nullrunde bescheren würde. Die SPD hat nun die Chance, im Konsens die notwendigen Reformen vorzunehmen oder aber einen lauten Rentenwahlkampf zu beginnen. Im zweiten Fall würde sie vielleicht die Wahl gewinnen, aber dann verliert sie die junge Generation. Jedermann ist klar, daß man niemand *ent*lasten kann, ohne jemand anderen stärker zu *be*lasten. Es gibt einfach keine Möglichkeit, die Jüngeren von Beiträgen (oder Steuern) zu entlasten, ohne die Renten langsamer steigen zu lassen. Wenn die Rente wirklich zum Wahlkampfthema würde, so bedeutet dies, daß wir einen Wahlkampf »Alt gegen Jung« haben werden. An einem solchen Generationenkrieg kann niemand interessiert sein. Das beste wäre es daher, die Parteien würden sich (wie bei allen vorangegangen Rentenreformen) im Konsens auf die notwendige Entlastung der Jüngeren einigen. Dabei ist die Entlastung der Jüngeren gar nicht das Hauptargument, eine Absenkung des Rentenniveaus wäre selbst nötig, wenn die Rentenkasse im Geld schwimmen würde, denn nur dadurch kann Generationengerechtigkeit hergestellt werden.

Es geht mir hier nicht darum, die eine oder andere Seite zu kritisieren. Vielmehr möchte ich an Hand des Beispiels »Rentenreform« deutlich machen, daß eine Politik gegen die lauten Stimmen der organisierte Alten (nicht: der schweigenden Mehrheit der Alten) in unserem Land kaum noch durchsetzbar ist. Bei der Bundestagswahl 1994 besaß die junge Generation knapp 9 Millionen Stimmen, gerade einmal gut halb soviel wie die über 60jährigen (16,4 Millionen). Obwohl ich wie gesagt nicht glaube, daß die schweigende Mehrheit der Rentner Rentenniveaukürzungen kategorisch ablehnt, orientiert sich Politik immer an der lauten Lobby der Alten. Notwendig wäre es also, daß Ältere ihre selbsternannten Vertreter an das Gemeinwohl erinnern – und so den Politikern die Angst vor den notwendigen Maßnahmen nehmen. Auch eine Verlängerung der Legislaturperiode auf fünf Jahre und eine Zusammenlegung von Wahlterminen könnte helfen, die gegenwärtige politische Lähmung zu überwinden und auch unpopuläre Entscheidungen möglich zu machen.

Ein wichtiges Ergebnis der »Shell«-Jugendstudie war, daß die Jugendlichen ihre Interessen durch die Politik der Erwachsenen nicht mehr gewahrt sehen. »Nicht die Jugendlichen sind an Politik desinteressiert, sie unterstellen im Gegenteil, daß die Politik an ihnen nicht interessiert ist.«

Damit haben sie völlig recht. Dies ist wie gesagt kein Vorwurf an die einzelnen Alten – die sind meist aufgeschlossen gegenüber den Sorgen der Jüngeren – ,wohl aber an ihre Funktionäre. Es ist auch ein Vorwurf an die Medien, die Unwahrheiten wie das Märchen von den drohenden Rentenkürzungen ungestraft übernehmen und verbreiten und damit das Kalkül der jeweiligen Opposition erst aufgehen lassen.

Wer auch immer in Bonn die nächsten Wahlen gewinnt: Es darf nicht sein, daß die Jugend in jedem Fall verliert. Das Schicksal der

Rentenreform, die sowieso längst nicht weit genug geht, läßt fragen, wie weit wir noch von der Diktatur der Senioren entfernt sind. Als im Februar 1997 die Ergebnisse der Rentenreformkomission veröffentlicht wurden, titelte der »Spiegel«: »Die Rentenreform – oder: Wie die Alten die Jungen ausplündern.«[129] Dem ist nichts hinzuzufügen.

X. Nachtrag: Acht Thesen zur Weiterentwicklung der Rentenversicherung

Mit der Teilungslösung ist eine Lösung gefunden, die *inter*generationelle Gerechtigkeit sichert. Wie erwähnt, war nur die Gerechtigkeit *zwischen* den Generationen Thema dieses Beitrages; er könnte damit eigentlich beendet sein. Zum Abschluß sollen dennoch einige Vorschläge gemacht werden, wie man auch die Gerechtigkeit *innerhalb* einer Generation, also die *intra*generationelle Gerechtigkeit, verbessern könnte. Die Teilungslösung wird im bestehenden System angewandt. Sie verändert das System selbst nicht, sondern nimmt es als gegeben hin. Die Teilungslösung könnte in eine Reihe von Reformen eingebettet werden, die bestehende Ungerechtigkeiten und Intransparenz beseitigen. Deshalb im letzten Teil dieses Abschnitts einige Vorschläge für eine Weiterentwicklung des Systems, gefaßt in acht Thesen.

These 1: *Sachgerechte Zuordnung der Leistungen zu den einzelnen Zweigen der Sozialversicherung.*

Begründung: In diesem Beitrag wurde vielfach auf die fehlende Transparenz in der gesetzlichen Rentenversicherung eingegangen, welches vielleicht das größte Problem der Sozialversicherung überhaupt ist.

So ist es aus Vereinfachungsgründen dringend notwendig, die Rentenversicherung der Arbeiter, der Angestellten und die Knappschaftliche Rentenversicherung zusammenzufassen. Da es zumindest zwischen den ersten beiden ohnehin keine rechtlichen Unterschiede mehr gibt, ist die Trennung völlig überflüssig und hat nur den Effekt, das ganze System intransparenter zu machen.

Bei jeder Leistung der gesetzlichen Rentenversicherung ist zu fragen, ob diese sachlogisch in ihren Leistungskatalog gehört oder in den Aufgabenbereich eines anderen Zweiges der Sozialversicherung fällt.

So müssen Invalidenenten und Rehabilitation aus der Rentenversicherung herausgenommen werden, sie gehören der Sache nach in den Bereich der gesetzlichen Unfallversicherung oder der Pflegeversicherung. Außer historischen Gründen spricht nichts dafür, sie der Rentenversicherung zuzuordnen.

Außerdem ist die Fiktion des »Eckrentners« aufzugeben. Kaum jemand der jüngeren Versicherten bringt es noch auf 45 Versicherungsjahre, der Durchschnitt lag im Jahr 1997 bei 39. Das Nettorentenniveau wird dadurch systematisch als zu günstig dargestellt.

Statt der »Eckrente« ist die Durchschnittsrente als Vergleichsmaßstab zu nehmen.

These 2: *Vollständige Finanzierung der versicherungsfremden Leistungen über den Bundeszuschuß.*

Lediglich Leistungen, die verwaltungstechnisch in die Rentenversicherung passen (beitragsfreie Zeiten, Fremdrenten etc.) sollten von ihr verwaltet werden, aber dann auch zu 100 Prozent vom Bundeszuschuß abgedeckt werden.

Begründung: Die einzig theoretisch konsistente Definition von »versicherungsfremden« Leistungen ist »nicht-beitragsäquivalente Leistungen«.[130] Damit sind alle Leistungen der gesetzlichen Rentenversicherung als versicherungsfremd anzusehen, die nicht oder nicht in vollem Umfang durch Beiträge der Versicherten gedeckt sind. Um die versicherungsfremden Leistungen voll zu finanzieren, müßte der Bundeszuschuß 42 Milliarden Mark höher sein als heute.[131] Da ein Großteil (23 Prozent, d.h. 23 Milliarden Mark) der versicherungsfremden Leistungen Kriegsfolgelasten sind, die in den nächsten Jahren verschwinden werden, andere aber wieder dazukommen (z.B. Nachteilsausgleich aus

Versicherungsfremde Leistungen	Volumen in Mio. DM für 1995	Anteile bez. auf Rentenvolumen* insgesamt	Anteile bez. auf versicherungsfreie Leistungen	Datenbasis**
1	2	3	4	5
Kriegsfolgelasten insg.	23.543	7,9%	23,0%	3
dar. Ersatzzeiten	13.447	4,5%	13,2%	3
dar. FRG-Zeiten	10.073	3,4%	9,9%	3
dar. WGSVG-Vergleichsberechnungen	23	0,0%	0,0%	3
Anrechnungszeiten insgesamt	15.493	5,2%	15,2%	3
dar. pauschale Anrechnungszeiten	9.474	3,2%	9,3%	3
dar. nachgewiesene Anrechnungszeiten	6.019	2,0%	5,9%	3
Altersrenten vor dem 65. Lebensjahr	18.670	6,3%	18,3%	2
Kindererziehungszeiten	3.975	1,3%	3,9%	2
Kindererziehungsleistungen	2.412	0,8%	2,4%	1
Auffüllbeträge/Rentenzuschläge	5.435	1,8%	5,3%	1
Übergangszuschläge	27	0,0%	0,0%	1
BU-/EU-Rent. wg. der Arbeitsmarktlage	5.297	1,8%	5,2%	2
Anteilige vsfr. KVdR und PVdR-Zuschüsse	6.630	2,2%	6,5%	2
Rente nach Mindesteinkommen	4.109	1,4%	4,0%	2
Höherbewertung Berufsausbildung	8.521	2,9%	8,3%	3
Wanderungsausgleich	1.644	0,6%	1,6%	1
Anteilige vsfr. Verw.- und Verf.-Kosten	1.956	0,7%	1,9%	2
Sachbezüge vor dem 1.1.1957	2.143	0,7%	2,1%	3
Nachgezahlte Beiträge	2.212	0,7%	2,2%	3
Art.2 RÜG-Renten incl. KVdR-Zuschuß	175	0,1%	0,2%	1
Versicherungsfremde Leistungen im Rentenvolumen insgesamt	102.241	34,3%	100,0%	
Bundeszuschuß zur ArV und AnV	59.545	20,0%	58,2%	
Nicht durch Bundeszuschuß gedeckt	42.696	14,3%	41,8%	
Rentenvolumen insgesamt	297.882	100,0%		

Abbildung 10: Versicherungsfremde Leistungen

dem 2. SED-Unrechtsbereinigungsgesetz), soll die Summe der versicherungsfremden Leistungen jährlich berechnet und der Bundeszuschuß an die gesetzliche Rentenversicherung jährlich so festgesetzt werden, daß er diese abgedeckt. Eine andere Funktion als die versicherungsfremden Leistungen abzudecken – etwa eine Dauersubvention der Rentenversicherung – kann der Bundeszuschuß nicht haben, da sonst die jüngere Generation doppelt belastet würde.

These 3: *Kindererziehungszeiten ausweiten.*

Begründung: Das geltende Rentenrecht baut weitgehend auf Erwerbsarbeit auf und benachteiligt dadurch Frauen, die Kinder erziehen und deshalb ihren Beruf nicht ausüben können. Für

Geburten seit dem 31. 12. 1991 werden drei Jahre als Kindererziehungszeit anerkannt (für frühere Geburten ein Jahr). Jede Frau wird also so gestellt, als hätte sie drei Jahre erwerbsmäßig gearbeitet. Ihr werden 75 Prozent der Rentenbeiträge eines Durchschnittseinkommens gutgeschrieben, die einen eigenen Rentenanspruch begründen oder den bestehenden Rentenanspruch erhöhen.

Diese Kindererziehungszeiten sind zu kurz. Wünschenswert wäre es, fünf Jahre zu 100 Prozent anzuerkennen. Die Kosten für diese versicherungsfremden Leistungen sind wie oben beschrieben durch Steuermittel zu finanzieren. Die Rentenversicherungsträger übernehmen aus verwaltungstechnischen Gründen die Abwicklung dieser Leistung, die Bezahlung wird jedoch nicht von den Pflichtversicherten, sondern von allen getragen.*

These 4: *Hinterbliebenenrenten nur bei Bedürftigkeit gewähren.*

Begründung: Rund ein Sechstel der Rentner bezieht mehr als eine Rente, davon 96 Prozent Frauen (Rentenakkumulation). Meist sind dies Witwenrenten. Zukünftig sollten Kapitalerträge und Mieteinnahmen auf die Hinterbliebenenrenten angerechnet werden. Denn bei diesen Renten handelt es sich um Ansprüche, die Witwen oder Witwer nicht durch eigene Beitragszahlungen erworben haben. Solche versicherungsfremden Leistungen dürfen nur bei Bedürftigkeit vergeben werden. Es kann doch nicht sein, daß eine Millionärswitwe aus öffentlichen Töpfen auch noch eine Witwenrente erhält. (Eigene Arbeitseinkommen werden hingegen zu 40 Prozent von der Rente abgezogen, wenn sie eine bestimmte Höhe überschreiten.)

* Mit dieser begrenzten Aufwertung der Kindererziehungszeiten ist aber auch eine Absage an radikale Modelle wie das »Elternrentenmodell« oder eine Staffelung der Rentenbeiträge nach der Kinderzahl (wie von Nell-Breuning gefordert) verbunden. Solche Maßnahmen hätten neben sozialpolitischen auch bevölkerungspolitische Implikationen und sind mit dem geltenden Grundkonsens, daß jedes Paar ohne staatliche Beeinflussung über die Zahl seiner Kinder entscheidet, nicht vereinbar.

These 5: *Ausweitung der Versicherungspflicht auf Selbständige.* Grundsätzlich müssen alle leistungsfähigen Bevölkerungsgruppen von der Versicherungspflicht erfaßt sein.

Begründung: Der Wandel der Arbeitswelt, forciert durch Globalisierung, Flexibilisierung und Informationstechnologien, führt dazu, daß traditionelle Arbeitsverhältnisse immer stärker zurückgedrängt werden (siehe auch Beitrag von Johannes Lindner, Seite 241).

Abhängig Beschäftigte in Norm- und Nicht-Normarbeitsverhältnissen
in Westdeutschland 1970–1995
in % der abhängig Beschäftitgten und abhängig Selbständigen

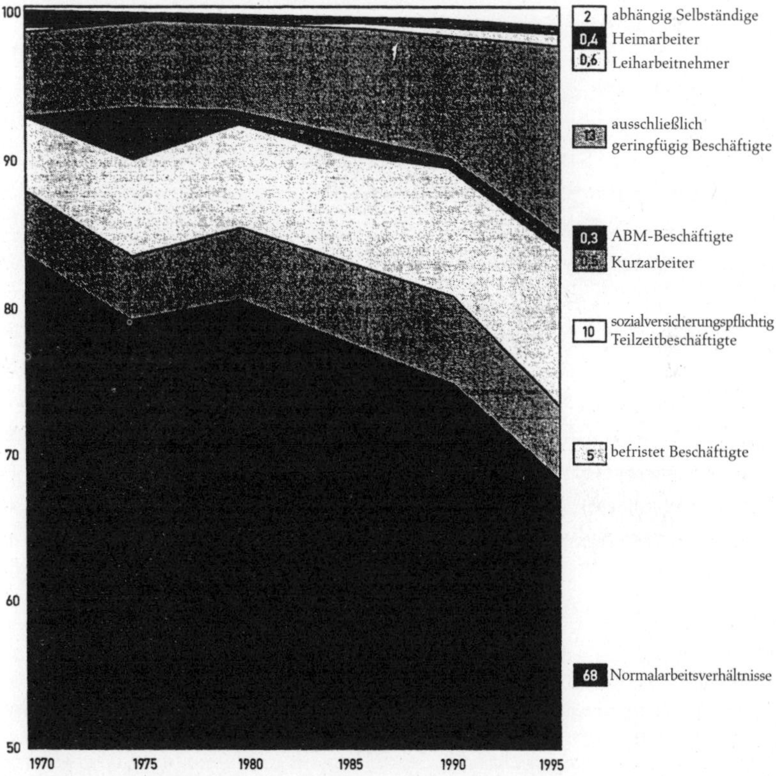

Abbildung 11: Abhängig Beschäftigte in Normarbeitsverhältnissen und anderen Arbeitsverhältnissen

Sie werden durch Arbeitsbeziehungen ersetzt, bei denen die Beteiligten formal oder tatsächlich Selbständige sind. Die Sozialversicherungssysteme können angesichts dieses Umbruchs nicht länger bloß an die Lohnabhängigkeit geknüpft sein. Das heutige Ausscheiden von (Schein)selbständigen aus der Rentenversicherung bewirkt eine Untertunnelung für das Jahr 2030, wenn die Rentenkasse die stärksten Belastungen erfährt. Wegen dieses Effekts (und wegen des Vertrauensschutzes) ist es nicht ratsam, heutige Selbständige in die gesetzliche Rentenversicherung miteinzubeziehen. Es bietet sich aber an, jeden *zukünftigen* Selbständigen miteinzubeziehen, da diese Personengruppen ohnehin erst nach dem Jahr 2030 das Rentenalter erreichen.

These 6: *Einbeziehung der Beamten in die gesetzliche Rentenversicherung.*

Begründung: Für Beamte gilt prinzipiell das gleiche wie für Selbständige. Wenn man die heutigen Berufsanfänger bei den Beamten in die gesetzliche Rentenversicherung miteinbezöge, so läge deren Renteneintrittsalter etwa im Jahr 2040. Die Rentenkasse würde also im Jahr 2030 nicht zusätzlich belastet, sondern erst danach, wenn der Altenquotient und damit die Finanzierungsschwierigkeiten der gesetzlichen Rentenversicherung abnehmen. Die Harmonisierung der Alterssicherungssysteme wird begonnen. Gleichzeitig wird ein vollständiger Vertrauensschutz gewährleistet. Es stellt sich die grundsätzliche Frage, für welche Gruppen der Bevölkerung spezifische Regel-Altersversicherungssysteme als Ersatz für die gesetzliche Rentenversicherung zugelassen sein sollen.[132] Aus Gründen der Solidarität und der Transparenz ist diese Grenze eng zu ziehen. Es ist mit dem Grundgedanken einer Solidargemeinschaft unvereinbar, daß manche Gruppen bevorzugt werden. Auch das Prognos-Gutachten weist darauf hin, daß die Ausgaben für Beamtenpensionen prozentual deutlich stärker steigen als die Rentenausgaben.[133]

These 7: *Idee der hälftigen Beteiligung von Arbeitnehmern und Unternehmen aufgeben.**

Begründung: Die Idee einer solidarischen Aufteilung der Belastungen zu gleichen Teilen auf Arbeitnehmer und Arbeitgeber stammt aus einer Zeit, die mit unserer heutigen nur noch wenig zu tun hat.** Sie ist in einer globalisierten, im Standortwettbewerb stehenden Wirtschaft nicht nur ein Anachronismus, sondern gefährlich, weil sie Arbeitsplätze kostet. Warum soll der Unternehmessektor gerade die Hälfte der Beiträge zur Rentenversicherung zahlen, warum nicht ein Drittel oder zwei Drittel? Auch die Befürworter einer Beteiligung der Unternehmen an der Altersversorgung müssen zugeben, daß der Anteil von 50 Prozent völlig willkürlich gewählt ist. Das einzige vernünftige Kriterium für die richtige Höhe des Anteils des Unternehmenssektors ist die der Belastbarkeit der Wirtschaft. Dies bedeutet, daß der Wert weder starr bei einem Viertel, einem Drittel, zwei Dritteln oder der Hälfte liegen kann, sondern je nach Wirtschaftslage angepaßt werden muß. In regelmäßigen Zeitabständen, etwa alle fünf Jahre, ist zu überprüfen, ob sich die Wettbewerbssituation der Unternehmen im internationalen Vergleich geändert hat. In der gegenwärtigen Lage stehen deutsche Unternehmen unter einem massiven Kostendruck. Gelegentlich wird als Gegenargument auf die gute Gewinnsituation mancher »deutscher« Unternehmen wie Hoechst oder VW hingewiesen. Dabei wird übersehen, daß dies nur auf Multis zutrifft, die ihre Gewinne im Ausland machen und damit ihre Filiale Deutschland subventionieren. Es führt kein Weg daran vorbei: Der Anteil, den gerade auch kleinere deutsche Unternehmen zur Altersversorgung der Bevölkerung beisteuern müssen, muß

* Der Begriff »Unternehmen« wird hier dem Begriff »Arbeitgeber« vorgezogen, weil eben immer mehr Unternehmen vollautomatisiert arbeiten und keine »Arbeit mehr vergeben.« Dies liegt nicht zuletzt an den Lohnnebenkosten, die ihnen aufgebürdet werden.

** Es wurde schon darauf hingewiesen, daß die Behauptung, der Arbeitgeberbeitrag sei ein Lohnbestandteil, nicht zu belegen ist. Im folgenden wird daher davon ausgegangen, daß die Unternehmen die gesetzliche Rentenversicherung (vom Bundeszuschuß abgesehen) hälftig finanzieren.

dringend abgesenkt werden. Das Prinzip des hälftigen Beitrags der Unternehmen zur Sozialversicherung ist neben seiner inhaltlichen Fragewürdigkeit ohnehin schon durchbrochen: In Sachsen werden die Beiträge zur Pflegeversicherung allein von den Arbeitnehmern entrichtet, in der gesetzlichen Krankenversicherung zahlen die Versicherten mehr als 50 Prozent der Kosten, weil sie Zuzahlungen zu den Medikamenten leisten müssen. Man sollte den Beitrag der Unternehmen an der Finanzierung der gesetzlichen Rentenversicherung wegen der dramatisch verschlechterten Kostensituation der deutschen Unternehmen für die nächsten fünf Jahre bei einem Viertel der Gesamtausgaben der gesetzlichen Rentenversicherung ansetzen.

These 8: *Den Beitrag der Unternehmen über eine Wertschöpfungsabgabe finanzieren.*

Begründung: Aus Gründen der Solidarität sollten die Unternehmen weiterhin einen Beitrag zur Finanzierung der sozialen Sicherungssysteme leisten, aber einen, den sie verkraften können. Die Unternehmensbeteiligung an der gesetzlichen Rentenversicherung ist aber nicht mehr an die Zahl der Beschäftigten zu knüpfen. Vielmehr sollen die 25 Prozent der Ausgaben, die der Unternehmenssektor insgesamt zur gesetzlichen Rentenversicherung beitragen soll, durch eine Wertschöpfungsabgabe finanziert werden. Das erforderliche Finanzvolumen von ungefähr 90 Milliarden Mark (1995) wird durch einen Beitragssatz auf Unternehmensgewinne oder Cash Flows erhoben. Damit kann sich die unternehmerische Entscheidung, ob Arbeit oder Kapital einzusetzen sind (im betriebswirtschaftlichen Jargon: die optimale Faktorallokation) ohne staatliche Verzerrungen in der Wirtschaft einstellen.

Zu beachten ist, daß die Maßgröße für den Beitragssatz der Gewinn (alternativ: Free Cash Flow) sein muß, nicht aber z.B. die Höhe der Abschreibungen. Bei der letztgenannten Maßgröße würde der Produktionsfaktor Kapital durch Abgaben benachteiligt, genauso wie heute der Faktor Arbeit verteuert wird. Jegliche staatliche Bevorzugung des einen oder anderen Faktors ist jedoch abzulehnen. Von daher ist die vom Verfasser vorgeschlagene

Wertschöpfungsabgabe nicht mit einer »Maschinensteuer« zu verwechseln.

Die Höhe des Beitragssatzes ist festzulegen, wenn die Unternehmenssteuerschätzung und damit die Schätzung der Höhe der Unternehmensgewinne vorliegt.

Folglich werden nach diesem Modell der Rentenfinanzierung alle Menschen einen Beitragssatz zahlen, der sich aus der Höhe ihres Lohnes bemißt und nicht progressiv ist. Desgleichen zahlen auch alle juristischen Personen einen Satz von ihrem Einkommen, der natürlich auch nicht progressiv ist. Der Bundeszuschuß deckt nur die versicherungsfremden Leistungen ab.

Zusammenfassend sollen noch einmal die Reformvorschläge an Hand der Beurteilungskriterien (K1 bis K10) bewertet werden (Abb. 12, S. 238):

Beurteilungskriterien

K 1: Effizienz
K 2: Lohn- und Beitragsbezogenheit (Leistungsgerechtigkeit)
K 3: Solidarität (Umverteilung)
K 4: Abstandsgebot (Differenz zwischen Rente und Sozialhilfe)
K 5: Internationale Wettbewerbsfähigkeit
K 6: Transparenz
K 7: intergenerationelle Gerechtigkeit
K 8: Unabhängigkeit der Rentenversicherung von politischen Eingriffen
K 9: Vertrauens- und Eigentumsschutz für bestehende Renten und Anwartschaften
K10: Kosten des Übergangs (– bedeutet hohe Kosten, + bedeutet niedrige Kosten)

Bewertungsschlüssel: Es bedeuten: ++ erfüllt das Kriterium sehr gut, + erfüllt das Kriterium gut, – erfüllt das Kriterium schlecht, -- erfüllt das Kriterium sehr schlecht, ? keine Aussage möglich

Lfd. Nr.	Reformvorschlag	Vertreter	K1 A	K2 B	K3 C	K4 D	K5 E	K6 F	K7 G	K8 H	K9 I	K10 K
1	Kapitaldeckungsverfahren	Walter Glissmann/Horn, Junge Liberale, Teile der FDP, Sachverständigenrat	+ +	+ +	- -	--	++	-	--	--	?	--
2	Steuerfinanzierte Grundrente	Miegel, Biedenkopf, Teile der Grünen, Junge Union, Graue Panther	--	--	+ +	++	?	-	--	--	?	--
3	Wertschöpfungsabgabe	Unternehmensgrün, Teile der SPD, der Grünen und der PDS	-	--	+ +	++	--	-	--	-	?	--
4	Rentenniveau festschreiben (Status quo nach den gesetzlichen Vorschriften Anfang 1997)	SPD, Teile der Grünen, Sozialverband Reichsbund, Altenorganisationen, bis Frühjahr 1997 auch amtliche Regierungslinie	+	+	-	++	--	++	--	+	+ +	++
5	Beitragssätze festschreiben	Louven, Teile der FDP und der Jugendorganisationen, Wirtschaft	+	+	-	--	++	++	--	+	- -	++
6	Teilungslösung	Gesellschaft für die Rechte zukünftiger Generationen	+	+	-	- (+)	+	++	++	+	-	++

Abbildung 12: Bewertung der Reformvorschläge

Erläuterungen zur Bewertung:

- Die Modelle 1 bis 3 sehen einen Systemwechsel, Modelle 4 bis 6 eine Weiterentwicklung des bestehenden Systems vor.
- Je weniger Umverteilung in einem Modell vorhanden ist, desto höher ist die Effizienz. Dies liegt daran, daß die Leistungsfähigen sich dem Zwangssystem um so mehr zu entziehen versuchen werden, je größer die Umverteilungseffekte sind. Wenn die Leistungsfähigen aber aus dem staatlichen System flüchten und private Altersvorsorge betreiben, sinkt die Rendite für alle im System verbleibenden Personen.
- Die Felder B4 bis B6 wurden mit einem Plus bewertet, weil das heutige System dem Prinzip der Leistungsgerechtigkeit näher steht als dem Umverteilungsprinzip, dementsprechend bekommen die Vorschläge 4 bis 6 in der Spalte C 4 bis 6 ein Minus.
- Das Feld D1 hat ein Doppelminus, da ein Kapitaldeckungsverfahren keinerlei Solidarausgleich hat und deshalb die Gefahr besteht, daß zahlreiche, weniger leistungsfähige Bürger mit ihrer Rentenhöhe unter das Sozialhilfeniveau rutschen.
- Im Feld D2 ist ein Doppelplus, weil man davon ausgehen kann, daß auch in Zeiten knapper Kassen die Grundrente nicht in Richtung Sozialhilfeniveau abgesenkt wird.
- Das Feld D6 (Teilungslösung) hat in dieser Spalte ein Minus, wenn man die Teilungslösung ohne die solidarische Komponente (Variation 3) anwendet. Dagegen ist bei Berücksichtigung der solidarischen Komponente die Gefahr, daß die Rente unter Sozialhilfenivau absinkt, sehr gering.
- Das Feld E1 hat ein Doppelplus, weil ein Beitrag der Unternehmen zur gesetzlichen Rentenversicherung im Kapitaldeckungsverfahren in allen diskutierten Varianten des Modells nicht vorgesehen ist.
- Das Feld E3 hat ein Doppelminus, weil nach einigen Modellen der Wertschöpfungsabgabe vorgesehen ist, daß die Unternehmen sämtliche Kosten der Altersversorgung der Bevölkerung übernehmen, was die Wirtschaft schwer belasten würde.

- Das Feld E2 erhielt ein Fragezeichen, weil man noch konkret festlegen müßte, welchen Anteil die Unternehmen an der Altersversorgung tragen sollen.
- Das Feld E4 hat ein Doppelminus, weil die steigenden Rentenaufwendungen über den hälftigen Arbeitgeberbeitrag auch die Unternehmen immer mehr belasten. Deshalb wird ja auch von der Wirtschaft gefordert, die Beitragssätze festzuschreiben (E5). Bei einer Teilung der Lasten (Feld E6) wäre die Belastung der Wirtschaft etwas geringer als nach dem heute noch festgeschriebenen Rentenniveau.
- Alle radikalen Änderungsvorschläge sind relativ intransparent und verunsichern die Bevölkerung (F1 bis 3), die sich erst darauf einstellen müßte. Die Teilungslösung (F6) ist der transparenteste Vorschlag, weit verständlicher als die Rürup-Formel.
- Die Modelle 1 bis 3 werden bei dem Kriterium »intergenerationelle Gerechtigkeit« schlecht bewertet, weil sie diesen Themenbereich nicht berücksichtigen oder gegen das Kriterium verstoßen, z.B. indem sie eine Generation doppelt belasten. Modelle 4 und 5 stellen die beiden Extremlösungen dar, wenn gegen das Prinzip der Generationengerechtigkeit eklatant verstoßen wird.
- Das Feld H1 (Unabhängigkeit des Kapitaldeckungsverfahrens vor politischen Eingriffen) hat ein Doppelminus, weil der gewaltige Kapitalstock nicht sicher wäre vor den Zugriffen der Politiker und die Begehrlichkeiten wecken würde, auch bei einer steuerfinanzierten Grundrente (H2) wäre der Einfluß der Politiker groß. Die Modelle 4 bis 6 erhalten in dieser Spalte ein Plus, weil die Renten- und Beitragssatzentwicklung festgefügten Formeln folgt, sie erhalten kein Doppelplus, weil politische Eingriffe trotzdem nicht völlig ausgeschlossen sind.
- Bei allen Modellen für einen Systemwechsel stellt sich die Frage, ob ein Vertrauensschutz für bestehende Anwartschaften gewährleistet werden kann.

Johannes Lindner

Jugend ohne Arbeit

Von hundert Jugendlichen sind heute zehn arbeitslos gemeldet, vier leben von der Sozialhilfe (davon einer vermutlich auf der Straße), zwanzig »parken« nach erfolgloser Ausbildungsplatzsuche im Schulbereich und fünf suchen immer noch eine Lehrstelle. Insgesamt drängt die Gesellschaft 1,2 bis 1,5 Millionen junge Leute direkt ins Abseits. Die Situation der übrigen Jugendlichen ist meist geprägt von Angst vor der Arbeitslosigkeit.

Die junge Generation der 15- bis 25jährigen weiß mit dem Begriff »Vollbeschäftigung« nichts mehr anzufangen. Für ihre Eltern war Vollbeschäftigung ein Zustand, der ihre Jugend prägte. Für die Politiker ist Vollbeschäftigung ein Ziel, auf dessen Verwirklichung das Stabilitätsgesetz sie eigentlich noch immer festlegt. Doch für Jugendliche heute erscheint eine Gesellschaft, in der nahezu jede und jeder eine Arbeitsstelle hat, eine vergangene Utopie. Nicht »Vollbeschäftigung«, sondern »Rationalisierung« und »Lehrstellenmangel« sind die Begriffe, die sie mit ihren Chancen auf dem Arbeitsmarkt verbinden.

Die Ergebnisse der 12. Shell-Studie zeigen, daß über 90 Prozent der Jugendlichen die Arbeitslosigkeit als eines der größten Probleme unserer Gesellschaft betrachten, aber nur acht Prozent davon ausgehen, daß die Arbeitslosigkeit in den nächsten Jahren »verschwindet«. Von der Politik erwarten Jugendliche keine Hilfe. Nicht politisches Desinteresse läßt sie resignieren, sondern das Gefühl, daß die Gesellschaft, Parteien und Politiker sich für sie überhaupt nicht interessieren.

Die junge Generation erlebt, wie rasant sich die Arbeitswelt verändert. Die traditionelle Perspektive, einen einmal gelernten Beruf mit gesichertem Einkommen lebenslang auszuüben, bleibt zwar weiterhin Orientierungspunkt, läßt sich aber für immer weniger Jugendliche realisieren. Dennoch hoffen viele, daß sie schon »irgendwie durchkommen« und einen Job finden werden. Im erlebten Wettkampf um rare Ausbildungsplätze konzentrieren sich Jugendliche auf sich selbst, Mitbewerber werden zu Konkurrenten. Statt dessen sollten Jugendliche gemeinsam die Fragen stellen, warum eine so reiche Gesellschaft ihre Jugend ins Abseits drängt; warum die ältere Generation auf ihren Vollzeitarbeitsplätzen sitzt, während Jugendliche auf der Straße stehen; warum Unternehmen hohe Gewinne machen, während die Zahl der Arbeitslosen immer weiter steigt; und warum politische »Sachlogik« stets mehr zählt als das Recht der Jugend auf Ausbildung und Selbstverwirklichung im Beruf.

Dabei sind dies die entscheidenden Fragen. Arbeit ist ein hohes Gut. Erst Arbeit ermöglicht die wirtschaftliche, politische und soziale Partizipation an der Gesellschaft. Daher fordert der vorliegende Beitrag die gerechte Verteilung von Arbeit.

I. Auf dem Weg zu einer arbeitslosen Jugend?

Kaum eine Zeit im Leben eines Menschen ist so wichtig wie die nach dem Abschluß der Schule bis zum ersten festen Arbeitsplatz. In dieser Zeit müssen Jugendliche *ihren* Weg finden. Das Ziel des Weges ist der sichere Arbeitsplatz. Er formt ihr Selbstverständnis, prägt ihr Leben und gibt ihnen eine eigene Identität, Selbstbewußtsein und eine Position in der Gesellschaft. Gleichzeitig bietet er ihnen die Grundlage und die Sicherheit für die Gründung einer eigenen Familie.

Für Jugendliche ist dieser Weg nicht einfach. Sie müssen sich von der Kindheit und einem Leben in vorgegebenen Bahnen verabschieden. Erstmals entscheiden sie eigenständig über ihre Zukunft. Sie sind dem Risiko ausgesetzt, auf dem Weg zu einem sicheren Arbeitsplatz nicht anzukommen, sondern in die Arbeitslosigkeit abzugleiten. Die Erfahrung von Arbeitslosigkeit trifft Jugendliche besonders hart. Noch viel weniger als Erwachsene können sie ihren Mißerfolg auf dem Arbeitsmarkt unabhängig von ihrer Persönlichkeit bewerten und weiter auf ihre Fähigkeiten vertrauen. Arbeitslosigkeit bedeutet für junge Menschen die jähe Unterbrechung des Weges zu einer eigenständigen Position in der Gesellschaft. Noch ehe die Jugendlichen wirklich die Chance hatten, ihre Leistungsfähigkeit unter Beweis zu stellen, werden sie zu »Versagern« gestempelt.

An drei Klippen sind Jugendliche* auf dem Weg zu einem sicheren Arbeitsplatz von Arbeitslosigkeit bedroht (siehe Schaubild Seite 244). Die ersten beiden werden in der Berufspädagogik als »Schwellen« bezeichnet. Die erste Schwelle ist der Übergang von der Schule in eine berufliche Ausbildung, die zweite der Wechsel in ein geregeltes Arbeitsverhältnis. Die dritte Klippe bezieht sich auf die häufig gegenüber der Kernbelegschaft risikoreichere Stellung junger Arbeitnehmerinnen und Arbeitnehmer im Beruf.

1. »Jeder Jugendliche soll eine Lehrstelle erhalten«

Wie häufig haben Jugendliche diesen Satz schon von Politikern gehört! Die Realität hat sich jedoch längst von diesem Postulat der Politik verabschiedet.

Dabei ist eine Lehrstelle die wichtigste Voraussetzung, um überhaupt eine Chance auf dem Arbeitsmarkt zu haben. Nur mit einer Qualifikation können sich Jugendliche vor anderen Arbeitssuchenden hervortun.**

Sozialpartnerschaft als Grundlage für qualifizierte Ausbildung

Nach dem ursprünglichen Modell der dualen Ausbildung sollte jeder Jugendliche eine Lehrstelle erhalten. Staat und Wirtschaft

* Ich beziehe mich im folgenden auf die Mehrheit von Jugendlichen, die einen klassischen Ausbildungsweg (Schule – Lehre – Beruf) wählt.

** 62 Prozent der Langzeitarbeitslosen haben keine abgeschlossene Berufsausbildung.

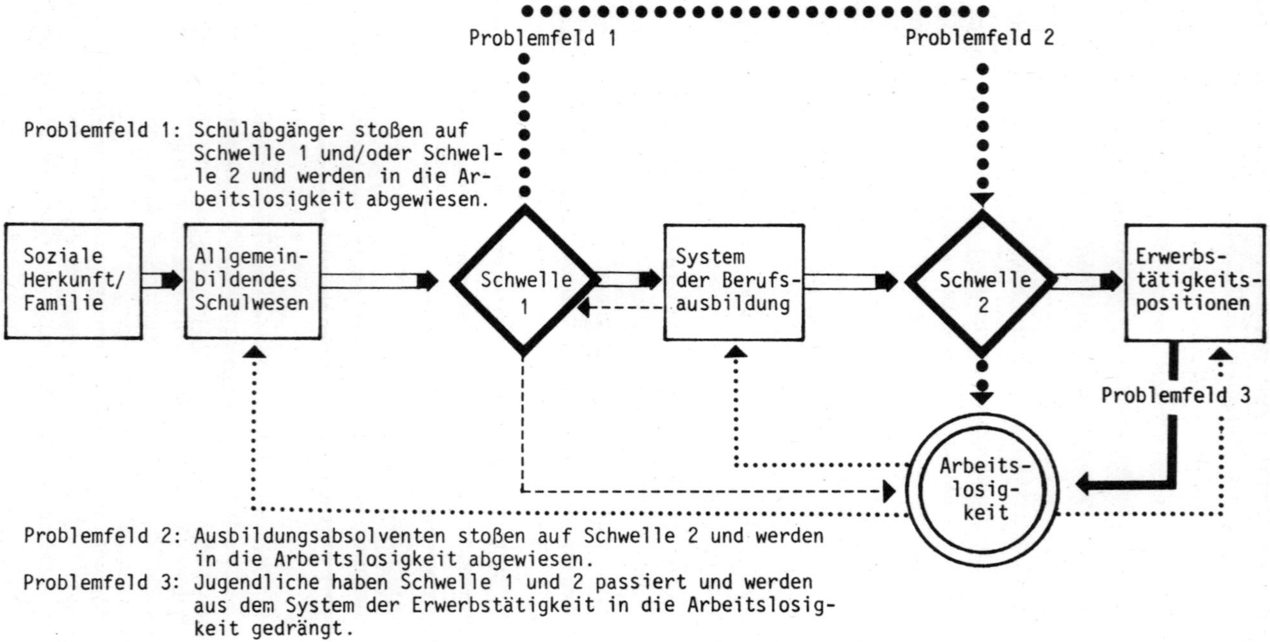

Quelle: Autorengemeinschaft, Jugendliche beim Übergang in Ausbildung und Beruf, in: BeitrAB 42, Nürnberg 1980; entnommen: Strikker, S. 13.

gestalten die Phase der Ausbildung und der Eingliederung junger Leute in das Berufsleben und die Gesellschaft gemeinsam:

- Der *Staat* bietet den Jugendlichen eine gute berufsschulische Ausbildung auf hohem theoretischen Niveau. Neben fachlichem Wissen vermittelt er den Jugendlichen Kenntnisse über politische und soziale Zusammenhänge der Gesellschaft. Staatliche Schutzbestimmungen erhalten den Jugendlichen zudem Freiräume zur eigenständigen Entwicklung ihrer Persönlichkeit.
- Gleichzeitig geschieht die Eingliederung in die Praxis des betrieblichen Alltags der *Wirtschaft.* Die Auszubildenden werden von geprüften Meistern ausgebildet. Sie sind Teil des Betriebes* und arbeiten bereits in der laufenden Produktion mit. Neben den praktischen Qualifikationen werden ihnen die Gepflogenheiten und Regeln der Berufswelt vermittelt.

Beide Partner profitieren von dieser Arbeitsteilung. Die Wirtschaft erhält ein Reservoir gut ausgebildeter und erfahrener Facharbeiterinnen und Facharbeiter und die Gesellschaft mündige Mitbürgerinnen und Mitbürger. Damit das System dauerhaft funktioniert, haben der Staat und die Wirtschaft jeweils ihre Aufgabe zu erfüllen: Der Staat muß für ein ausreichendes Netz von Berufsschulen sorgen. Die Hauptaufgabe der Wirtschaft ist es, insgesamt genügend Lehrstellen anzubieten.** Der einzelne Betrieb kann dabei eigenständig entscheiden, wie hoch seine Ausbildungsleistung ausfallen soll.

Das überzeugende Modell der dualen Ausbildung hat in Westdeutschland über Jahrzehnte weitgehend mit Erfolg und interna-

* Wenn hier von »Betrieben« die Rede ist, so schließt dies die Ausbildungsstellen in vielen anderen Bereichen, wie beispielsweise in Verwaltungen, Krankenhäusern, Kanzleien und Praxen, mit ein. In gleicher Weise umschließt der verwendete Begriff »Wirtschaft« auch den öffentlichen Dienst.

** Das Bundesverfassungsgericht hat in seiner Entscheidung vom 10. 12. 1980 für ein funktionierendes Ausbildungssystem eine Anzahl von 112,5 Lehrstellen pro 100 Bewerber als notwendig bezeichnet. Die berufliche Ausbildung sei, so die Richter, eine »öffentliche Aufgabe« der deutschen Wirtschaft. Sie stehe somit wesentlich in der Verantwortung, ein ausreichendes Angebot zu schaffen.

tionaler Anerkennung[1] funktioniert. Es hielt die bundesrepublikanische Jugendarbeitslosigkeit im Vergleich zu den europäischen Nachbarstaaten auf einem niedrigen Niveau. Die Integrationskraft der Wirtschaftsverbände und ein Bewußtsein von Verantwortung im Rahmen der Partnerschaft sorgten dafür, daß die Wirtschaft genügend Ausbildungsplätze bereitstellte.

Kein wirtschaftliches Kapazitätsproblem, sondern ein Entscheidungsproblem der Wirtschaft

Heute steckt das duale Ausbildungssystem in einer Krise. Es ist nicht mehr wie früher in der Lage, allen in Frage kommenden Jugendlichen eines Jahrgangs eine Lehrstelle zu bieten. Für den Herbst 1997 wurden 200 000 fehlende Lehrstellen prognostiziert. Und dieser Trend setzt sich fort! Auf der Nachfrageseite steigt die Zahl der Bewerberinnen und Bewerber weiter: In den nächsten Jahren melden die geburtenstarken Jahrgänge ihr Recht auf eine Lehrstelle an.* Dem steht auf der Angebotsseite eine sinkende Ausbildungsbereitschaft der Unternehmen gegenüber: Nur noch knapp jeder dritte Betrieb bildet überhaupt aus. Vor allem Großunternehmen reduzieren ihre Ausbildungsleistung deutlich: Im Westen strichen Großunternehmen allein im Zeitraum von 1990 bis 1994 72 000 Ausbildungsplätze. Das ist ein Rückgang um 21 Prozent. 51 000 Betriebe zogen sich ganz aus der Ausbildung zurück. Im Osten ist die Lage für Lehrstellensuchende noch schlechter. Von den knapp 390 000 Betrieben mit sozialversicherungspflichtigen Beschäftigten bildeten 1995 nur rund 75 000 aus. Das sind weniger als 20 Prozent.

Da die Wirtschaft ihrer Ausbildungsverpflichtung nicht nachkommt, muß der Staat immer stärker einspringen. Er bietet selbst Lehrstellen in außerbetrieblichen Ausbildungszentren an oder beteiligt sich an der Finanzierung betrieblicher Lehrstellen. Das Prinzip der partnerschaftlichen Arbeitsteilung zwischen Staat und Wirtschaft ist längst durchbrochen. In den neuen

* Dieser demographische Trend wird sich im Westen erst 2010 und im Osten 2005 legen.

Bundesländern hat es sich erst gar nicht etabliert. Dort werden rund 50 Prozent aller neuen Lehrverträge aus Steuergeldern gefördert. Die Stumme dieser Zuschüsse beläuft sich auf 255 Millionen Mark.[2]

Das Ausscheren der Wirtschaft aus der Partnerschaft wird von seiten der Arbeitgeber in Handel, Industrie und Handwerk damit begründet, daß die Kosten für die Ausbildung zu hoch seien.[3] Die Ausbildungsvergütung* und die sozialen Zusatzleistungen für die Lehrlinge sind in den Augen der Wirtschaft zu hoch geworden. Den Betrieben ginge durch zwei Berufsschultage in der Woche und gesetzlich garantierte Arbeitszeitbegrenzungen zu viel Zeit verloren, in der sie die Auszubildenden im Betrieb nicht nutzen könnten. Darüber hinaus bemängeln die Unternehmen ein Absinken des Qualitätsniveaus der sich bewerbenden Jugendlichen. Schuld daran seien die allgemeinbildenden Schulen. Diese würden den Schülern nicht mehr ausreichende fachliche Grundkenntnisse und soziale Fähigkeiten vermitteln.

Die sinkende Ausbildungsbereitschaft gerade der Großunternehmen können solche Begründungen jedoch nicht ausreichend erklären. Vielmehr drängt sich der Eindruck auf, daß Großunternehmen im Zuge der wirtschaftlichen Globalisierung ihre Unternehmensstrategie ändern. Kurzfristige Kostenkalkulationen gewinnen gegenüber längerfristigen Rentabilitätsüberlegungen an Bedeutung. Um an den internationalen Aktienmärkten für Anleger attraktiv zu bleiben, orientieren sich die Unternehmen zunehmend an ihrem Aktienwert und dem Gewinn ihrer Anteilseigner (»Share Holder Value«). Die Manager betrachten die Ausbildung immer weniger als wichtigen Innovations- und Produktivitätsfaktor. Sie sehen in ihr vielmehr einen Kostenfaktor, der die Wettbewerbsfähigkeit ihres Unternehmens kurzfristig beeinträchtigen könnte. Dabei wird verdrängt, daß Ausbildung langfristig auch Kostenvorteile bringt: Durch eigene Ausbildungsleistungen spart das Unternehmen bei der Rekrutierung neuen

* Die tarifliche Ausbildungvergütung liegt im Durchschnitt in den alten Ländern bei monatlich 1055 DM und in den neuen Ländern bei 952 DM. (Vgl. Berufsbildungsbericht 1997.)

Personals die Einarbeitungs- und Suchkosten ein; es verliert zudem das Risiko, sich in den Fähigkeiten neu eingestellter Arbeitnehmer zu täuschen. Ein wichtiger Anhaltspunkt für diese Verschiebung der Unternehmensstrategien innerhalb der deutschen Wirtschaft ist der Einflußverlust der nationalen Wirtschaftsverbände. Ihre Integrationskraft gegenüber den Unternehmen schwindet zunehmend. Viele Unternehmen verlassen die Verbände oder treten wie in den neuen Bundesländern gar nicht erst ein. Appelle, mehr Ausbildungsstellen anzubieten, verhallen ungehört. Gesamtgesellschaftliche Verantwortung, für die bisher die Integrationskraft der Verbände stand, tritt für die kurzfristig kalkulierenden und international operierenden Unternehmen immer mehr in den Hintergrund. Sie verlassen sich heute einfach auf das Vorhandensein von ausgebildeten Arbeitskräften, die sie im Bedarfsfall abrufen können. Zunehmend gibt es auch von seiten der Bundesregierung Kritik am Verhalten der Unternehmen. Der Bildungsbericht der Bundesregierung kommt zu dem Schluß, »daß die Bereitstellung eines ausreichenden Lehrstellenangebots in den Betrieben und Verwaltungen weithin kein Kapazitäts-, sondern vor allem ein Entscheidungsproblem ist«.[4]

Das Verhalten der Wirtschaft ist sozial bedenklich und volkswirtschaftlich untragbar. Es führt zu einer Vergeudung der Bildungsressourcen vieler junger Menschen ohne Lehrstelle. Deutschland ist als rohstoffarmer Staat auf gut ausbildete Facharbeiterinnen und Facharbeiter angewiesen. Der Standortfaktor Qualität und ein hohes Humankapitalniveau sind von dieser Entwicklung maßgeblich bedroht. Schon jetzt wird ein Facharbeitermangel für die Jahre nach 2010 prognostiziert.[5]

Abbruch der Lehre

Fast ein Viertel der Lehren wird von Jugendlichen abgebrochen. Diese Zahl schockiert angesichts des Mangels von Lehrstellen. Sie weist aber auch auf strukturelle Probleme innerhalb der Ausbildung hin. Viele der Jugendlichen gehen unvorbereitet auf Lehrstellensuche. Die Schule bereitet sie sozial nur ungenügend auf den Einstieg in das Berufsleben vor, so daß die Erwartungen der

Jugendlichen und die Realität im Betrieb auseinanderfallen. Wenn Jugendliche auf Grund sehr eingeschränkter Wahlmöglichkeiten auf dem Lehrstellenmarkt mit Ausbildungen für einen Beruf beginnen müssen, den sie sich nicht vorstellen können ein Leben lang auszuüben* und im Lehrbetrieb auf Ausbilder treffen, die ihrer Aufgabe nicht gewachsen sind, so reagieren einige mit dem Abbruch der Lehre. Es wäre jedoch falsch, dies als Beweis dafür anzuführen, daß Jugendliche nicht motiviert und arbeitsbereit seien. Viel eher sollte überlegt werden, ob durch schulische Praktika (bessere und längere als bisher) und Verbesserungen der Ausbildungssituationen in den Lehrbetrieben das Problem gelöst werden kann.

2. *Eine Lehrstelle garantiert noch keinen Arbeitsplatz*

39 Prozent der Jugendlichen werden nach abgeschlossener Lehre nicht vom ausbildenden Betrieb übernommen. Sechs Prozent finden auch in keinem anderen Betrieb einen Arbeitsplatz. Sie machen die Erfahrung, daß sie trotz ihrer abgeschlossenen Ausbildung keinen Arbeitsplatz finden. Die zweite Schwelle stellt für Jugendliche eine noch größere Hürde als die erste Schwelle dar.**

Nach dem Modell der dualen Ausbildung ist eigentlich gesichert, daß sich die Struktur des Bedarfs nach Facharbeitskräften aus dem Arbeitsmarkt mit der Struktur der angebotenen Ausbildungsplätze deckt. Die Betriebe entscheiden eigenständig über das Ausmaß ihrer Ausbildungsleistung. Sie werden im wesentlichen nur geringfügig mehr Lehrlinge ausbilden, als sie dann auch übernehmen können. Der Facharbeiterbedarf und die Struktur des Ausbildungsplatzangebots sind somit dauerhaft im Gleichge-

* Im Handwerk beispielsweise, wo Jugendliche geringe berufliche Zukunftschancen haben, liegt die Abbrecherquote deutlich höher (29,2 %). (Vgl. Berufsbildungsbericht der Bundesregierung 1997).

** Dies sollte jedoch nicht zu dem Rückschluß verleiten, daß Maßnahmen an der ersten Schwelle weniger wichtig seien. Jugendliche, die an der ersten Schwelle gescheitert sind, erreichen die zweite erst gar nicht.

wicht. Den Auszubildenden stehen genügend potentielle Arbeitsplätze in der Branche gegenüber. Aufstrebende Branchen werden viel ausbilden, während absterbende nur wenige Ausbildungsplätze anbieten.

Ausbildungssystem und Arbeitsmarkt haben sich auseinanderbewegt

Nur noch jeder dritte Jugendliche wird heute – im Gegensatz zum Modell – nach der Lehre vom ausbildenden Betrieb übernommen. Das Ausbildungssystem und der Arbeitsmarkt haben sich in den letzten Jahren auseinanderbewegt:

- Die Schaffung neuer Berufsbilder dauert sehr lange. Der Staat und die Kammern tun sich schwer, neue Ausbildungsgänge zu entwickeln. Während Elektroinstallateure in die Arbeitslosigkeit ausgebildet werden, suchen Wachstumsbranchen, wie der Computer- oder Telekommunikationssektor, nach spezialisierten Fachkräften.
- Die Betriebe reagieren auf zyklische Schwankungen der Konjunktur unterschiedlich: Die industriellen Betriebe verhalten sich prozyklisch und passen die Zahl ihrer Ausbildungsstellen eng an die nachfragebedingte Personalrekrutierung an. Die handwerklichen Betriebe reagieren dagegen antizyklisch und bilden in Krisensituationen mehr Jugendliche aus. Auszubildende werden in diesem Fall als billige Arbeitskräfte eingesetzt. Die Übernahme ist von seiten des Betriebes nicht vorgesehen.[6]
- Dieses »Ausbilden auf Vorrat« hat für Jugendliche negative Folgen: Zum einen leidet die Qualität der Ausbildung, wenn der Betrieb die Auszubildenden im wesentlichen als billige Arbeitskräfte einsetzt. Zum anderen findet dies vor allem in Branchen statt, in denen den Jugendlichen Berufe mit geringen Transfermöglichkeiten und einem hohen Berufsverlustrisiko vermittelt werden.
- Die meisten Ausbildungsbetriebe sind klein- und mittelständische Betriebe. Gerade hier stellt sich das Problem der Übernahme in besonderem Maße.

- Jugendliche, die nicht innerhalb eines Betriebes, sondern in staatlich geförderten außerbetrieblichen Ausbildungsstätten ihre Ausbildung abgeschlossen haben, sind häufig auf dem Arbeitsmarkt benachteiligt.

Der gelernte Beruf, die ausbildende Branche und die Größe des Betriebes sind somit wesentliche Parameter, die die Chancen der Jugendlichen beim Übergang in ein festes Beschäftigungsverhältnis bestimmen. Gerade in geringqualifizierenden Berufsbereichen und in kleinen Betrieben sind die Lehrlinge im Anschluß an die Ausbildung einem sehr hohen Risiko ausgesetzt, nach der Ausbildung keinen Arbeitsplatz zu finden. Diese Lehrstellen sind daher auch wenig beliebt. Sie werden meist mit Bewerberinnen und Bewerbern besetzt, die im Wettbewerb um attraktivere Lehrstellen unterlagen. Diese »weniger aussichtsreichen Bewerber/innen«, wie man sie nennt, kommen dadurch trotz der Überwindung der ersten Schwelle bei der zweiten Schwelle aus ihrer schlechten Position auf dem Arbeitsmarkt nicht heraus.

3. Endstation Arbeitslosigkeit

Auf dem Weg zu einem sicheren Arbeitsplatz sind die Startchancen nicht gleich verteilt. Bestimmte Jugendliche aus sogenannten Problemgruppen haben ein überdurchschnittlich hohes Risiko, arbeitslos zu werden. Sie fallen allein aufgrund von Merkmalen wie Geschlecht, Nationalität, Wohnort, Schulabschluß oder einer Behinderung unter die Kategorie »weniger aussichtsreiche Bewerber/innen«.[7]

Die verschärfte Situation auf dem Lehrstellenmarkt gibt den Betrieben beträchtliche Auswahlmöglichkeiten. Während noch vor 25 Jahren Hauptschüler mit und ohne Abschluß für viele Unternehmen durchaus akzeptable Bewerber waren, reicht heute ein Hauptschulabschluß für den Erfolg auf dem Lehrstellenmarkt kaum noch aus. Der Grund für die sinkende Anerkennung des Hauptschulabschlusses ist eine Veränderung der Bildungsbiographien von Jugendlichen. Entgegen der Kritik von Unternehmerseite steigt, bezogen auf die besuchten Schulformen, das Bildungsniveau der Jugendlichen kontinuierlich. Es läßt sich feststellen, daß Jugendliche einer gewissen »Dialektik der gleichzeitigen Ent- und Aufwertung von Schulabschlüssen«[8] unterworfen sind. Einerseits macht der wachsende Wettbewerb um Lehrstellen höhere Abschlüsse für die erfolgreiche Suche notwendig, andererseits schrumpft der Vermittlungsvorteil des höheren Abschlusses, da immer mehr der sich Bewerbenden einen solchen vorzuweisen haben. Schülerinnen und Schüler sind somit gezwungen, länger die Schule zu besuchen, als dies ihren Interessen entspricht. Viele bleiben darüber hinaus auch deshalb auf der Schule, weil sie sich über ihre Chancen auf dem Arbeitsmarkt unsicher sind oder sich bereits vergeblich um eine Lehrstelle bemüht haben.* Schülerinnen und Schüler, die dennoch nur den Hauptschulabschluß anstreben, sind auf dem Lehrstellenmarkt weitgehend chancenlos. Sie haben deshalb in der Schule auch oft massive Motivationsprobleme.

Der Anteil von Mädchen mit einem höheren Schulabschluß übertrifft den der Jungen. Trotzdem werden junge Frauen auf dem Lehrstellenmarkt gegenüber männlichen Mitbewerbern stark benachteiligt: Betriebe ziehen bei der Vergabe von Lehrstellen regelmäßig junge Männer selbst bei schlechterem Abschlußzeugnis den Frauen vor. Junge Frauen konzentrieren sich daher immer noch überwiegend auf Lehrstellen in sogenannten Frauenberufen, wie Verkäuferin, Friseurin oder Arzthelferin. Diese zeichnen sich durch niedrigere Bezahlung und unsichere Beschäftigung aus. Bei gemischten Ausbildungsberufen werden Frauen zudem in die untere Stufe der Hierarchie eingegliedert. Das angestammte Geschlechterbild bestimmt auch das Verhalten der jungen Frauen auf dem Arbeitsmarkt. Sie ziehen sich vielfach frühzeitig resigniert vom Arbeitsmarkt zurück und fügen sich den gesellschaftlichen Erwartungen: Gründung einer Familie und Arbeit im Haushalt.

Ausländische Jugendliche sind von Arbeitslosigkeit besonders hart betroffen. Ihre Ausbildungsquote ist nur halb so hoch wie die

* Dieses Verbleiben in der Schule wird als »Parken« bezeichnet.

ihrer deutschen Altersgenossen. Ein Grund dafür ist sicher das durchschnittlich niedrigere Schulniveau* der jungen Ausländer. Darüber hinaus stoßen sie bei der Suche nach einem Ausbildungsplatz häufig auf Vorbehalte der Unternehmen. »Sprachliche Schwierigkeiten, kulturelle Verschiedenheit und mögliches Konfliktpotential« werden ihnen als Gründe für die Ablehnung ihres Lehrstellengesuchs genannt. Angesichts dieser Situation verzichten viele ausländische Jugendliche auf die Suche nach einer Lehrstelle. Sie entscheiden sich statt dessen – häufig auf Grund finanziellen und familiären Drucks – dafür, als Ungelernte direkt Geld zu verdienen. Dies reduziert langfristig ihre Chancen auf einen sicheren Arbeitsplatz beträchtlich.

Jugendarbeitslosigkeit ist regional ungleich verteilt: Die Arbeitsplatzsituation für Jugendliche in Ostdeutschland ist bei 14 Prozent Arbeitslosen unter 25 Jahren schlechter als die ihrer Altersgenossen im Westen mit 11 Prozent. Für den Osten und den Westen Deutschlands gilt gleichermaßen, daß Jugendliche in ländlichen und strukturschwachen Gebieten häufig noch größere Probleme haben. So sind beispielsweise Jugendliche in Bremerhaven oder Vorpommern von Lehrstellen- und Arbeitsplatzknappheit viel stärker betroffen als junge Menschen in Berlin oder München.

Jugendarbeitslosigkeit als schrittweiser Prozeß

Jugendliche aus diesen Problemgruppen haben schlechtere Startchancen. Sie müssen sich auf dem Weg zu einem sicheren Arbeitsplatz noch stärker anstrengen als andere junge Menschen. Vielfach kommen sie jedoch aus einem sozialen Umfeld, das ihnen die Unterstützung dazu nicht geben kann, sondern ihre Situation noch wesentlich erschwert. Jugendarbeitslosigkeit wird so zu einem schrittweisen Prozeß. Das schwierige soziale Umfeld ist der Ausgangspunkt einer Jugendlichenbiographie, die angesichts der starken Konkurrenzsituation auf dem Arbeitsmarkt unumstößlich in

* 1994 verließen 20,3 % der ausländischen Schüler (gegenüber 7,8 % der deutschen) die Schule ohne Abschluß.

die Arbeitslosigkeit führt: Diese Jugendlichen wachsen in Elternhäusern und Stadtteilen auf, in denen Arbeitslosigkeit und Armut den Alltag prägen. Die Resignation der Erwachsenen überträgt sich auf die Kinder. In der Schule äußert sich dies durch Aggression und Leistungsverweigerung. Ein Mißerfolg verursacht den nächsten. Ohne guten Schulabschluß haben sie keine Chancen auf dem Lehrstellenmarkt. Nach zahlreichen Absagen können sie nur noch hoffen, in außerbetrieblichen Ausbildungszentren eine Lehrstelle zu finden. Entsprechend schlecht sind im Anschluß an die Lehre ihre Perspektiven auf dem Arbeitsmarkt. Die Arbeitslosmeldung beim Arbeitsamt ist dann für die Jugendlichen das erste Eingeständnis des eigenen Versagens. Nach der zweiten Umschulungsmaßnahme verlieren die Jugendlichen vollends die Hoffnung. Sie erleben, daß sie auf Grund staatlicher Regelungen wichtige Unterstützungsleistungen erst bekommen, wenn sie bereits ein halbes oder ein Jahr arbeitslos sind. Dann erst fallen sie unter die Kategorie »Langzeitarbeitslose«. Dies hat enorme negative Folgen. Nach einem Jahr sind sie kaum wieder in das Arbeitsleben zu integrieren: Sie haben das Selbstbewußtsein verloren, stecken in einer Identitätskrise und sind vom geregelten Alltagsleben entwöhnt. Diese Jugendlichen werden so allmählich zu »Karteileichen« in den Arbeitsamtregistern für schwer vermittelbare Langzeitarbeitslose. Sie können für die Zukunft nicht mehr viel erwarten. Die Folgen davon sind Kriminalität, destruktive Aggressivität und politischer Haß. Wichtige soziale Gefüge innerhalb des Stadtteils oder der Gesellschaft, die den Jugendlichen eigentlich Halt geben könnten, zerbrechen vollends.*

* In den deutschen Städten konzentrieren sich Armut und Arbeitslosigkeit in bestimmten Stadtteilen. Je stärker die Arbeitslosigkeit unter den Jugendlichen steigt, desto mehr verbreitet sich die Resignation. Jugendhäuser und Sportvereine sind angesichts der hohen Zahl arbeitsloser Jugendlicher nicht mehr in der Lage, deren Probleme aufzufangen. In anderen Stadtteilen dagegen ist von Armut und Arbeitslosigkeit nichts zu spüren. Die Jugendlichen, die hier aufwachsen, haben allein durch den sozialen Kontakt zu einer funktionierenden Nachbarschaft größere Chancen, noch eine Lehrstelle oder einen Arbeitsplatz zu finden. (Vgl. Konsalt, a.a.O.; Dangschat, a.a.O.)

4. Lösungsansätze

Das jetzige System funktioniert nicht mehr. Dringend sind Maßnahmen und Reformen notwendig. Wenn jetzt nicht schnell gehandelt wird, werden immer mehr Jugendliche in die Arbeitslosigkeit abgleiten und langfristig nicht mehr integrierbar sein.

Die Berufsausbildungsabgabe

Eines der vielversprechendsten Reformmodelle ist das der Ausbildungsabgabe: Jeder Betrieb, der nicht ausbildet, wird mit einer Abgabe belegt. Mit dem Erlös aus den Abgaben werden jene Betriebe unterstützt, die Ausbildungsplätze anbieten. Auf diese Weise teilen sich alle Betriebe die gesamtwirtschaftlichen Kosten der Ausbildung. Die Wettbewerbsvorteile durch den Verzicht auf eigene Ausbildungsleistungen werden aufgehoben. Der Staat kann seine enormen Ausgaben für außerbetriebliche Ausbildungszentren und Lehrstellenzuschüsse einsparen. Die Arbeitsämter verwalten den Fonds der Abgabeerlöse. Sie »kaufen« mit dem Geld in Betrieben neue Lehrstellen an. Damit sichern die Arbeitsämter ein ausreichendes Angebot von 112,5 Lehrstellen auf 100 Bewerberinnen und Bewerber auch während konjunktureller Tiefs und in struturschwachen Regionen. Außerdem können die Arbeitsämter Lehrstellen in zukunftsträchtigen Berufen besonders fördern. Die Höhe der Abgabe ist jährlich neu festzulegen. Sie hängt von der Zahl der jeweils zu versorgenden Jugendlichen ab. Bei der Bezugsgröße für die Erhebung der Abgabe könnte zwischen verschiedenen Varianten ausgewählt werden: Möglich sind ein Prozentsatz der Bruttoentgeltsumme aller Betriebe, ein Prozentsatz des Umsatzes oder die Festlegung der Kosten proportional zur Zahl der Beschäftigten. Ein neues Bundesgesetz wäre die Grundlage einer solchen Ausbildungsabgabe.

Kritik an dem Konzept der Ausbildungsabgabe kommt vor allem von den Arbeitgebern.[9] Sie sehen darin eine gefährliche Einmischung von Staat und Gewerkschaft in die Autonomie und Eigenverantwortung der Betriebe. Die Schaffung einer wie auch immer gearteten Verteilungsbürokratie, die nach Kriterien der Bildungsplanung oder der Wünsche der Bewerber zusätzliche Ausbildungsplätze unterstützt und Mittel verteilt, würde im Vergleich zu einem freien Lehrstellen-Markt ineffiziente Allokation und persönliche Bereicherung bewirken. Nur die enge Verknüpfung der Ausbildung mit der Beschäftigung kann, so die Verbandsvertreter der Betriebe, eine qualitativ gute, am Bedarf der Wirtschaft orientierte Berufsausbildung gewährleisten. Ein »politisch erzeugtes Angebot« könne dies nicht.[10] Industrie, Handel und Handwerk betonen, daß eine Ausbildungsabgabe auch jene Betriebe belaste, die sich Ausbildungsleistungen auf Grund der angespannten Lage wirtschaftlich nicht leisten könnten oder infolge des niedrigen Niveaus der Bewerber keine geeigneten Auszubildenden gefunden hätten. Andere Betriebe wiederum würden sich durch die Abgabemöglichkeit von der Ausbildungsverantwortung »freikaufen« und das Interesse am Ausbilden verlieren.

Gegen die Kritik der Wirtschaftsvertreter spricht die Realität der Krise. Bisher hat sich die Politik immer dem Prinzip der Freiwilligkeit gebeugt und sich auf Appelle beschränkt. Der Erfolg blieb jedoch aus. Die Situation heute ist derart zugespitzt, daß neue Maßnahmen wie die Ausbildungsabgabe notwendig sind.

Regionale Bündnisse

Neue Ausbildungsplätze können durch stärkere regionale Zusammenarbeit von lokalen Arbeitsämtern, Jugendprojekten, Schulen, Handelskammern und Handwerksbetrieben entstehen. Beispielsweise könnten Schulklassen und Jugendgruppen in Projektwochen Betriebe kennenlernen. Die Schüler würden so schon früher erkennen, wo ihre Interessen liegen, und wären auf die Suche nach einer Lehrstelle besser vorbereitet. Die Lehrer können durch den geknüpften persönlichen Kontakt zu den Betrieben bei der Vermittlung von Lehrstellen helfen. Handels- und Handwerkskammern hätten bei stärkerer Zusammenarbeit untereinander und mit dem Arbeitsamt die Möglichkeit, betriebliche Ausbildungsverbünde zwischen den Betrieben zu organisieren.* Für Betriebe und Schüler verbesserte sich die Entscheidungssituation. Weniger Abbrecher und mehr Lehrstellen wären die Folgen. Jugendliche der Region müßten sich außerdem bemühen, daß bekannt würde, welche Betriebe in solchen Projekten mitarbeiten. Sie könnten dann mit ihrer Macht als Konsumenten solche Betriebe »belohnen« und andere Betriebe durch Boykott »bestrafen«. In einer Zeit, in der Unternehmer viel Geld für Werbung und Imagekampagnen ausgeben, blieben solche Aktionen sicher nicht ohne Wirkung.

Neue Berufsbilder und die Erweiterung der Ausbildungsmöglichkeiten

Die Einrichtung von neuen Ausbildungsgängen dauert zu lange. Staat und Wirtschaft übertreffen sich gegenseitig durch zusätzliche Regelungen und langwierige Verwaltungsabläufe. Durch besser an die veränderte Arbeitswelt angepaßte Berufsbilder hätten Auszubildende höhere Chancen auf dem Arbeitsmarkt. Neue Ausbildungsgänge sollten daher schnell und unbürokratisch eingeführt werden.

Ein Reservoir an möglichen Ausbildungsplätzen bieten auch von Ausländern geführte Betriebe. Die überwiegende Mehrheit dieser Betriebe bildet nicht aus, da ihnen der notwendige Industrie- und Handelskammerausbilderschein fehlt. Durch den Ausbau besonderer Kurse für ausländische Unternehmer könnte ihnen die Hemmung vor der Ablegung der Ausbilderprüfung genommen werden. Schätzungsweise könnten in diesem Bereich 15 000 bis 18 000 Ausbildungsplätze neu entstehen. Dies käme auch gerade den sonst benachteiligten ausländischen Jugendlichen zugute, die hier nicht mit Vorurteilen zu kämpfen hätten.[11]

* Sogenannte Ausbildungskonsense zwischen der Wirtschaft und den Ländern, wie zuletzt in Nordrhein-Westfalen geschlossen, entsprechen jedoch nicht diesem Konzept. Hier wird häufig lediglich die Ausdehnung der staatlichen Zuschüsse und die Durchsetzung der betrieblichen Interessen von oben beschlossen. (Vgl. Heinemann, a.a.O., FR, 19.12.1996.)

Starthilfen durch befristete Übernahmeregelungen

Außer der Frage der Qualifikation gibt es für junge Arbeitnehmer unternehmensbedingte Probleme, die es ihnen erschweren, einen festen Arbeitsplatz zu bekommen. Unternehmen sind bestrebt, eine zuverlässige und erfahrene Kernbelegschaft aufzubauen. Diese garantiert ihnen eine stabile, zügige Auftragsbearbeitung bei geringen Kontroll- und Einarbeitungskosten. Aufträge, die kurzfristig über das Potential der Kernbelegschaft hinaus gehen, werden von einer flexiblen Randbelegschaft oder externen Arbeitskräften verrichtet. Junge Arbeitnehmer, die sich um einen Arbeitsplatz auf dem Arbeitsmarkt bemühen, erhalten zunächst überhaupt nur in den Bereichen der Randbelegschaft eine Stelle. Sollte der Bedarf nach der dauerhaften Besetzung einer neuen Position im Unternehmen bestehen, so wird das Unternehmen zunächst auf die Kernbelegschaft zurückgreifen. Dies wird unterstützt durch Betriebsvereinbarungen und das Verhalten des Betriebsrates, der im Interesse der Kernbelegschaft fordert, daß die Stellen zunächst innerbetrieblich für Stammarbeitnehmer ausgeschrieben werden sollen.* Unternehmungsleitung und Kernbelegschaft nehmen damit jungen Arbeitnehmern die Chance, von außen in ein festes Beschäftigungsverhältnis einzutreten.

Die Einstiegsmöglichkeiten für junge Arbeitnehmer sollten angesichts dieser Benachteiligung verbessert werden:

Einerseits könnte der Staat helfen – Sozialversicherungsabgaben und Steuern, die ein Unternehmen für junge Arbeitnehmer zahlt, befristet reduzieren. Jugendliche erhielten so gegenüber den Mitgliedern der Kernbelegschaft einen Wettbewerbsvorteil.

Andererseits könnte es bei der Übernahme von Auszubildenden zu Absprachen zwischen der Jugend- und Auszubildendenvertretung und den Unternehmen kommen, die befristete Einstiegstarife in Form von Teilzeit für junge Arbeitnehmer vorsehen.

* Gewerkschaftsvertreter und Betriebsräte machen sich so manchmal der Doppelzüngigkeit schuldig, einerseits fordern sie in der Öffentlichkeit bessere Chancen für junge Arbeitnehmer, andererseits stehen bei Betriebsratsentscheidungen die Interessen der Belegschaft im Vordergrund.

Ein interessantes Beispiel für solche Einstiegstarife in Form von Teilzeitvereinbarungen bietet der Leverkusener Bayer-Konzern:[12] Zwischen der Konzernleitung und der Jugend- und Auszubildendenvertretung wurde vereinbart, alle ausgelernten Auszubildenden im Konzern weiter zu beschäftigen. Nach der Ausbildung werden die jungen Fachkräfte zunächst in einen Vermittlungspool übernommen und bekommen einen unbefristeten Teilzeitvertrag über 20 Wochenstunden und eine dieser Stundenzahl entsprechende Entgeltgarantie. Die Abteilungen des Konzerns können dann die Ausgelernten je nach Bedarf anfordern, entweder für 20 Stunden oder als Vollzeitkraft. Ist die Tätigkeit des angeforderten Ausgelernten berufsfremd, dann bezieht er ein leicht geringeres Entgelt, als ihm normalerweise zustünde. Das Ergebnis kann sich sehen lassen: Rund 80 Prozent der Ausgebildeten arbeiten heute in ihrem erlernten Beruf, 90 Prozent von ihnen auf Vollzeit.

II. Die Strukturkrise der Arbeitsgesellschaft

Die Krise des Ausbildungssystems ist eingebettet in eine langfristige Veränderung der Arbeitsgesellschaft:

Seit den siebziger Jahren haben die westlichen Industriestaaten mit einem stufenweisen Anwachsen der Arbeitslosenzahlen zu kämpfen. Selbst starke Aufschwungphasen der Wirtschaft brachten nicht den erhofften Abbau der Arbeitslosigkeit. Die Wissenschaft spricht daher seit den achtziger Jahren von »jobless growth«. Die Entwicklung hat in den neunziger Jahren dramatisch an Brisanz zugenommen. Arbeitnehmer müssen zunehmend auch in sicher geglaubten Branchen schmerzlich erfahren, daß sie Opfer immer radikalerer Rationalisierungswellen werden. Die Schlagworte »Verschlankung« und »notwendige Gesundschrumpfungen« sowie das Phänomen kletternder Börsenkurse bei steigenden Arbeitslosenzahlen lassen erkennen, daß sich die Entwicklung weiter fortsetzen wird.

Dies wirft viele Fragen auf: Wie wird unsere Gesellschaft aussehen, wenn die Wirtschaftsunternehmen den von ihnen als

»gesund« bezeichneten Zustand erreicht haben? Wird dann noch genügend Arbeit für alle Teile der Bevölkerung angeboten werden? Welche Arbeit und in welchen Sektoren wird dies sein? Kann an dem traditionellen Bild des sich über seine Arbeit definierenden Menschen festgehalten werden?

1. Qualifikationszwang ohne Bildungsangebot?

Das Niveau und die Struktur der Qualifikationen wird in Zukunft für das Individuum und die gesamte Gesellschaft zur Schlüsselfrage.[13] Die zukünftigen Qualifikationen schließen dabei nicht allein die Erweiterung bestehender Qualifikationen, wie Fremdsprachenkenntnisse und die Vertrautheit mit technischen Neuerungen ein, sondern in zunehmendem Maße auch die Forderung nach einem neuen Arbeitnehmertypus.

Ausgangspunkt dieser Forderung ist die einschneidende Veränderung der Struktur des Arbeitsprozesses, der sich im Umbruch von einem fordistischen zu einem postfordistischen System wandelt. Der Begriff Fordismus bezeichnet dabei die von Henry Ford und Frederick W. Taylor Anfang des 20. Jahrhunderts entwickelte Massenproduktion durch die Anpassung der menschlichen Arbeit an den maschinellen Fertigungsprozeß. Spezialisierte, kleinschrittige Fließbandarbeit ermöglichte enorme Produktivitätssteigerungen. Sie ließ die Arbeiterinnen und Arbeiter gewissermaßen selber zu im Produktionsakt funktionierenden Maschinen werden. Notwendig für die Ausübung dieser Tätigkeit war lediglich maschinelles Verständnis, das sich am Arbeitsplatz erlernen ließ.

Parallel zur maschinellen Produktionssteigerung wurde von Henry Ford der Arbeiter als Konsument entdeckt. Die Massenproduktion sicherte niedrige Preise und führte zu einem Massenkonsum und über Fords preiswertes Automodell auch zu einer ressourcenintensiven Massenmobilität.*

* Siehe zum Zusammenhang von Massenkonsum und Umweltzerstörung den Beitrag von Jens Augner.

Heute, fast hundert Jahre später, verändert sich das System. Der Massenkonsum hat für weite Teile der Gesellschaft Wohlstand gebracht. Neue intensive, industrielle Produktionssteigerungen wie zu Anfang des Jahrhunderts sind heute nicht mehr möglich. Statt mit der Entwicklung neuer standardisierter Massenprodukte reagiert die Wirtschaft darauf mit wachsender direkter Kunden- und Serviceorientierung und der Differenzierung bestehender Produkte. Neue Informationstechnologien machen es möglich, daß die Kunden mit ihren individuellen Wünschen Bestandteil des Produktionsprozesses werden. Dies hat entscheidende Folgen für den Arbeitsprozeß, der in die Phase des »Postfordismus« getreten ist. Hierarchien werden abgebaut. Stärker als früher steht nun Verantwortung und nicht Kontrolle im Vordergrund betrieblicher Strukturierungsüberlegungen. Statt die Reduzierung der Arbeitsschritte auf einzelne Handgriffe weiterzuverfolgen, werden vermehrt Hauptabschnitte der Fertigung in die gemeinschaftliche Verantwortung von Mitarbeiter-Teams gestellt. Fabriken werden immer mehr durch Dienstleistungsunternehmen ersetzt. Bereiche wie Beratung, Recht, Pflege, Medien und Kommunikation florieren. Vielfach werden diese Dienstleistungen jedoch nicht mehr innerhalb des Unternehmens eingerichtet, sondern im Sinne einer »lean production« ausgelagert (»out sourcing«). Dadurch entstehen neue Formen der Selbständigkeit.* Arbeitskraft wird nach Bedarf abrufbar. Nicht mehr die Sicherheit einer festen Arbeitsstelle, sondern die Arbeit auf Zeit, bezogen auf einen Auftrag, wird zur dominierenden Arbeitsform. Dies und der rasante Wandel der Kommunikations- und Informationssysteme (Telearbeit) stellen jeden einzelnen Arbeitnehmer stärker auf sich. Es werden von ihm Kompetenzen wie Entscheidungsfähigkeit, Problembewußtsein, Mobilität und Kreativität verlangt.

Das Ausbildungssystem ist auf diese neuen Qualifikationsanforderungen nicht ausgelegt. Stärker als früher muß im Zentrum der Bildung die Vermittlung der neuen Qualifikation stehen:

* Der Trend zur Selbständigkeit hat zunehmend Konsequenzen auch für die Sozialsysteme. Selbständige zahlen nicht in die Krankenkasse ein und fallen beim Bankrott dennoch der Allgemeinheit zur Last. Siehe dazu auch den Beitrag von Jörg Tremmel.

- *Allgemeinbildende Schulen* können dies durch bereits frühzeitige Einblicke in das Arbeitsleben, größere Freiräume für Kreativität und Veränderung des Frontalunterrichts schaffen.*
- *Berufsschulen* müssen besser ausgestattet werden. Sie sollen nicht speicherbare Fakten, sondern Transferwissen und Zusammenhänge vermitteln. Der einzelne muß mit seinen individuellen Fähigkeiten mehr im Mittelpunkt stehen. Dem unterschiedlichen Vorwissen der Berufsschüler sollte durch zusätzliche Förderkurse und Wahlmöglichkeiten Rechnung getragen werden. Nicht die Verringerung des Berufsschulunterrichts, sondern seine gesellschaftliche Aufwertung sollte das Ziel von Reformen sein. Dadurch könnte Auszubildenden auch ohne Abitur die Chance eröffnet werden, sich im Anschluß an die Ausbildung statt in einer Sackgasse auf dem Weg zu einem weiterqualifizierenden Studium, neuen Spezialisierungsangeboten oder Weiterbildungslehrgängen wiederzufinden. Wäre das deutsche Ausbildungssystem durchlässiger, so könnte das wesentliche, positive Wirkungen auf die Motivation der jungen Arbeitnehmer haben.
- Immer noch werden *Weiterbildungsmöglichkeiten* weitgehend von höher qualifizierten Arbeitnehmern wahrgenommen. Angesichts der ständig abnehmenden Halbwertzeit von Wissen muß Weiterbildung auch für breitere Schichten attraktiv gemacht werden. Die Einschätzung vieler, daß das während der Berufsausbildung einmal erlernte Wissen für das gesamte Berufsleben qualifiziere, entspricht nicht mehr der Realität. Der Staat könnte durch Schaffung von transparenten Informationsdiensten das Motto des Jahres 1996 – »Lebenslanges Lernen« – ernster nehmen, als er dies durch Kürzungen von Weiterbildungszuschüssen getan hat. Aber auch die Wirtschaft sollte neue Formen des selbstorganisierten Lernens unterstützen.
- Schlüsselqualifikationen wie Selbst- und Verantwortungsbewußtsein setzen *Mitbestimmung und demokratische Parti-*

* Ich verweise hier auf den Beitrag von Maja Schmidt.

zipation in der Ausbildung und im Betrieb voraus. Man kann Jugendlichen nicht schon mit 15 Jahren als selbständige und kaufkräftige Konsumenten schätzen und mit Preisknüllern und Ratenkäufen ködern, sie jedoch in der Arbeitswelt als unmündig behandeln. Wer Kreativität, Verantwortungsbewußtsein und Leistungsbereitschaft predigt, muß den Arbeitnehmern auch die Möglichkeit zur Mitbestimmung bieten.

2. *Rationalisierung als dauerhafte Arbeitsplatzvernichtung?*

Nur noch verhältnismäßig wenige Menschen arbeiten in Deutschland in der industriellen Massenproduktion. Die computergesteuerten Maschinen ersetzen in diesen Bereichen die Menschen. Die wachsende Produktivität läßt immer mehr menschliche Arbeit überflüssig werden.

Verlierer des Wandels

In gleichem Maße wie Schlüsselqualifikationen immer wichtiger werden und Arbeitsplätze immer weniger, wird es eine ständig wachsende Gruppe von Verlierern geben. Es sind diejenigen Arbeitnehmerinnen und Arbeitnehmer, die sich im steigenden Konkurrenzdruck nicht durchsetzen können, weil sie in ihrer kommunikativen und fachlichen Kompetenz weniger flexibel und lerngewohnt sind als andere. Mehr Selbständigkeit bedeutet für sie vor allem ein Abgedrängtwerden in ungewisse und sozial unabgesicherte Leih- und Zeitarbeitsfirmen oder direkt in die Arbeitslosigkeit. Diesen modernen Tagelöhnern wird damit die Chance einer stabilen, unzerstückelten Lebensplanung genommen. Der Wert ihrer einfachen Arbeit und der Bedarf danach sinken im Zuge des Strukturwandels und des internationalen Wettbewerbs immer mehr.* Geringqualifizierte Arbeitnehmer und

* In Deutschland wird erwartet, daß sich der Bedarf nach geringqualifizierten Arbeitskräften in den nächsten 15 Jahren von 26 auf 13 Prozent reduzieren wird. (Vgl. Teissing, a.a.O.)

solche, deren Qualifikationen durch den Strukturwandel nicht mehr gefragt oder »im Übermaß« vorhanden sind, werden zu »Entbehrlichen der Arbeitsgesellschaft«[14].

Es ist erstaunlich, wie stabil die deutsche Gesellschaft diese Entwicklung bisher noch überstanden hat. Für die Zukunft ist dies jedoch nicht gewiß.* Denn was für eine Gesellschaft kann das sein, die bald einem Fünftel ihrer Mitglieder jegliche Perspektive raubt? Wie lange dauert es noch, bis diese sich wehren und ihr Teilhaben gewaltsam einfordern?

Teilhaben kann in unserer Gesellschaft immer noch nur der, der auch Arbeit hat. Denn Arbeit bedeutet finanzielle Existenzsicherung, Partizipation am Konsum und persönliche Bestätigung; sie ist die Basis der sozialen Stellung.

Doch wo sollen neue Arbeitsplätze entstehen?

»Zwei Millionen neue Arbeitsplätze, und drei davon habe ich«

Vielfach wird das Beispiel der USA herangezogen. Dort habe die »job machine« Millionen neuer Arbeitsplätze geschaffen. Als Grundlage des Erfolges werden im wesentlichen drei Voraussetzungen genannt: geringe Lohnnebenkosten und kaum vorhandener Kündigungsschutz, nach unten flexible Löhne bei geringer Arbeitslosenhilfe und eine vielfältigere Dienstleistungskultur.

Betrachtet man das amerikanische »Jobwunder« genauer, so wird deutlich: Von einigen hochwertigen Dienstleistungsarbeitsplätzen abgesehen, die mit dem Trend zu neuen Qualifikationen korrespondieren, liegen viele der neuen Arbeitsplätze im Bereich

* Die OECD schreibt in ihrer 1994 erschienenen Studie zur Arbeitslosigkeit in Europa: »Für manche Bevölkerungsgruppen wird es dennoch unmöglich sein, den Erfordernissen der sich weiterentwickelnden Volkswirtschaft gerecht zu werden. Auch diese Gruppen müssen aber von den Früchten des Fortschritts profitieren. Werden sie vom Hauptstrom des sozialen und gesellschaftlichen Lebens abgeschnitten, so besteht die Gefahr, daß soziale Spannungen entstehen, die mit hohen Kosten in menschlicher und ökonomischer Hinsicht verbunden sein können.« An späterer Stelle heißt es: »Es geht mit Auflösungserscheinungen einher, namentlich mit einem Verlust an Glaubwürdigkeit des demokratischen Systems.«

niedrig entlohnter einfacher Dienstleistungstätigkeiten. Um finanziell zurecht zu kommen, müssen so Beschäftigte häufig mehrere dieser neuen Arbeitsplätze gleichzeitig haben. Sie werden als »working poor« bezeichnet, weil sie trotz Arbeitsplatz arm bleiben. Die amerikanischen Maßnahmen sind somit zwar rein zahlenmäßig erfolgreich, sie haben aber die soziale Polarisierung innerhalb der amerikanischen Gesellschaft nur noch verstärkt. Diese erinnert mit ihren Gegensätzen zwischen armen Schuhputzern und wohlhabende Managern bisweilen an Zustände des 19. Jahrhunderts. Für Kontinentaleuropa scheint dieses »Modell« deshalb nicht akzeptabel und übernehmbar.

Dennoch wird in der letzten Zeit diskutiert, ob nicht mit den Mitteln einer negativen Einkommenssteuer also einer finanziellen Unterstützung von Arbeitnehmern mit niedrigem Einkommen, der positive Beschäftigungseffekt genutzt und von den unerwünschten sozialen Wirkungen getrennt werden kann. Es ist schwierig, dies abschließend zu beurteilen. Einfache Dienstleistungsarbeitsplätze können jedoch niemals produktive und sichere Beschäftigungsverhältnisse dauerhaft ersetzen. Denn Einfachdienstleistungen schaffen lediglich unproduktive, von Konjunkturschwankungen und der Wirtschaftslage abhängige Arbeitsplätze, die in ihrer Beständigkeit sehr unsicher sind. Der Schaffung solcher Arbeitsplätze sind daher Qualifizierungsmaßnahmen und die Befähigung zu produktiveren Arbeitsplätzen vorzuziehen. Es muß auch die Frage gestellt werden, wer sich diese Dienstleistungen leisten soll, wenn die Technologie den Menschen im produzierenden Gewerbe zunehmend ersetzt?

Vorsicht vor der Neidgesellschaft

Ein Unbehagen macht sich häufig in Diskussionen breit, wenn festgestellt wird, daß in der heutigen Gesellschaft nicht mehr genügend Arbeit vorhanden sei. Sehr bald kommt dann der Einspruch, es gebe doch gerade in Bereichen, die nicht privatwirtschaftlich erfaßt sind, viele Arbeitsmöglichkeiten. Dies wären beispielsweise Sport, Kultur, Umwelt, Alten- und Kinderbetreuung und der Verbraucherschutz. Bisher sind hier vor allem viele

Menschen ehrenamtlich tätig.* Ehrenamtliche Tätigkeiten könnten, so die Idee, in Arbeitsplätze umgewandelt werden. Der Staat sollte durch Anschubfinanzierung Stellen schaffen, die sich auf Dauer selber tragen. So würden beispielsweise Arbeitsplätze – wie festangestellte Koordinatoren in Sportvereinen, Naturschutzwarte im Wattenmeer oder Tischler in Jugendheimen – entstehen. Die Kulturgemeinde, die Bürgerinitiative oder der Sportverein könnten dadurch motiviert werden, diese neuen Tätigkeiten, wenn sie sich als für sie nützlich erweisen, nach Ablauf der staatlichen Finanzierung langfristig aus eigenen Mitteln zu unterstützen.

Von politischer Seite wird allgemein betont, weitere Umverteilungsmaßnahmen ließen sich gesellschaftlich nicht mehr durchsetzen. Die Schaffung von neuen Arbeitsplätzen in Vereinen und Kulturinitiativen könnte demgegenüber einen Weg bieten, reichere Schichten in die Pflicht zur Finanzierung von Arbeit zu nehmen. Dies entspräche auch dem Prinzip der Subsidiarität.**

Interessant scheint in diesem Zusammenhang auch der Vorschlag, »Arbeitsplätze auf Kredit«[15] zu schaffen. Er appelliert an die Eigeninitiative der jugendlichen Arbeitslosen. Arbeitslose bis zu 25 Jahre, die länger als drei Monate arbeitslos sind, könnten bei Banken und Sparkassen einen Arbeitsplatzkredit über drei Jahre für eine abhängige oder selbständige Beschäftigungsposition erhalten. Sie würden mit dem zukünftigen Arbeitgeber eine Beschäftigungsposition aushandeln. Statt des Arbeitgebers käme zunächst die Bank für die Lohn- und Gehaltszahlungen auf. Anstelle des Mittels der Lohnzuschüsse, die sich an Unternehmen richten und sich bisher nicht sehr bewährt haben, würden somit die Arbeitslosen selbst zu (Aus-)Handelnden gemacht. Blieben

* Schätzungsweise arbeiten hierzulande 12 Millionen Menschen im Jahr 2,8 Milliarden Stunden in ehrenamtlichen Positionen.

** Das Subsidiaritätsprinzip stammt aus der katholischen Soziallehre und bedeutet, daß der Staat bzw. die Kirche erst eingreifen soll, wenn die kleineren Einheiten der Gesellschaft, wie die Familie oder die Gemeinde, nicht mehr eigenständig ihre soziale Aufgabe erfüllen können. Das Prinzip ist in letzter Zeit sehr strapaziert worden. Neoliberale deuten es um in ein »Jeder hilft sich selbst«, und die EU hat es seit Maastricht als Allheilmittel gegen den Zentralismus entdeckt (Art. 3b EGV).

die Jugendlichen nach drei Jahren ohne feste Anstellung, müßte ein neu zu schaffender Arbeitsplätzefonds* die angelaufenen Kreditkosten übernehmen. Auch wenn nur ein geringer Teil der Beschäftigungsverhältnisse so erhalten bliebe, könnte sich der Vorschlag sogar rechnen. Der Staat würde unterm Strich die Zahlungen des Arbeitslosengeldes und der Sozialhilfe einsparen und zusätzliche Steuern und Sozialabgaben aus den neuen Arbeitsverhältnissen einnehmen.**

Die hier bisher vorgestellten Modelle der Eingliederung von Arbeitslosen in den Sektor gemeinnütziger Arbeit beruhen auf dem Prinzip der Freiwilligkeit. Darüber hinaus gibt es jedoch auch Vorschläge, die vorsehen, die Arbeitslosen- und Sozialhilfe wesentlich zu kürzen und höhere Leistungen an die Verrichtung gemeinnütziger Arbeit zu binden. Wer sich nicht an einem solchen »Arbeitsdienst« beteiligte, hätte nur noch Anspruch auf einen geringen Teil der Arbeitslosen- und Sozialhilfe. Anstatt zu Hause »nichts« zu tun und damit wesentlich den Verfall der eigenen Identität und der Fähigkeiten zu beschleunigen, würden Arbeitslose durch diese Maßnahme eine für sich und die Gemeinschaft »sinnstiftende Arbeit« verrichten. Dabei wird betont, daß gleichzeitig die Eingliederung in den ersten Arbeitsmarkt weiterhin das Hauptziel bliebe. Der von den Befürwortern häufig erwähnte Vergleich mit den positiven Arbeiten der Zivildienstleistenden zeigt jedoch, daß die Wiedereingliederung in den Hintergrund tritt. Viel eher entsteht durch solche Maßnahmen eine neue Schicht von dauerhaft billigen Arbeitneh-

* In einen solchen Fonds sollte die Vermögenssteuer einfließen. Statt sie abzuschaffen würden die Vermögenssteuerbeiträge der Kapitalbesitzer hier sinnvoll eingesetzt. Eine Zweckgebundenheit des Geldes auf die Unterstützung von neuen Arbeitsplätzen müßte dies sichern.

** Der Berliner Politologe Prof. Dr. Peter Grottian hat diesen Vorschlag, bezogen auf mögliche Arbeitsplätze im ersten Arbeitsmarkt, entwickelt. Ich finde diesen Vorschlag sehr interessant. Ich referiere ihn jedoch hier für Arbeitsplätze im gemeinnützigen Bereich, weil ich bezüglich der Beschäftigungseffekte auf dem ersten Arbeitsmarkt etwas skeptisch bin. Es könnte nämlich zu einer »ruinösen Konkurrenz« kommen: Arbeitslose auf Kredit stechen andere Arbeitnehmer aus. Im gemeinnützigen Bereich sehe ich dieses Problem nicht, weil hier Arbeitsplätze überhaupt erst neu geschaffen würden.

mern zweiter Klasse außerhalb regulärer Beschäftigungsverhältnisse.

Angesichts der Vehemenz, mit der dieser Vorschlag vorgebracht wird, stellt sich die entscheidende Frage, als was die Gesellschaft Arbeitslosigkeit eigentlich begreift. Ist sie entweder ein durch Inflexibilität mitverschuldetes, persönliches Ereignis, oder gesteht sich die Gesellschaft in Anbetracht der 4,6 Millionen Arbeitslosen in Deutschland ein, daß Arbeitslosigkeit ein in erster Linie durch wirtschaftlichen Strukturwandel und Unternehmensrationalisierungen hervorgerufenes Schicksal für den einzelnen ist? In dem einen Fall sind »Arbeitsdienst« und Druck, im anderen staatliche Wiedereingliederungsmaßnahmen und finanzielle Unterstützung die Antwort. Während ersterer verheerende soziale Folgen hätte, kann der andere auch nur bedingt auf Erfolge verweisen. Denn dort, wo es keine neuen Arbeitsplätze gibt, kann kaum wiedereingegliedert werden. Es müssen also weitere Antworten auf die Frage gefunden werden, wo die Arbeit herkommen soll.

Umweltschutz schafft Arbeitsplätze

Noch immer zeichnen sich deutsche Arbeitsplätze durch sehr hohe Produktivität aus. Dies liegt zum einen an dem hohen Ausbildungsniveau* und zum anderen an der Konzentration auf kapitalintensive Produktion. Neue, sichere Arbeitsplätze müßten sich idealerweise darin einfügen. Dies könnte dadurch geschehen, daß Deutschland wieder führend im Bereich der Produktinnovation würde. Die von der Wirtschaftswissenschaft als Kondratjew-Zyklen bezeichneten langfristigen Innovationsschübe könnten nach dem Computerchip nun energiesparende Produkte, neue Energieformen und andere Umwelttechnologie bringen.** Staat-

* Weltweit wird Deutschland darum beneidet. Es ist daher besonders fahrlässig, wenn wir das aufs Spiel setzen.

** Diese neuen Umwelttechnologien würden sich auch in das Bündel notwendiger Maßnahmen zur ökologischen Veränderung der Industriegesellschaft einreihen: ökologische Steuerreform, solarer Umbau etc. Siehe den Beitrag von Jens Augner.

liche Investitionen in Forschung und Technologie und neue Formen der Zusammenarbeit zwischen Staat, Wirtschaft und Wissenschaft sollten helfen, hier Innovationen zu entwickeln. Darüber hinaus müßten das Patentrecht vereinfacht werden und Existenzgründern bessere Startchancen zur Verwirklichung neuer Ideen geboten werden. Neue, sichere Arbeitsplätze könnten so entstehen.

Zeit und Arbeitsplätze gemeinsam teilen

Die oben beschriebenen Ansätze können helfen, neue Arbeitsplätze zu schaffen. Sie werden jedoch nicht ausreichen. Die vorhandene Arbeit muß daher solidarisch zwischen den Generationen aufgeteilt werden. Nicht nur sozialpolitisch, auch volkswirtschaftlich ist nun einmal ein 20jähriger Arbeitsloser weit weniger akzeptabel, als ein 55jähriger Frührentner oder eine 45jährige Teilzeitkraft.

Die ältere Generation steht in einer besonderen Verantwortung gegenüber den Jugendlichen und darf sich dieser nicht entziehen, nur weil sie sich ihrer Arbeitsplätze sicher glaubt. Bisher sind es vor allem Frauen und Arbeitnehmer in niedrigen Lohngruppen, die auf Teilzeitarbeitsplätzen arbeiten. Gesellschaftlich ist Teilzeit für Männer und Beschäftigte in höheren Positionen immer noch tabu. Zu sehr gilt Teilzeit als Eingeständnis von Schwäche und befürchten viele einen »Prestigeverlust« und geringere Aufstiegschancen. Dabei könnten bei einer konsequenten Arbeitszeitverkürzung fast zwei Millionen neue Arbeitsplätze entstehen.*

Natürlich wirft die Umstellung auf Teilzeitarbeit Kosten auf. Es entstehen beispielsweise doppelte Einarbeitungskosten, statt

* Ein erster Schritt zu einer Ausweitung der Teilzeit wäre die Einführung eines Modells, mit dem der Staat im öffentlichen Dienst beispielhaft in die Offensive ginge. Ziel wäre eine solidarische Arbeitsumverteilung zugunsten jüngerer Arbeitnehmer, denen der öffentliche Dienst durch Ausweitung seiner Ausbildungs- und Einstellungstätigkeit eine Chance böte. Ermöglicht würde dies durch ein dreistufiges Konzept: Spitzenbeamte würden 10% weniger Gehalt und Arbeit, der mittlere Dienst 5% weniger Gehalt und Arbeit und die unteren Gehaltsgruppen einen Inflationsausgleich erhalten. (Vgl. Peter Grottian und Thomas Weidmann: »Die Beamten haben sich in ihrer Wagenburg komfortabel eingerichtet«, in: Frankfurter Rundschau vom 9. 12. 1996.)

einer Person müssen nun zwei den Arbeitsplatz erreichen, und die Kunden würden zukünftig von mehr als nur einem Zuständigen betreut. Teilzeit würde jedoch auch die Produktivität des einzelnen steigern: Die Arbeitnehmer wären stärker motiviert und verursachten niedrigere Fehlzeiten im Betrieb. Mit einer Teilzeitoffensive wäre durchaus eine stärkere Flexibilisierung (Gleitzeit, Arbeitszeitkonten und variable Arbeitszeit nach Auftragslage) und die Ausdehnung der Maschinenlaufzeiten verbindbar. Wichtig ist nur, daß die Flexibilisierungsinteressen der Unternehmer und die Arbeitszeitwünsche der Arbeitnehmer gleichberechtigt aufeinander abgestimmt würden. Die Verkürzung der Arbeitszeit muß auch unter dem Gesichtspunkt der Humanisierung der Arbeitswelt diskutiert werden. Menschenfreundliche Arbeit und die zusätzlich gewonnene Freizeit könnten eine neue Quelle von Zufriedenheit sein. Das tätige Leben würde insgesamt vielfältiger und vielseitiger. Nicht Arbeitsstreß, Konsumeifer und Wachstumsdruck, sondern der Einklang mit der Natur sowie der älteren mit der jüngeren Generation könnten in den Mittelpunkt der Gesellschaft rücken.*

III. Ein Gespenst geht um in Europa: Das Gespenst der Arbeitslosigkeit!

Das Gespenst des Kommunismus, das Karl Marx und Friedrich Engels vor 150 Jahren beschworen, war die Antwort auf Kinderarbeit und Lohnsklaverei. Davon ist Europa heute sehr weit entfernt. Nicht ausbeuterische Arbeit in Bergwerken und Fabriken ist das Problem der europäischen Jugendlichen, sondern die gänzliche Vorenthaltung von Arbeit. Vielen von ihnen wird ein Platz in der Arbeitsgesellschaft verwehrt. Schon in der Schule haben sie Angst – vor dem sehr realen Gespenst der Arbeitslosigkeit. Das marktwirtschaftliche System hat über das Gespenst Kommunis-

* Dies ist gar nicht so abgehoben und abwegig, wie es vielleicht zunächst scheinen mag. Wenn man Jens Augners Mahnung zu mehr Wachstums- und Konsumverzicht ernst nimmt, könnte Teilzeit durchaus eine Chance bieten.

mus gesiegt. Über Nacht wurde die Marktwirtschaft durch den Wegfall der Systemkonkurrenz zum »Monopolanbieter«, zu dem es keine Alternative zu geben scheint. Obwohl die Arbeitslosigkeit langfristig für die bestehenden Machtverhältnisse vielleicht ähnlich gefährlich sein kann wie seinerzeit der Kommunismus, dominiert in Europa eine Politik des Weitermachens. Arbeitslosigkeit wird dabei als unabwendbare Begleiterscheinung der Marktwirtschaft akzeptiert.

Die Arbeitsgesellschaft ist für Jugendliche so stark verschlossen wie noch nie. In Deutschland für jeden zehnten, in Europa für jeden vierten und in Ländern wie Spanien oder Frankreich für jeden dritten Jugendlichen. Bisher scheint die europäische Gesellschaft jedoch nicht zu begreifen, was sie anrichtet, wenn sie ihrer Jugend die Zukunft raubt.

Arbeit ist heute immer noch die wichtigste Voraussetzung für die Teilnahme am gesellschaftlichen Leben. Wird dies den Jugendlichen verwehrt, sind Perspektivlosigkeit, wachsende Kriminalität, Aggression und die soziale Polarisierung der Gesellschaft die Folge. Vertröstet werden Jugendliche mit Hinweisen auf die Selbstheilungskräfte des Marktes und ein baldiges Ende der Rezession. Dies kann für Jugendliche jedoch keine Antwort sein, denn für sie geht es um ihr Selbstverständnis als gleichberechtigte Mitglieder der Gesellschaft und um die Frage einer selbstgestaltbaren Zukunft.

Jugendliche sollen kreativ, leistungsbereit und anpassungsfähig sein. Die Anforderungen der Zukunft erforderten dies, so heißt es von seiten der Politik und Wirtschaft. Jugendlichen muß dazu jedoch die Möglichkeit gegeben werden. Lehrstellen, die interessant sind, und Arbeitsplätze, die Jugendlichen offenstehen, setzen starke Anreize für Kreativität und gesellschaftliches Engagement. Angst und Druck führen dagegen zu Rückzug und Resignation.

Mucken Jugendliche auf und fordern die Öffnung der Arbeitsgesellschaft, so entgegnet man ihnen mit schroffen Belehrungen, die bei »Leistungsanreizen« anfangen und mit »Standortwettbewerb« aufhören. Es bleibt dabei unverständlich, warum die Mobilität des Kapitals und das Kalkül einiger höher bewertet werden müssen als der Wunsch anderer, überhaupt Leistung zu zeigen und Kapital zu erwirtschaften. Der Verweis auf die Notwendigkeit der Unterordnung unter die Marktlogik verdeckt nur notdürftig, daß sich hinter solchen Argumenten Interessen verstecken, die das Stellen der Verteilungsfrage verhindern möchten.

Die europäische Einigung könnte einen Handlungsrahmen bieten, sich dem Korsett der Marktlogik zu widersetzen. Im gerade reformierten Maastrichter Vertrag hat man sich – wenn auch etwas halbherzig – auf ein Beschäftigungskapitel geeinigt. Dies kann ein Anfang sein, durch eine gemeinsame Steuer-, Wirtschafts- und Beschäftigungspolitik die politische Handlungsfähigkeit wieder zu erlangen. Die Logik des reinen Marktes und des Wettbewerbs der Standorte kann so zugunsten eines sozialen Europa durchbrochen werden.

Es bleibt entscheidend, als was die Gesellschaft Arbeitslosigkeit begreift. Für die Jugend ist die Antwort klar: Es gibt eine gesellschaftliche Verantwortung, der jüngeren Generation den Zugang in das Arbeitsleben zu gewährleisten. Ist Arbeitslosigkeit bei 50jährigen, die aus dem Beruf herausfallen, schon schlimm, so ist sie bei den Jugendlichen ein Skandal!

Der soziale Konflikt zwischen Nichtarbeitenden und Arbeitenden ist heute ein Generationskonflikt. Die junge Generation läßt sich durch Sozialhilfe nicht abspeisen; sie fordert:

- Die Politik muß erkennen, daß Armut und Ungleichheit bei der Jugendarbeitslosigkeit beginnt.
- Das Arbeitsvolumen muß durch weitere Arbeitszeitverkürzung und Teilzeit auf Jugendliche verteilt werden.
- Unternehmen müssen in die soziale Ausbildungspflicht gegenüber dem Land genommen werden, dessen Infrastruktur, Lebensqualität und Stabilität sie nutzen.
- Vermögenssteuer für Kapitalbesitz muß nicht abgeschafft, sondern zweckgebunden in einen Arbeitsstellenfonds für eigene Jugendinitiativen zusammengefaßt werden.

Maja Schmidt

Eine falsche Bildungspolitik verkauft unsere Zukunft

I. Bildung tut not: Köpfe sind unser wichtigster Rohstoff

Wer hat nicht schon erlebt, daß Eltern oder gar Großeltern, Lehrer oder Professoren sich über *früher* unterhalten und von ihrer Schulzeit, Ausbildung oder ihrem Studium berichten ... Doch selbst wenn die Erzählungen über ihre Zeit interessant sind, so können wir Jungen doch meist wenig damit anfangen. Unsere Welt und somit auch das Bildungswesen, an dem wir teilhaben, wird von anderen Faktoren geprägt, steht unter neuen Prämissen und hat Ziele, die noch in der Generation unserer Eltern keine Rolle spielten.

Doch diejenigen, die idealisierend von ihren Bildungserlebnissen berichten, gestalten oder vielmehr verwalten die Bildungsgeschicke der heute jungen Generation. Mit Vorstellungen, die in ihrer Jugend die Bildungsziele prägten, versuchen heutige Politiker, die Jugend auf die Zukunft vorzubereiten. Doch die Bildungspolitik und das gesamte Bildungswesen stecken in einer tiefen Krise, die nicht zuletzt daher rührt, daß die jungen Menschen in ihren Bildungseinrichtungen nicht mit den notwendigen Grundlagen ausgestattet werden, die sie für das kommende Jahrtausend brauchen. Die Probleme des Bildungswesens in Deutschland werden immer deutlicher, doch die Konzepte zu ihrer Lösung fehlen. Der in den siebziger Jahren vielbeschworene Bildungsnotstand trifft auf heute mehr denn je zu. Er resultiert nicht mehr aus ansteigenden Schülerzahlen und dem Fehlen ausreichender Kapazitäten, sondern ergibt sich aus den stetig wachsenden finanziellen Krisen des gesamten Staates. Bildungshaushalte werden heute jährlich gekürzt. Wenn gespart werden muß, argumentieren die verantwortlichen Politiker, dann nicht zuletzt auch im ihrer Meinung nach überzogenen Bildungshaushalt.

Es fehlt die Lobby, die sich dagegen auflehnt, daß Bildungspolitik immer mehr von den Rotstiften der Finanzminister gemacht wird. Kürzungen von Kohlesubventionen werden begleitet von Streiks, Protesten und Druck von Gewerkschaften auf die Politiker. Aber »Kohle« für die Bildung einzufordern, stößt auf taube Ohren. Weder die Schüler oder Studierenden noch Eltern oder Lehrer verfügen über demonstrative Macht und lobbyistischen Einfluß, um den Politikern die Augen und Ohren zu öffnen. Ständig sinkt der Anteil der Bildungsausgaben am Bruttosozialprodukt. Doch bis auf vereinzelte Proteste, die im Bonner Regierungsviertel schnell verhallen, regt sich niemand darüber auf. In ihren Sonntagsreden weisen die Politiker aller Parteien auf die große Bedeutung der Bildung hin, doch im politischen Handeln zeigt sich das nicht. Erst wenn sich alle Bildungsteilnehmer, also eigentlich jeder Bürger dieses Landes, des Mißstandes bewußt werden, kann sich hier offensichtlich etwas ändern.

Jugend heißt Zukunft – und diese Zukunft wird durch ständige Kürzungen im Bildungshaushalt verkauft.

Es fehlt jedoch auch der Anreiz, sich für die Belange der Bildung einzusetzen. Zwar muß jeder Bundesbürger mindestens neun Jahre lang die Schulbank drücken, und danach schließen sich Studium oder Ausbildung an, doch die meisten beherrscht eine abgestumpfte Konsumentenmentalität, die dem Engagement für Verbesserungen entgegensteht. Fragt sich nur, was denn da eigentlich »konsumiert« wird. In der Wirtschaft können Konsumenten durch ihr Verhalten Einfluß auf die Produkte nehmen. In der Bildung ist dies jedoch nicht möglich. Niemand kann wirklich auswählen, wie das Produkt Bildung aussehen soll. Daher wäre es zumindest nötig, daß die Bildungseinrichtungen sich weniger statisch verhielten und von den Bildungsteilnehmern mitgestaltet werden könnten. Das mangelnde Engagement und die oben angesprochene Konsummentalität rühren doch nicht zuletzt daher, daß Engagement, sei es in der Schülervertretung oder in der studentischen Selbstverwaltung, nichts zu bewegen scheint. Die

Kompetenzen dieser Instanzen sind verschwindend gering, Engagement zahlt sich nicht aus, wer mitmacht, hat davon mehr Nachteile als Vorteile. Das gesamte System der Schulen und Hochschulen ist ein bürokratisch verkrusteter Betrieb staatlicher Reglementierung. Modernisierung kann allenfalls von außen kommen, doch über 50jährige und noch ältere Männer, die die Politik heute prägen, stoßen keine neuen Ideen an. Die unumgängliche Bildungsreform wird vertagt, wenn nicht verschlafen, und der Bildungsnotstand wird notdürftig verwaltet.

Statt über neue Konzepte nachzudenken, diskutieren Bildungsideologen mit den Argumenten der siebziger Jahre über Schule und Hochschule von morgen. Da werden ideologische Vorbehalte aus der Mottenkiste geholt und die Gesamtschule zum Streitpunkt gemacht, obwohl sich längst gezeigt hat, daß sich diese Diskussion durch die Akzeptanz der Gesamtschule durch die Bürger erledigt hat.

Keine Patentrezepte für eine begabungsgerechte Chancengleichheit

Fast jeder Schüler hat während langweiliger Unterrichtsstunden seinen Träumen nachgehangen. Dem Traum junger, engagierter Menschen von einem neuen Bildungssystem folgt wie in der Schule nach dem Schrillen der Schulglocke meist ein bitteres Erwachen.

Dennoch wage ich einen Traum von einem Bildungssystem, das wieder den Anforderungen der Zukunft gerecht wird. Nicht alles von meinen Traumvorstellungen ist neu, doch manchmal hat sich ein System so abgeschliffen, daß man sich ruhig auch einmal auf alte Werte zurückbesinnen sollte, sofern sie sich für die Zukunft eignen!

Noch vor zwei Jahrhunderten wurde die allgemeine Schulpflicht als großer Erfolg gefeiert. Uns ist diese Errungenschaft heute selbstverständlich, doch der Kerngedanke, daß Bildung Chancen eröffnet, die niemandem genommen werden sollen, bleibt als Aufgabe bestehen. Heute gibt es im Grunde zwar keine Zugangsbeschränkungen zur Bildung. Doch in der Realität nehmen noch immer deutlich mehr Kinder aus Akademikerhaushalten ein Studium auf, als Kinder aus den sogenannten bildungsfernen Schichten, wo die Eltern selbst kaum Bildung genossen haben. Selbst in den Schulformen werden soziale Unterschiede in der Schülerschaft deutlich sichtbar. Ist also der freie Zugang zur Bildung nur ein schöner Traum, der nicht einmal in einer freien Gesellschaft verwirklicht werden kann? Ich meine, daß es nicht hingenommen werden kann und darf, daß ein sozialer Numerus clausus Bildungschancen verwehrt.

Nicht nur für den einzelnen ist dieses fatal, sondern auch für die Gesellschaft, deren einziger Rohstoff die geistigen Ressourcen, die Köpfe junger Menschen sind.

Es gibt sicher keine Patentrezepte, wie eine möglichst begabungsgerechte Chancengleichheit erreicht werden kann. Auch die Gesamtschule hat nicht erreicht, daß die Unterschiede, die der soziale Hintergrund bedingt, im Bildungswesen abgeschliffen wurden. Aber es gibt einige Ansatzpunkte, wie zumindest gerechtere, wenn auch nicht vollkommen gerechte, Chancen gegeben werden können. Dazu gehören einerseits die finanzielle Förderung von Begabungen, andererseits aber auch das gesellschaftliche und persönliche Bewußtsein des Wertes von Bildung.

Mit finanzieller Unterstützung von Begabungen meine ich sowohl das BAföG als auch Stipendien. Bildungszeit ist eben keine wirtschaftlich produktive Zeit, weder für den einzelnen noch für die Gesellschaft. Doch sie sollte der Gesellschaft so viel wert sein, daß dem einzelnen ermöglicht wird, seine Begabungen zu entwickeln, zu verwirklichen, unabhängig von Eltern und sozialem Status. Es muß um die Fähigkeiten gehen, die jeder Mensch mitbringt. In Deutschland wird schon seit Jahren vernachlässigt, daß Bildung nicht nur dem einzelnen nützt, sondern als meritorisches Gut auch der Gesellschaft dient. Diese positiven externen Effekte von Bildung sind in Geld nicht meßbar. Jedenfalls sind sie es nicht in dem Sinne, daß dem einzelnen in Rechnung gestellt werden dürfte, wieviel Bildung er »verbraucht« hat. Daher ist auch die wieder aufgeflammte Diskussion um Studiengebühren und Akademikersteuern mehr als kontraproduktiv. Sie geht von der falschen Annahme aus, daß

Bildung nur dem einzelnen zugute kommt. Sicherlich gilt, daß gerade akademische Bildung teuer ist und zum größten Teil aus dem allgemeinen Steueraufkommen finanziert wird, das überwiegend Nichtakademiker aufbringen. Ebenso gilt bis heute, daß akademische Bildung wirtschaftliche Vorteile durch höhere Einstiegsgehälter und bessere Aufstiegsmöglichkeiten bringt und daß auch die Akademikerarbeitslosenquote geringer ist als die allgemeine. Doch darf meiner Meinung nach keine Bildung erster und zweiter Klasse unterschieden und unterschiedlich gefördert werden. Der Bildungsweg sollte sich nach den persönlichen Eignungen richten, und ein guter Akademiker hat ebenso ein Recht, seine Ausbildung zu Ende zu führen wie ein Handwerker, Facharbeiter oder sonstwie Auszubildender. Berufliche Bildung ist nicht weniger wert als akademische, aber akademische Bildung ist auch nicht rein unter dem Gesichtspunkt der persönlichen Vorteile zu sehen.

Gute Wissenschaftler und akademische Führungskräfte benötigt eine moderne Gesellschaft ebensosehr wie gut ausgebildete Facharbeiter. Daher ist es eine verfehlte Gerechtigkeitsdebatte, für eine bestimmte Art der Bildung eine Gebühr oder eine Steuer zu verlangen und für eine andere nicht. Zumindest wenn beide Ausbildungsrichtungen – Hochschulen wie Berufsschulen – unter staatlicher Aufsicht stehen und staatlich finanziert werden, ist dies nicht gerechtfertigt. Die Meisterprüfung, die mit Gebühren belastet ist, obliegt den Handwerkskammern und den Berufsständen. Daher ist hier eine neue Diskussion notwendig, die sich hauptsächlich für eine finanzielle Unterstützung von staatlicher Seite stark macht. Die Förderung beruflicher Aufstiegsförderung – wie jetzt durch das neu eingeführte »Meister-BAföG« – ist hier ein Schritt in die richtige Richtung. Qualifizierung muß der Gesellschaft und damit dem Staat so viel wert sein, daß keine unnötigen Hürden errichtet werden.

Der Streit um die Studiengebühren ist ebenso alt wie der ewige Streit ums BAföG. Auch hier geht es um den Wert, den eine Gesellschaft der Bildung ihrer jungen Bürger beimißt. Wenn die BAföG-Förderbeiträge ständig weiter gekürzt werden, hat dies die fatale Folge, daß immer mehr begabte junge Menschen aus der akademischen Bildung herausgedrängt werden. Es ist also wieder der alte soziale Numerus clausus: Nicht Begabung und Talent bestimmen, wer studiert, sondern Herkunft und Vermögen der Eltern. Sicherlich läßt sich leicht die Forderung nach mehr Geld für BAföG erheben, wenn man kein Haushaltspolitiker ist. Doch auch mit knappen Mitteln kann ein Ziel erreicht werden, das immer mehr in den Hintergrund gedrängt wird: der freie Zugang zur bestmöglichen Bildung für den einzelnen. Neue Konzepte für das BAföG oder eine äquivalente Förderung von Studierenden liegen vor. Doch sie alle verstauben in den Schubladen von Staatssekretären, die von der Bildungsrealität so viel Ahnung haben wie ein Blinder von Farben.

Es gilt aber nicht nur, sozial Bedürftige zu fördern, sondern auch die besonders Begabten. Während im angloamerikanischen Bildungsraum ein ausgeprägtes Stipendiensystem funktioniert, verbindet man in Deutschland mit Stipendien immer noch eine negative Vorstellung von Elitenbildung, die als falsch angesehen wird. Elite ist hierzulande ein belasteter Begriff. Zu oft ist in Deutschland Elite mit geborener Elite gleichgesetzt worden, statt als Leistungselite definiert zu werden. In einer vielfältigen Gesellschaft gibt es aber notwendigerweise auch Unterschiede in den Begabungen und in der Leistungsfähigkeit der Menschen. Daher bilden sich natürlich Eliten im positiven Sinne, nämlich geistige Eliten von Menschen, die über herausragende Begabungen verfügen. Diese Entwicklung läßt sich nicht vermeiden, auch nicht durch eine Bildungspolitik, die Leistung eher bestraft denn fördert. Chancengleichheit bedeutet nicht Gleichheit am Ziel, sondern die Möglichkeit, daß jeder einzelne nach seinen Stärken und Schwächen gebildet werden kann.

Hier versagt aber sowohl das staatliche Bildungssystem wie auch die private Förderung durch Stiftungen. Es gilt, einerseits ein neues gesellschaftliches Bewußtsein und andererseits die finanziellen Rahmenbedingungen für ein verbessertes Förderungswesen zu schaffen. Es muß ein gesellschaftlicher Rahmen für Bildungsinvestitionen und Investitionen in die Köpfe junger Menschen geschaffen werden. Dazu müssen die Politiker gerade von den jungen Menschen selbst angeregt werden.

Unbedingt Freiräume nutzen und ausweiten

Engagement für die eigene Bildungseinrichtung wird jedoch bisher konsequent vernachlässigt. In einer erstarrten Bürokratie erscheint Einsatz über den persönlichen (Noten-)Horizont hinaus auch eher vergebens. Daher ist es notwendig, daß sich die Bildungsteilnehmer mit den Bildungseinrichtungen identifizieren. Schule und Hochschule müssen Lebensraum werden. Ein lebensfremder Elfenbeinturm oder eine tote Institution wecken kein Interesse an Beteiligung. In den Niederlanden und den skandinavischen Ländern haben die Schulen bereits mehr finanzielle und organisatorische Freiräume als bei uns die Hochschulen mit ihrer vielgepriesenen Autonomie, die angesichts eines kameralistischen Finanzierungssystems nicht einmal auf dem Papier besteht. Erst wenn sich die Schüler, Eltern und Lehrer, aber auch Studierende und Professoren mit ihren Institutionen identifizieren können und dort Gestaltungsspielräume haben, kann sich Kreativität entfalten und Engagement wachsen. Unsere Bürokratie und Überreglementierung erstickt jede Initiative. Wenn Schüler mit einem engagierten Lehrer eine Arbeitsgemeinschaft gründen wollen, so werden sie allzuoft erleben, daß Verordnungen und Einschränkungen dem im Wege stehen: Versicherungsschutz, Brandschutz, Arbeitszeitschutz etc. Wo sich nichts bewegen läßt, kommt auch der motivierteste Mensch irgendwann zum Stillstand. Und damit ist schon aufgezeigt, weshalb sich in unseren Bildungseinrichtungen nichts bewegen kann – weil sich auch nichts entwickeln darf. Alles, was über das »Normale«, über den Alltagstrott hinausgeht, wird blockiert.

Daher ist es um so wichtiger, daß die jungen Menschen, die noch auf dem Bildungswege sind und – leidvoll – erleben, was einerseits gelehrt, andererseits aber an Bildung benötigt wird, selbst Vorschläge einbringen. Wer sich frustrieren läßt und resigniert, wird ewig in den Fesseln des heutigen Systems gefangen bleiben. Noch gibt es nicht genügend Freiräume, aber zumindest die vorhandenen müssen genutzt und dann konsequent ausgeweitet werden. Dafür sollten junge Menschen kämpfen. Wir alle verbringen einen großen Teil unserer Jugend in der Schule und in anderen Bildungsstätten. Statt dort zu versauern und uns zu ärgern, sollten wir doch eher die Ärmel hochkrempeln und die Schule zu unserem Lebensraum machen, den wir nach unseren Vorschlägen gestalten. Damit rede ich nicht der Beliebigkeit das Wort, sondern einer Freiheit, die Fortschritt und Leben mit sich bringt und somit die Zukunft ein Stück näher rückt.

Aber Bildung muß trotz allem ausreichend finanziert werden. Engagement des einzelnen kann nur dann stattfinden, wenn die Bildungsfinanzierung gesichert ist. Bildung ist leider in den Haushalten des Bundes und der Länder allenfalls ein Restposten, der mitverwaltet wird. Es liegen jedoch Konzepte vor, die eine Reform der Bildungsfinanzierung anstreben. Von einer vollständigen Privatisierung mit Gebühren für Schule und Hochschule bis hin zur grundsätzlichen Beibehaltung des heutigen Systems reichen die Vorschläge.

Ich möchte hier einen Vorschlag vorstellen und unterstützen, der mir plausibel erscheint und mehrere Ziele miteinander verbindet: Transparenz, Chancengerechtigkeit und Wettbewerb im Bildungswesen. Es handelt sich um die *Bildungsgutscheine,* die schon seit langem in der Diskussion sind. Am Beispiel der Hochschulfinanzierung werde ich die Überlegungen ausführlich darstellen. Nicht überflüssig scheint mir der Hinweis, daß auch Bildung den Marktgesetzen unterworfen ist, wenn Angebot und Nachfrage entstehen können. Bildungsteilnehmer sind zwar keine Konsumenten eines fertigen Gutes, aber die Steuerung des Bildungsangebotes über finanzielle Anreize für die Anbieter funktioniert auch hier.

Bildung für die Bürger von morgen

Trotz der großen Bedeutung der finanziellen Situation im deutschen Bildungssystem und bei allem Verständnis dafür, muß doch noch einmal betont werden, daß der Wert von Bildung nicht in Haushaltsziffern meßbar ist. Wir jungen Menschen werden ständig aufgefordert, uns für die Gesellschaft einzusetzen und Verantwortung zu übernehmen. Uns ist das Label der »Generation X« angeheftet, »Null-Bock-Mentalität« und Orientierungslosigkeit aus reiner Verweigerungshaltung vorgeworfen worden. Doch Mündigkeit kommt nicht von ungefähr. Zwar schreibt Kant, daß die Unmündigkeit des Menschen selbstverschuldet sei, doch bezieht er sich dabei nur auf die Eigenverantwortung des Menschen, die sich ihm bietenden Chancen zu nutzen. Die Aufklärung hatte nämlich erkannt, daß Bildung eine wesentliche Grundlage der Gesellschaft sein muß, daß nur Forschung, wissenschaftliche Neugierde und die Freiheit der Querdenker Fortschritt bringen kann. Doch wer heute jung ist, wird in ein System gezwängt, das ihm Bildung als Konsumgut vorgaukelt und Eigeninitiative erstickt. Chancen können nur genutzt werden, wenn sie existieren.

Weiter oben habe ich die Bedeutung der Bildung als meritorisches Gut angesprochen. Nicht nur die Steuern, die gut Ausgebildete und Gebildete zahlen, weil sie auf Grund ihrer Ausbildung einen Arbeitsplatz gefunden haben, bereichern den Staat und die Gesellschaft. Gebildete Menschen sind im allgemeinen kritischer. Ungebildete Menschen sind weitgehend unmündig, weil sie abhängig sind. Bildung eröffnet neue Horizonte. Für uns heute ist es selbstverständlich, daß jeder lesen und schreiben kann. Man stelle sich vor, wie abhängig ein Mensch sein muß, der in unserer Gesellschaft nicht lesen kann. Schon Busfahren in einer fremden Stadt wäre nahezu unmöglich, Einkaufen eine Tortur und jeder Behördengang schlicht die Hölle.

Bildung erstreckt sich natürlich nur in der sogenannten Grundbildung auf die Fähigkeiten wie Lesen, Schreiben und Rechnen. Aber was für das Lesen gilt, läßt sich auf viele Wissensbereiche anwenden. Nur eine umfassende Bildung ermöglicht das Zurechtkommen des einzelnen in der Gesellschaft und in einer komplexen Welt. Daher müßte es der Gesellschaft auch viel wert sein, ihren jungen Menschen eine umfassende Bildung zu ermöglichen und mit allen Mitteln zu verschaffen. Ein totalitärer Staat wünscht sich eher »dumme« Menschen, die von den Machthabenden leicht gelenkt werden können. Unsere Demokratie lebt aber von der Kritik der Bürger und dem Engagement mitdenkender und querdenkender Geister. Ein Bildungssystem muß daher die Aufgabe haben, junge Menschen dazu zu befähigen, verantwortlich handelnde

Bürger von morgen zu sein. Es ist wesentlicher Bestandteil von Bildung, nicht nur Wissen vermittelt zu bekommen, sondern auch die Anwendung des Wissens und den Einsatz des Verstandes und der Vernunft sowie kritisches Denken zu erlernen.

Erst die Bildung versetzt Menschen in die Lage, innovativ zu sein und durch Erfindungen, Kreativität und Engagement produktiv zu werden. Daher lebt gerade die Wirtschaft von Bildung und Ausbildung der jungen Menschen. Jeder junge Schüler, Auszubildender oder Student weiß, daß mit der Ausbildung und Bildung die Grundlagen für ein selbständiges Leben durch wirtschaftliche Unabhängigkeit gelegt werden.

Neben abstrakten und in gewissem Sinne wirtschaftlich und materiell zu erfassenden Werten der Bildung liegt der Bildungspolitik noch das Streben nach ideellen Werten zugrunde. Dazu gehört nicht nur das Streben nach Chancengleichheit und Gerechtigkeit bei der Verteilung von Startchancen, sondern auch die Vermittlung von ethischen Werten. Bildung wird nicht als Nürnberger Trichter verstanden, der den jungen Menschen totes Wissen eintrichtert, sondern soll auch zu Mündigkeit führen. Schulen und Hochschulen sollen der Jugend neben Faktenwissen auch Hilfestellungen zu persönlicher Entfaltung und gesellschaftlicher Mitbestimmung mitgeben. Erziehung zu demokratischem Verhalten, aber auch zu ethischen Grundwerten unserer Gesellschaft sollen ebenso Bestandteil des Unterrichtes an Schulen sein wie reine Wissensvermittlung. Nicht nur das Auswendiglernen von Geschichtszahlen und Gedichten ist wichtig, sondern auch das Erlernen von Fähigkeiten, mit sich und anderen zurechtzukommen.

Bildung hat neben allen Zielen, die die Gesellschaft, die Wirtschaft und auch die Erziehung zu gesellschaftlicher Ethik betreffen, noch eine Aufgabe zu erfüllen, die wohl zu den meisten Kontroversen führt und dennoch wie ein roter Faden die Bildungsdebatten geprägt hat und noch prägt. Wieviel Einfluß darf die Bildung (die Schule), zumal in einem föderativen staatlichen Bildungssystem wie in Deutschland, auf die Persönlichkeit der zu Bildenden haben? Schon im heftigen Streit um den Religionsunterricht zeigen sich die Differenzen zwischen den gesellschaftlichen Gruppen und Einstellungen. Gerade der Schule werden Erziehungsaufgaben zugesprochen und im nächsten Moment eben diese wieder als schulfremd verworfen. Soll die Schule also erziehen oder nur Leitfäden zur Selbstfindung geben? Diese Frage läßt erkennen, daß Bildungsreform nicht mit einer Einheitslösung zu verwirklichen ist.

II. Investitionen in die Zukunft: Von der Institution zum Lebensraum Schule

Sie wird geliebt und gehaßt, sie ist ständiger Streitpunkt in ideologischen Debatten, sie ist ein prägender Ort für jeden Bürger unserer Gesellschaft, sie soll Erziehungsinstanz sein und gleichzeitig Grundlagen des Wissens legen, sie soll ein Hort der Jugend sein und doch auf das Leben vorbereiten: Die Schule am Ende des zweiten Jahrtausends steht vor schier unfaßbaren Aufgaben in einer sich immer schneller wandelnden Welt, in der die Fixpunkte sich ständig verschieben. Welches Schulsystem das bessere sei und wie Schulen die Aufgaben, die an sie gestellt werden, bewältigen sollen – über kaum ein anderes Thema wird so gerne und so ausführlich gestritten.

In Deutschland gibt es eine allgemeine Schulpflicht, der sich niemand entziehen kann. Jeder Mensch muß über lange Jahre in und mit unserem Schulsystem leben. Einer solchen Institution, die sich prägend auf alle Bürger auswirkt, kommt daher auch eine besondere Verantwortung zu. Über die Jahrhunderte hinweg, seit im Jahre 1717 in Preußen die allgemeine Schulpflicht eingeführt wurde, hat die Schule viel mitmachen müssen. Sie wurde als Machtinstrument mißbraucht, als Ideologisierungsmittel eingesetzt und mußte sich den unterschiedlichsten Anforderungen stellen.

Jetzt, gegen Ende unseres Jahrtausends, stellen sich ihr neue Aufgaben. Längst sind es nicht mehr nur die Grundfertigkeiten, das Grundwissen, die in der Schule zum Programm gehören. Heute sollen den jungen Menschen die Zusammenhänge der Globalisierung nahegebracht werden, sie sollen den Umgang mit den Medien lernen, und immer mehr Stimmen fordern, die Schulen müßten einen Teil der Erziehung übernehmen, den zerfallende Familienstrukturen nicht mehr leisten können.

Als der preußische Minister für Kultus und Wissenschaft, Wilhelm von Humboldt, Mitte des 19. Jahrhunderts die erste Bildungsreform in Angriff nahm, stellte er die Schulreform unter sein humanistisches Bildungsideal, das vom Geiste der Aufklärung geprägt war. Das Leitbild der Erziehung zum mündigen Bürger zieht sich bis heute wie ein roter Faden durch unser Bildungssystem. Nach dem Zweiten Weltkrieg wurden die Schulen zur Erziehungsstätte für Demokratie und Freiheit, nachdem die Nationalsozialisten sie für ihre Ideologie mißbraucht hatten. In den siebziger Jahren brach eine heftige Debatte über das Schulsystem aus, wobei es um bessere Lehrkonzepte und neue pädagogische Inhalte ging. Die politischen Parteien stellten ihre Konzepte zur Bildung gegeneinander. Die Sozialdemokraten setzten sich für mehr Chancengleichheit ein, die Liberalen prägten das Bürgerrecht auf Bildung und die Konservativen klagten bessere Wissensvermittlung ein. Dieser Streit setzt sich bis heute fort. In den verschiedenen Bundesländern beherrschen unterschiedliche Schulkonzepte die Bildungslandschaft. Ob dieser alte Streit um Gesamtschulen oder ein gegliedertes Schulsystem jedoch heute noch den Kern der Sache trifft, steht zu bezweifeln. Die Schulen stehen vor neuen Herausforderungen und müssen insgesamt einer kritischen Überprüfung unterzogen werden.

Die Bildungsdebatte muß sich heute auf die Probleme der Schulen mit mangelnder finanzieller Ausstattung, einem überalterten Lehrkörper und gesellschaftlichen Umbrüchen konzentrieren. Nicht kleine Korrekturen an den Klassenmeßzahlen oder einzelnen Lehrplänen machen die Schulen fit für die Zukunft, sondern nur eine veränderte Gewichtung der politischen Entscheidungen. Der Staat und die Gesellschaft müssen ebenso wie jeder einzelne erkennen, daß in einem rohstoffarmen Land wie Deutschland Bildung der einzige Rohstoff ist, der zur Verfügung steht. Wer heute an der Bildung spart, der verkauft die Zukunft der jungen Generation. Damit ist das grundsätzliche Problem schon genannt. Wie alle öffentlichen Ausgaben werden auch die Ausgaben für die Schulen gekürzt. Hier jedoch liegt schon der Denkfehler. »Ausgaben« für die Schule sind tatsächlich *Investitionen in die Zukunft* der Bürger von morgen. Eine Gesellschaft, die die Bildung in Haushaltstiteln bemißt, verkennt den Wert der Bildung im immateriellen Sinne. Bildung liegt im Interesse aller Bürger, des Staates und vor allem jedes einzelnen.

Gerade die Schulen, die jeder Bürger durchlaufen muß, bedürfen des besonderen Augenmerks. Junge Menschen werden durch die Schulen geschleust, um sie auf ihr Leben vorzubereiten. Dabei wird übersehen, daß die Schulzeit gerade für junge Menschen schon einen Teil ihres Lebens darstellt. Schulen werden aber immer noch nicht als Lebensraum angesehen, sondern als Institution. Junge Menschen aber brauchen die Freiheit, ihren Lebensraum mitgestalten zu können. Schule in einer Zeit der zerfallenden Familienstrukturen muß neue Aufgaben übernehmen. Schule muß lebensnah sein, nicht nur in ihren Inhalten, sondern auch in ihren Strukturen.

Die Landesregierung Nordrhein-Westfalen hat in ihrem Weißbuch zur Bildungspolitik im Jahre 1994 geschrieben und zu ihrem Ziel erklärt, *die Schulen zum Lebensraum zu machen*. Einerseits wird von den Jugendlichen verlangt, daß sie nach ihrer Schulzeit die aktuellen Probleme der Gesellschaft, Umwelt und ihrer selbst anpacken und lösen können, andererseits ist die Schule weitgehend lebensfern in ihren Inhalten.

Wenn ein zehnjähriger Schüler seinem Lehrer erklären muß, daß Internet-Surfen nichts mit Wellenreiten zu tun hat, dann läuft offensichtlich einiges schief an unseren Schulen. Welcher Lehrer, der sich strikt an die Lehrpläne hält, kommt in seinem Unterricht dazu, aktuelle Probleme wie den Jugoslawienkonflikt oder die Umweltkatastrophen des Golfkrieges, ja selbst die rechtsradikalen Anschläge in Deutschland anzusprechen? Abend für Abend werden die Kinder via Fernsehen mit den Nachrichten konfrontiert, am kommenden Morgen sitzen sie wieder in ihrem abgeschiedenen Hort der Schule, in dem wichtige Probleme des Lebens und der Menschheit kaum eine Rolle spielen. Sicherlich liegt es teilweise an den Lehrern, die nicht bereit sind, aus dem üblichen Alltagstrott auszubrechen. Nicht einmal die Wiedervereinigung oder deren Probleme wurden und werden in vielen Schulen angesprochen. Was nicht im Lehrplan steht, existiert auch nicht. Nach dieser Vogel-Strauß-Methode verläuft an deutschen Schulen der Alltag.

Es ist wohl zu einfach, die Schuld jetzt einseitig bei den Lehrern zu suchen. Über das Mindestmaß hinausgehendes Engagement wird bei Lehrern ebenso abgeblockt wie bei Schülern und Eltern. Ein Lehrer, der eine Arbeitsgemeinschaft einrichten will, muß sich bewußt sein, daß dies unbezahlte Schulstunden sind, und daß gleichzeitig die nächste Pflichtstundenerhöhung bei gleichem Gehalt schon angekündigt ist. Es liegt eben auch an grundsätzlichen Mängeln in den Lehrplänen, die zu restriktiv sind. Viel besser wäre es doch, sich auf das alte Humboldtsche Ideal zu besinnen und zu verlangen, daß *der junge Mensch umfassend gebildet werde und das Denken erlerne.* Dann kann es nicht nur um das reine Faktenwissen gehen, das an Schulen natürlich auch seinen Platz haben muß. Die Schule darf sich auch in den Inhalten, die gelehrt und erlernt werden sollen, nicht von der Gesellschaft abkoppeln, sondern muß Entwicklungen aufnehmen und ihre besondere Position nutzen, junge Menschen zu motivieren und zum Mitdenken anzuregen.

Eine neue Struktur der Schule bedingt entsprechend ausgebildete Lehrer

Neben den Inhalten muß natürlich auch die Struktur der Schule zur Diskussion stehen. Das Problem der Arbeitsgemeinschaften wurde bereits angesprochen. Als ich ein Jahr auf einer amerikanischen High-School verbracht habe, fiel mir vor allem die von deutschen Schulen abweichende Atmosphäre auf. Die Schule war tatsächlich ein Lebensraum. Ich möchte hier nicht die Probleme des amerikanischen Schulsystems wegdiskutieren, sondern aufgreifen, daß in den USA die Schulen mehr sind als ein Ort des Lernens. An der Schule, die ich besuchte, gab es Arbeitsgemeinschaften in den Bereichen Sport, Musik und Theater, aber auch für Landwirtschaft, Wirtschaft und Recht. Im Unterricht wurde nicht nur das Versicherungs- und Bankwesen diskutiert, sondern auch erlernt, wie man mit Geld umgeht, wie Bankgeschäfte abgewickelt werden oder welche Versicherungen wesentlich sind. So profan dies alles klingen mag, so wichtig ist es auch für das eigenverantwortliche Leben.

In der Schule der Zukunft sollte eine ausgewogene Mischung gefunden werden zwischen Wissensvermittlung und dem Erlernen gesellschaftlicher und sozialer Fähigkeiten. Dies kann nicht nur im reinen Unterricht geschehen, sondern muß auch in freiwilligen Angeboten wie Arbeitsgemeinschaften stattfinden. Dazu bedarf es der Veränderung von Lehrplänen und der Schulorganisation.

Nachmittags stehen die Schulen leer. Gleichzeitig wird beklagt, daß die jungen Menschen keine Perspektive haben, zu viel fernsehen oder auf der Straße »herumhängen«. Einfach wäre es, die Schulen nachmittags und in den Ferien für Vereine und Arbeitsgemeinschaften zu öffnen. Letztere können von Schülern selbst, von Lehrern oder von Eltern angeboten werden. Die Lehrer müssen dann allerdings auch für diese Arbeit honoriert werden, entweder durch Reduzierung ihrer Pflichtstunden oder aber durch Bezahlung.

Lehrer sind ohnehin schon die Prügelknaben der Nation. An ihnen wird nicht nur gespart, auch ihr Ansehen hat stark gelitten. Philologenverband und GEW klagen in seltener Einmütigkeit über die Überforderung der Lehrer, die einerseits immer größere Klassen, mehr Stunden und stagnierende Gehälter hinnehmen sollen und andererseits ständig aufgefordert werden, doch neben der Wissensvermittlung auch noch Erziehungsaufgaben wahrzunehmen. Die heutige Lehrerausbildung mit Lehramtsstudium und Referendariat bereitet aber eigentlich niemanden auf den Lehrerberuf vor. Pädagogik und Didaktik sind zwar Pflichtveranstaltungen des Studiums, jedoch nicht der Prüfungen. Beim Lehramtsstudium für Sekundarstufe II umfaßt der reine Wissensstoff ebensoviel wie beim Diplom- oder Magisterstudium. Pädagogik und Didaktik sind für die meisten Studierenden dieser Fächer nur lästiges Beiwerk.

Aus den verschiedenen Ansätzen, das Lehramtsstudium zu reformieren, möchte ich zwei vollkommen gegensätzliche herausgreifen. Dabei möchte ich das Lehramtsstudium für Sekundarstufe II beispielhaft behandeln und die davon abweichenden Studiengänge für Primarstufe und Sekundarstufe I zunächst ausklammern.

Vertreten wird einerseits, daß das Lehramtsstudium vollständig abgeschafft werden sollte. Durch eine Zusatzqualifikation in Pädagogik und Didaktik sollen Absolventen eines Diplom- oder Magisterstudienganges Lehrer werden können. Dies könnte dann allerdings dazu führen, daß gerade das Problem der zu starken Fachorientierung der Schulen weiter verschärft wird.

Andererseits gibt es den Vorschlag, in das Lehramtsstudium noch Psychologie zu integrieren, Pädagogik und Didaktik zu Prüfungsfächern zu machen und somit die Lehrer eher auf ihre Erziehungsaufgaben vorzubereiten.

Bei beiden Reformansätzen kann ich nicht erkennen, daß sie die Probleme der Schule zu lösen vermögen. Schüler brauchen keine Wissenschaftler mit Zusatzausbildung, aber auch keine Schulpsychologen mit zusätzlichen Fachkenntnissen. Schüler brauchen Lehrer, die sie das Lernen lehren können, die ansprechbar für Diskussionen sind und außerdem Fachwissen vermitteln können. Das kann in der Folge nur bedeuten, daß die Lehrerausbildung von Anfang an mehr auf die Bedürfnisse der Schüler eingeht. Der Pädagogik- und Didaktikanteil im Studium muß aufgewertet werden, einige spezifische Fachkenntnisse – zumal sich Wissens- und Kenntnisstand heute ständig ändern – sind dagegen verzichtbar. Schon im Studium muß der Umgang mit Schülern in Praktika erlernt werden. Das Referendariat hat sich bewährt und sollte beibehalten werden. Dies heißt aber auch, daß Lehrer nicht als Schulpsychologen oder Sozialarbeiter eingesetzt werden können. Erziehungsaufgaben der Lehrer müssen die Erziehung zu Toleranz, Leistungsfähigkeit und sozialem Verhalten sein, nicht aber die Hilfe bei der Aufarbeitung der familiären Probleme der Schülerinnen und Schüler. Dazu muß es eine eigene Instanz an den Schulen geben, zum Beispiel in Form von Schulsozialarbeitern oder Schulpsychologen, die von den Lernenden bei privaten Problemen angesprochen werden können.

Die Lehrerausbildung sollte auch nicht mit der festen Einstellung enden. Weiterbildung ist gerade in diesem Beruf mehr als notwendig. Einerseits verändert sich das Fachwissen in immer schnelleren Abständen und zum anderen unterliegen auch Pädagogik und Didaktik der Fortentwicklung. Lehrer, die seit dreißig Jahren mit immer den gleichen Vorlagen ihre Schüler langweilen und noch mit den Methoden von vorgestern die Bürger von morgen lehren sollen, tragen mit dazu bei, daß Schulen veraltet wirken.

Die Schüler langweilen sich, und die Lehrer werden von ihrem Beruf sogar krank. Streßleiden und schwindende Motivation sind unter Lehrern häufig zu beobachten. In einigen Bundesländern ist Lehrern schon die Möglichkeit gegeben worden, ein Sabbatjahr einzulegen. In Rheinland-Pfalz z.B. sollen Lehrer über Jahre Stunden ansammeln können, um dann ein Jahr zu pausieren, in dem sie sich weiterbilden oder mit anderen Themen beschäftigen können. Auch die Möglichkeiten des Lehreraustausches in andere Länder sollen teilweise ausgebaut werden. Beide Vorschläge halte ich für gute Ideen, um der »Vergreisung« des Lehrkörpers zumindest in den Köpfen der Lehrer entgegenzuwirken. Alle Schüler können sich daran erinnern, gute und schlechte Lehrer gehabt zu haben. »Gut« richtete sich nicht immer nach rein objektiven Kriterien, aber häufig werden alte Lehrer, die nicht mehr auf Neuerungen eingehen, als »schlechte« Lehrer angesehen. Auch die Lehrer selbst gestehen Langeweile ein, wenn sie nicht aus dem Trott des Schulalltages ausbrechen können.

Selbstverwaltete Schulen schulen das Verantwortungsgefühl

Motivation kommt aber nicht von ungefähr. Nur derjenige, der sich mit einer Institution wie der Schule identifiziert, ist auch bereit, Verantwortung zu übernehmen. In den Niederlanden und den skandinavischen Ländern sind die Schulen selbständige Einheiten, die in der Verantwortung von Lehrern, Eltern und Schülern gestaltet werden.

Ein Ziel der schulischen Erziehung ist das Erlernen von gesellschaftlicher Verantwortung. Aber die beste Übung, nämlich die Verantwortung für die eigene Schule zu übernehmen, wird bisher nicht genutzt. Schulen haben jährlich enorme Aufwendungen für Instandhaltung und Reparaturen. Nicht zuletzt, weil sich niemand für die Schule verantwortlich fühlt, werden Wände beschmiert, wird Müll einfach fallengelassen und auf Mobiliar und Ausstattung nicht achtgegeben. Nun mag es manchem Konservativen, der ständig die Verrohung der Jugend beklagt, als ein zu großes Wagnis erscheinen, eben diesen jungen Menschen Rechte und Pflichten zu übertragen. Doch solange den jungen Menschen nicht zugetraut wird, sich selbst um ihren Lebensraum zu kümmern, kann sich kein Verantwortungsgefühl einstellen.

Noch einmal meine Erfahrung an einer amerikanischen High-School: Durch Gruppendynamik hatte sich einerseits ein gewisser Stolz auf die Schule entwickelt und andererseits eine Abwehrhaltung gegen jene, die den Lebensraum Schule »zerstören« wollten. Sicherlich gilt dies auch in den USA nicht für alle Schulen, doch als positiver Effekt steht es beispielhaft. Möglich war es nur, weil die Schule weitestgehend von Lehrern und Schülern gestaltet wurde. Mit der Einrichtung der Klassenräume begann es, und mit Pflege des Schulgartens endete es noch längst nicht.

Junge Menschen ernst zu nehmen, bedeutet konkret, sie ihrer Entwicklungsstufe angemessen an den Entscheidungen zu beteiligen. Bürger wird niemand von selbst, Verantwortung erlernt niemand in der Theorie.

Die Schulen würden besser werden, wenn sie in den Händen derer lägen, die direkt betroffen sind. Es muß nicht vollständige Autonomie sein, die von Personalhoheit bis eigenständiger Finanzverwaltung reicht. Aber die Auswahl der Lehrer, die Gestaltung der Gebäude und die Organisation des Unterrichtes sollten eigenverantwortlich entschieden werden können.

Die Schule der Zukunft muß sich lösen von der totalen Bevormundung der jungen Menschen, die morgen Bürger sein werden. Freiheit hat auch hier Grenzen, aber sie muß sich an der jungen Generation orientieren.

III. Investitionen in die Köpfe Für eine entknebelte, lebensnahe und kreative Hochschule

Wenn ich mir wünschen könnte, wie meine Hochschule aussehen sollte, dann käme etwa folgende Wunschliste zustande: Ich will eine Uni mit ansprechbaren Profs, eine Uni der kurzen Wege, mit uninahen und bezahlbaren Studentenwohnheimen, mit Internetanschluß, tollen Parties, guter Atmosphäre, moderner Ausstattung, kleinen Seminaren und guten Tutorien, mit überschaubaren Lehrplänen und zukunftsorientierten Studieninhalten, eine Uni mit internationalen Studiengängen und Austauschprogrammen in andere Länder, eine Uni mit Abschlüssen in der Regelstudienzeit und guten Voraussetzungen für einen Arbeitsplatz, eine Uni mit Anbindung an Wirtschaft und Gesellschaft, mit breiten Angeboten und auch Freizeitmöglichkeiten.

Eine solche Wunschliste entlockt jedem, der sich im deutschen Hochschulsystem auskennt, allenfalls ein müdes Lächeln. Fast jeder, der an einer deutschen staatlichen Hochschule studiert, stellt schon recht schnell fest, daß sich die Realität weit von solchen Träumen entfernt hat. Vor einigen Jahrzehnten noch galt das deutsche Hochschulsystem als mustergültig im internationalen Vergleich. Die hochqualifizierten Absolventen konnten sich über geringe Arbeitsmarktchancen nicht beklagen. Heute steigt die Zahl der arbeitslosen Akademiker beständig. Dieser Mißstand resultiert zum großen Teil aus einem verstaubten, verregelten und nicht mehr kreativen System der Hochschulen in Deutschland. Neue Impulse kommen allenfalls von den privaten Hochschulen, die jedoch schon jetzt mit großen finanziellen Schwierigkeiten zu kämpfen haben, weil ein fairer Wettbewerb zwischen konkurrierenden Modellen der Hochschulen nicht zustande kommen kann.

»In Deutschland gibt es zu viele Studierende« ist ein beliebter Satz, mit dem konservative Kritiker die Mißstände der Hochschulen zu erklären suchen. Von »Studierendenschwemme« ist da polemisch die Rede und von der »Explosion der Hochschulen«.

Niemand kann ernsthaft bestreiten, daß die Hochschulen aus allen Nähten platzen. Gerade jetzt, da die geburtenstarken Jahrgänge die Hochschulen bevölkern und zudem die Zahl der Abiturienten beständig gestiegen ist, herrschen Platzmangel und Gedränge an den Hochschulen. Es mutet schon fast pervers an, wenn die Hochschulen die Zahl ihrer zur Verfügung stehenden Studienplätze mit einem festgelegten Überbelegungsfaktor multiplizieren müssen, um die erforderliche Überlast zugewiesen zu bekommen. Es stellt sich aber notwendigerweise die Frage, ob es tatsächlich zu viele Studierende sind oder ob einfach nur die Kapazitäten der Hochschulen nicht ausreichen. Die jungen Menschen, die sich heute an den Hochschulen bilden und ausbilden, müssen in der Zukunft die Informationsgesellschaft gestalten und dort ihre Arbeitsplätze finden. Der Bedarf an hochqualifizierten Fachkräften wird in der Informationsgesellschaft im Vergleich zur Industriegesellschaft steigen. Damit verschiebt sich die eigentliche Frage von den angeblich zu hohen Studierendenzahlen auf ein neues Feld: Welche Anforderungen stellt die Informationsgesellschaft, und wie können sich junge Menschen am besten darauf vorbereiten?

Heute schon zeigt sich, daß gerade das angloamerikanische Hochschulsystem sich einer immer breiteren Beliebtheit erfreut, obwohl dort im allgemeinen Studiengebühren von nicht unerheblicher Höhe verlangt werden. Es scheint also in den Augen der jungen Menschen den Anforderungen der Zukunft eher zu genügen. Immer mehr von ihnen erkennen, daß sie ihre persönlichen Zukunftschancen dadurch steigern können, wenn sie dieses Bildungssystem durchlaufen. Die Nachteile scheinen also durch die enormen Vorteile aufgehoben zu werden.

Daraus ziehen manche den Schluß, in Deutschland eine Angleichung an das angloamerikanische System zu fordern. Meiner Meinung nach aber wäre die derzeitige Krise der beste Boden, um eine umfassende Reform vorzunehmen und ein zukunftsorientiertes System aus verschiedenen Elementen zu schaffen.

Die Leiden des deutschen Hochschulsystems liegen vor allem in der schon lange anhaltenden Erstarrung in Bürokratie und staatlicher Bevormundung. Die Bundestagsfraktion von Bündnis

90/Die Grünen schrieb in einem Positionspapier zur Hochschulreform in Deutschland: »Hochschulen müssen zur Schnittstelle zwischen Gesellschaft und Wissenschaft werden.«

In beiderseitigem Zusammenwirken müssen Erstarrungen gelöst und eine lebendige, kreative Entwicklung ermöglicht werden. Hochschulen müssen wieder Teil der Gesellschaft werden und gleichzeitig Gegenwart und schon Zukunft sein. Einerseits müssen sie hochqualifizierte Fachkräfte heranziehen und andererseits wissenschaftliche Impulse und Innovationen an die Gesellschaft weitergeben. Sie müssen jungen Menschen Chancen eröffnen und sie auf die Zukunft vorbereiten.

Selbstverwaltung der Finanzen führt zu mehr Effektivität

Dazu bedürfen die Hochschulen zunächst gewisser Rahmenbedingungen, die gesichert sein müssen. Ein wichtiger, wenn nicht der essentielle Punkt ist hierbei die Finanzierung der Hochschulen. Derzeit sind diese – wie alle Bildungseinrichtungen – leichte Opfer für notwendige Sparmaßnahmen der überschuldeten öffentlichen Haushalte. Die Verwaltung und der effiziente Einsatz der Mittel in den Hochschulen, soweit diese überhaupt darauf Einfluß haben, wie die Mittel verteilt werden, liegt daher brach. Wenn eher ein Beamter des Wissenschaftsministeriums eines Bundeslandes entscheiden kann, was angeschafft wird, als die betroffene Hochschule, dann ist es eigentlich nicht verwunderlich, daß die Mittel nicht dort eingesetzt werden, wo sie am notwendigsten sind. Wenn gleichzeitig unser Steuersystem, bedingt durch ein fehlendes Stiftungsrecht und geringe Abschreibungsmöglichkeiten im Bereich der Kulturförderung, private Investoren eher abschreckt, kann sich auch schwerlich ein blühendes Hochschulwesen entwickeln, wie dies in den USA durch private Sponsoren der Hochschulen gegeben ist.

Lösungsansätze für ein Herauskommen aus dieser Misere lassen sich endlich in einigen Bundesländern und auch auf Bundesebene erkennen. Durch den ständigen Sparzwang wird eine verbesserte, also effektivere Verwendung der Mittel angestrebt. Dies funktioniert am besten, wenn die Kompetenzen zur Mittelverteilung möglichst dort angesiedelt sind, wo die Entscheidungen anstehen: an den Hochschulen selbst. Es muß also in die Hände der Hochschule selbst gelegt werden, die Finanzen zu verwalten. Pauschalhaushalte, die den Hochschulen zur Verfügung gestellt werden, sind hierzu ein notwendiger Schritt. Weiterhin muß es auch möglich sein, daß die Mittel, die über Drittmittelförderung und Projekte eingeworben werden, vollständig an den Hochschulen verbleiben und auch dort eingesetzt werden können.

Wie in allen öffentlichen Behörden auch bricht an den Hochschulen gegen Jahresende jedesmal das »Dezemberfieber« aus. Nach dem kameralistischen Haushaltswesen sind die Haushalte dem Jährlichkeitsprinzip unterworfen. Mittel, die bis zum Jahresende nicht ausgegeben sind, können im folgenden Jahr nicht mehr angefordert werden. Statt also für größere Investitionen über mehrerer Jahre Gelder anzusammeln, werden gegen Ende des Jahres die Gelder verschleudert, um im kommenden Jahr keine Haushaltskürzungen hinnehmen zu müssen. Dies führt zu einer ungemeinen Verschwendung und verhindert langfristige Planung von Investitionen und Modernisierungsvorhaben. Wenn also zukünftig den Hochschulen Pauschalhaushalte zur Verfügung gestellt werden, muß das Jährlichkeitsprinzip entfallen, wobei selbstverständlich auch im Interesse des Steuerzahlers darauf geachtet werden muß, daß Mittel tatsächlich genutzt werden, wenn auch nicht immer binnen Jahresfrist.

Die Frage ist natürlich, nach welchen Kriterien die Mittel zugeteilt werden sollen. Staatliche Hochschulen sind notwendigerweise auf staatliche Förderung angewiesen, selbst wenn sie die Möglichkeit erhalten, zusätzlich eigene Mittel zu akquirieren. Bisher sind die Studierenden für die Hochschulen eher eine Last denn eine Lust. Hochschulen, die am wenigsten Studierende anwerben, sind, überspitzt formuliert, die Klügeren. Um erneut den Vergleich zum amerikanischen System zu wagen, ist selbstverständlich dort ein sehr viel stärkeres Bemühen zu erkennen, Studierende zu gewinnen, da diese Gelder einbringen. Auch das Anwerben von besonders qualifizierten Studierenden spielt eine große Rolle, da diese den Ruf der Hochschule stärken und durch ihre Leistungen wieder Sponsoren anlocken. Das

System in den USA pervertiert sich dann allerdings, wenn Sportler an die Hochschulen gelockt werden, weil die Baseballmannschaften eine lukrative Verdienstmöglichkeit darstellen, selbst wenn die Spieler keine Qualifikationen für ein Studium mit sich bringen. Um auch in Deutschland den Wettbewerb der Hochschulen *gegen* die Studierenden, wie er sich heute mit all seinen negativen Begleiterscheinungen beweist, in einen positiven Wettbewerb *um* qualifizierte Studierende zu verkehren, bedarf es einer Bemessung der Finanzierungsmittel nach der Anzahl der Studierenden und nach deren Erfolg. Dies mag nun so klingen, als wollte ich die Hochschulen auffordern, alle Studierenden zum erfolgreichen Abschluß zu bringen – egal, welche Leistung sie erbringen – und somit das Niveau zu senken. Doch dem läßt sich leicht ein Riegel vorschieben, indem ein Hochschulrahmengesetz vergleichbare Abschlüsse einfordert und die Studieninhalte nicht aufgeweicht werden. Es führte vielmehr dazu, daß sich die Hochschulen unbedingt darum bemühen müßten, auf die Studierenden einzugehen und ihre Begabungen zu einem Erfolg zu bringen.

In der Diskussion um die Anrechnung der Kopfzahl der jeweils an einer Universität Studierenden bei der Finanzierung der Hochschulen gibt es verschiedene Modelle. Die Hochschulrektorenkonferenz (HRK) will, daß sich die Finanzierung nach der Anzahl der Absolventen in der Regelstudienzeit richtet. Das hätte den Vorteil, daß sich die Hochschulen darum bemühen müßten, ein zügiges Studium und zudem gute Pädagogik anzubieten, um möglichst hohe Erfolgsquoten zu erreichen. Der Nachteil liegt jedoch auf der Hand. Immer mehr Studierende können nicht in der Regelstudienzeit ihr Studium abschließen, weil sie aus unterschiedlichsten Gründen ein Teilzeitstudium betreiben. Nach diesem Finanzierungsvorschlag wären die Hochschule geneigt, diese Studierenden fernzuhalten. Der Ansatz unterstellt auch, daß ein kurzes Studium ein besseres Studium sei. Doch ob ein Studium in der Regelstudienzeit einen Wert an sich darstellt, der vom Staat finanziell honoriert werden sollte, ist fraglich, da in einem längeren Studium nicht notwendigerweise mehr Ressourcen der Hochschulen verbraucht werden und somit keine zusätzlichen Kosten entstehen. Einem ähnlichen Ansatz folgt die derzeitige Politik des Landes Baden-Württemberg, das vom 15. Semester an eine Strafgebühr von 1000 Mark einführen will.

Bildungsgutscheine nach dem »Modell Kaufhof«

Meiner Meinung nach wäre die beste Möglichkeit, eine Reform der Hochschulfinanzierung voranzutreiben, mehrere Komponenten aufzunehmen. *Eine Säule der Finanzierung sollten Bildungsgutscheine sein* (über sie gleich mehr). Diese sollten die Kosten für den Studiumsbetrieb decken, also die Lehrgehälter der Professoren, die Hörsäle und deren Instandhaltung sowie einen Teil der Ausstattung der Hochschulen, die nicht nur für die Forschung genutzt werden, und nicht zu vergessen auch die Bibliotheken. *Eine zweite Säule sollte eine Erfolgsprämie für erfolgreiche Absolventen sein.* So würden die Hochschulen einen Anreiz erhalten, die Lehre zu verbessern und das Studium tatsächlich »studierbar« zu gestalten. *Die dritte Säule sollte sich nach der Zahl der Fachbereiche und den allgemeinen Kapazitäten der Hochschule richten* und auch für Investitionen ausreichend sein. *Als vierte Säule gehört schließlich auch die Drittmittelfinanzieung hierher.*

Bildungsgutscheine sind schon seit Jahren in der Diskussion, jedoch noch nie verwirklicht worden. Im Jahre 1996 veröffentlichte Prof. Dr. Straubhaar von der Bundeswehruniversität Hamburg eine Schrift zur Reform des Bildungswesens, in der Bildungsgutscheine eine der Grundlagen der Reform darstellten. Das Prinzip ist denkbar einfach: An jeden Bildungsteilnehmer sollen Gutscheine ausgegeben werden, die dann in den Bildungseinrichtungen, also in diesem Falle den Hochschulen, eingelöst werden sollen. Prof. Dr. Straubhaar fordert aber auch die Rückzahlung der Gutscheine nach dem Studium. Wie bereits mehrfach ausgeführt, lehne ich dies ab, da Bildung als gesellschaftliches Gut nicht vom einzelnen gezahlt werden sollte.

Die Idee der Gutscheine selbst allerdings halte ich für interessant und als Modell für zukünftige Studienfinanzierung denkbar. Der Charme der Gutscheine ergibt sich aus mehreren Überlegungen. Zu dem Vorschlag, Bildungsgutscheine einzuführen, schrieb Christoph Dammermann in seiner Diplomarbeit der Universität Bielefeld im Fachbereich Wirtschaftswissenschaften: »Bildungsgutscheine verstärken die Nachfragemacht der Studierenden. Heute funktionieren die Hochschulen nach dem Modell Krupp, mit Bildungsgutscheinen werden sie nach dem Modell Kaufhof funktionieren.« Das »Modell Krupp« symbolisiert die Gruppenuniversität, in der, Betriebsräten gleich, die Gremien ihre Interessen durchsetzen wollen. Das »Modell Kaufhof« steht dagegen für die Macht des Königs Kunde, der mit dem Einsatz seiner Mittel das Angebot bestimmt. Für die Hochschulen stellen die Bildungsgutscheine sozusagen bares Geld dar, denn jeder Gutschein trägt zur Finanzierung der Hochschule bei. Dadurch ist die Hochschule daran interessiert, ein interessantes Angebot zu schaffen und damit Studierende anzulocken. Durch diesen simplen Marktmechanismus können die Studierenden Einfluß auf das Angebot nehmen, auf das sie für ihren Studienerfolg angewiesen sind.

Weiterhin verfolgen die Bildungsgutscheine das Ziel der Transparenz in der Hochschulfinanzierung. Die Hochschulen können eindeutig den Zusammenhang zwischen der tatsächlichen Zahl ihrer Studierenden (also nicht der fiktiven Zahl der Studienplätze) und ihren Mitteln erkennen. Die Studierenden ihrerseits werden sich bewußt, daß ihre Bildung eben nicht kostenlos ist, sondern so viel kostet, wie der Wert des Gutscheines ergibt. Zudem wird gerade bei Bindung der Gutscheine an Veranstaltungen klar, daß ein längeres Studium den Staat nicht mehr kostet als ein kurzes Studium, sondern daß nur das bezahlt wird, was tatsächlich verbraucht wird.

Nun möchte ich aber nochmals auf die Frage der Rückzahlbarkeit der Gutscheine eingehen. Zwar ist für mich unstreitig, daß eine generelle Pflicht zur Refinanzierung nicht in Frage kommt. Aber es ist bedenkenswert, ob die Bildungsgutscheine eine Deckelung in ihrer Anzahl erfahren sollten und wie diese aussehen könnte. Bildung bereichert die Gesellschaft, aber es gibt auch in einer freien Gesellschaft, die ihren jungen Bürgern alle Chancen eröffnen will, begrenzte Ressourcen finanzieller Art. Es kann also eigentlich nicht sein, daß der Staat und somit die Gesellschaft beliebig viel Bildung finanziert. Die Zahlen sprechen hier ihre eigene Sprache. Etwa neun Prozent aller Studierenden mit abgeschlossenem Studium schreiben sich erneut ein, davon nur etwa ein Drittel mit dem Ziel einer Promotion. Studienplätze kosten pro Studierendem und Jahr zwischen 20 000 und 25 000 Mark. Ich frage mich bei allem Verständnis für die Überlegungen, sich nach dem Studienabschluß erneut einzuschreiben, um die Vorteile des Studienlebens zu genießen, ob die Gesellschaft dafür zahlen sollte. Auch der Rentner, der sich in seiner Freizeit nochmals in die Hörsäle begibt, nutzt vorgegebene Kapazitäten und beansprucht die Kosten für die Bereitstellung seines Studienplatzes von der Allgemeinheit. Sicherlich gibt es genügend Beispiele dafür, daß hervorragende Köpfe nur durch die Verknüpfung mehrerer verschiedener Studienrichtungen ihre Stellung erwerben konnten und der Gesellschaft viel wiedergegeben haben. Albert Schweitzer studierte zunächst Theologie und schloß nach seinem Abschluß ein Medizinstudium an. Nur so konnte er sein Lebenswerk in Lambarene aufbauen. Es stellt sich als schwierige Abwägung heraus, wieviel Bildung der Staat dem einzelnen finanzieren muß oder soll. Meiner Meinung nach sollte jedem die Möglichkeit gegeben werden, einen Bildungsweg bis zum Ende zu gehen. Das bedeutet konkret, daß der Staat einerseits ein Studium im Anschluß an eine berufliche Ausbildung finanzieren sollte, als auch Weiterqualifizierung nach dem Studium durch Promotion oder gar Habilitation von der Gesellschaft getragen werden sollten. Nicht einzusehen ist meiner Meinung nach aber die Finanzierung eines Zweit- oder gar Drittstudiums, wenn ein vorhergehendes Studium bereits erfolgreich abgeschlossen wurde. Dies trifft also nicht diejenigen, die noch während des Studiums erkennen, daß sie ihr Fach wechseln wollen.

Daraus ergibt sich für die Bildungsgutscheine eine Bemessung nach der Menge, die bis zu eben diesem Abschluß eines Bildungsweges steht. Für den Hochschulbereich bedeutet dies konkret, daß jeder Studierende eine ausreichende Anzahl von Gutscheinen erhalten muß, um ein Studium zu Ende zu bringen. Weitere kostenlose Gutscheine muß es für Studienfachwechsel und Promotion oder Habilitation geben.

Daher halte ich es für sinnvoll, daß die Gutscheine »veranstaltungsgebunden« ausgegeben werden. Die durchschnittliche Anzahl der zu absolvierenden Veranstaltungen (Vorlesungen, Seminare, Praktika etc.) eines Studienfaches sollte im Grundsatz ausschlaggebend für die Anzahl der Gutscheine sein.

Ein Studium sollte aber nicht nur den Erwerb von Fach- und Spezialwissen bedeuten, sondern auch einer umfassenderen Bildung. Daher sollten die Gutscheine auch ein Studium generale mit allgemeinbildenden Vorlesungen und Übungen ermöglichen. Ein gewisses Kontingent sollte auch dafür jedem Studierenden zur Verfügung stehen. Diesen Ansatz halte ich im Spannungsfeld von knappen Finanzen der Gesellschaft und der Verpflichtung eines Staates zur Finanzierung von Bildung für angemessen und auch praktikabel.

BAFF statt BAföG

In die Thematik der Studienfinanzierung fällt neben der angesprochenen Finanzierung der Hochschulen auch das BAföG, das zur Absicherung jedes einzelnen Studierenden dienen soll, wenn er sich ein Studium nicht leisten kann. Eigentlich geht es ja nicht einmal darum, ob sich der Studierende ein Studium leisten kann, sondern es geht um seine Eltern, die ihn dabei unterstützen sollen oder müssen.

Das Gebot der Gerechtigkeit und Chancengleichheit schreibt der Gesellschaft vor, daß niemand auf Grund seines finanziellen Hintergrundes in seinen Bildungschancen beeinträchtigt werden darf.

Unser BAföG-System wird diesem Anspruch jedoch nicht wirklich gerecht. Immer noch studieren deutlich mehr Kinder aus Akademikerhaushalten als Kinder aus einer Arbeiterfamilie. Die Zahl derer, die neben ihrem Studium einem Job nachgehen müssen (früher nannte man sie Werkstudenten), steigt beständig. War es Ignoranz, die Bundesbildungsminister Rüttgers im Jahre 1995 vorschlagen ließ, den Darlehensanteil des BAföG zu verzinsen? Dabei war doch erst 1987 vom damaligen Bundesbildungsminister Möllemann durchgesetzt worden, daß die BAföG-Förderung nicht mehr Volldarlehen, sondern nur noch zu 50 Prozent unverzinsliches Darlehen sein sollte.

Die Sozialerhebungen des Deutschen Studentenwerkes aus den Achtzigern unterstützen die These, daß die Verschuldungsbereitschaft bei jungen Menschen aus sozial schwachen Familien geringer ist als bei Kindern, die aus gesicherten Familienverhältnissen stammen. Daher ist es ein Schlag ins Gesicht derjenigen, die schon heute Befürchtungen wegen ihrer BAföG-Schulden haben, den Darlehensanteil noch zu verzinsen und damit den Schuldenberg zu erhöhen.

Ein weiteres Problem stellt sich durch die Elternabhängigkeit des BAföG. Junge Erwachsene bleiben während ihres Studiums von ihren Eltern abhängig. Die Unterhaltsverpflichtung der Eltern ergibt sich aus § 1610 II BGB, der Staat honoriert dies in seiner Sozialgesetzgebung durch Kindergeld, das bis zur Vollendung des 27. Lebensjahres eines Kindes gezahlt wird, solange das Kind sich noch in der Ausbildung befindet. Der Unterhaltsanspruch gegen die Eltern ist vom studierenden Kind auch einklagbar. Der BAföG-Anspruch tritt dann in Kraft, wenn die Eltern die Leistung nicht erbringen können.

Das dringlichste Problem des BAföG ergibt sich wieder einmal aus der finanziellen Mangelsituation des Staates. Die Zahl der BAföG-Empfänger ist mit derzeit 15 Prozent aller Studierenden denkbar gering. Auf Grund der unzureichenden Anpassung der Freibeträge fallen jährlich weitere Studierende aus der Förderung, obwohl ihre Eltern selbst bei leicht gestiegenem Einkommen ein Studium ihrer Kinder nicht finanzieren können.

Die Bezieher des BAföG-Höchstsatzes zählen inzwischen zu einer verschwindenden Minderheit. Und das, obwohl der Höchstsatz noch unter dem vom Deutschen Studentenwerk errechneten durchschnittlichen monatlichen Bedarf eines Studierenden liegt.

Reformvorschläge zum BAföG werden derzeit heftig diskutiert. Nach Vorschlägen der Bundesländer sollen Kindergeld, Kinderfreibeträge und alle weiteren kinderabhängigen Leistungen des Staates, die derzeit an die Eltern von Studierenden ausgezahlt werden, direkt an die Studierenden gehen. Dieser Vorschlag taucht auch im Modell des Studentenwerkes zur Reform des BAföG auf.

Pro Studierendem und Monat ergäbe sich dabei ein Grundbetrag, der zwischen 300 und 450 Mark läge. Darauf sollte dann das bisherige BAföG-Modell aufbauen. Bedürftige Studierende sollten also über den Grundbetrag hinaus bis zu einem Höchstsatz Förderung beantragen können, die dann hälftig als Darlehen und Zuschuß geleistet würde.

Dieser Vorschlag löst aber nicht die grundsätzlichen Probleme des Systems.

Ein Vorschlag, der eine grundlegende Reform anstrebt, kommt vom Bündnis 90/Die Grünen. Die Grünen fordern die Einführung eines *Bundesausbildungsförderungsfonds* (BAFF), der nach dem Solidaritätsprinzip funktioniert. Jedem Studierenden soll grundsätzlich der Anspruch zustehen, bis zu 1150 Mark pro Monat an Förderung zu erhalten. Entweder soll die Summe im Höchstbetrag über neun Semester oder aber in geringeren Monatsbeträgen bis zu zwölf Semester in Anspruch genommen werden können. Die Rückzahlung erfolgte in einen Fonds, in den die Bezieher des BAFF fünf Prozent ihres Einkommens über 20 Jahre einzahlten. Die Rückzahlung verringerte sich in Abhängigkeit von der sozialen Lage des Studierenden während des Studiums, so daß das Problem der geringen Verschuldungsbereitschaft bei sozial schwachem Hintergrund nicht aufträte. Das Modell wird in ähnlicher Form auch von Prof. Daxner von der Universität Oldenburg vertreten.

BAFF hätte den Vorteil, daß sowohl die langfristige Finanzierungssicherheit gegeben wäre, als auch das Ziel der Elternunabhängigkeit erreicht würde.

Problematisch beim BAFF ist für mich jedoch die fünfprozentige Rückzahlung. Sie ähnelt einer Akademikersteuer, die gerade diejenigen trifft, die ohnehin schon unter der zu hohen Steuerlast in Deutschland leiden.

Unter den derzeitig ernsthaft diskutierten Modellen ist dennoch BAFF der einzige Vorschlag, der eine echte Alternative aufzeigt und aus den vorgegebenen Denkmustern ausschert.

Ein Grundbetrag sollte elterngebundene Leistungen ersetzen

Auch die politischen studentischen Verbände haben Vorschläge in die Diskussion eingebracht. Der RCDS schlägt ein Drei-Körbe-Modell vor, das sich aus Grundbetrag, Zuschuß und unverzinslichem Darlehen zusammensetzt, wobei letztere von der sozialen Stellung abhängig sein sollen. Der LHG setzt sich für ein Modell ein, das über einen Grundbetrag hinaus ein verzinsliches Darlehen gewährt, bei dessen Rückzahlung die soziale Situation während des Studiums, die finanzielle Leistungsfähigkeit nach dem Studium und die Studienleistung berücksichtigt werden sollen. Während des Studiums sollen die Darlehen elternunabhängig gewährt werden.

Aus verschiedenen Gründen halte ich einen Grundbetrag, der sich aus den bisher elterngebundenen Leistungen zusammensetzt, für richtig. Studierende sind junge Erwachsene, die eine eigene Stellung im Staat einnehmen sollen und können. Es ist daher nicht einzusehen, weshalb die Eltern Kindergeld oder Kinderfreibeträge in Anspruch nehmen sollen, wenn diese auch direkt an die Kinder ausgezahlt werden könnten. Neben dieser prinzipiellen Frage des Verhältnisses zwischen Staat und jungen Bürgern wird damit auch ein Schritt aus der Elternabhängigkeit heraus gemacht.

Junge Menschen wollen selbst über ihren weiteren Lebensweg entscheiden und sind bereit, dafür Verantwortung auch finanzieller Art zu übernehmen. Daher sollte die Entscheidung über die Aufnahme eines Darlehens zur Studienfinanzierung jedem selbst überlassen werden. Um den Mißbrauch auszuschließen, der entsteht, wenn ein unverzinsliches Darlehen aufgenommen wird, ohne daß es verbraucht und nur als günstige Anlageform genutzt wird, muß das elternunabhängige Darlehen verzinslich sein. Jedoch ist es sozial nur dann vertretbar, wenn bei der Rückzahlung die soziale Situation während des Studiums beachtet wird und sich in einer Minderung der Darlehensschuld und der Zinsbelastung auswirkt. Auch der Leistungsgedanke sollte ein Rolle bei der Rückzahlung spielen. Schon heute werden für besondere Studienleistungen Teile des Darlehens erlassen. Dies sollte auch weiterhin gelten.

Neben dem BAföG sollte es in Deutschland auch ein funktionierendes Stipendienwesen geben. In anderen Ländern können Studierende eher an Stipendien herankommen als in Deutschland. In unserer Vollkaskogesellschaft vertrauen alle nur auf den Staat. Private Unterstützung – beispielsweise durch Stiftungen – gibt es kaum. Mit einer Änderung des Steuerrechts und der Einführung eines Stiftungsrechts, das die Unterstützung von Bildung und Kultur begünstigt, könnte hier eine Änderung herbeigeführt werden.

Nicht nur finanzielle Probleme beuteln unsere Hochschulen. Nach der behüteten Schulzeit müssen sich die jungen Menschen in einer anonymen Hochschule zurechtfinden, in der sie allein gelassen werden. Betreuung findet dort nämlich kaum statt. Die Massenhochschulen lassen den einzelnen untergehen. Zyniker sagen, daß die eigentliche Studienleistung nicht im Bestehen der Scheine, sondern in der Bewältigung des Hochschulalltages mit überfüllten Hörsälen und vernachlässigten Bibliotheken besteht.

Viele intelligente junge Menschen brechen ihr Studium frustriert ab, weil der Hochschulalltag mit wissenschaftlichem Arbeiten und Lernen nicht mehr viel gemein hat.

Die Lösung liegt nahe und scheitert bisher an finanziellen Engpässen und mangelnder Kreativität der Hochschulen. Schon vor dem Studium müßte eine intensive Beratung der künftigen Studierenden stattfinden. Schulen und Hochschulen müßten zusammenarbeiten.

Während des Studiums, und vor allem zu Beginn des Studiums, ist es dringend erforderlich, eine gute Studienberatung zu etablieren, an die sich die Studierenden wenden können und die die jungen Menschen auch begleitet. Natürlich kann dies nur dann geleistet werden, wenn die Hochschulen nicht mehr anonyme Massenbetriebe sind, sondern jeder einzelne als wichtiger Teil der Hochschule gesehen und respektiert wird. Bei Zehntausenden Studierenden an einer Hochschule kann niemand individuell betreut und gefördert werden.

Noten für die Profs

Damit verknüpft stellt sich die Frage nach den Studienplänen und Lehrplänen. Wenn die Studierenden durch ein Studium geführt werden sollen, so ist es notwendig, eine Überprüfung der Lehrinhalte vorzunehmen. Solange Studierende oft den Sinn der Veranstaltungen nicht erkennen können, sinkt ihre Motivation verständlicherweise.

Aber auch sinnvolle Inhalte müssen vermittelt werden. Die Lehre an den Hochschulen ist offensichtlich ein ungeliebtes Kind. Bei Berufungen von Professoren wird kaum Wert auf deren didaktische Begabung gelegt. Nur der wissenschaftliche Ruf eines Hochschul»lehrers« spielt eine Rolle, nicht aber die Qualität seiner Lehre. Ganze Generationen von Studierenden müssen unter unfähigen Professoren leiden. Ein Professor oder Dozent, der sich um gute Didaktik bemüht, ist die große Ausnahme. Im Fach Rechtswissenschaften strömen die Examenskandidaten fast zu 100 Prozent zum Repetitorium, wo sie viel Geld für das zahlen müssen, was an der Universität versäumt wurde. Der Mißstand trifft am meisten die Studierenden. Also müßte es auch Sache der Studierenden sein, Einfluß auf Verbesserungen zu haben. Mit seiner Aktion »Prüf den Prof« hat der RCDS 1994 einen Anstoß in die richtige Richtung gegeben. Studierende wurden aufgefordert, die Lehrleistungen ihrer Professoren zu überprüfen. Der LHG veröffentlichte 1994 eine Studie zur Evaluation der Lehre an Hochschulen. Die norddeutschen Bundesländer Niedersachsen, Hamburg, Bremen und Schleswig-Holstein schlossen sich bereits zu einem Evaluationsverbund zusammen.

In den Niederlanden werden die Lehrleistungen seit Jahren ständig überprüft. Die Veröffentlichung der Ergebnisse legt den Grundstein für einen Wettbewerb zwischen den Hochschulen um Studierende, die durch gute Lehre angelockt werden sollen. Junge Menschen, die sich noch in der Entwicklung befinden, haben ein essentielles Interesse daran, daß die Bedingungen ihrer Studienveranstaltungen so sind, daß sie wirklich etwas lernen können.

Das niederländische Evaluationsverfahren, das auch im norddeutschen Evaluationsverbund angenommen wurde, besteht aus einer internen Überprüfung durch die Studierenden einerseits und durch die »Peers«, die Mitprofessoren, andererseits, sowie einer externen Überprüfung durch ein unabhängiges Expertengremium, das die Hochschulen alle fünf bis sechs Jahre überprüft. In diesem Expertengremium sitzen neben Professoren auch Personen aus Wirtschaft und Politik sowie Studierende.

Für die Professoren muß es einen Anreiz geben, sich mehr um die Lehre zu kümmern. Dies kann sich durch ein verändertes Berufungsverfahren ergeben, indem die Lehre bei der Berufung eine gewichtigere Rolle spielt. Besondere wissenschaftliche Leistungen der Professoren werden durch Forschungsaufträge und Drittmittel belohnt. Daher sollte es in der Besoldung der Professoren auch ein Rolle spielen, wie sie bei der Evaluation der Lehrleistungen abschneiden.

Beamte sollen Hoheitsaufgaben des Staates wahrnehmen, Professoren sind in Deutschland Beamte. Es stellt sich mir aber die Frage, wieso die Auftragsforschung eines Physikprofessors für irgendein Unternehmen eine hoheitliche Aufgabe sein soll. Natürlich ist die Bereitstellung der Hochschulen und der dort zu erwerbenden Bildung Hoheitsaufgabe des Staates, natürlich ist es auch Aufgabe des Staates, unabhängige Forschung zu finanzieren und den Professoren dafür ein angemessenes Gehalt zu zahlen. Weshalb aber Professoren dazu Beamte sein müssen und statt von der Hochschule vom Staat auf Lebenszeit eingestellt werden, ist nicht nachzuvollziehen.

Hochschulen sind von ihrer Größe her mit großen Unternehmen zu vergleichen. In ihrer Organisationsstruktur jedoch gleichen sie eher einer Behörde. Sinnvoll wäre es, den Hochschulen die Autonomie über ihre Mitarbeiter zu geben und die Professoren, wissenschaftlichen Mitarbeiter und Dozenten zu Angestellten der Hochschulen zu machen. Das diente auch dem Gedanken der Selbständigkeit der Hochschulen und gäbe ihnen ein Stück Freiheit zurück. Die Hochschule könnte dann selbst entscheiden, für welche Laufzeit sie die Verträge mit ihren Professoren abschließt. Zeitverträge, wie sie in der freien Wirtschaft üblich sind, sorgten auch für den notwendigen Druck, kontinuierliche Leistungen in der Forschung als auch in der Lehre zu erbringen.

Wenn wir nichts tun, wird sich nie etwas bewegen

Die Autonomie der Hochschulen ist derzeit ein schöner Wunschtraum. Sie können sich ihre Studierenden nicht selbst auswählen. Studierende werden von der ZVS zentral durch die Republik »verschickt«. Ein ungewichteter Numerus clausus wird zur Grundlage der Studienplatzvergabe gemacht. Diese Praxis aber verhindert echten Wettbewerb um Studierende. Das Land Baden-Württemberg hat jetzt durchgesetzt, daß Hochschulen auch in ZVS-Fächern einen Teil ihrer Studierenden selbst aussuchen können. Ideal wäre es aber doch, wenn die Hochschulen vollkommen selbständig darüber entscheiden könnten, wen sie nach welchen Kriterien aufnehmen. Ob die Hochschulen dann Aufnahmeprüfungen, Bewerbungsgespräche, einen gewichteten Numerus clausus oder andere Kriterien ansetzten, wäre nicht Sache des Staates. Einzig die Durchsetzung des Öffnungsbeschlusses des BVerfG von 1977, der besagt, daß jeder Abiturient einen Anspruch auf einen Studienplatz hat, wenn auch nicht sofort, sondern gegebenenfalls nach Anrechnung von Wartezeiten, darf in den Händen des Staates liegen. Das könnte zum Beispiel durch einen bundesweiten Studienplatzpool gewährleistet werden, in dem offene Plätze an wartende Studienanfänger vergeben werden.

Hochschulen, denen Autonomie zugesprochen wird, dürfen nicht gleichzeitig unter dem Knebel der staatlichen Verwaltung stehen. Hans Zehetmeier, Wissenschaftsminister in Bayern, hat deshalb vorgeschlagen, den Hochschulen auch die Verwaltung und die Entscheidungen in die Hand zu geben. Dies soll mit einem Board geschehen, das sich aus den Statusgruppen der Hochschulen – also den Professoren, wissenschaftlichem Mittelbau, Studierenden und nicht-wissenschaftlichem Personal – sowie externen Experten zusammensetzen soll.

Meine Vorstellung einer lebensnahen Hochschule schließt die Beteiligung und Übernahme von Verantwortung aller Gruppen ein. Die studentische Selbstverwaltung ist hierbei ein wichtiger Teil. Sinkende Wahlbeteiligung zu den hochschulinternen Gremien zeigt heute in erschreckender Weise die Demotivation der

Studierenden, sich an der Hochschule zu engagieren. Daran kann sich nur etwas ändern, wenn einerseits die Rahmenbedingungen verbessert werden und die studentischen Gremien mehr tatsächliche Einflußmöglichkeiten erhalten und andererseits die Studierenden in den Gremien sich an die eigene Nase fassen und endlich aufhören, in ewig gestrigen ideologischen Debatten zu verharren.

In einem Board-Modell müßten meiner Meinung nach alle Gruppen zu Wort kommen und ihre Meinung gleichberechtigt vertreten können. Vergleichbar mit der Wirtschaft sollten ein Vorstand der Hochschule und als Kontrollorgan ein Aufsichtsrat eingerichtet werden. Daneben müßten die einzelnen Statusgruppen auch ihre eigenen Angelegenheiten selbst regeln können. Im Bereich der Studierenden bedeutete dies eine Beibehaltung der studentischen Selbstverwaltung durch Studierendenparlamente und Allgemeine Studierendenausschüsse.

Wenn Hochschulen zukünftig nicht mehr außerhalb der Gesellschaft stehen sollen, muß es auch die Möglichkeit für Studierendengremien geben, sich in allgemeine gesellschaftliche Debatten einzumischen und ihre Forderungen durch ihre Ausschüsse, die demokratisch legitimiert sein müssen, zu artikulieren. Demokratische Legitimation bei einer derzeitig an vielen Hochschulen realistischen Wahlbeteiligung von unter 20 Prozent ist jedoch mehr als fragwürdig.

Meine Wunschvorstellung einer Hochschule der Zukunft, die ich am Anfang dieses Kapitels zusammengefaßt habe, ließe sich bestimmt nicht sofort verwirklichen. Es bedarf veränderter Rahmenbedingungen, die politisch und gesellschaftlich geschaffen werden müssen.

Aber fast noch wichtiger ist es, daß sich die jungen Menschen, die auf ihren Chancen aufbauen wollen, sich selbst einbringen und die Mauer der Frustration in den Köpfen niederreißen. Denn wenn wir als junge Generation schon unsere Kreativität und unsere Ideen von den gegebenen Zuständen lähmen lassen, dann wird sich nie etwas bewegen. Es ist unsere Zukunft, es sind unsere Chancen – wir wollen und dürfen sie uns nicht nehmen lassen!

Benjamin Kiesewetter

Die Gleichberechtigung der jungen Generation

Kindern und Jugendlichen dürfen die Grundrechte wie das Wahlrecht nicht weiter vorenthalten werden

Drei Zitate stelle ich meinen eigenen Überlegungen voran. Zusammen ergeben sie einen ersten Eindruck von den Forderungen, Argumenten und Begründungen kinderrechtlicher Positionen. Die ersten beiden sind aus den meines Wissens ersten Publikationen, die die Gleichberechtigung von Kindern einfordern, das dritte ist aus der aktuellsten Publikation der kinderrechtlichen Szene.

»Ich schlage vor, die Kindheit zu ersetzen, indem wir jedem jungen Menschen, gleich welchen Alters, alle Rechte, Privilegien, Pflichten und Verantwortlichkeiten erwachsener Bürger *zugänglich* machen, damit er sich ihrer bedienen kann, wenn er möchte.«[1]

John Holt, 1975

»Manche dieser Rechte scheinen für kleine Kinder wegen ihrer offensichtlichen Unzulänglichkeiten nicht angemessen zu sein. Doch sollten diese Rechte den kleinen Kindern nicht allein wegen ihres Alters vorenthalten werden, da man sie auch bei alten Menschen nicht verweigert, deren Lebensäußerungen bisweilen ebenfalls beeinträchtigt sind Die Unfähigkeit eines Menschen, seine Rechte wahrzunehmen, sei er nun alt oder jung, sollte eigentlich zur Folge haben, daß die Gesellschaft dem Schutz dieser Rechte größere Beachtung schenkt.«[2] *Richard Farson, 1974*

»Die Überzeugung, daß es dringend notwendig, mindestens aber gut und nützlich wäre, so bald wie möglich offiziell und privat Kinder nicht mehr als Menschen zweiter Klasse zu betrachten, darzustellen und zu behandeln (...). Die *Gründe* für die genannte Überzeugung sind vielfältig. Mir persönlich sind sie alle gleich lieb und wert.

- Es mögen die hehren Werte ›Frieden‹ und ›Gerechtigkeit‹ (GG) sein, die man jungen Menschen nicht allein wegen ihres Alters (ihrer Jugend) vorenthalten mag, gewissermaßen ›aus Prinzip‹,
- oder es ist das konkrete Mitleid mit geschundenen, vernachlässigten, sexuell ausgebeuteten, den Macht- und sonstigen Gelüsten Stärkerer ausgelieferten Kindern,
- oder die Erinnerung an die eigene Kindheit, das bestimmte ›Merken‹, das Alice Miller vielen Menschen ermöglicht hat,
- oder die Sorge ums ›Gemeinwesen‹, um Demokratie, Solidarität, Verantwortungsbereitschaft, Kooperationsfähigkeit, Zivilcourage,
- oder der Einsatz für die körperliche, seelische und geistige Gesundheit der Menschen,
- oder die Einsicht in die für das schlichte Überleben der Menschheit demnächst unbedingt notwendigen Fähigkeiten der Vernunft, der freiwilligen Selbstbescheidung, des klugen Konfliktmanagements, des globalen Denkens (ökonomisch und ökologisch),
- oder einfach der Wunsch, mit unbeschwerten glücklicheren, lebendigeren, freieren und klügeren Kindern zu tun zu haben,
- oder das Gespür für die hinter allem Macht- und Geltungsstreben verborgenen realen Ohnmachtserfahrungen des ehemaligen Kindes,
- oder das Wissen, daß sozialschädliches Verhalten immer auch als Reaktion auf die Enttäuschung zu verstehen ist, mit der ursprünglichen Gutmütigkeit und Vertrauensbereitschaft vom Beginn des Lebens auf der Welt nicht ›angekommen‹ zu sein, nicht angenommen, sondern zurückgewiesen worden zu sein,

- oder der Impuls, das zu fördern, was Pädagogen ›Bildung‹ nennen und was zweifellos auf der Basis von Freiwilligkeit und Neugierde am besten gedeiht,
- oder das Engagement fürs ›Humankapital‹ eines Wirtschaftsstandortes, das nicht zuletzt aus Selbstbewußtsein, Kreativität, Teamfähigkeit, Flexibilität und Leistungsbereitschaft besteht,
- oder der Wunsch, auch selbst nicht wegen eigener Unzulänglichkeiten als ganze Person abgewertet zu werden,
- oder das Bewußtsein, daß die Liebe zuschanden wird, wenn sie von Bedingungen abhängt und nicht dem Menschen um seiner selbst willen gilt,
- oder der Wunsch nach mehr Toleranz,
- oder die Abneigung gegen ›Betonköpfe‹, Sturheit, Rechthaberei,
- oder die Erfahrung, daß die Kontaktfreudigkeit der Menschen ab- und ihre Isolation zunimmt,
- oder die Sehnsucht nach weniger Erziehungsstreß und mehr Sicherheit im Umgang mit Kindern,
- sogar die Korruption in Wirtschaft und Politik, die heute so viel beklagt wird, kann mit der Kinderfrage, dem Problem Erziehung, in Verbindung gesehen werden, denn was ist Erziehung anderes als ein Training in Korruption (Strafandrohung = Erpressung, Belohnung/Lob = Bestechung)?«[3]

Ekkehard von Braunmühl, 1997

I. Demokratie und Menschenrechte für Kinder und Jugendliche

In den siebziger Jahren forderten in den USA erstmals Publizisten wie John Holt und Richard Farson die Gleichberechtigung von Kindern.[4] Dafür traten gleichzeitig auch in Deutschland als erster der Erziehungskritiker Ekkehard von Braunmühl[5] und später auch der Jurist Helmut Ostermeyer sowie der Autor Heinrich Kupffer ein.[6]

Warum sollte die Gleichberechtigung nur für Erwachsene gelten? Zu allen Zeiten waren bestimmte Menschengruppen von Selbstbestimmung und Mitbestimmung ausgeschlossen – man denke an die Frauen, die Schwarzen in den USA, die »niederen Stände« vor dem bürgerlichen Zeitalter in Europa. Auch diese Gruppen mußten sich die gleichen Rechte erst erkämpfen. Die jungen Menschen haben aber diese Möglichkeit nur sehr bedingt. Kinder waren immer angewiesen auf Ältere, die ihnen Rechte erstritten. Und die Kinderrechtsbewegung – wenn man von einer »Bewegung« überhaupt sprechen kann – hat in den letzten zwanzig Jahren kaum Erfolge erzielen können.

Trotz dieser wenig ermutigenden Lage ist es – wenn man die Entwicklung anderer Minderheiten vor Augen hat – nicht unwahrscheinlich, daß die Gleichberechtigung von Kindern in wenigen Jahrzehnten in der Verfassung festgehalten und gesellschaftlich anerkannt sein wird. Es liegt in der Logik der Zeit, daß sich auch für diese »letzte Minderheit« (Farson 1974) die demokratischen Spielregeln durchsetzen werden, auch wenn es heute unglaubwürdig scheint, daß eines Tages alle Menschen – unabhängig von ihrem Alter – zum Beispiel das Wahlrecht erhalten sollten.

Zu den konkreten Rechten, die jungen Menschen nicht mehr vorenthalten werden sollten und dürften, gehören u.a.:

- Das Recht, ohne körperliche und seelische Strafen zu leben.
- Das Recht auf selbstbestimmtes Lernen.
- Das Recht auf eine ökologisch und ökonomisch lebenswerte Zukunft.
- Das Recht, in seiner Subjektivität, Autonomie und Selbstbestimmungsfähigkeit anerkannt zu werden.
- Das Recht zu wählen und vollen Anteil am politischen Leben nehmen zu können.

Generell dürfen alle Menschen in der Demokratie individuell über sich selbst bestimmen (natürlich: solange sie die Freiheit anderer nicht einschränken) und gesellschaftlich mitbestimmen. Selbstbestimmung und Mitbestimmung für alle Menschen sind Grundlage und Rechtfertigung einer demokratischen Gesellschaft. Kinderrechtler wollen nichts anderes, als daß diese Spielregeln auch für junge Menschen gelten.

1. Die Probleme der Erwachsenen-Demokratie

In der Menschheitsgeschichte galt jahrtausendelang das Faustrecht: Der Stärkere gewinnt und hat recht. Erst nach und nach haben die Menschen im sozialen Zusammenleben andere Rechtsformen entwickelt, wurde Gerechtigkeit ein wichtiges Gut. Andere Gesellschaftssysteme wurden erdacht und angestrebt, weil die Menschen erkannten, daß sie nur dann richtig glücklich werden, wenn die anderen auch glücklich sein können – gerade auch die Schwachen.

Wie sich nach und nach herausstellte, daß Zufriedenheit nur dann einkehrt, wenn die anderen auch zufrieden sind, und daß es nur dann wirklich Frieden geben kann, so mußte sich auch die daraus resultierende *Gleichberechtigung* durchsetzen, selbst wenn es im Laufe der Geschichte immer wieder herbe Rückschläge gab. Mit der Gleichberechtigung, einem der obersten Werte der Demokratie, sollte dem *Recht des Stärkeren* grundsätzlich ein Ende gesetzt werden.

Die Demokratie beruht in ihrer jetzigen Organisationsform auf zwei Grundpfeilern: auf dem Mehrheitsprinzip und den Grundrechten. Grundsätzlich gilt: Entscheidungen werden von der Mehrheit beschlossen, aber die Grundrechte dürfen dabei nicht angetastet werden. Es gilt der Leitsatz, ohne den Demokratie nicht funktioniert: Freiheit – solange die Freiheit des anderen nicht eingeschränkt wird.

Nun kann man zur Zeit nicht gerade behaupten, daß die Demokratie besonders gut funktioniert. Es läßt sich nicht bestreiten, daß – im Gegensatz zur eigentlichen Idee – die allgemeine Unzufriedenheit immer weiter wächst. Daraus erwachsen Politikverdrossenheit, (indirekt oft auch Drogenabhängigkeit und Kriminalität), Verantwortungslosigkeit oder die resignierte Egal-Haltung vieler Menschen bei der Einschränkung der Freiheit anderer. Das Vertrauen in die Demokratie, in das Mehrheitssystem und in die Grundrechte geht stetig zurück. Immer öfter werden wieder »starke Hände« gefordert, die Disziplin in den Laden bringen sollen. Da Demokratie gerade bei jungen Menschen nicht oft auf der Top-ten-Liste steht, wird ein Verlust der Werte konstatiert und beklagt. Kurz und knapp: Demokratische Werte verlieren immer mehr Attraktivität – nicht zuletzt bei den Jungen.

Nun kann man viele Gründe dafür nennen, warum das so ist, und viele Vorschläge machen (beispielsweise mehr Volksabstimmungen abzuhalten), und vieles von dem müßte gar nicht so falsch sein. Ich möchte aber im Hinblick auf unser Thema einen völlig unbeachteten Aspekt nennen, der mir ein wichtiger Grund für die geschilderte Entwicklung zu sein scheint.

Zur Erinnerung noch mal ein paar Grundsätze: Alle Menschen sind gleich, das gesamte Staatsvolk darf seine Regierung wählen, Demokratie ist unteilbar. Es gibt demnach also keine »unvollständige Demokratie«. Wenn sie unvollständig ist, also nicht wirklich *alle* gleich sind, sondern nur bestimmte, wenn nicht alle wählen dürfen, sondern nur Männer oder nur Frauen oder nur Menschen ab soundso vielen Jahren oder ähnliches, dann besteht keine Demokratie, sondern eine Pseudodemokratie. Für die jeweils Ausgeschlossenen ist es eher eine Antidemokratie.

Unser System ist allenfalls eine »Erwachsenen-Demokratie«: Bei uns wird die Demokratie noch geteilt, bei uns sind nicht wirklich *alle* Menschen gleich, und es darf auch nicht das gesamte Staatsvolk wählen (obwohl dies im Grundgesetz so festgeschrieben ist: »Alle Staatsgewalt geht vom Volke aus«, Artikel 20, Absatz 2). Ausgeschlossen von der Demokratie sind alle Menschen, die nicht das 18. Lebensjahr vollendet haben. Die Vorenthaltung des Grundrechtes zu wählen ist nur ein Beispiel. Alle oben genannten Rechte, die für erwachsene Menschen ganz selbstverständlich sind, werden Kindern einfach vorenthalten. Und auch diese sind nur eine schmale Auswahl der nicht gewährten Rechte.

Nun kann man all dies ja rechtfertigen und für sinnvoll halten, aber eines ist nicht zu bestreiten: Demokratisch ist es nicht! Für diesen Beitrag und für die Zufriedenheit mit der Demokratie ist folgende Frage entscheidend: Werden Menschen demokratische Werte verteidigen und verinnerlichen, wenn sie in den ersten 18 Jahren ihres Lebens daran nicht teilhaben dürfen, sie in einer Antidemokratie leben, in der sie nicht mal die Grundrechte, die Verdeutlichung der Menschen- und Bürgerrechte, zugestanden bekommen? Kann eine Demokratie funktionieren, in der alle Beteiligten mal die demütigende schlechte Erfahrung mit ihr gemacht haben (und zwar ganz am Anfang ihres Lebens), daß sie für sie nicht gilt? Ich möchte behaupten, daß hier der Knackpunkt der Probleme mit der Demokratie liegt, und ich möchte Annette Böhm und Ekkehard von Braunmühl recht geben, wenn sie die Gleichberechtigung von Kindern als »vergessenen Schritt zum Frieden« bezeichnen[7].

2. Für die Gleichberechtigung der jungen Generation

Die Gleichberechtigung der Menschen unter 18 muß durchgesetzt werden. In der Öffentlichkeit muß auch über die oben genannten und geforderten Rechte weiterhin diskutiert werden. Exemplarisch wird von uns gefordert, daß die Altersgrenze beim Wahlrecht aufgehoben wird und folglich niemand mehr aufgrund seines Alters von politischer, gleichberechtigter Mitbestimmung ausgeschlossen bleiben darf.

Die Verwirklichung dieser Forderung ist notwendig, um die bisherige Erwachsenen-Demokratie mit ihren Mängeln und Problemen zu einer friedlichen und zufriedenstellenden *gemeinsamen Demokratie* zu machen. Schon allein aus einer demokratietheoretischen Sichtweise heraus ist eine Änderung gerechtfertigt. Außerdem werden sich durch die Einführung des Wahlrechts ohne Altersgrenze auch viele andere Dinge zum Besseren wenden – natürlich in erster Linie für die gegenwärtigen und zukünftigen Interessen der jungen Menschen selbst, aber auch für die erwachsenen Menschen und die Gesellschaft insgesamt.

II. Zwingende Gründe für die Abschaffung der Altersgrenze beim Wahlrecht

1. Beim Wählen geht es nicht um Fähigkeit

Fragt man nach dem Grund für eine Altersgrenze, so bekommt man immer die gleichen Argumente zu hören: Die jungen Menschen unter der jeweiligen Altersgrenze hätten noch nicht die ausreichende Reife zum Wählen, ihnen fehle die Einsichts- oder Urteilsfähigkeit, im Grunde genommen seien sie zu dumm dafür, müßten erst noch üben, könnten politische Zusammenhänge noch nicht verstehen oder hätten keinen Überblick, seien zu leicht beeinflußbar und interessierten sich noch nicht mal für Politik.

Immer sind die Argumente darauf ausgerichtet, es bedürfe einer einer bestimmten Wahl*fähigkeit,* die besonders junge Menschen eben nicht hätten. Dabei wird übersehen, daß es in unserem demokratischen Wahlsystem generell nicht um Fähigkeiten geht. Das ist sogar die Grundlage eines einigermaßen demokratischen Wahlsystems.

In vordemokratischen Zeiten durften nur bestimmte Menschen wählen. So war früher allgemein anerkannt, daß nur jene das Wahlrecht bekamen, die dem Staat auch eine bestimmte Menge an Steuern zukommen ließen. Das galt als logisch: Wer nicht zahlte, durfte auch nicht wählen. So hatte die Mehrzahl der Armen keine Chance, durch Wahlen an ihrer Situation etwas zu verändern. Später konnten nur Gebildete oder Intellektuelle wählen, ihnen gestand man diese Wahlfähigkeit zu. Wieder waren es die Armen, die benachteiligt wurden: Ohne Geld bekamen sie keine Bildung, ohne Bildung keine Wahlstimme und ohne Wahlstimme hatten sie keine Lobby, die ihnen mehr Geld und Einfluß zugestand.

Noch in der Mitte unseres Jahrhunderts führte man in den USA Wahlfähigkeitstests durch, die dazu führten, daß die Mehrzahl der Schwarzen vom Wahlrecht ausgeschlossen wurde, weil sie Analphabeten waren – wieder der gleiche Teufelskreis. Heute setzt man ganz bewußt *keine* Fähigkeit für das Wahlrecht voraus. Selbst in Südafrika, wo es einen hohen Anteil von Analphabeten geben dürfte, ist das inzwischen so geregelt und funktioniert auch. Wahlberechtigte Analphabeten (die es übrigens auch in Deutschland gibt) müssen dann eben die drei Buchstaben auswendig lernen. In anderen Ländern wird auch mit Symbolen gearbeitet.

Inzwischen dürfte jedem klar sein, daß gerade auch bei der Wahlstimme sehr subjektive, emotionale Entscheidungen getroffen werden.

Es ist bei uns verbürgtes und hochgeschätztes Recht, daß niemand seine Stimmabgabe zu begründen braucht und sie auch geheimhalten darf. Es wäre falsch zu behaupten, daß Gefühle bei der Wahlentscheidung keine Rolle spielen – sie spielen eine sehr entscheidende. Es sei z. B. an den Mannheimer SPD-Parteitag im November 1995 erinnert. Niemand hatte an einen Führungswechsel in der SPD geglaubt, und nach *einer* flammenden Rede von Oskar Lafontaine wandten sich innerhalb kürzester Zeit die Herzen der Parteigenossen von Rudolf Scharping ab, und Lafontaine wurde mit überwältigender Mehrheit zum Parteivorsitzenden gewählt.

Jeder Mensch entscheidet sich nach persönlichen Kriterien und seinen Wünschen, Träumen, Hoffnungen, Erfahrungen und Ängsten. Er braucht sie nicht zu begründen. Und sie werden auch nicht bewertet. Es gibt keine Instanz, die über die Qualität einer Wahlstimme bestimmen könnte. Deswegen geht es in der Demokratie letztlich nicht um Qualität der Argumente, die hinter der einzelnen Wahlstimme stehen, sondern nur um Quantität, um die Mehrheit der Stimmenzahlen.

Es ist wichtig, sich dabei bewußt zu sein, wie die Demokratie mit ihrem Mehrheitssystem entstanden ist. Die perfekte Gesellschaft wäre sicherlich eine, in der sich alle Teilnehmer immer einig über Entscheidungen wären, die von der Gesellschaft getroffen werden müssen. Eine Diskussion würde somit nicht mit einer Wahl enden, sondern mit einer Einigung. Es gäbe keine Minderheiten, deren Meinungen bei den Entscheidungen nicht berücksichtigt würden, niemand würde übergangen werden. Wir wissen aber, daß eine solche Gesellschaft – schon allein wegen der Masse der Teilnehmer – nicht nur heute praktisch unmöglich ist, deshalb gibt es das Mehrheitsprinzip. Dabei ist wichtig, daß jede Stimme das gleiche Gewicht hat und daß jeder Teilnehmer dieser Gesellschaft, der die Entscheidungen somit ja auch mittragen muß, eine Stimme hat, unabhängig von seiner Qualifikation oder von bestimmten Fähigkeiten.

Damit auch Minderheiten geschützt werden (vor den Entscheidungen der Mehrheit) gibt es in der Demokratie mit ihrem Mehrheitsprinzip zusätzlich eine Verfassung, in der Grundrechte verankert sind. Diese Grundrechte gelten für alle und können trotz Mehrheitsprinzip den Minderheiten nicht abgesprochen werden. So ist es beispielsweise nicht möglich, daß zehn Leute darüber abstimmen, welche Kleidung einer tragen soll. Obwohl dies nach dem Mehrheitsprinzip durchaus ginge, wäre es höchst undemokratisch, da es das Grundrecht des einen ist, seine Kleidung selbst zu wählen.

Genauso undemokratisch wäre ein Volksentscheid, der über das Wahlrecht für Kinder entschiede. Da das Wahlrecht ein Grundrecht ist, wie zumindest das Bundesverfassungsgericht formuliert, kann man es nicht von einer Mehrheit zugesprochen oder abgesprochen oder vorenthalten bekommen.

Grundrechte sind übrigens ebenso unabhängig von Fähigkeiten und Pflichten. Es stimmt also in diesem Fall nicht, daß das Wahlrecht an irgendwelche Pflichten gekoppelt ist. Und nun wird von der Gegenseite immer behauptet, Menschen unter 18 Jahren seien nicht rechtsfähig! Es stimmt zwar sehr wohl, daß Kinder ihre Grundrechte teilweise abgesprochen bekommen (siehe oben), aber so dürfte es nach demokratie-theoretischem Verständnis nicht sein.

»Die Grundrechtsfähigkeit von Kindern als solche ist aber heute – mehr als 40 Jahre nach dem Inkrafttreten des Grundgesetzes – nicht mehr bestritten und auch nicht bestreitbar«, schreibt die derzeitige Justizsenatorin Berlins, Lore Maria Peschel-Gutzeit[8]. Doch man braucht eigentlich nur ins Bürgerliche Gesetzbuch zu schauen, dessen § 1 besagt: »Die Rechtsfähigkeit des Menschen beginnt mit der Vollendung der Geburt.«

2. Die Fähigkeiten eines Menschen hängen nicht automatisch mit seinem Alter zusammen

Es gibt allerdings doch einige kleine Kriterien für das Wahlrecht, außer dem Alter. So darf beispielsweise Geistesgestörten und Schwerverbrechern das Wahlrecht entzogen werden. Für solche Fälle schreiben die einschlägigen Grundgesetzkommentatoren Maunz und Dürig, daß für den Entzug des Wahlrechts »zwingende Gründe« bestehen müssen. Kann man das Alter eines Menschen als »zwingenden Grund« betrachten? So wird es jedenfalls zur Zeit gehandhabt. Selbst wenn es also bei der Wahl um Fähigkeiten ginge, wäre gerade das Alter kein geeignetes Kriterium, um diese Fähigkeit zu messen:

Eines der Hauptargumente gegen das Kinderwahlrecht war bisher die »erhöhte Beeinflußbarkeit« junger Menschen. Obwohl eigentlich bekannt ist, wieviel Platz Beeinflussung in unserer Gesellschaft einnimmt und wie strategisch damit in so vielen Bereichen – Medien und Werbung vor allem – gearbeitet wird, rechtfertigt man die Altersgrenze und damit den Ausschluß von Millionen von Menschen vom Wahlrecht damit, daß diese eine etwas erhöhte Beeinflußbarkeit besäßen. Und das sagen ausgerechnet diejenigen, deren Arbeit es praktisch ist, erwachsene Menschen so zu beeinflussen, daß diese ihnen bei der Wahl ihre Stimme geben.

Beeinflußt wird heute immer und überall: in jedem Gespräch, mit jedem Plakat, in jeder Fernsehsendung. Andersherum wäre es auch undenkbar: Wie könnte man zusammenleben, wenn jede und jeder stur auf der eigenen Meinung bestünde? Und was ist überhaupt dic *eigene Meinung*? Ist es nicht eine Mischung aus ganz vielen anderen Meinungen und Einflüssen und sehr wenigen wirklich eigenen Ideen?

Über dieses Thema führten die KinderRÄchTsZÄnker aus Berlin einen Briefwechsel mit dem Erziehungswissenschaftler Prof. Wolfgang Hinte von der Universität Essen, der die Ungenauigkeit des oben genannten Arguments nur bestätigte: »Es gibt m. E. bisher keine Untersuchungen oder objektiven Belege dafür, daß die Urteilsfähigkeit mit dem Lebensalter korreliert und Kinder und

Jugendliche somit nicht fähig wären, Entscheidungen, die ihr Leben tangieren, zu treffen.« Vielmehr sollte man erkennen, daß alle Menschen beeinflußt würden und daß »auch bei vielen sogenannten Erwachsenen nicht das politische Grundsatzprogramm einer Partei oder Wahlkampfaussagen die Wahl einer bestimmten Partei beeinflussen«, wie Hinte weiter schrieb, »sondern vielmehr ›irrationale‹ Kriterien wie Antipathie/Sympathie oder ›historische‹ Gründe wie Familientradition etc. die Entscheidung für die Wahl einer bestimmten Partei nachhaltig bestimmen.« Besonders interessant finde ich dabei Hintes Hinweis auf fehlende wissenschaftliche Begründungen der Altersgrenze. Wenn es tatsächlich keine wissenschaftlichen Untersuchungen oder objektiven Belege für die Vorenthaltung des Wahlrechts für die Menschen unter der Altersgrenze gibt, wie können dann »zwingende Gründe« bestehen?

Es gibt keine zwingenden Gründe. Argumente für die Beibehaltung der Altersgrenze laufen im Endeffekt immer darauf hinaus, daß man meint, es müsse schließlich irgendeine Altersgrenze geben.

Hier werden Wahrscheinlichkeitsargumente genannt und keine zwingenden Gründe. Es gibt immer nur die Behauptung, daß jungen Menschen *vielleicht im Durchschnitt* der politische Durchblick fehle. Den so Argumentierenden ist dabei klar, daß dies für viele Einzelfälle gar nicht zutrifft und daß umgekehrt auch vielen Menschen über 18 der politische Durchblick fehlt. Genauso verhält es sich mit der *angeblich* erhöhten Beeinflußbarkeit, der fehlenden Urteilsfähigkeit oder Reife und so weiter und so fort. Es sind alles nur willkürliche *Schätzungen*, die sich zudem noch auf *Durchschnitte* berufen. Diesen Standpunkt vertreten allen Ernstes ernstzunehmende Leute. Selbst die ehemalige Bundesjustizministerin Sabine Leutheusser-Schnarrenberger berief sich während eines anderthalbstündigen Gespräches über Kindermitbestimmung darauf, daß es »schließlich irgendeine Altersgrenze geben« müsse.

Dabei wird schlicht vergessen, daß es sich beim Wahlrecht um ein *Grundrecht* handelt. Die Grundrechte konkretisieren in unserer Verfassung das schützenswerte Gut »Würde des Menschen«, die ja in Artikel 1 des Grundgesetzes für unantastbar erklärt wird. Wenn man jemandem sein Wahlrecht nimmt, ist das also eine Einschränkung oder Verletzung der Menschenwürde. Kann man hier wirklich mit Wahrscheinlichkeitsargumenten kommen, mit Schätzungen, mit Durchschnitten?

Es ist eines der wichtigsten demokratischen Rechte, die Menschen, die die Gesellschaft führen und deren Entscheidungen man selbst unterworfen ist, mitzubestimmen. Damit ist die Partizipation des einzelnen an politischen Entscheidungen des Staates gesichert. 20 Prozent unseres Volkes sind aber weiterhin davon ausgeschlossen! Weil das Wahlrecht ein so hohes und wichtiges Recht darstellt, hat man sich für den Ausschluß die »zwingenden Gründe« ausgedacht. Wenn man also tatsächlich jemandem das Wahlrecht entziehen will, muß es dafür noch prüfbare zwingende Gründe geben. In unserem Fall gibt es noch nicht einmal wissenschaftliche Untersuchungen. Es geht hier auch um die Würde des Menschen. Das Setzen einer pauschalen Altersgrenze ist darauf bezogen ein Unrecht, das sich eine Demokratie nicht leisten dürfte.

3. Es widerspricht der Demokratie, bestimmte Menschengruppen vom Wahlrecht auszuschließen

Es geht aber nicht nur um die individuelle Seite, um die Verletzung der Menschenwürde im Einzelfall. Es geht hier um den Ausschluß einer ganzen Menschengruppe von den Wahlen. Es sind jeweils junge Menschen, die unter der Altersgrenze liegen. Das hat nicht nur zur Folge, daß ihre Interessen in der Politik nicht berücksichtigt werden.

Gerade auch von Menschen, die vorgeben, kinderfreundlich zu sein, hört man oft das Argument, Kinder müßten praktisch vor diesem Recht geschützt würden, weil ihnen damit nur zusätzliche Verantwortung aufgebürdet würde. Ich komme darauf gleich noch einmal zurück, möchte aber zuerst auf den Gedanken, der dahintersteckt, eingehen. In einem Gespräch mit Marianne Birthler, der ehemaligen Parteivorsitzenden vom Bündnis 90/Die Grünen, meinte sie, man ginge davon aus, daß Kinder auch wirklich *gleich* seien, wenn man ihr gleichberechtigtes Stimmrecht einfordert.

In der Tat werden Kinder und Erwachsene in unserer Gesellschaft nicht gleich behandelt. Und das ist sicher zum Teil auch ganz gut so für die Kinder, da sie so einigen Pflichten und einiger Verantwortung entgehen können. Zum anderen Teil werden Kindern aber wegen dieser Nichtgleichbehandlung so manche Rechte vorenthalten und auch zusätzliche Pflichten aufgedrückt (wie z. B. die Schulpflicht). Es geht hier um diesen zweiten Teil der Nichtgleichbehandlung, zu dem auch die Vorenthaltung des Wahlrechts gehört. Das folgende Zitat stößt meistens erst einmal auf Widerspruch: »Gleichberechtigung heißt nicht immer Gleichverpflichtung.«

Natürlich sind Kinder und Erwachsene nicht gleich. Es gibt Unterschiede, aber Unterschiede gibt es zum Beispiel auch zwischen Männern und Frauen. Ebenso verhält es sich mit behinderten und weniger behinderten Menschen, Stärkeren und Schwächeren, Schwarzen und Weißen oder etwa Kleinen und Großen. Man kann für alle diese Menschengruppen objektive Unterschiede feststellen, sie alle sind nicht *gleich*. Und zwar nicht nur die Menschen*gruppen*, auch die Männer und Frauen jeweils untereinander sind alle verschieden, genauso wie die Schwarzen und Weißen oder Starken und Schwachen. Alle Menschen sind verschieden. Und trotzdem haben sie alle die gleichen Rechte. Nein, nicht trotzdem, sondern *weil* alle Menschen verschieden sind, sind sie alle gleichberechtigt. Damit nicht die Starken ankommen und sagen: »Ihr seid schwach. Ihr dürft nicht wählen!« Die Gleichberechtigung ist eine Erfindung gegen das Recht des Stärkeren. Immer wurden irgendwelche Menschengruppen vom Wahlrecht ausgeschlossen, bis Anfang des 20. Jahrhunderts sogar noch die Frauen. Doch mit den demokratischen Ideen kam auch das Frauenwahlrecht und irgendwann wenigstens die gesetzliche Gleichberechtigung der Frau.

Zusätzlich aber zu der Gleichberechtigung als Verhinderung des Rechtes des Stärkeren ist ein wichtiger Bestandteil eines sozialen Staates der *Schutz der Schwachen*. Es klingt zuerst ein bißchen widersprüchlich, denn es ist in diesem Falle ja keine *Gleichbehandlung* oder *Gleichverpflichtung* mehr: Alle Menschen haben die gleichen Rechte, und die Schwachen werden zusätzlich dazu noch geschützt.

Dieser Schutz darf nun nicht die Rechte der Schwachen eingrenzen, sondern er muß mit zusätzlichen Regeln dafür sorgen, daß die Schwachen ihre Rechte überhaupt nutzen können. Es ist sozusagen ein Schutz der Rechte der Schwachen.

Ein kleines praktisches Beispiel: Alle Menschen haben das Recht, mit dem Bus zu fahren. Und damit z. B. auch ein Rollstuhlfahrer von diesem Recht Gebrauch machen kann, muß für ihn *zusätzlich* eine Rampe an den Bus gebaut werden. Das ist zwar keine absolute Gleichbehandlung, aber es ist die Voraussetzung dafür, daß alle gleichberechtigt sind. Kinderschutz sieht in der Praxis ganz anders aus. Es wird sich nicht um die Gleichberechtigung von Kindern gekümmert, statt dessen nimmt man den Kindern ihre Rechte zu ihrem eigenen Schutz weg. Das widerspricht der Idee vom Schutz der Schwachen, der Grundidee eines sozialen, demokratischen Staates.

Das oben genannte Zitat – »Gleichberechtigung heißt nicht immer Gleichverpflichtung« – stammt aus dem noch weiter oben genannten Buch »Gleichberechtigung im Kinderzimmer« von Annette Böhm und Ekkehard von Braunmühl. Auf dem Cover finde ich ein gutes bildliches Beispiel von dem, was der Schutz der Schwachen auch in bezug auf Kinder eigentlich bedeuten müßte. Dort stehen ein Erwachsener und ein kleines Kind an einer Meßlatte. Damit beide die gleiche Höhe erreichen, steht das Kind auf einem Sockel, auf dem »Recht« steht.

Noch ein kleines Beispiel zum Schluß dieses Arguments: Oft bekommt man von Gegnern des Kinderwahlrechts zu hören, für Kinder sei es unerträglich, den dann stattfindenden Wahlkampf auszuhalten. Außer der Tatsache, daß ich den Wahlkampf auch jetzt schon ertragen muß, ohne mich dafür rächen zu können, finde ich das ein ungerechtes Argument.

Wenn wirklich die Tatsache, daß der Wahlkampf so oder so ausgetragen wird, dazu führt, daß man 16 Millionen Menschen ihr Grundrecht wegnimmt, so muß die Konsequenz doch sein, den Wahlkampf einzuschränken – und nicht die Rechte der Schwachen.

4. Verbesserungen, die bei einem unbeschränkten Wahlrecht einträten

Durch die geforderte Änderung des Wahlrechts würde sich das Ansehen von jungen Menschen und damit auch ihre gegenwärtige Lebenslage stark verbessern. Kinder werden rechtlich und tatsächlich als »Objekte« behandelt. Gesetzlich und leider auch in der Realität (von der Schule z. B.) werden junge Menschen lediglich als Objekte von Schutz, Erziehung, Bildung angesehen. Durch ein gleichberechtigtes Wahlrecht kämen sie zum ersten Mal als Rechtssubjekte vor. Auch in anderen Bereichen würde sich diese Einstellung nach und nach durchsetzen, so daß Kinder und Jugendliche beispielsweise an Stelle von Objekten der Erziehung und der Bildung zu Subjekten ihres Lernens werden dürften.

Konkret stellten die Menschen unter 18 ein Wählerpotential von rund 20 Prozent. Es stimmt zwar, daß von denen vielleicht nur die Hälfte tatsächlich ihre Stimme abgäben, aber das ist nicht das Entscheidende: Politik wird nämlich für das Potential gemacht und nicht für die tatsächlichen Wähler. Die Politiker müßten also handeln, den jungen Menschen in den Parteiprogrammen konkrete Angebote machen, weil es sich dann keiner mehr leisten könnte, über dieses Wählerpotential hinwegzuregieren.

Aus diesem Grund würden auch zukünftige Interessen in der Politik stärker vertreten werden. Denn Politik wird für das Wählerpotential gemacht.

Wenn allerdings die Mehrheit der Stimmen für eine rein gegenwartsorientierte Politik stimmt (z. B. weil sie die Folgen solcher Politik nicht ausbaden muß), hat das – wie man es jetzt ja auch sehen kann – fatale Folgen für die Zukunft. Mit einer Abschaffung der Altersgrenze fände eine deutliche Verschiebung des Wählerpotentials nach unten – also in die Zukunft – statt. Das bedeutete, daß die Parteien es sich in Zukunft z. B. nicht mehr einfach erlauben könnten, Pestizide zu genehmigen, die Jahre später ins Grundwasser fließen. Denn wenn die Wähler die Folgen solcher Politik selbst ausbaden müssen, wird es schwierig für eine Regierung, an der Macht zu bleiben.

III. Mögliche Einwände und Fragen mit konstruktiven Antworten und Gegenargumenten

Sollen dann auch Säuglinge an die Urne gehen? Das geht doch nicht.

Vermutlich werden die meisten kleinen Kinder, sagen wir so bis vier oder fünf Jahre, ihr Wahlrecht nicht in Anspruch nehmen. Eine neue Altersgrenze bei fünf Jahren oder mit Beginn der Schulpflicht kann aber nicht prinzipiell begründet werden. Sie bleibt undemokratisch, auch wenn es manche Eltern geben wird, die mit irgendwelchen Tricks die Wahlstimme von ihrem Baby ausnutzen. Genauso wird auch jetzt bei alten Leuten – vor allem bei Briefwahl – hin und wieder von jemand anderem das Kreuz gemacht – obwohl das streng verboten ist.

Mit der Frage nach den Babies wird von der menschenrechtlichen Grundidee abgelenkt.

Jugendliche kennen sich doch gar nicht gut genug mit Politik aus, um zu wissen, was sie wählen.

Was heißt eigentlich »sich mit Politik auskennen«? Wählen heißt doch: Ich wähle jemanden, der meine Interessen am besten vertritt.

Und der Stil der Politik würde sich bei einer Wahlrechtsänderung vermutlich ändern. Kinderwahlrecht heißt für die Erwachsenen nämlich umdenken: Politiker müssen sich Mühe geben und Wahlprogramme und Wahlreden so schreiben, daß Kinder sie kapieren können.

Kinder sind viel zu leicht zu beeinflussen.

Alle Menschen beeinflussen und werden beeinflußt. Und in dem Sinn ist es wichtig, daß Kinder und alle anderen Menschen beeinflußbar sind, denn sonst wären Wahlen, oder zumindest Wahlkämpfe völlig überflüssig.

Natürlich besteht die Gefahr, daß man absichtlich falsch informiert wird.

Auch alten Menschen, vornehmlich jenen, die senil und debil sind, kann dies leicht passieren, deswegen wird ihnen aber nicht das Wahlrecht entzogen. Wahrscheinlich sind Kinder tatsächlich in erhöhtem Maße beeinflußbar und leichter manipulierbar als erwachsene Menschen. Das liegt aber gewiß auch daran, daß viele sich vorher kaum politische Gedanken gemacht haben. Warum auch? Sie hatten ja bisher keinen Grund dazu, da sie sowieso nicht gefragt wurden.

Jedenfalls würde es den Parteien nicht so leicht gelingen, Kinder mehr zu belügen als Erwachsene, weil diese Lügen sofort von der Gegenpartei aufgedeckt würden und damit für die Lügnerpartei zu Stimmenverlusten führten.

In diesem Zusammenhang erinnere man sich an das Märchen »Des Kaisers neue Kleider«, in dem erst ein Kind der ganzen Verlogenheit ein Ende macht. Die Erwachsenen mit ihrer großen Lebenserfahrung haben sich dagegen von dem Lügner »beeinflussen‹ lassen.

Besteht nicht die Gefahr, daß Eltern ihre Kinder zwingen, eine bestimmte Partei zu wählen?

Das mit dem Zwingen wird nicht klappen – weil die Kinder, wie alle anderen auch, in der Kabine alleine entscheiden müssen. Die Gefahr der Aufdrängung eines fremden Willens besteht natürlich. Es gibt viele Fälle, in denen Menschen Erfolg damit haben, auch Erwachsenen ihre Wahlentscheidung aufzudrängen.

Erst seitdem das Wahlrecht für Frauen anerkannt wird, würden Männer als Fieslinge gelten, wenn sie Frauen in ihrer Entscheidung unter Druck setzten. Genauso würde es in ein paar Jahren nach der Einführung des Wahlrechts für die jungen Menschen aussehen.

In einer Gesellschaft, in der Kinder und Jugendliche praktisch nicht mehr als unfertige, halbe Menschen gelten, in der sie Rechte haben, z. B. das Wahlrecht, würden Eltern ihre Kinder viel weniger oder gar nicht mehr unter Druck setzen.

Kinder wissen oftmals nicht, was sie tun, und können die Bedeutung ihrer Entscheidungen nicht verstehen.

Diese Frage ist nicht nur wichtig, wenn es um das Wahlrecht für Menschen unter 18 geht. Es ist nicht nur eine Frage des Alters, ob Menschen die Tragweite ihrer Entscheidungen mitbedenken.

Zum anderen darf diese Angst nicht dazu führen, Menschen vom Recht auf Mitbestimmung auszuschließen. Je früher es gerade für junge Menschen auch von Bedeutung ist, sich zu informieren, desto besser kann einer Gefahr von »Fehlentscheidungen« vorgebeugt werden.

Was ist, wenn radikale Parteien vom Kinderwahlrecht profitieren werden?

Die radikale Denkweise einiger Jugendlicher kommt zum Teil auch daher, daß sie ausgegrenzt werden und sich mißverstanden fühlen.

Der Stimmenanteil der Menschen unter 18 Jahren liegt etwa bei 20 Prozent aller Wahlberechtigten. Von diesen wird nur ein kleiner Teil den radikalen Parteien seine Stimme geben. Die Gefahr ist also gering.

Abgesehen davon ist es höchst undemokratisch, über die Wahlordnung das Wahlergebnis zu manipulieren.

Das Wahlrecht überfordert Kinder vielleicht und bürdet ihnen zuviel Verantwortung auf.

Erst einmal muß ja keiner wählen, es geht um das Recht zu wählen und nicht um eine Pflicht. Außerdem muß man überlegen, ob der gelegentliche Druck auf Kinder, der durch Wahlen und Wahlkampf entsteht, schädlicher ist als die Teilnahmslosigkeit und Ohnmacht, die dadurch hervorgerufen wird, daß Kinder nicht wirklich an Entscheidungen beteiligt werden. Viele neue wissenschaftliche Erkenntnisse aus der Entwicklungspsychologie und der Jugendforschung, die bei der Verabschiedung des Grundgesetzes noch nicht vorlagen, bestätigen, daß Kinder ernstgenommen werden wollen.

Sollte man das Wahlalter nicht erst einmal auf 16 oder 14 Jahre senken?

Es ist nicht rechtens, daß das Alter eines Menschen entscheidet, ob er mitbestimmen darf. Die Argumentation, die zur Herabsetzung des Wahlalters auf 16 Jahre geführt wird, ist unlogisch und könnte genausogut für das Alter von z. B. 12 oder 15 Jahren geführt werden.

Bei der Herabsetzung des Wahlalters wird das Thema Gleichberechtigung ausgeschlossen.

Sollen junge Menschen auch gewählt werden können?

Ja. Natürlich. Es gibt bestimmt auch Jugendliche, die Politik aktiv mitgestalten können und wollen, um auf diese Weise etwas zu verändern. Die Wählbarkeit könnte mit weniger Bedenken eingeführt werden. Die Gefahr, daß ein politik-unfähiges Kind gewählt werden würde, ist sehr gering. Die Wähler würden so einem schließlich nicht ihre Stimme geben.

Sollte man nicht ein Familien- oder Stellvertretungswahlrecht einführen?

Nein. In einem Rechtskommentar steht: »Das Wahlrecht ist weder veräußerlich noch verzichtbar, weder abtretbar noch zur Ausübung übertragbar, es duldet keine Stellvertretung, mit anderen Worten: es ist ein höchstpersönliches Recht.« Die Interessen der Eltern weichen oft erheblich von den Interessen der Kinder ab. Und außerdem wären die Kinder dann wieder von der tatsächlichen Mitbestimmung ausgeschlossen.

IV. Die kritische Diskussion über das Wahlalter und Altersgrenzen in anderen Bereichen

Es scheint, als wollten viele Menschen die Diskussion um eine generelle Infragestellung jeder Wahlalterbeschränkung gar nicht ernsthaft führen. Immer wieder wird versucht, mit der »Säuglingsfrage« diese demokratische Selbstverständlichkeit ins Lächerliche zu ziehen. Selbst wenn es um ein Wahlrecht von 16- oder 14jährigen geht, kommen intelligente Menschen, wie beispielsweise der Schulreformer Hartmut von Hentig, dazu, solche Sätze zu schreiben: »Das Wählen von Abgeordneten ist eben etwas anderes als das Wählen von Turnschuhen!«[9]

Der Hintergrund: »Ist ein Volksvertreter, der über den Paragraphen 218 oder über Gentechnik am Menschen oder über den Kampfeinsatz deutscher Truppen im Ausland bestimmen soll, denkbar, der selber nicht Auto fahren, nicht heiraten, keinen Kaufvertrag abschließen darf?« fragt von Hentig in seinem Essay »Bildung«. Hier wird das passive Wahlrecht davon abhängig gemacht, ob der Abgeordnete selbst von seinen Entscheidungen betroffen ist oder sein kann. Ich frage also zurück: Wie viele Obdachlose sitzen demzufolge im Parlament, das ja schließlich auch über Obdachlosenpolitik entscheidet?

Wird diese Idee weitergedacht, so ist es ein Fehler gewesen, 1919 Frauen das Wahlrecht (aktiv und passiv) zuzugestehen. Die logische Folgerung wäre vielmehr, ihnen ein eigenes Parlament zu geben, wo sie über die sie betreffenden Fragen entscheiden, wie beispielsweise Make-up, Bügeleisen, Frisuren, Schlankheitsdiät etc. (natürlich nur analog zu: »Kinder interessieren sich nur für Turnschuhe«).

Die andere logische Folgerung ist schon Realität: Kinder- und Jugendparlamente. Solche Parlamente dürfen nie Ersatz für tatsächliche grundlegende Mitbestimmung über das Wahlrecht sein, sondern immer nur ein Zusatz auf lokaler Ebene, der jungen Menschen ermöglicht, ihre konkreten Bedürfnisse (wie beispielsweise Tempo 30 vor Kindergärten) einzufordern. Schließlich kommt man auch nicht auf die Idee, Erwachsenen ihr Wahlrecht zu nehmen, weil es schließlich Bürgerinitiativen gibt, die sich um ihre Belange kümmern. Im Grunde ist es sogar eine Voraussetzung für ernstzunehmende Erfolge von Jugendparlamenten, daß Jugendliche auch das Wahlrecht haben.

Und trotzdem ist die grundlegende Idee der Trennung von Wählern oder Parlamenten nach Interessengruppen schon im Ansatz falsch. Sie widerspricht der Allgemeinheit der Wahl und der Gleichwertigkeit aller Wahlstimmen. Sie läuft also auf eine Art Dreiklassenwahlrecht hinaus: Ende des 19. Jahrhunderts wurde in Preußen das Wahlvolk geschickterweise in drei Klassen geteilt, die jeweils zu einem Drittel Einfluß auf die Regierung hatten. So hatte der Adel, der nur wenige Prozent der Bevölkerung stellte, genauso großen Einfluß wie die dritte Klasse der Arbeiter, die mehr als die Hälfte der Bevölkerung stellte. Auch auf Grund dieser Lehren der geschickten Unterwanderung der Demokratie wurde schließlich das einfache Prinzip »Ein Mensch – eine Stimme« eingeführt.

Nun fragen viele, wie denn nach dieser grundsätzlichen Absage an jegliche Altersgrenze beim Wahlrecht die Altersgrenzen in anderen Bereichen behandelt werden sollten. Die Frage stellt sich ja nicht nur hier, obwohl sie in bezug auf das Wahlrecht auch stellvertretend für andere Bereiche geführt werden kann. Beim Wahlrecht kommt zu dieser Willkürlichkeit der Altersgrenze auch noch die Tatsache, daß es eben nicht um Fähigkeiten oder Qualität geht. Ich möchte hier zwei Beispiele anführen, in denen es sehr wohl um Qualität geht: das Recht, Auto zu fahren und das Strafrecht.

Wenn es in Diskussionen um die Themen Gleichberechtigung oder Abschaffung der Altersgrenzen ging, konnte man oft die Frage vernehmen: »Sollten dann auch Fünfjährige Auto fahren dürfen?«

Meine kurze Antwort war dann meistens: »Wenn ein Fünfjähriger die theoretische und praktische Führerscheinprüfung besteht, dann soll er meinetwegen auch Auto fahren dürfen.« Mal ganz abgesehen davon, daß die Autofahrerei ohnehin stark eingegrenzt werden sollte, ist in diesem Fall die Unsinnigkeit der Altersgrenze doch wirklich deutlich sichtbar. Beim Autofahren geht es um Fähigkeit. Zum Beispiel zum Schutz der Öffentlichkeit. Deswegen gibt es einen Test, den man dafür bestehen muß, die Führerscheinprüfung. Wenn man diesen Test besteht, bekommt man das Recht, in Einzelfällen kann es einem wieder genommen werden. Was soll hier die Altersgrenze? Sie ist völlig überflüssig, unerklärlich und willkürlich natürlich sowieso: Sind die 16jährigen Einwohner der USA wirklich autofahrfähiger als die gleichaltrigen Deutschen?

Kann das Alter eines Menschen generell ein Kriterium sein? Muß man nicht in sämtlichen Bereichen andere Kriterien finden? Sehr interessant ist auch noch der Bereich Strafrecht, da er im Zusammenhang mit unserer Forderung sehr gerne als Gegenargument benutzt wird. Kinder und Jugendliche seien weder voll strafmündig noch für ihre Handlungen voll verantwortlich, so könne man ihnen schließlich auch nicht das Wahlrecht geben. Streiche man die Altersgrenze beim Wahlrecht tatsächlich, müsse man dies auch beim Strafrecht tun, was bedeute, daß zum Beispiel auch Fünfjährige zu jahrelangen Haftstrafen verurteilt werden müßten.

Erst einmal ist zu sagen, daß das Wahlrecht mit dem Strafrecht wirklich gar nichts zu tun hat. Das kann man allein schon daran sehen, daß das Jugendstrafrecht von 14 bis 21 Jahren gilt und das Wahlrecht ab 18. 14jährige können also schon ins Gefängnis kommen, dürfen aber nicht wählen. Außerdem ist das Wahlrecht davon unabhängig, weil es ein Grundrecht und eben unabhängig von Strafmündigkeit und anderen Fähigkeiten ist. Aber trotzdem ist die Altersgrenze auch hier willkürlich und ungerecht. Ich erlebe es, daß 13jährige Fenster kaputtschmeißen, alte Menschen überfallen, klauen und zerstören – genau wissend, was sie tun, und daß sie wegen ihres Alters dafür nicht bestraft werden können. Ungeachtet dessen, warum sie das tun und ob die Anwendung unseres Strafrechts hier sinnvoll wäre, ist es ungerecht, daß 14jährige, die das gleiche tun, nur wegen ihres Alters härter bestraft werden.

Nach einer Podiumsdiskussion zum Thema »Wahlrecht für alle?« sprach mich eine ehemalige Schöffin an, die mir dafür ein weiteres Argument liefern wollte. Das Strafrecht wurde auch bei dieser Diskussion von der CDU erwähnt und als Gegenargument benutzt. Die Schöffin erzählte mir danach, daß sie sich während ihrer Arbeitszeit immer darüber aufgeregt habe, in welch kleinem Maße Betrunkene selbst für schwere Straftaten bestraft würden, weil sie eben in diesem Zustand unzurechnungsfähig gewesen seien – trotzdem würde ihnen deswegen nicht das Wahlrecht genommen.

Ich dachte in der folgenden Zeit noch etwas über dieses Thema nach und erinnerte mich auch daran, daß Täter unter seelischem Druck anders bestraft werden, wenn zum Beispiel ein Mann den heimlichen Freund seiner Frau umbringt. Etwas später las ich in der »Berliner Zeitung« folgendes: »Strafmaß: Ein an AIDS-Erkrankter kann mit einer milderen Strafe belegt werden als es den Buchstaben des Gesetzes entspricht (Bayerisches Oberstes Landgericht, 4 St 131190)«.[10] Man schaut also nicht nur auf die Tat, um dann die demnach gültige Strafe anzuwenden, sondern vor allem das *Motiv* des Täters ist wichtig, unter welchen Bedingungen der Täter gehandelt haben könnte und ob er unter diesen Bedingungen wirklich für seine Tat voll verantwortlich gewesen sein kann. Man fragt sich, welche Folgen eine Strafe für jemanden hätte, der nur noch kurze Zeit zu leben hat oder umgekehrt: noch das ganze Leben vor sich hat.

Damit ist die Altersgrenze auch hier überflüssig. Ein Richter sollte individuell nach der Person entscheiden, welches Strafmaß sie bekommen sollte und nicht nach irgendwelchen festgesetzten starren Altersgrenzen. Diese Möglichkeit haben Richter heute bereits.

Kann das Alter eines Menschen generell ein Kriterium sein? Ich glaube nicht. Für alle Bereiche, für die *Kriterien* nötig sind (also nicht das Wahlrecht), müssen andere gefunden werden als das Alter. Ich bin mir noch nicht hundertprozentig sicher, ob das in allen Bereichen funktionieren würde, aber eine gerechte und offene Diskussion darüber schafft wiederum nur das nicht altersbegrenzte Wahlrecht.

Ich wünsche mir eine solche Auseinandersetzung. Gehen wir den »vergessenen Schritt zum Frieden«, lassen wir die Gleichberechtigung für alle gelten. Nehmen wir das Prinzip ernst: Ein Mensch – eine Stimme.

V. Wie es weitergehen könnte

Das nicht altersbegrenzte Wahlrecht ist ein Schritt zur Gleichberechtigung, genauso wie das Wahlrecht für Frauen die Grundsteinlegung dafür war, daß nach und nach auch die anderen Rechte für sie galten. Das Wahlrecht sollte politisch (oder ggf. juristisch) durchgesetzt werden, aber es sollten auch Konzepte für eine generelle Gleichberechtigung der jungen Generation entstehen.

Hierzu ein Ansatz: Zur Zeit wird es so gehandhabt, daß die Menschen mit zunehmendem Alter (also auch zunehmender Stärke und zunehmenden Fähigkeiten) immer mehr Rechte zugebilligt bekommen. Mit sieben ist man bedingt geschäftsfähig, mit 14 darf man seine Religion wählen, mit 16 heiraten und ohne Eltern wohnen, mit 18 schließlich wählen, Auto fahren und alles andere. Die abstrakte Logik dieser Praxis ist, daß ausgerechnet den Stärkeren mehr Rechte zugebilligt werden als den Schwächeren. Ursprünglich war das Prinzip der Grundrechte aber so gedacht, daß diese gerade den Schwachen zustehen sollten, weil die Starken naturbedingt sonst immer Recht bekommen würden (Faustrecht). Die Schwachen sollten also durch mehr Rechte (und auch die Entledigung von Pflichten und Verantwortlichkeiten – auf Grund von fehlenden Fähigkeiten) geschützt werden (s. o.).

Deshalb muß die bisherige Praxis umgeändert werden. Gerade weil Kinder zu vielem nicht fähig sind – weil sie »schwach« sind –, müssen ihnen von vornherein alle Grundrechte zur Verfügung stehen. Umgekehrt werden nach diesem Prinzip nicht die Rechte mit wachsender Stärke und Fähigkeit zugesprochen, sondern die Pflichten und Verantwortlichkeiten.

Nur so kann man für Gerechtigkeit zwischen den Generationen sorgen und die Prinzipien der Demokratie einhalten.

Anmerkungen

»Erst wenn der letzte Baum gerodet ... «

[1] Die Daten und Informationen dieses Textes wurden folgenden Büchern entnommen: Gore, Al: *Wege zum Gleichgewicht. Ein Marshallplan für die Erde.* Frankfurt am Main 1994, bes. S. 33–163; Seager, Joni (Hrsg.): Der Öko-Atlas. 3. überarb. und aktualisierte Auflage. Bonn 1993; Seager, Joni (Hrsg.): *Der Öko-Atlas.* Neuausgabe. Bonn 1993

[2] Treibhauseffekt: Ansammlung sogenannter Treibhausgase (wie Kohlendioxid, Methan etc.) in höheren Schichten der Erdatmosphäre, die die von der Erde abgestrahlte Wärme auffangen und zu einem Temperaturanstieg auf der Erde führen.

[3] Die die Erde vor schädlicher UV-Strahlung schützende Ozonschicht in der Stratosphäre wird insbesondere durch Fluorchlorkohlenwasserstoffe (FCKW) verringert bzw. zerstört. Die bisher nur über den Polargebieten entdeckten »Löcher« erscheinen inzwischen auch in niedrigeren Breitengraden.

[4] Der Begriff »Umweltkatastrophe« ist irreführend, da es in der Regel der Mensch ist, der oft große Ausmaße an Naturzerstörung in Kauf nimmt.

[5] Senken dienen dem Abbau von Kohlendioxid. Pflanzen wandeln dieses in Sauerstoff um.

[6] Vgl. hierzu insbesondere Weizsäcker, Ernst Ulrich von/Lovins, Amory B./Lovins, L. unter: *Faktor vier. Doppelter Wohlstand – halbierter Naturverbrauch. Der neue Bericht an den Club of Rome.* München 1995, S. 81ff.

[7] Unter Saurem Regen ist jedoch gleichermaßen trockener Nitrat- und Sulfatstaub zu verstehen.

[8] Vgl. insbesondere UPI Umwelt- und Prognose-Institut Heidelberg e.V. (Hrsg.): *Umweltwirkungen von Finanzinstrumenten im Verkehrsbereich.* Heidelberg 1991 und Seifried, Dieter: *Gute Argumente:* Verkehr. 4. Aufl. München 1993

[9] Vgl. insbesondere Wicke, Lutz: *Die ökologischen Milliarden. Das kostet die zerstörte Umwelt – so können wir sie retten.* München 1986; Jüttner, Heiner: *Umweltpolitik mit Umweltabgaben. Ein Gesamtkonzept.* Herausgegeben von der Bundestagsfraktion Die Grünen. 2. Auflage 1992; Leipert, Christian: *Die heimlichen Kosten des Forschritts.* Frankfurt 1989; Meadows,

Dennis/Meadows, Donella/Zahn, Erich/Milling, Peter: *Die Grenzen des Wachstums. Bericht des Club of Rome zur Lage der Menschheit.* Reinbek 1973

10 Vgl. die Artikel vom 22. August 1989 in der »tageszeitung« und in der »Süddeutschen Zeitung«.

11 Vgl. Jüttner, Heiner: *Umweltpolitik mit Umweltabgaben. Ein Gesamtkonzept.* Herausgegeben von der Bundestagsfraktion Die Grünen. 2. Auflage 1992

12 Zur ganz grundsätzlichen Kritik marktwirtschaftlicher Elemente und zur Monetarisierung in der Umweltpolitik vgl. Brüggen, Willi: *Der politische Preis der ökologischen Währung.* In: Andere Zeiten, Forum für politische Ökologie und soziale Emanzipation. 4/96, September/Oktober 1996

13 Die Vielzahl unterschiedlichster Vorstellungen und Ziele in diesem Bereich sind beispielsweise im Dokumentationsreader einer Anhörung zur Ökosteuer am 15. Juni 1995 durch die bündnisgrüne Bundestagsfraktion zu finden, bei der auch Wirtschafts- und Gewerkschaftsvertreter zu Wort kamen. Informativ ist auch das von Greenpeace in Auftrag gegebene DIW-Gutachten. Ansonsten finden sich Grundlagen bei Krebs/Reiche 1996.

14 Vgl. Krebs, Carsten/Reiche, Danyel: *Umverteilung statt ökologischer Steuerreform.* Leserbrief im »Tagesspiegel« vom 5. Januar 1997

15 Vgl. Ohne Verfasser: *Klagen als Steuerlüge enttarnt. Deutsche Unternehmen zahlen vergleichsweise am wenigsten.* Erschienen in »Süddeutsche Zeitung«, 3. Januar 1997

16 Weizsäcker, Ernst Ulrich von/Lovins, Amory B./Lovins, L. Hunter: *Faktor vier. Doppelter Wohlstand – halbierter Naturverbrauch. Der neue Bericht an den Club of Rome.* München 1995

17 Allerdings sollte gerade bei Effizienzsteigerungen im Verkehrsbereich nicht übersehen werden, daß Verkehr nicht nur ein ökologisches, sondern auch ein großes soziales Problem ist.

18 Vgl. dazu Gore, Al: *Wege zum Gleichgewicht. Ein Marshallplan für die Erde.* Frankfurt am Main 1994, S. 42 ff.

19 BUND/Misereor (Hrsg.): *Zukunftsfähiges Deutschland. Ein Beitrag zu einer global nachhaltigen Entwicklung.* Basel, Boston, Berlin 1996; interessante Anmerkungen zur Diskussion um die Studie bei Diefenbacher, Hans: *»Zukunftsfähiges Deutschland«. Die nächste Runde in der Diskussion um nachhaltige Entwicklung.* In: Blätter für deutsche und internationale Politik, 12/95, S. 1507–1509

20 Jüttner, Heiner: *Umweltpolitik mit Umweltabgaben. Ein Gesamtkonzept.* Herausgegeben von der Bundestagsfraktion Die Grünen. 2. Auflage 1992, S. 62

Staatsverschuldung oder Der Fluch der späten Geburt

1 Vgl. Heinemann, F.: *Vorschlag zum Schutz zukünftiger Generationen: Neue Schulden nur noch mit Erlaubnis aufnehmen,* in: Handelsblatt, 30. Juli 1996

2 Vgl. hierzu die Berechnungen von Müller, H.-W., Roppel, U.: *Eine Abschätzung des Kapitalbedarfs bei einer vollständigen Kapitaldeckung der gesetzlichen Rentenversicherung.*

3 Vgl. Knapp, P.: *Schuldenuhr: Es rast die Uhr im Sauseschritt,* in: Der Steuerzahler, Juli 1995, S. 124

4 Vgl. Bund der Steuerzahler (BdSt): *Die Schulden von heute sind die Steuern von morgen,* Wiesbaden 1995

5 Vgl. Fälschle, Ch.: *Der Fluch der späten Geburt,* in: Capital, 9/96, S. 135 ff.

6 So beschlossen im »Londoner Schuldenabkommen«.

7 Oft sind es gerade die wohlhabendsten Kommunen mit den höchsten Steuereinnahmen, die sich auch am meisten verschuldet haben, z. B. die Stadt Frankfurt/Main.

8 Vgl. von Weizäcker, R. K.: *Staatsverschuldung und Demokratie,* in: Kyklos, 45, 1992, S. 51–67

9 Dieses wurde besonders durch das Versprechen des Kanzlers verdeutlicht, als er sagte, daß die Steuerlast nicht steigen müsse, um die deutsche Wiedervereinigung finanzieren zu können

10 Vgl. Ottnad, A.: *Wohlstand auf Pump: Ursachen und Folgen wachsender Staatsverschuldung in Deutschland,* Frankfurt/Main 1996, S. 180

11 So werden derzeit zwölf Straßenbauprojekte im Werte von acht Milliarden Mark in dieser Variante realisiert; in weiteren Gebieten, so z. B. dem Hochschulbau, ist diese Finanzierungsvariante im Gespräch; zunehmend beschafft der Staat sich weiterhin Leistungen durch Leasing.

12 Wobei hier einschränkend gesagt werden muß, daß es sich um eine andere historische Situation handelte; ein solch weitgehender Konsumverzicht in den neuen Ländern wäre heute aus sozialen Gründen nicht wünschenswert, aus politischen Gründen nicht machbar.

13 Vgl. Püttner, G.: *Staatsverschuldung als Rechtsproblem.* 1980

14 An dieser Stelle sei bemerkt, daß die Nettokreditaufnahme der Industriestaaten den sich »entwickelnden« Staaten nicht gerade dienlich ist; für sie steigen dadurch die Kapitalkosten und bremsen so ihr Wachstum.

15 Vgl. Tietmeyer, H.: *In welchem Umfang darf sich ein Staat verschulden?,* in: Politik und Zeitgeschichte, Bd. 18, 30. April 1993, S. 14 f.

16 Wobei das größte Problem wohl zu hoher *Staatskonsum* darstellt.

17 Vgl. Tietmeyer, H., a. a. O., S. 16

18 Man nennt diesen Effekt *Schuldenfalle* oder *Schuldenspirale.*

19 Vgl. Ottnad, A.: *Wohlstand auf Pump: Ursachen und Folgen wachsender Staatsverschuldung in Deutschland,* Frankfurt/Main 1996, S. 85–87

20 Einschränkend ist hier zu sagen, daß Deutschland im Saldo noch nicht im Ausland verschuldet ist.

21 Es wäre folglich eine zunehmende Aktivierung der Leistungsbilanz notwendig. Zusätzliche Kapitaltransfers führen dann zu Wohlstandsverlusten.

22 Vgl. Ottnad, A.: *Wohlstand auf Pump: Ursachen und Folgen wachsender Staatsverschuldung in Deutschland,* Frankfurt/Main 1996, S. 94 f.

23 Das *Ricardianische Äquivalenztheorem* hingegen geht davon aus, daß man durch Staatsverschuldung gar keine Lasten in die Zukunft verschieben könne. Dessen Annahmen, z. B. die eines »unsterblichen Konsumenten« (!) schienen uns so wirklichkeitsfern, daß wir die Theorie nicht weiter verfolgten. Vgl. Kitterer, W.: *Sind Steuern und Staatsverschuldung äquivalente Instrumente zur Finanzierung der Staatsausgaben?,* in: Kredit und Kapital, Heft 19, S. 271– 291 und Barro, R. J.: *The Ricardian Approach to Budget Deficits,* in: Journal of Economic Perspektives, 3/2, 1989, S. 37–54

24 Man spricht hier vom sogenannten *crowding-out effect,* was bedeutet, daß Privatinvestitionen durch staatliche Investitionen ersetzt wurden.

25 Vgl. o. V.: *Auf Italien entfällt ein Viertel der Schulden: Deutschland folgt an zweiter Stelle – Unterschiedliches Gewicht der Defizite,* in: Frankfurter Allgemeine Zeitung, 29. Aug. 1996

26 Vgl. Schlesinger, H., Weber, M., Zierbarth, G.: *Staatsverschuldung – ohne Ende?: Zur Rationalität und Problematik des öffentlichen Kredits,* Darmstadt 1993, S. 217–231

27 Vgl. Mundorf, H.: *John Maynard S.,* in: Handelsblatt, 27. Dez. 1995

28 Eine Arbeitslosigkeit, die nicht einfach durch konjunkturelle Schwankungen erklärt werden kann, sondern z. B. von der Bevölkerungsstruktur und dem Wandel der Industrien abhängt.

29 So verständlich und vernünftig diese Maßnahmen kurzfristig auch sein mögen; langfristig stellen sie die Gesellschaft vor große Probleme, so z. B. durch den angehäuften Schuldenberg.

30 In den USA wird die Diskussion oft sehr polemisch geführt. Das Staatsdefizit ist sicherlich nicht das »terrible monster«, das die Gesellschaft in Frage stellt, wie Ross Perot behauptet. Zur Amerikanischen Diskussion: Krugman, P.: *Peddling Prosperity,* New York 1995, S. 151–169

31 Vgl. Krugman, P.: *Peddling Prosperity,* New York 1995, S. 165–167

32 Vgl. Carnegy, H.: *Sweden missing Emu criteria,* in: The Financial Times, 28. März 1996

33 Vgl. Persson, G.: *Schweden spart mit mehr Erfolg als Deutschland,* in: Die Welt, 9. Dez. 1996, auch: Tenbrock, Ch.: *Angriff auf die Armen: Streit um den amerikanischen Haushalt,* in: Die Zeit, 19. Mai 1995, S. 21

34 Vgl. o. V.: *Perssonal effects,* in: The Economist, 27. Januar 1996

35 Vgl. Raffelhüschen, B., Walliser, J.: *Generational Accounting: Eine Alternative zur Messung intergenerativer Umverteilungspolitik,* in: WiSt, Heft 4, April 1996, S. 181

36 Fälschle, Ch., Höfer, M. A.: *Alt müßte man sein*, in: Capital, 3/97, S. 132–136

37 Man spricht hier von der *»Futurisierung« der Probleme.*

38 Vgl. Ottnad, A.: *Wohlstand auf Pump: Ursachen und Folgen wachsender Staatsverschuldung in Deutschland*, Frankfurt/Main 1996, S. 125–130

39 Vgl. von Weizäcker, R. K.: *Staatsverschuldung und Demokratie*, in: Kyklos, 1992, S. 51–67

40 Viele dieser Ideen sind nicht neu, sie stammen aus der katholischen Soziallehre.

41 Vgl. Wenzel, H.D.: *Die ökonomische Rationalität von Art. 115 GG*, in: Wirtschaftsdienst, XII, 1990, S. 156–162

42 Solch ein Vorgehen müsse natürlich im Einzelfall auf seine Zweckmäßigkeit hin geprüft werden. Nicht jede Staatsausgabe sollte ertragreich verwandt werden!

43 Vgl. Krüger, M.: *Kann es in europäischen Ländern zum Staatsbankrott kommen?: Ein altes Thema gewinnt an Aktualität*, in: Neue Züricher Zeitung, 23. Febr. 1996

44 Vgl. Wissenschaftlicher Beirat beim Bundesministerium der Finanzen (BMF), (1994/2), *Zur Bedeutung der Maastricht-Kriterien für die Verschuldungsgrenzen von Bund und Ländern. Gutachten*, in: Schriftenreihe des BMF, 56, Bonn, S. 25–28

45 Vgl. o. V.: *Tietmeyer fordert Durchforsten des Sozialstaats*, in: Frankfurter Rundschau, 12. Jan. 1995 und Zänker, A.: *Der große Staat hat seinen Höhepunkt überschritten: Der Trend geht hin zum schlankeren »Minimalstaat«*, in: Die Welt, 13. Dez. 1996

46 Es geht hier nicht um eine Privatisierung um jeden Preis, sondern lediglich um eine notwendige Tendenz; jede potentielle Privatisierung müßte im Einzelfall kritisch geprüft werden.

47 Vgl. Wissenschaftlicher Beirat beim Bundesministerium der Finanzen (BMF), (1994/1) *Perspektiven staatlicher Ausgabenpolitik. Gutachten*, in: Schriftenreihe des BMF, 51, Bonn, S. 22– 36

48 Selbst die nachrückende Generation hat bis zu ihrem 18. Lebensjahr nicht das Recht, an Wahlen teilzunehmen (siehe Benjamin Kiesewetters Beitrag)

49 Vgl. von Weizäcker, R. K.: (1992) *Staatsverschuldung und Demokratie*, in: Kyklos, 45, S. 51–67. Siehe auch: Roubini, N. und Sachs J. D. (1989) *Political and Economic Determinants of Budget Deficits in the Industrial Democracies*, in: European Economic Review, 33, S. 903–938

50 Vgl. ÖDP-Bundesparteiprogramm 1994

51 Außerdem gibt es ja auch einen recht hohen Freibetrag, so daß nur die Reichen zahlen müssen.

52 Bei den beiden Weltkriegen waren die Schulden natürlich nicht die Ursachen, sondern die Folgen des Krieges.

53 Vgl. Martin, P. C.: *Wann kommt der Staatsbankrott*, München 1983, S. 10

54 Lorenz von Stein schrieb dazu 1875 seinen wohl berühmtesten Satz: »*Ein*

Staat ohne Staatsschuld thut entweder zuwenig für seine Zukunft, oder er fordert zuviel von seiner Gegenwart.«

55 Vgl. Schlesinger, H., Weber, M., Ziebarth, G.: *Staatsverschuldung – ohne Ende?: Zur Rationalität und Problematik des öffentlichen Kredits,* Darmstadt 1993, S. 217–231

Wie die gesetzliche Rentenversicherung nach dem Prinzip der Generationengerechtigkeit reformiert werden kann

1 Vgl. Verband Deutscher Rentenversicherungsträger (Hrsg.): *Prognos-Gutachten 1995.* Perspektiven der gesetzlichen Rentenversicherung für Gesamtdeutschland vor dem Hintergrund veränderter politischer und ökonomischer Rahmenbedingungen, Basel 1995, S. 12

2 Vgl. Sozialbeirat: *Gutachten des Sozialbeirats zum Rentenversicherungsbericht 1996,* Bundestagsdrucksache 13/5370, Bonn 1996, S. 1

3 Vgl. Verband Deutscher Rentenversicherungsträger (VDR)/Mörschel, Richard: *Das Finanzierungssystem der gesetzlichen Rentenversicherung,* Vortrag zum Pressefachseminar (in schriftlicher Form), Frankfurt am Main 1996, S. 22

4 Vgl. Nürk, Bettina/Schrader, Alexander: *Von der Pensionsrückstellung zum Pensionsfonds: Eine Chance für den deutschen Finanzmarkt,* in: Deutsche Bank Research, Frankfurt am Main 1995, S. 3

5 Borchert, Jürgen: *Renten vor dem Absturz,* Frankfurt am Main 1993, S. 43

6 Nell-Breuning, Oswald von: *Die Produktivitätsrente,* in: Zeitschrift für Sozialreform, 2. Jg. (1956), Heft 4, S. 97, zitiert nach: Dokumente der Deutschen Politik und Geschichte, 1952, Band 1, S. 396

7 Vgl. Borchert, J.: Renten, S. 43

8 Ebenda, S. 45

9 Vgl. Borchert, J.: Renten, S. 50

10 Vgl. VDR/Mörschel, R.: Finanzierungssystem, S. 2

11 Ebenda, S. 3

12 Nell-Breuning, O.: Produktivitätsrente, S. 97

13 Vgl. Borchert, J.: Renten, S. 30

14 Vgl. o. V.: »*Gesetzgeber soll zu seinen Beschlüssen stehen. Fragen zur Rentenformel an Franz Ruland,* in: Frankfurter Allgemeine Zeitung, Nr. 7 (20. 2. 1994), S. 7

15 Vgl. Bundesministerium für Arbeit und Sozialordnung (BMA): *Übersicht über das Sozialrecht,* 3. neubearbeitete und erweiterte Auflage, Bonn 1994, S. 214

16 Schreiber, Winfried: *Existenzsicherung in der industriellen Gesellschaft,* Köln 1955, S. 12 f.

17 Vgl. BMA: Sozialrecht, S. 213

18 Vgl. Verband Deutscher Rentenversicherungsträger (VDR): *Rentenversicherung in Zahlen 1996* (Faustdaten), 18. Auflage, Frankfurt 1996

19 Vgl. Bundesregierung: *Rentenversicherungsbericht 1996* (Bericht der Bundesregierung über die gesetzliche Rentenversicherung, über die Entwicklung der Einnahmen und Ausgaben, der Schwankungsreserve sowie des jeweils erforderlichen Beitragssatzes in den künftigen 15 Kalenderjahren gemäß § 154 SGB VI), Bonn 1996, S. 24 u. 28

20 Vgl. Borchert, J.: Renten, S. 30

21 Vgl. Sachverständigenrat: *Jahresgutachten 1996/97 des Sachverständigenrates zur Begutachtung der gesamtwirtschaftlichen Entwicklung,* Bonn November 1996, S. 230

22 Vgl. Borchert, J.: Renten, S. 42

23 Vgl. Gischer, Horst: *Die Höhe der Rentenversicherungsbeiträge im Kapitaldeckungsverfahren,* in: WIST – Wirtschaftswissenschaftliches Studium, 25. Jg. (1996), Heft 6, S. 274; Tab. 12 im Anhang, S. XLVII

24 Klusmann, Steffen: *Der nächste Zug entscheidet,* in: managermagazin, Heft 1/1997, S. 168

25 Vgl. Statistisches Bundesamt: *Entwicklung der Bevölkerung bis 2040. Ergebnis der achten koordinierten Bevölkerungsvorausberechnung,* in: Wirtschaft und Statistik, 30. Jg. (1994), Heft 7, S. 497

26 Ebenda, S. 498

27 Ebenda, S. 500

28 Vgl. Bundesministerium des Inneren (BMI): *Modellrechnungen zur Bevölkerungsentwicklung in der BRD bis 2040,* Bonn 1996, S. 10

29 Vgl. Deutscher Bundestag, Referat Öffentlichkeitsarbeit (Hrsg.): *Zwischenbericht der Enquete-Kommission »Demographischer Wandel« – Herausforderung unserer älter werdenden Gesellschaft an den einzelnen und die Politik,* Bonn 1994, S. 69

30 Vgl. Kaufmann, Franz-Xaver/Leisering, Lutz: *Demographische Veränderungen als Problem für soziale Sicherungssysteme,* in: Kaufmann, Franz-Xaver/Leisering, Lutz: Studien zum Drei-Generationenvertrag, Institut für Bevölkerungsforschung und Sozialpolitik (IBS), Universität Bielefeld, Materialien Nr. 15, Bielefeld 1985, S. 128

31 Vgl. Statistisches Bundesamt: Entwicklung, S. 502

32 Vgl. BMI: Bevölkerungsentwicklung, S. 11

33 Vgl. Tremmel, Jörg: *Der Weg in eine nachhaltige Welt,* unveröffentlichtes Manuskript, S. 132

34 Vgl. VDR: Prognos-Gutachten, S. 104

35 Ebenda, S. 1

36 Ebenda, S. 11

37 Ebenda, S. 16

38 Vgl. Sozialbeirat: Gutachten, S. 216

39 Vgl. Tremmel, Jörg: *Der Generationsbetrug,* Frankfurt am Main 1996, S. 38 f.

40 Vgl. Blüm, Norbert: *Sozialstaat. Prinzipien – Positionen – Perspektiven,* Bonn 1996, S. 14

41 Ebenda, S. 13

42 Ebenda, S. 13

43 Vgl. Schmähl, Winfried: *Fragwürdige Schrumpfkur,* in: Die Zeit, Nr. 52 (20.12.96), S. 20

44 Derselbe: *Perspektiven der Alterssicherung – Anmerkungen zur deutschen und internationalen Diskussion,* in: Betriebliche Altersversorgung, 50. Jg. (1995), Folge 4, S. 106

45 Mackenroth, Gerhard: *Die Reform der deutschen Sozialpolitik durch einen deutschen Sozialplan,* in: Böttcher (Hg.): Sozialpolitik und Sozialreform, Tübingen 1957, S. 49. Erstabdruck in: Schriften des Vereins für Socialpolitik – Gesellschaft für Wirtschafts- und Sozialwissenschaften, Neue Folge – Band 4, Berlin 1952

46 Siehe zur Bewertung der Reformvorschläge auch Tabelle am Ende des Aufsatzes.

47 Vgl. Glismann, Hans/Horn, Ernst: *Zur Reform des deutschen Systems der Alterssicherung,* Institut für Weltwirtschaft, Kieler Arbeitspapier Nr. 767, September 1996; außerdem: Glismann, Hans/Horn, Ernst: *Die Krise des deutschen Systems der staatlichen Alterssicherung,* in: Ordo. Jahrbuch für die Ordnung von Wirtschaft und Gesellschaft Heft 46, 1995, S. 309–344

48 Glismann, H./Horn, E.: Reform, S. 16

49 Ebenda, S. 18

50 Siehe hierzu die beiden Sammelbände: Schwarz-Schilling, Christian (Hrsg.): *Langfristig sichere Rente. Ein Weg zur Erfüllung des Generationen-Vertrages,* Bonn 1988 u. Felderer, Bernhard (Hrsg.): *Kapitaldeckungsverfahren versus Umlageverfahren. Demographische Entwicklung und Finanzierung von Altersversicherung und Familienlastenausgleich,* Berlin 1987

51 Vgl. Sachverständigenrat: Jahresgutachten 1996/97, S. 232

52 Ebenda, S. 232

53 Kommission »Fortentwicklung der Rentenversicherung«: *Vorschläge der Kommission »Fortentwicklung der Rentenversicherung«,* Bonn 1997, S. 2

54 Vgl. Glismann, H./Horn, E.: Reform, S. 21

55 Ebenda, S. 21

56 Vgl. BMA/Blüm, N.: Sozialstaat, S. 20

57 Vgl. Glismann, H./Horn, E.: Reform, S. 23

58 Vgl. Breyer, Friedrich/Clover, Friedrich: *Ökonomische Theorie der Alterssicherung.* Skriptum der Fernuniversität Hagen, Kurseinheit 1 (Einführung und Grundmodell der effizienten Alterssicherung), Hagen 1989; S. 23–35

bzw. Breyer, Friedrich: *Ökonomische Theorie der Alterssicherung*, München 1990

59 Siehe dazu ausführlich »Die Mackenroth-Hypothese«, S. 181–188

60 Vgl. Klusmann, Steffen: *Der nächste Zug entscheidet*, in; managermagazin, 1/1997, S. 168

61 BMA/Blüm, N.: Sozialstaat, S. 20

62 Vgl. Gerke, Wolfgang: *Hindernisse und Probleme deutscher mittelständischer Unternehmen und Unternehmensgründer beim Zugang zum deutschen und internationalen Kapitalmarkt im Vergleich zu ausgewählten EU-Ländern.* Abschlußbericht des Forschungsauftrages 24/95 am Zentrum für Europäische Wirtschaftsforschung, Mannheim 1995, S. 91

63 Vgl. Storm, Andreas: *Für eine belastungsgerechte Erneuerung des Generationsvertrages. Konzeptionelle Überlegungen für eine tragfähige Reform der gesetzlichen Rentenversicherung*, unveröffentlichtes Manuskript, Bonn 1996, S. 7

64 Vgl. Schwarz-Schilling, Christian: *Die Rentenreform. Anpassungsmaßnahmen und strukturelle Neuansätze sind erforderlich*, Bonn 1987

65 Mackenroth, G.: Sozialplan, S. 45–46

66 Nell-Breuning, O.: *Die optische Täuschung in der Rentendiskussion*, in: Stimmen der Zeit, 33. Jg. (1986), Heft 11, S. 738

67 Vgl. Neumann, Martin: *Kapitaldeckung zur Ergänzung des Umlageverfahrens*, in: Schwarz-Schilling, Christian (Hrsg.): *Langfristig sichere Rente – Ein Weg zur Erfüllung des Generationenvertrages*, Bonn 1988, S. 350

68 Vgl. Martin, Hans-Peter/Schumann, Horst: *Die Globalisierungsfalle. Angriff auf Demokratie und Wohlstand*, Hamburg 1997, S. 74

69 Vgl. Weltbank: *Averting the old age crisis. Policies to protect the old and promote growth*, Washington 1994, S. 3

70 Z. B. Körber, Karl-Otto: *Gerechtigkeit für Mackenroth! Zum Hintergrund von Irrungen der gegenwärtigen Alterssicherungsdiskussion*, Sonderdruck aus: Versicherungswirtschaft, Heft 18/1995

71 Schreiber, W.: *Existenzsicherung*, S. 28

72 Vgl. Tremmel, J.: Nachhaltige Welt, S. 314–327

73 Mackenroth, G.: Sozialplan, S. 46

74 Brief von Oswald von Nell-Breuning an Bundesminister Christian Schwarz-Schilling vom 21.9.1988

75 o. V.: *Privatrenten werden massiv gekürzt*, in: Hannoversche Allgemeine, Nr. 9 (10.1.1997), S. 2

76 Vgl. Eitenmüller, Stefan: *Die Rentabilität der gesetzlichen Rentenversicherung – Kapitalmarktanaloge Renditeberechnungen für die nahe und die ferne Zukunft*, in: Deutsche Rentenversicherung, 67. Jg. (1996), Heft 12, S. 791

77 Biedenkopf, Kurt: *Von der Arbeitnehmerrente zur Grundrente. Das Konzept der Grundsicherung im Alter für alle Bürgerinnen und Bürger*, hrsg. vom Institut für Wirtschaft und Gesellschaft, Bonn 1997

78 a. a. O., S. 4

79 Bündnis 90/Die Grünen: *Die BündnisGrüne Grundsicherung, Ein soziales Netz gegen die Armut,* 1996

80 VDR: Grundrente, S. 9

81 BMA/Blüm, N.: Sozialstaat, S. 11

82 Ebenda S. 31

83 Müller, Hildegard: *Wir fordern eine Grundrente,* in: Junge Union: »E Spezial. So retten wir die Rente«, Bonn 1996, S. 8

84 Vgl. Graue Panther, Senioren-Schutzbund: *Kurzfassung des aktuellen Wahlprogramms,* 1996 bzw. Programm des Senioren-Schutzbundes, Graue Panther, Außenstelle Berlin, 1997

85 Vgl. VDR: *Fakten und Argumente zum Thema »Grundrente ja oder nein?«,* Heft Nr. 2, Frankfurt 1995, S. 9

86 Vgl. Müller, Horst-Wolf/Tautz, Roland: *Ein Grundrentensystem wäre teuer!,* in: Deutsche Rentenversicherung, 67. Jg. (1996), Heft 12, S. 770

87 Vgl. o. V.: *»Hol raus, was du kannst«.* Norbert Blüm im Spiegel-Gespräch, in: Der Spiegel, Heft 18/1995, S. 31

88 Siehe ausführlich: Tremmel, Jörg: Der Generationsbetrug, Frankfurt am Main 1996, S. 34 ff.

89 Hauch-Fleck, Marie-Luise: *»Gefangen im System – Ein grundlegender Umbau der Rentenversicherung wäre teuer und ohne Nutzen«,* in: Die Zeit, Nr. 29 (2.8.1996), S. 15

90 Vgl. UnternehmensGrün: *Thesen zur Reform der sozialen Sicherungssysteme,* Stuttgart 1996, zu beziehen über den Verband (Rieckestraße 26, 70190 Stuttgart), S. 1

91 Handwerkskammer Harnburg: *Das norddeutsche Handwerk fordert: Finanzierungsreform des Sozialsystems,* Resolution der Nordkonferenz vom 27.4.1993, Hamburg 1993, S. 5

92 Vgl. Glismann, H./Horn, E.: Reform, S. 4; Borchert, J., Renten, S. 109; Nell-Breuning, Oswald von (Hrsg.): *Soziale Sicherheit? Zu Grundfragen der Sozialordnung aus christlicher Verantwortung,* Freiburg 1979, S. 27; Eitenmüller, S.: Rentabilität, S. 785

93 Vgl. Borchert, J.: Renten, S. 109

94 Vgl. Butterweck, Hellmut: *Das Sozialsystem ist in einer Krise, aber die Rückkehr der Arbeit in die Produktion ist machbar,* in: Kempfenhausener Notizen, Heft 6, 1996, S. 7–11

95 Vgl. Sachverständigenrat: Jahresgutachten 1996/97, S. 229

96 Vgl. Eitenmüller, S.: Rentabilität, S. 792

97 Biedenkopf, Kurt: *Von der Arbeitnehmerrente zur Grundrente. Das Konzept der Grundsicherung im Alter für alle Bürgerinnen und Bürger,* hrsg. vom Institut für Wirtschaft und Gesellschaft, Bonn 1997, S. 1

98 Kommission »Fortentwicklung der Rentenversicherung«: *Vorschläge der Kommission »Fortentwicklung der Rentenversicherung«,* Bonn 1997, S. 2

99 Ebenda, S. 4

100 o. V. »*Schon 1998 verbesserte Anrechnung der Kindererziehungszeiten*«, in FAZ vom 24.5.97, S. 1

101 Ebenda, S. 9

102 Ebenda, S. 11

103 Opitz, Heike: »*Die Brücke zwischen den Generationen neu bauen*«, in: FAZ vom 1.Juni 1997, S. 5

104 Vgl. Sachverständigenrat: Jahresgutachten 1996/97, S. 229

105 Vgl. Kaufmann, F.-X./Leisering, L.: Veränderungen, S. 149

106 Vgl. o. V.: *Die Rentenreform oder wie die Alten die Jungen ausplündern,* in: Der Spiegel, Heft 6/1997, S. 25–36; o. V.: *Stehen Jung und Alt vor dem Generationenkampf?,* in: Focus, Heft 8/1997, S. 78–83

107 Vgl. VDR: Prognos-Gutachten, S. 12

108 o. V.: Babel, Gisela: *Kein höherer Bundeszuschuß zur Rentenkasse,* in: FAZ, Nr. 23 (28.1.97), S. 17

109 Ebenda, S. 20

110 Ebenda, S. 21

111 Vgl. Bomsdorf, Eckhart: *Ansätze zur Adoption der Rentenfomel. Ein Beitrag zur Lösung des Rentenproblems,* in: Deutsche Rentenversicherung, 67. Jg. (1996), S. 401

112 Vgl. o. V.: *Die Rentenreform oder wie die Alten die Jungen ausplündern,* in: Der Spiegel, Heft 6/1997, S. 34

113 BMA/Infratest Burke: *Alterssicherung in Deutschland 1995 (Schnellbericht),* München 1997, S. 9

114 Vgl. VDR: Prognos-Gutachten, S. 11

115 Vgl. BVerfGEntscheidungen, Bd. 69, S. 272; zur langjährigen Diskussion über die Eigentumsgarantie der Renten siehe: Ruland, Franz: *Die Entscheidung des Bundesverfassungsgerichts vom 16. Juli 1985 zum Eigentumsschutz von Anrechten aus der gesetzlichen Rentenversicherung,* in: Deutsche Rentenversicherung 57. Jg. (1986), Heft 1/2, S. 13–28; Borchert, Jürgen: *Operation ohne Diagnose,* in: Zeitschrift für Sozialreform, 34. Jg. (1988), Heft 6, S. 321–339; Ruland, Franz: *Die Sparmaßnahmen im Rentenrecht und der Eigentumsschutz von Renten,* in: Deutsche Rentenversicherung, Heft 1/2, 68. Jg. (1997), S. 94–109

116 Vgl. BVerfGEntscheidungen, Bd. 53, S. 257

117 Vgl. o. V.: *Der Staat ist in der Pflicht.* Interview mit dem Staatsrechtsprofessor Hans-Jürgen Papier, in Der Spiegel, Heft 21/1996, S. 95

118 Vgl. Depenheuer, Otto: *Wie sicher ist verfassungsrechtlich die Rente? – Vom liberalen zum solidarischen Eigentumsbegriff,* in: Archiv des öffentlichen Rechts, 120. Jg. (1994), Bd. 120, S. 442

119 Ebenda, S. 420

120 Vgl. VDR/Mörschel, R.: Finanzierungssystem, S. 17

121 Brief von Oswald von Nell-Breuning an Jürgen Borchert vom 1.9.1988.

122 Vgl. Deutscher Bundestag, Referat Öffentlichkeitsarbeit (Hrsg.): *»Demographischer Wandel«*, S.6
123 Vgl. Wahl, Stefanie: *Der materielle Wohlstand vieler älterer Menschen in Deutschland,* in: Verheugen, Günter (Hrsg.): 60plus. Die wachsende Macht der Älteren, Köln 1994, S.91
124 Ebenda, S.93
125 BMA/Infratest Burke: *Alterssicherung in Deutschland 1995 (Schnellbericht),* München 1997, S. 21. Darin enthalten sind alle Einkommensarten, also z.B. Renteneinkünfte, Zinseinkünfte, Einkünfte aus Vermietung und Verpachtung, Wohngeld, Sozialhilfe usw.
126 a.a.O.; S.12
127 Husmann, Jürgen: *Zur aktuellen Lage der Rentenversicherung,* in: Deutsche Rentenversicherung, 67. Jg. (1996), Heft 12, S.757
128 Jugendwerk der deutschen Shell (Hrsg.): *Jugend '97. Zukunftsperspektiven. Gesellschaftliches Engagement. Politische Orientierungen,* Opladen 1997, S.17
129 Der Spiegel vom 3.2.1997 (Titelstory).
130 Vgl. Ruland, Franz: *Befreiung der Sozialversicherung von versicherungsfremden Leistungen – eine überfällige ordnungspolitische Bereinigung,* in: Arbeit und Sozialpolitik, 50. Jg. (1996), Heft 3/4, S.44
131 Vgl. VDR: *Fakten und Argumente zum Thema: Versicherungsfremde Leistungen – sachgerecht finanzieren,* Heft Nr. 5, Frankfurt am Main 1/1997, S.10
132 Vgl. Schmähl, W.: Perspektiven, S. 108
133 Vgl. VDR: Prognos-Gutachten, S.1

Jugend ohne Arbeit

1 Stellvertretend für viele sei auf den Artikel der englischen Arbeitsministerin Gillian Sheppard in der Frankfurter Rundschau vom 10.01.1997 verwiesen.
2 Die genannten Zahlen sind entnommen aus: Roitsch, Jutta: *Viele Arbeitgeber nicht mehr zur Ausbildung bereit,* in: FR, 05.02.1997
3 Vgl. DIHT-Meinung 1996, Kuratorium der deutschen Wirtschaft für Berufsbildung: *Finanzierung der Berufsbildung,* Bonn 1995
4 Vgl. Roitsch, a. a. O., in: FR, 05.02.1997
5 Vgl. Bildungsbericht der Bundesregierung, 1996
6 Vgl. hier und die folgenden Punkte: Strikker, *Staatliche Maßnahmen gegen die Jugendarbeitslosigkeit,* Frankfurt a. M. a. u. 1990, S. 20 ff.
7 Vgl. ebenda. S. 21 f.
8 Bietau, A. u. a.: *Jugend und Schule – Bemerkungen zu Strukturkrisen, Ein-*

stellungswandel und Schulreform: Jugend im Revier, Schriftreihe des Instituts für Jugendforschung und Pädagogische Praxis, Bd. 1, Essen 1986, S. 106. Zitiert nach ebenda. S. 31

9 Vgl. DIHT-Meinung 1996

10 DIHT-Präsident Hans-Peter Stihl im Handelsblatt, am 21.03.1995

11 Vgl. Haß, Frauke: Wir müssen selbst ausbilden, in: FR, 20.03.1997

12 Das Beispiel ist Christian Hülsmeiers DLF-Feature zur Lehrstellensituation 1996 entnommen.

13 Der folgende Abschnitt orientiert sich an Elmar Altvaters Artikel *Die Arbeitsgesellschaft vor den Herausforderungen von Geld und Natur* und an der Juso-Broschüre: *Jugend–Arbeit–Ausbildung/Für das Recht auf eine qualifizierte Berufsausbildung,* S. 10–12

14 Kronauer, Martin: *Die Entbehrlichen der Arbeitsgesellschaft,* in: FR, 28.11.1995

15 Peter Grottian: *Widerstand ist Jugendpflicht,* in: Die Woche, 24.01.97

Die Gleichberechtigung der jungen Generation

1 John Holt: *Zum Teufel mit der Kindheit,* 1978, Seite 13

2 Richard Farson: *Menschenrechte für Kinder,* 1975, Seite 27

3 Ekkehard von Braunmühl: Was ist antipädagogische Aufklärung?, 1997, Seite 12f.

4 John Holt: *Escape from Childhood,* 1975, Richard Farson: *Brithrights,* 1974

5 Ekkehard von Braunmühl: *Antipädagogik,* 1975

6 Ekkehard von Braunmühl, Heinrich Kupffer und Helmut Ostermeyer: *Die Gleichberechtigung des Kindes,* 1976

7 Annette und Ekkehard von Braunmühl: *Gleichberechtigung im Kinderzimmer, Der vergessene Schritt zum Frieden,* 1994

8 Das Parlament vom 18./25.2.1994

9 Hartmut von Hentig: *Bildung,* 1995, S. 127

10 Berliner Zeitung zum Welt-AIDS-Tag am 1.12.1995

Literaturhinweise

»Erst wenn der letzte Baum gerodet ...«

BUND/MISEREOR (Hrsg.): *Zukunftsfähiges Deutschland: ein Beitrag zu einer global nachhaltigen Entwicklung*, Basel, Boston, Berlin 1996.

BUNDjugend, AK Wirtschaft (Hrsg.): *Umweltstandort Deutschland.* Berlin 1994.

Brüggen, Willi: *Der politische Preis der ökologischen Währung.* In: Andere Zeiten. Forum für politische Ökologie und soziale Emanzipation. 4/96, September/Oktober 1996.

Diefenbacher, Hans: *»Zukunftsfähiges Deutschland.« Die nächste Runde in der Diskussion um nachhaltige Entwicklung.* In: Blätter für deutsche und internationale Politik, 12/95, S. 1507–1509.

Ebbinghaus, Helga/Stickler, Armin: *Nachhaltigkeit und Macht. Zur Kritik von Sustainable Development. Mit einer Dokumentation der Debatte um die Studie »Zukunftsfähiges Deutschland«.* Frankfurt am Main 1996.

Gore, Al: *Wege zum Gleichgewicht. Ein Marshallplan für die Erde.* Frankfurt am Main 1994.

Greenpeace (Hrsg.) und Deutsches Institut für Wirtschaftsforschung (DIW): *Ökosteuer – Sackgasse oder Königsweg? Wirtschaftliche Auswirkungen einer ökologischen Steuerreform.* Berlin 1994.

Hesse, Markus: *Zähfließend mit Stillstand. Eine verkehrspolitische Bestandsaufnahme.* In: Blätter für deutsche und internationale Politik, 10/94, S. 1226–1237.

Hirsch, Joachim/Roth, Roland: *Das neue Gesicht des Kapitalismus. Vom Fordismus zum Postfordismus.* Hamburg 1986.

Jüttner, Heiner: *Umweltpolitik mit Umweltabgaben. Ein Gesamtkonzept.* Herausgegeben von der Bundestagsfraktion Die Grünen. 2. Auflage 1992.

Krebs, Carsten/Reiche, Danyel T.: *Der mühsame Weg zu einer »Ökologischen Steuerreform«. Ein Beitrag zur Systematisierung der Debatte.* Frankfurt/M., Berlin, Bern, New York, Paris, Wien 1996.

Küppers, Christian: *Energie ohne Zukunft. Die Atomwirtschaft zehn Jahre nach Tschernobyl.* in: Blätter für deutsche und internationale Politik, 4/96, S. 495–502.

Leipert, Christian: *Die heimlichen Kosten des Fortschritts.* Frankfurt 1989.

Meadows, Dennis/Meadows, Donella/Zahn, Erich/Milling, Peter: *Die Grenzen des Wachstums. Bericht des Club of Rome zur Lage der Menschheit.* Reinbek 1973.

Seager, Joni (Hrsg.): *Der Öko-Atlas.* 3. überarb. und aktualisierte Ausgabe. Bonn 1993.

Seager, Joni (Hrsg.): *Der Öko-Atlas.* Neuausgabe. Bonn 1995.

Seifried, Dieter: *Gute Argumente: Verkehr.* 4. Aufl. München 1993.

Spangenberg, Joachim, H.: *Die Ökobilanz der Koalition.* In: Blätter für deutsche und internationale Politik, 10/94, S. 1214–1226.

UPI Umwelt- und Prognose-Institut Heidelberg e. V. (Hrsg.): *Umweltwirkungen von Finanzinstrumenten im Verkehrsbereich..* Heidelberg 1991.

Weizsäcker, Ernst Ulrich von/Lovins, Amory B./Lovins, L. Hunter: *Faktor vier. Doppelter Wohlstand – halbierter Naturverbrauch. Der neue Bericht an den Club of Rome.* München 1995.

Weizsäcker, Ernst Ulrich: *Erdpolitik. Ökologische Realpolitik an der Schwelle zum Jahrhundert der Umwelt.* Darmstadt 1989.

Wicke, Lutz: *Die ökologischen Milliarden. Das kostet die zerstörte Umwelt – so können wir sie retten.* München 1986.

Staatsverschuldung oder Der Fluch der späten Geburt

Barro, R. J., (1974), *Are Government Bonds Net Wealth?,* In: Journal of Politcal Economy, 82, S. 1095–1117.

Barro, R. J., (1989), *The Ricardian Approach to Budget Deficits,* in: Journal of Economic Perspectives, 3/2, S. 37–54.

Biedenkopf, K. H., Miegel, M., *Die programmierte Krise: Alternativen zur staatlichen Schuldenpolitik,* Stuttgart 1997.

Bund der Steuerzahler (BdSt) (1995), *Die Schulden von heute sind die Steuern von morgen,* Wiesbaden.

Bund der Steuerzahler (BdSt), (1994), *Konsolidierung weiter vorantreiben,* in: Finanz- und Steuer-Information Nr. 33 des BdSt, Dez. 1994, Wiesbaden.

Carnegy, H., (1996), *Sweden missing Emu criteria,* in: The Financial Times, 28. März 1996.

Dietrich, S., *Normalverschuldung Null: Eine konkrete Utopie aus Niedersachsen,* in: Frankfurter Rundschau, 29. Sept. 1995.

Fälschle, Ch., (1996), *Der Fluch der späten Geburt,* in: Capital, 9/96, S. 135ff.

Fälschle, Ch., Höfer, M. A., (1997), *Alt müßte man sein,* in: Capital, 3/97, S. 132–136.

Gandenberger, O., (1980), *»Lastverschiebung« durch öffentliche Verschuldung: Ein Überblick,* in: Handbuch der Finanzwissenschaft (HdF), 1980, S. 89–93.

Gesetzgebungs- und Beratungsdienst beim niedersächsischen Landtag, (1995),

Verstößt die nach dem Entwurf eines Gesetzes über die Feststellung des Haushaltsplans für die Haushaltsjahre 1995 und 1996 vorgesehene Verschuldung gegen höherrangiges Recht, insbesondere Verfassungsrecht? Wie kann die Staatsverschuldung begrenzt werden?, Hannover, S. 60–78.

Havemann, R., (1994), *Should Generation Accounts replace Public Budgets and Deficits?*, in: The Journal of Economic Perspectives, 8, S. 95–111.

Heck, H., (1995), *Dient die Wende als Vorwand?: Gerade nach der Wiedervereinigung tut Ausgabendisziplin not*, in Die Welt, 13. Juni 1995.

Heinemann, F., (1996), *Vorschlag zum Schutz zukünftiger Generationen: Neue Schulden nur noch mit Erlaubnis aufnehmen*, in: Handelsblatt, 30. Juli 1996.

Herz, W., (1996), *Sanieren, aber später: Um der Konjunktur nicht zu schaden, muß Bonn mehr Schulden in Kauf nehmen*, in: Die Zeit, 24. Mai 1996.

Hoffmann, L., (1996), *Schulden sind kein Tabu: Flaute rechtfertigt höhere Staatsdefizite*, in: Der Tagesspiegel, 7. Juli 1996.

Kitterer, W., (1986), *Sind Steuern und Staatsverschuldung äquivalente Instrumente zur Finanzierung der Staatsausgaben?*, in: Kredit und Kapital, Heft 19, S. 271–291.

Krüger, M., (1996), *Kann es in europäischen Ländern zum Staatsbankrott kommen?: Ein altes Thema gewinnt an Aktualität*, in: Neue Züricher Zeitung, 23. Febr. 1996.

Krugman, P., (1995), *Peddling Prosperity*, New York, S. 151–169.

Martin, P. C., (1983), *Wann kommt der Staatsbankrott*, München.

Knapp, P., (1995), *Schuldenuhr: Es rast die Uhr im Sauseschritt*, in: Der Steuerzahler, Juli 1995, S. 124.

Miegel, M., (1994), *Bei der Sanierung der öffentlichen Finanzen setzen alle auf das Prinzip Hoffnung*, in: manager magazin, Heft 6, S. 104f.

Müller, H.-W., *Eine Abschätzung des Kapitalbedarfs bei einer vollständigen Kapitaldeckung der gesetzlichen Rentenversicherung Bevölkerung und Wirtschaft*, in: Bd. 202.

Mundorf, H., (1995) *John Maynard S.*, in: Handelsblatt, 27. Dez. 1995.

Otte, R., (1994), *Warum Politiker Schulden machen und doch gewählt werden*, in: Die Welt am Sonntag, 2. Okt. 1994, S. 41.

o. V., (1996), *Auch Länder sollen Sanktionen zahlen: Theo Waigel präzisiert seine Pläne für einen nationalen Stabilitätspakt*, in: Handelsblatt, 20. Juni 1996.

o. V., (1996), *Auf Italien entfällt ein Viertel der Schulden: Deutschland folgt an zweiter Stelle – Unterschiedliches Gewicht der Defizite*, in: Frankfurter Allgemeine Zeitung, 29. Aug. 1996.

o. V., (1996), *Die FDP will dem Staat die Neuverschuldung verbieten*, in: Frankfurter Allgemeine Zeitung, 5. Febr. 1996.

o. V., (1996), *Die öffentliche Hand versteckt ihre Schulden: Ein Viertel aller Schulden ist in Nebenhaushalten verborgen – Maastricht-Kriterium deutlich überschritten*, in: Frankfurter Allgemeine Zeitung, 12. Aug. 1996.

o. V., (1996), *Neuverschuldung ab 2005 abschaffen,* in: Handelsblatt, 11. Juli 1996.

o. V., (1996), *Neuverschuldung läuft aus dem Ruder,* in: Die Welt, 2. Aug. 1996.

o. V., (1996), *Personal effects,* in: The Economist, 27. Januar 1996.

o. V., (1995), *Schulden – Hypothek auf die Zukunft,* in: Die Welt, 13. Juni 1995.

o. V., (1 995), *Schulden steigen pro Sekunde um 3935 DM,* in: Handelsblatt, 15. Dez. 1995.

o. V., (1995), *Schuldenuhr für Deutschland. – An brisante Entwicklung der Staatsschulden erinnern,* in: Der Steuerzahler, Januar 1995, S. 3.

o. V., (1996), *Staatsquote muß deutlich zurückgeführt werden,* in: Handelsblatt, 20. Febr. 1996.

o. V., (1997), Staatsverschuldung, in: Focus-Magazin, 3/1997, S. 58f.

o. V., (1995), Tietmeyer fordert Durchforsten des Sozialstaats, in: Frankfurter Rundschau, 12. Jan. 1995.

o. V., (1996), *Zukunft schon ausgebucht: Damoklesschwerter der Finanzpolitik,* in: Der Steuerzahler, Sept. 1996, S. 155.

ÖDP-Bundesparteiprogramm 1994.

Ottnad, A., (1996), *Die Staatsverschuldung wächst nach eigenen Gesetzen,* in: Orientierungen zur Wirtschafts- und Gesellschaftspolitik 68 (2/1996).

Ottnad, A., (1996), *Wohlstand auf Pump: Ursachen und Folgen wachsender Staatsverschuldung in Deutschland,* Frankfurt/Main.

Persson, G., (1996), *Schweden spart mit mehr Erfolg als Deutschland,* in: Die Welt, 9. Dez. 1996.

Püttner, G., (1980), *Staatsverschuldung als Rechtsproblem.*

Raffelhüschen, B., Walliser, J., (1996), *Generational Accounting: Eine Alternative zur Messung intergenerativer Umverteilungspolitik,* in: WiSt, Heft 4, April 1996.

Richter, W., (1992), *Staatsverschuldung,* Rede gehalten am 7. Feb. 1992 am Sozialinstitut des Erzbistums Paderborn.

Ricardo, D., (1979, 1817), *Über die Grundsätze der Politischen Ökonomie und der Besteuerung,* Berlin.

Roubini, N., Sachs J. D., (1989/1), *Political and Economic Determinants of Budget Deficits in the Industrial Democracies,* in: European Economic Review, 33, S. 903–938.

Rowley, C. K., (1986/1), *The Legacy of Keynes: from the General Theory to Generalized Budget Deficits,* in: Buchanan, J. M., Rowley, Ch. K., Tollison, R. D., (Hrsg.), (1986), S. 143ff.

Schlesinger, H., Weber, M., Ziebarth, G., (1993), *Staatsverschuldung – ohne Ende?: zur Rationalität und Problematik des öffentlichen Kredits,* Darrnstadt, S. 217–231.

Smith, A., (1776), *Der Wohlstand der Nationen.*

Sturm, R., (1989), *Haushaltspolitik in westlichen Demokratien: Ein Vergleich des haushaltspolitischen Entscheidungsprozesses in der Bundesrepublik*

Deutschland, Frankreich, Großbritannien, Kanada und den USA, Baden-Baden.
Tartler, J., (1996), *Deutschland in der Zinsfalle: Schärferer Sparkurs notwendig,* in: Handelsblatt, 29. Juli 1996.
Tenbrock, Ch., (1995), *Angriff auf die Armen: Streit um den amerikanischen Haushalt,* in: Die Zeit, 19. Mai, S. 21.
Tietmeyer, H., (1993) *In welchem Umfang darf sich ein Staat verschulden?,* in: Politik und Zeitgeschichte, Bd. 18, 30. April 1993, S. 13–18.
Tremmel, J., (1996), *Der Generationsbetrug: Plädoyer für das Recht der Jugend auf Zukunft,* Frankfurt/Main.
von Weizsäcker, R. K., (1992), *Staatsverschuldung und Demokratie,* in: Kyklos, 45, S. 51–67.
Weltecke, E., (1995), *Die Dynamik der Staatsverschuldung muß gebrochen werden,* in: Frankfurter Allgemeine Zeitung, 15. Jan. 1995.
Wenzel, H.-D., (1990), *Die ökonomische Rationalität von Art. 115 GG,* in: Wirtschaftsdienst, XII, 1990, S. 156–162.
Werner, G., (1995/2), *Forderungen zur Verwaltungsreform, Karl-Bräuer-Institut des Bundes der Steuerzahler: Stellungnahmen,* in: Schriften, 81, Wiesbaden.
Westerwelle, G., (1995), *Die Jugend wird enteignet,* in: Focus, 32/1995, S. 54f.
Wissenschaftlicher Beirat beim Bundesministerium der Finanzen (BMF), (1994/1), *Perspektiven staatlicher Ausgabenpolitik. Gutachten,* in: Schriftenreihe des BMF, 51, Bonn.
Wissenschaftlicher Beirat beim Bundesministerium der Finanzen (BMF), (1994/2), *Zur Bedeutung der Maastricht-Kriterien für die Verschuldungsgrenzen von Bund und Ländern. Gutachten,* in: Schriftenreihe des BMF, 56, Bonn.
Wenzel, H. D., (1990), *Die ökonomische Rationalität von Art. 115 GG.*
Zänker, A., (1996), *Der große Staat hat seinen Höhepunkt überschritten: Der Trend geht hin zum schlankeren »Minimalstaat«,* in: Die Welt, 13. Dez. 1996.

Jugend ohne Arbeit

Altvater, Elmar: *Die Arbeitsgesellschaft vor den Herausforderungen von Geld und Natur,* in: Aus Politik und Zeitgeschehen, H. 15, 1995, S. 16–24.
Beck, Urich: *Die Macht der multinationalen Unternehmen/ Oder: Die Subpolitik der Globalisierung erfolgt auf den Samtpfoten des Normalen,* in: FR, 9.01.1997.
Dangschat, Jens S.: *»Stadt« als Ort und als Ursache von Armut und sozialer Ausgrenzung,* in: Aus Politik und Zeitgeschehen, H. 31–32, 1995, S. 50–62.

Deutscher Bundestag, *Berufsbildungsbericht der Bundesregierung 1996*, Drucksache 13/4555.

Deutscher Bundestag, *Berufsbildungsbericht der Bundesregierung 1997, Entwurf.*

DGB, *Eckwerte für ein Bundesgesetz zur solidarischen Ausbildungsfinanzierung*, Düsseldorf 1995.

DGB, *Perspektive Jetzt/Schnell-Info*, Düsseldorf 18.02.1997.

DIHT, *DIHT-Meinung 1996*, Bonn 1996.

Fischer, Arthur und Richard Münchmeier: *Die gesellschaftlichen Krisen sind heute Teil des Erwachsenwerdens*, in: FR, 4.06.1997.

Franz, Wolfgang: *Die Lohnfindung in Deutschland in einer internationalen Perspektive: Ist das deutsche System ein Auslaufmodell?*, Beihefte der Konjunkturpolitik/Zeitschrift für angewandte Wirtschaftsforschung, H. 43 (»Wege aus der Arbeitslosigkeit«), Berlin 1995, S. 31–57.

Franz, Wolgang: *Youth Unemployment in the Federal Republic of Germany*, Tübingen 1982.

Grottian, Peter/Weidmann, Thomas: *Beamte haben sich in ihrer Wagenburg komfortabel eingerichtet*, in: FR, 9.12.1996.

Grottian, Peter: *Jugendprotest, subito*, in: FR, 14.09.1995.

Grottian, Peter: *Widerstand ist Jugendpflicht*, in: Die Woche, 24.01.1997.

Haß, Frauke: »*Wir müssen selbst ausbilden*«, in: FR, 20.03.1997.

Heinemann, Karl-Heinz: »*Welche Zahlen der Minister darstellt, entscheidet er selbst*«, in: FR, 19.12.1996.

Hülsmeier, Christian: *Ohne Arbeit und Beruf. Die Perspektive junger Menschen in der Lehrstellenkrise 1996*, DLF-Radiofeature: Hintergrund Politik, gesendet: August 1996.

Jagoda, Bernhard: *Arbeits- und Berufswelt im Umbruch*, in: Stellenmarktbeilage zur FAZ, 16.11.1996.

Jugendwerk der Deutschen Shell (Hrsg.): *Konzeptionen gegen Jugendarbeitslosigkeit*, Opladen 1990.

Jusos, *Jugend–Arbeit–Ausbildung/Für das Recht auf eine qualifizierte Berufsausbildung*, Bonn 1996.

Koch, Claus: *Die Gier des Marktes*, München/Wien 1995.

Köllmann, Jens: *Gute Ausbildung wird immer wichtiger*, in: ARBEITGEBER, H. 19, Jg.48 (1996), S. 607–613.

Kronauer, Martin: *Die Entbehrlichen der Arbeitsgesellschaft*, in: FR, 28.11.1995.

Kuratorium der deutschen Wirtschaft für Berufsbildung: *Finanzierung der Berufsbildung*, Bonn 1995.

Martin, Hans-Peter/Schuhmann, Harald: *Die Globalisierungsfalle*, Reinbek 1996.

Negt, Oskar: *Die Krise der Arbeitsgesellschaft: Machtpolitischer Kampfplatz zweier »Ökonomien«*, in: Aus Politik und Zeitgeschehen, H. 15, 1995, S. 3–9.

OECD: *Beschäftigungsstudie*, 1994.

Rifkin, Jeremy: *Wenn die Menschen in der Wirtschaft keinen Platz mehr finden,* in: FR, 30.11.1995.

Die Gleichberechtigung der jungen Generation

Böhm, Annette und Ekkehard von Braunmühl (1994): *Gleichberechtigung im Kinderzimmer – Der vergessene Schritt zum Frieden,* Patmos Verlag Düsseldorf, Originalausgabe. Nur noch erhältlich bei: Annette Böhm, Hülchrather Str. 3, 50670 Köln.

von Braunmühl, Ekkehard (1975): *Antipädagogik – Studien zur Abschaffung der Erziehung,* Beltz Verlag Weinheim, 8. Auflage 1993.

von Braunmühl, Ekkehard (1997): *Was ist antipädagogische Aufklärung? – Mißverständnisse, Mißbräuche, Mißerfolge der radikalen Erziehungskritik,* Kid-Verlag Bonn, Originalausgabe.

von Braunmühl, Ekkehard, Heinrich Kupffer und Helmut Ostermeyer (1976): *Die Gleichberechtigung des Kindes,* Fischer Taschenbuch Verlag, Originalausgabe.

Farson, Richard (1974): *Menschenrechte für Kinder – Die letzte Minderheit,* München 1975, Ehem. Verlag Kurt Desch Edition GmbH.

von Hentig, Hartmut (1996): *Bildung,* Carl Hanser Verlag München Wien, Originalausgabe.

Holt, John (1975): *Zum Teufel mit der Kindheit – Über die Bedürfnisse und Rechte von Kindern,* Wetzlar 1978, Verlag Büchse der Pandora, 1. Auflage.

KinderRÄchTsZÄnker K.R.Ä.T.Z.Ä. (1995): *Verfassungsbeschwerde zum Wahlrecht, Fragen und Antworten der KinderRÄchTsZÄnker,* überarbeitet im Januar 1997.

Abbildungsnachweis

Wie die gesetzliche Rentenversicherung nach dem Prinzip der Generationengerechtigkeit reformiert werden kann

Abb.1: Quelle: Verband Deutscher Rentenversicherungsträger (VDR): Rentenversicherung in Zahlen 1996 (Faustdaten), 18. Auflage, Frankfurt 1996, S. 9, derselbe: Prognos-Gutachten. Perspektiven der gesetzlichen Rentenversicherung für Gesamtdeutschland vor dem Hintergrund veränderter politischer und ökonomischer Rahmenbedingungen, DRV-Schriften, Band 4, Frankfurt, April 1995, S. 12; Deutscher Bundestag, Referat Öffentlichkeitsarbeit (Hrsg.): Zwischenbericht der Enquete-Kommision »Demographischer Wandel« – Herausforderung unserer älter werdenden Gesellschaft an den einzelnen und die Politik, Bonn 1994, S. 68 u. 69; eigene Berechnungen

Abb. 2: Quelle: Bundesministerium für Arbeit und Sozialordnung (BMA): Übersicht über das Sozialrecht, 3. neubearbeitete und erweiterte Auflage, Bonn 1994, S. 255

Abb. 3: Quelle: Jahresgutachten des Sachverständigenrates zur Begutachtung der gesamtwirtschaftlichen Entwicklung.

Abb. 4: Quelle: Bundesministerium für Arbeit und Sozialordnung (BMA): Übersicht über das Sozialrecht, 3. neubearbeitete und erweiterte Auflage, Bonn 1994, S. 255

Abb. 5: Quelle: Bundesministerium für Arbeit und Sozialordnung (BMA): Übersicht über das Sozialrecht, 3. neubearbeitete und erweiterte Auflage, Bonn 1994, S. 250

Abb. 6: Quelle: Statistisches Bundesamt: Entwicklung der Bevölkerung bis 2040. Ergebnis der achten koordinierten Bevölkerungsvorausberechnung, in: Wirtschaft und Statistik, Heft 7, 1994, S. 499, SChaubild 2

Abb. 7a: Quelle: Bundesministerium des Inneren: Modellrechnungen zur Bevölkerungsentwicklung in der BRD bis zum 2040, Bonn 1996, S. 34

Abb. 7b: Quelle: Bundesministerium des Inneren: Modellrechnungen zur Bevölkerungsentwicklung in der BRD bis zum 2040, Bonn 1996, S. 35

Abb. 8: Quelle: VDR: Prognos-Gutachten. Perspektiven der gesetzlichen Rentenversicherung für Gesamtdeutschland vor dem Hintergrund veränderter politischer und ökonomischer Rahmenbedingungen, DRV-Schriften, Band 4, Frankfurt, April 1995, S. 12

Abb. 9: Quelle: Eitenmüller, Stefan: Die Rentabilität der gesetzlichen Rentenversicherung. Kapitalmarktanaloge Renditeberechnungen für die nahe und für die ferne Zukunft, in: Deutsche Rentenversicherung, Heft 12, 1996, S. 791

Abb. 10: Quelle: VDR: Fakten und Argumente zum Thema: Versicherungsfremde Leistungen - sachgerecht finanzieren, Heft Nr. 5, Frankfurt am Main, 1/1997, S. 10

Abb. 11: Quelle: Biedenkopf, Kurt: Wie Kurt Biedenkopf den Rentenpakt der CDU zerreißt. Stellungnahme des sächsischen Ministerpräsidenten zu den Vorschlägen der Partei- und Regierungskommission, in: Frankfurter Rundschau, Nr. 36 (12.2.1997), S. 16

Informationen über die Gesellschaft für die Rechte zukünftiger Generationen

Die Gesellschaft für die Rechte zukünftiger Generationen – gegründet von dem 26jährigen Studenten Jörg Tremmel – ist ein überparteilicher und unabhängiger Zusammenschluß engagierter, junger Menschen aus allen politischen Himmelsrichtungen. Sie teilen die Überzeugung, daß es in heutiger Zeit gemeinsame Interessen der Jugend gibt, die stärker sind als parteipolitische Differenzen.

Schirmherren der »Gesellschaft« sind der Biologe und Präsident des Wuppertal-Instituts für Umwelt und Energie, Prof. Dr. Ernst Ulrich von Weizsäcker und der Sozialrichter und Rentenexperte Dr. Jürgen Borchert. Die Umwandlung in eine gemeinnützige »Stiftung für die Rechte zukünftiger Generationen« ist in vollem Gange und wird bis November 1997 vollzogen sein, wenn bis dahin genug Spenden zusammengekommen sind. Die Gesellschaft tritt für eine gerechte Chancenverteilung (im Sinne gleicher Ausgangschancen) zwischen den Generationen ein – sowohl im ökologischen als auch im wirtschaftlichen Bereich. Sie will bewußt machen, daß das Handeln heutiger Generationen nicht weiter zu Lasten zukünftiger Generationen gehen darf. Die Aufgabe dieser – in Deutschland bisher beispiellosen – Institution ist es, immer dann tätig zu werden, wenn durch heutige Handlungen der Politiker die Zukunftschancen zukünftiger Generationen verringert werden. Je nach Einzelfall wird sie sich durch eine Presseerklärung, einen offenen Brief oder eine Anzeige in einer Zeitung oder Zeitschrift an die Öffentlichkeit wenden. Damit macht sie Lobbyarbeit für diejenigen, die keine Lobby haben und ständig um ihre Rechte betrogen werden.

In Frankreich existiert bereits eine vergleichbare Einrichtung, »Le conseil pour le droits des générations futures«, gegründet von dem Meeresbiologen Jacques-Yves Cousteau. Das erfolgreiche Wirken dieser Institution in der französischen Öffentlichkeit hat sie zu einer moralischen Instanz mit beträchtlichem Einfluß gemacht. Diesem Erfolg will die »Gesellschaft« nacheifern, indem sie als unparteiischer »Anwalt zukünftiger Generationen« auftritt. Als erste »zukünftige Generation« gelten dabei die heutigen Kinder und Jugendlichen, da sie ihr gesamtes Leben noch vor sich haben.

Es gibt viele Beispiele für die derzeit stattfindende Benachteiligung der jungen Generation: fortschreitende Umweltzerstörung, steigende Jugendarbeitslosigkeit, ausufernde Staatsverschuldung, einseitige Lastenverteilung auf Kosten der jungen und mittleren Generation in der Renten-, Kranken- und Pflegeversicherung, mangelnde politische Mitbestimmungsrechte für Jugendliche.

In all diesen Bereichen sind Aktionen geplant, um die Öffentlichkeit zu sensibilisieren und Reformen zu erreichen.

Die Gesellschaft hat inzwischen mehr als 50 Mitglieder. Die meisten von ihnen sind relativ jung, allerdings finden sich auch bekannte Namen wie der Ex-Bundespostminister Dr. Christian Schwarz-Schilling.

Bei ihrem Bestreben nach intergenerationeller Gerechtigkeit setzt die Gesellschaft auf den Dialog der Generationen, nicht auf Konfrontation. Wir wenden uns nicht gegen die Älteren, sondern gegen veraltete und verkrustete Strukturen bzw. eine falsche Politik, die nur an das »Jetzt« und »Heute« denkt.

Die Mitglieder – zumeist Jüngere, aber auch einige Ältere – kommen aus allen politischen Richtungen. Die Forderung nach Nachhaltigkeit ist weder eine linke noch eine rechte Position. Der Wunsch nach Generationengerechtigkeit ist der gemeinsame Nenner der Mitglieder, egal ob sie der CDU, der SPD, den Grünen, der F.D.P. – oder überhaupt keiner Partei – nahestehen. Als nächste Aktion ist geplant: Eine Unterschriftensammlung für eine Grundgesetzänderung, die das Nachhaltigkeitsprinzip in der Verfassung verankern soll. Das Grundgesetz definiert nur die Rechte der bereits Geborenen. Es kann jedoch nicht gerecht sein, wenn die heute Lebenden sämtliche Schätze des Planeten aufbrauchen, so daß für spätere Generationen nichts mehr übrig bleibt. Die gesammelten Unterschriften sollen dem Bundestag übergeben werden.

Am 7./8. November 1997 wird die GRzG den größten politischen Jugendkongreß dieses Jahres organisieren. Vertreter der jungen Generation aus unterschiedlichen Bereichen (Studienstiftungen, politische, kirchliche und gewerkschaftliche Jugendorganisationen, interessierte Schüler und Jugendliche) treffen sich mit Experten aus Wirtschaft und Gesellschaft, um neue Generationenverträge zu formulieren.

Zum Abschluß noch eine grundsätzliche Bemerkung: Die »Gesellschaft« beansprucht nicht, sämtliche jungen Leute in Deutschland zu repräsentieren. Die Jugend von heute spricht mit vielen Stimmen. Die »Gesellschaft für die Rechte zukünftiger Generationen« ist eine davon …

Die Erklärung der Rechte nachrückender Generationen

Am 24. Mai 1949 trat das Grundgesetz, die deutsche Verfassung, in Kraft. Seitdem schützt und garantiert ein an den Menschenrechten orientierter *Grundrechtekatalog* (Artikel 1–19) die unveräußerlichen Rechte jedes einzelnen. Dies ist heute nicht mehr ausreichend. Denn das Grundgesetz definiert nur die Rechte der bereits Geborenen, also der heute lebenden Generation. Zukünftige Generationen sind keine eigenständigen Rechtssubjekte, folglich haben sie auch keine Grundrechte. Es kann aber nicht gerecht sein, wenn eine Generation sämtliche Schätze der Erde aufbraucht, so daß für spätere Generationen nichts mehr übrig bleibt. Deshalb ist es notwendig, die Rechte zukünftiger Generationen in einer vergleichbaren Erklärung festzuschreiben. Ohne eine solche Ergänzung des Grundgesetzes wird es nicht möglich sein, »gegenwartsorientierte« Politik durch »zukunftsfähiges« Handeln zu ersetzen. Die »Stiftung für die Rechte zukünftiger Generationen« hat eine solche Erklärung ausgearbeitet. Die Stiftung hat es sich zum Ziel gesetzt, möglichst viele Unterschriften für die »Erklärung der Rechte zukünftiger Generationen« zu sammeln und sie sodann dem Deutschen Parlament vorzulegen.

Unser Ziel ist es, letztlich zu einer Grundgesetzänderung im Sinne dieser Erklärung zu kommen.

Präambel:
Zukünftige Generationen haben das Recht auf unversehrte Lebensgrundlagen, bestehend aus sauberer Luft, sauberem Wasser und sauberer Nahrung. Sie haben ebenfalls das Recht, sich an der Natur in ihrer ganzen biologischen Vielfalt zu erfreuen, die das Erbe der gesamten Menschheit ist und allen Generationen gleichzeitig gehört. Jede geborene Generation verwaltet die Erde in diesem Sinn nur für eine begrenzte Zeit, bevor sie sie an die Nachgeborenen übergibt.

Artikel 1
Die Umweltmedien Luft, Wasser und Boden dürfen nicht durch mehr Schadstoffimmissionen belastet werden, als sie aufgrund ihrer natürlichen Regenerationsfähigkeit wieder abbauen können.

Artikel 2
Es dürfen nicht mehr erneuerbare Rohstoffe verbraucht werden, als wieder nachwachsen. Der Verbrauch nicht-regenerierbarer Rohstoffe muß den Bedarf künftiger Generationen berücksichtigen.

Artikel 3
Der Mensch trägt die Verantwortung für den Erhalt der Schöpfung. Er muß bei seinen Handlungen Sorge dafür tragen, daß er die Vielfalt von Tier- und Pflanzenarten nicht vermindert.

Artikel 4
Um die Rechte zukünftiger Generationen nicht zu gefährden, obliegt es jeder geborenen Generation, ihre Technologien, ihren Konsum und ihre Bevölkerungsgröße an dem Gebot der Nachhaltigkeit im Sinne der Artikel 1 bis 3 auszurichten.

Artikel 5
Um dieses Ziel zu erreichen, sollen in allen Bereichen – besonders im Bildungswesen, der Forschung und der Gesetzgebung – die erforderlichen Maßnahmen eingeleitet werden.

Stiftungskonzept

Geplante Umwandlung in eine »Stiftung für die Rechte zukünftiger Generationen« (SRzG)

Von Anfang an war geplant, die Initiative »Gesellschaft für die Rechte zukünftiger Generationen« in die Rechtsform einer Stiftung zu überführen, sobald die notwendigen Voraussetzungen dafür erfüllt sind. Eine Stiftung ist eine dauerhafte Institution, deren Bestand durch ein unveränderliches Grundkapital (ca. 100 000 DM) gewährleistet ist und die ihre Arbeit aus den Zinsen dieses Grundkapitals finanziert. Es gilt: »Eine Initiative ist vergänglich, eine Stiftung dauerhaft …«

Das Stiftungskapital ist zur Zeit noch nicht vollständig aufgebracht, deshalb sind wir auf Spenden angewiesen (siehe Infoblatt: Spenden im Vorfeld der Stiftung).

Die Struktur und die Organe der geplanten Stiftung werden auf den nächsten Seiten vorgestellt. Die Stiftung soll so konzipiert werden, daß allen Personen, die Interesse an generationsspezifischen Themen haben, in verschiedener Weise die Gelegenheit zur Mitarbeit geboten wird.

Da die Stiftung überparteilich organisiert ist und somit Menschen aus unterschiedlichen politischen Richtungen und unterschiedlichen Altersgruppen zusammenführt, sind für ihre Arbeit drei Prinzipien unverzichtbar:

- Kritik soll stets konstruktiv sein. Wo viel diskutiert wird, da wird auch viel kritisiert. Wer aber die Ansichten und Konzepte eines anderen Mitglieds der Stiftung für falsch hält, der soll sagen, wie man es besser machen könnte. Destruktive Kritik ist nicht hilfreich, sondern wirkt nur zerstörerisch.

- Jeder soll versuchen, die Argumente Andersdenkender wirklich zu verstehen. Dies erfordert die Bereitschaft zum Zuhören, zum geistigen Nachvollziehen und zur Empathie.
- Wenn man erkennt, daß der andere die besseren Argumente auf seiner Seite hat, so soll man bereit sein, den eigenen Standpunkt zu revidieren. Ohne die Bereitschaft, sich von besseren Argumenten überzeugen zu lassen, muß die politische Arbeit einer überparteilichen Stiftung scheitern. Von daher sind nur Persönlichkeiten für die Mitarbeit in der Stiftung geeignet, die dieses Kriterium erfüllen.

Spenden für Stiftungsgründung bzw. Aufstockung des Stiftungskapitals

Die »Gesellschaft für die Rechte zukünftiger Generationen« ist ein Zusammenschluß engagierter, vor allem junger Menschen aus allen politischen Richtungen, der von Prominenten wie z. B. Ernst Ulrich von Weizsäcker unterstützt wird. Sie fungiert als Gründungskomitee für die »Stiftung für die Rechte zukünftiger Generationen«.

Eine Stiftung ist eine dauerhafte Institution, deren Bestand durch ein unveränderliches Grundkapital gewährleistet ist und die ihre Arbeit aus den Zinsen dieses Grundkapitals finanziert.

Dagegen steht bei einer bloßen Initiative wie der »Gesellschaft für die Rechte zukünftiger Generationen« die Finanzierung der Arbeit und damit der Fortbestand der Institution auf wackligen Beinen. Sämtliche Kosten werden bisher von den jugendlichen Initiatoren getragen, die zumeist noch Studenten und damit ohne eigene Einnahmequellen sind. Es ist selbst sehr engagierten jungen Leuten nicht zuzumuten, auf Dauer solche finanziellen Belastungen zu tragen. Die Umwandlung der jetzigen »Gesellschaft« in eine »Stiftung für die Rechte zukünftiger Generationen« wird derzeit intensiv vorbereitet. Alle »Zutaten« – ein hochkarätiger wissenschaftlicher Beirat, ca. 50 Mitgliedsanträge, vom Finanzamt zugesagte Gemeinnützigkeit – sind bereits vorhanden, allerdings fehlt noch Kapital. Aus diesem Grunde sammeln wir zur Zeit Spenden, um die noch fehlenden Gelder zusammenzubekommen, nachdem Initiator Jörg Tremmel mit einer Großspende von 10 000 DM – den Honorareinnahmen aus dem Buch »Der Generationsbetrug« – den Grundstock gelegt hat. Die Stiftung steht und fällt mit der Spendenbereitschaft der Bürgerinnen und Bürger.

Der Zweck der Stiftung eint gutwillige Menschen jeden Alters und jeder Geisteshaltung. Wir sind zuversichtlich, daß es in einer gemeinsamen Kraftanstrengung und durch eine Fund-Raising-Kampagne gelingen wird, dieses ehrgeizige Stiftungsprojekt zu verwirklichen.

Wenn Sie, liebe Leserin und lieber Leser, zu den Bürgerinnen und Bürgern gehören, die das Prinzip der Generationengerechtigkeit und die Idee zu einer »Stiftung für die Rechte zukünftiger Generationen« für unterstützungswürdig halten, so bitten wir um Ihre Spende, die auf das

Notar-Anderkonto Hans Kolb,
für Stiftung für die Rechte zukünftiger Generationen,
Konto-Nr. 721 000,
Frankfurter Sparkasse (BLZ 500 502 01)

einbezahlt werden kann.

Das Spendenkonto wurde in Form eines Notar-Anderkontos eröffnet. Dies bedeutet, daß eingegangene Spenden einzig und allein zu dem Zweck der Stiftungsgründung bzw. Aufstockung des Stiftungskapitals verwendet werden dürfen. Die Stiftung soll bis November 1997 mit einem Mindestkapital eingetragen werden. Um aber wirklich arbeitsfähig zu sein, ist eine Aufstockung des Stiftungskapitals in den nächsten Jahren nötig.

Natürlich sind auch kleine Spenden in Höhe von fünf, zehn, zwanzig oder fünfzig Mark erwünscht, schließlich sollen sich Spenden grundsätzlich nach der Leistungsfähigkeit richten und für ein Schulkind ist eine Spende von 10 DM sehr viel.

Organe der Stiftung

Der Stiftungsvorstand

Der Vorstand vertritt die Stiftung nach außen, führt die Geschäfte und trägt die (auch rechtliche) Verantwortung. Er verwaltet die Stiftungsgelder und erstellt den jährlichen Stiftungsbericht, der auch für die Öffentlichkeit bestimmt ist. Dem Vorstand der Stiftung für die Rechte zukünftiger Generationen gehören neben dem Gründer Jörg Tremmel zum einen Vertreter der Jugendorganisationen der politischen Parteien (Junge Union, JungsozialistInnen, Junge Liberale, Grün-Alternatives Jugendbündnis) an. Daneben werden fünf weitere Personen aus den Reihen der normalen Mitglieder im Rotationsverfahren für jeweils ein Jahr in den Stiftungsvorstand berufen. Diese Struktur bringt die divergierenden Interessen am besten in Einklang. Der Vorstand ist zu Hälfte überparteilich mit den Vertretern der politischen Jugendorganisationen besetzt, damit die Unabhängigkeit gewahrt bleibt. Da sich aber auch den Stiftungsmitgliedern Gelegenheit zur Mitarbeit im Vorstand bietet, hat die SRzG eine erheblich demokratischere Struktur als z. B. Greenpeace.

Sachfragen sollen möglichst ideologiefrei diskutiert und entschieden werden. Die Stiftung für die Rechte zukünftiger Generationen (SRzG) wird ihre Bestimmung als unparteiischer Anwalt zukünftiger Generationen stets unabhängig wahrnehmen.

Die Mitarbeit im Vorstand ist zeitintensiv. Er trifft sich mehrmals jährlich, um die Strategie und die Aktionen der Stiftung zu erörtern. Bei den Beratungen der Vorstandsmitglieder ist Konsens anzustreben, wobei jeder der Beteiligten sich bemühen soll, stets dem besten Argument zu folgen.

Der wissenschaftliche Beirat (Kuratorium)

Der Stiftungsbeirat vereint Wissenschaftler aus den Bereichen Ökologie, Politik, Ethik und Wirtschaft (Finanzwissenschaft, Sozialversicherungen, Arbeitsmarktpolitik), welche den Vorstand und die Stiftungsmitglieder bei ihren Aktionen beraten. Wenn die Mitglieder etwa eine Unterschriftensammlung zum Thema »Nachhaltigkeit« planen, so werden sie sich zunächst mit dem Beirat beraten, um diese Aktion nach bestmöglicher Überlegung durchzuführen. Das Kuratorium überwacht auch die Arbeit des Stiftungsvorstandes und die ordnungsgemäße Verwendung der Stiftungsgelder. Die Kuratoriumsmitglieder werden regelmäßig über den Fortgang der Aktivitäten informiert und zu allen Sitzungen des Vorstandes mit eingeladen.

Kuratoriumsmitglieder (Auswahl):

Bereich Ökologie:
Prof. Dr. Ernst Ulrich von Weizsäcker, Club of Rome
Prof. Dr. Ortwin Renn, Akademie für Technikfolgenabschätzung

Bereich Ethik:
Prof. Dr. Kreikebaum, Wirtschaftsethik, European Business School und Universität Frankfurt
Prof. Dr. Hans Kessler, Katholische Theologie, Johann-Wolfgang-Goethe-Universität Frankfurt
Prof. Dr. Vittorio Hösle, Philosophie, Universität Gesamthochschule Essen
Prof. Dipl.-Des. Hans F. Krebs, FH Mainz

Bereich Generationenbeziehungen:
Prof. Dr. Adelheid Kuhlmey, Medizinsoziologie/Gerontologie, FH Neubrandenburg
Prof. Dr. Reimer Gronemeyer, Soziologie, Justus-Liebig-Universität Gießen

Bereich Sozialversicherungsverträge:
Dr. Jürgen Borchert, Heidelberger Institut für Familienfragen u. soziale Sicherheit (ev. Vorstand)
Ulrich Martin Drescher, Vorstand des ökologischen Unternehmerverbandes »Unternehmensgrün«
Dr. med. Heidi Schüller, Ärztin und Journalistin

Bereich Staatsverschuldung/Generational Accounting:
Prof. Dr. Bernd Raffelhüschen, Uni Freiburg

Bereich Politik:
Prof. Dr. Karl-Otto Hondrich, Johann-Wolfgang-Goethe-Universität Frankfurt
Dr. Hans-Joachim Fichtner, Leiter des Gymnasiums Mellendorf
Prof. Dr. Peter Grottian, Freie Universität Berlin, FB Politologie

Mitglieder

Wer sich für die gute Sache der Generationengerechtigkeit einsetzen will, für den bietet sich die (Förder-)Mitgliedschaft an. Anders als bei den meisten anderen Stiftungen, können die Mitglieder der Stiftung für die Rechte zukünftiger Generationen die Stiftungspolitik mitgestalten. Der Spitzname der Stiftung für die Rechte zukünftiger Generationen ist deshalb auch: »Die Stiftung zum Mitmachen!«

Die Mitglieder erhalten Einladungen zu den zweimonatlich stattfindenden Treffen der Stiftung. Dort können sie Anregungen geben, Vorschläge machen und Aktionen organisieren, um das Ziel der intergenerationellen Gerechtigkeit zu erreichen. Jeder, dem das Wohl späterer Generationen am Herzen liegt, wird gebraucht, jeder soll nach seinen Kräften mitmachen! Eine Altersgrenze nach oben oder unten gibt es nicht, wichtig ist nur, ob jemand noch geistig »jung« geblieben ist.

Alle Mitglieder bekommen zudem den regelmäßigen Infobrief der Stiftung zugesandt, in dem die Stiftung über ihre Tätigkeit informiert und zu Aktionen aufruft. Der Eintritt zur jährlichen Vollversammlung ist für Mitglieder selbstverständlich frei. Alle

Mitglieder erhalten nach der Eintragung der Stiftung ins Stiftungsregister einen Mitgliedsausweis.

Als Mitglied unterstützt man die Ziele der Stiftung für die Rechte zukünftiger Generationen mit einem Mindestbeitrag, der nach Alter gestaffelt ist. Er beträgt:

- bis 25 Jahre 30 DM jährlich,
- von 25 bis 35 Jahren 60 DM jährlich,
- ab 35 Jahren 100 DM jährlich.

Die Mitglieder sind die finanzielle Basis der Stiftung und daher essentiell für ihre Arbeit. Ihr Beitrag dient u. a. dazu, die hohen Portokosten zu decken.

Der jährliche Jugendkongreß

Die Stiftung veranstaltet einmal im Jahr einen seminarähnlichen Jugendkongreß. Auf Einladung der Stiftung für die Rechte zukünftiger Generationen nehmen Jugendliche aus allen gesellschaftlichen Schichten und politischen Richtungen teil. Der Kongreß ist das Organ, wo jüngere Menschen mit Professoren, Politikern, Unternehmern und interessierten »Normalbürgern« zusammenfinden können, um gemeinsam zu diskutieren und Lösungen für die drängenden intergenerationellen Probleme zu erarbeiten. Der erste Jugendkongreß wird am 7. und 8. November 1997 im Haus der Begegnung Frankfurt/Main abgehalten und den Titel tragen: »Der Jugend eine Zukunft. Wir brauchen neue Generationenverträge!« (siehe Programm).

In den darauffolgenden Jahren wird der Jugendkongreß der Stiftung zu jeweils einem Schwerpunktthema stattfinden, z. B. »Ökologische Nachhaltigkeit – Wie kann Deutschland zukunftsfähig werden?«, »Finanzielle Nachhaltigkeit – Grenzen für die Staatsverschuldung«, »Mitbestimmung von Kindern und Jugendlichen«, »Jugendarbeitslosigkeit und Perspektivlosigkeit«, »Die Zukunft unseres Sozialversicherungsystems«.

Mit ihren Jugendkongressen stellt die Stiftung für die Rechte zukünftiger Generationen ein Forum bereit, bei dem Vertreter der jungen Generation sich sammeln und gemeinsam Positionen erarbeiten können. Einladungen gehen u. a. an die Stipendiaten der Studienstiftungen, die Jugendverbände der Parteien, die Deutsche Gewerkschaftsjugend, die kirchlichen Jugendverbände, die Pfadfinder und die Jugendverbände der Umweltschutzorganisationen. So wird erreicht, daß ein echter Querschnitt der deutschen Jugend vertreten ist. Durch ihre Jugendkongresse fördert die Stiftung die politische Bildung und stellt einen Dialog zwischen Jüngeren und Älteren her, der unsere Gesellschaft als Ganzes voranbringt. Die Ergebnisse werden der Presse mitgeteilt.

Publikationen der Stiftung

Die Stiftung für die Rechte zukünftiger Generationen möchte vor allem jungen Leuten die Möglichkeit geben, ihre Meinungen und Aufsätze zu veröffentlichen.

Junge Leute haben in Deutschland nur selten die Gelegenheit, etwas zu publizieren. Deshalb werden ihre Stimmen in der öffentlichen Debatte nicht gehört und ihre konstruktiven Ideen nicht berücksichtigt. Wenn mehr Bücher von jungen Menschen geschrieben und veröffentlicht würden, so würde wahrscheinlich weniger auf Kosten späterer Generationen gelebt.

Die Stiftung für die Rechte zukünftiger Generationen wird daher in regelmäßigen Abständen Bücher und Publikationen herausbringen, wobei sie mit verschiedenen Verlagen zusammenarbeiten wird. Nach dem vorliegenden Buch »*Ihr habt dieses Land nur von uns geborgt …*« ist als nächstes Projekt ein Buch über die 68er (wieder im Rasch und Röhring Verlag) in Arbeit.

Buchveröffentlichungen sind neben Spenden die wichtigste Einnahmequelle der Stiftung, da 50 Prozent der Honorare der Aufstockung des Stiftungsgrundkapitals zugute kommen.